版本目錄學研究

Bibliographical Studies of Traditional Chinese Texts

版本目録學研究

袁行霈題

Bibliographical Studies of Traditional Chinese Texts

第十一輯

國家圖書館出版社

圖書在版編目（CIP）數據

版本目録學研究 . 第十一輯 / 沈乃文主編 . — 北京 : 國家圖書館出版社，2020.5

ISBN 978-7-5013-6948-5

Ⅰ . ①版… Ⅱ . ①沈… Ⅲ . ①版本目録學—中國—文集 Ⅳ . ① G256.22-53

中國版本圖書館 CIP 數據核字（2020）第 067929 號

書　　名	版本目録學研究（第十一輯）
著　　者	沈乃文　主編
責任編輯	廖生訓　潘肖薔

出版發行　國家圖書館出版社（北京市西城區文津街 7 號　　100034）
　　　　　（原書目文獻出版社　北京圖書館出版社）
　　　　　010-66114536　63802249　nlcpress@nlc.cn（郵購）
網　　址　http://www.nlcpress.com
排　　版　北京九章文化有限公司
印　　裝　北京科信印刷有限公司
版次印次　2020 年 5 月第 1 版　2020 年 5 月第 1 次印刷

開　　本　787×1092（毫米）　1/16
印　　張　22.25
字　　數　384 千字
書　　號　ISBN 978-7-5013-6948-5
定　　價　110.00 圓

目録

典籍 版本目録學研究第十一輯

嘉靖重録《永樂大典》參預人員補證

劉 波

　　明嘉靖四十一年（1562）秋，世宗命徐階、高拱、張居正等重録《永樂大典》。隆慶元年（1567），録副完成，前後歷時五年。參與此次重録的，有總校官、分校官、謄録、圈點等數百人。郭伯恭對此次重録的組織、經過有詳細闡述，但對參預人員並未詳加考證①。李紅英、汪桂海據目前存世的 311 册《永樂大典》附葉題名，鉤稽並考證了重録人員 166 人②，所得頗豐。

　　《永樂大典》録副人員除部分官職或功名較高的總校官、分校官外，謄録與圈點人員大多官職、功名較低，或者爲白衣儒士，其生平不見於史籍。筆者數年前因種種機緣，翻閱了一些明清方志，偶見李、汪文之外的資料，爰爲録出。李、汪文已列出但生平不詳的書寫儒士中，部分也能在方志中查得籍貫、仕履。以上兩類共得 24 人，其中新得者 6 人，補充生平者 18 人（人名前以 * 標出），以期爲討論《大典》重録問題提供些許資料。

一、總裁

1. 袁煒

　　《［光緒］慈溪縣志》卷二十八《列傳》載："袁煒，字懋中。父汝舟以學行聞，

---

① 郭伯恭：《〈永樂大典〉考》，商務印書館，1938 年，第 103—117 頁。
② 李紅英、汪桂海：《〈永樂大典〉録副諸人考略》，《文獻》2008 年第 3 期，第 107—117 頁。

人稱端居先生。與妻汪同日夢黑龍降於家，已而煒生，果穎異。五歲能屬對，多奇語。十歲習舉子業，讀書過目輒成誦。十七補縣學生，淹貫經史，以博雅稱。嘉靖十六年舉鄉試第二，明年會試第一，廷試第三，授翰林院編修。……纂修《永樂大典》，充總裁（王傳：薦稺登入史館，校《永樂大典》）。書成，特進少傅兼太子太傅，建極殿大學士、尚書如故。"

"王傳"，即王稺登（1535—1612）所撰袁煒傳，此傳不見於王稺登《燕市集》《客越志》等文集，而《客越志》卷下有《祭袁文榮公文》。據《明史》本傳，王稺登"嘉靖末游京師，客大學士袁煒家"①，頗受推重。王稺登感其恩遇，所撰袁煒傳記當屬可信。

《［光緒］慈溪縣志》卷五十一《金石》收有陳陛所撰《明故光祿大夫柱國少傅兼太子太傅戶部尚書建極殿大學士贈少師謚文榮袁公神道碑銘》："甲子二月，充纂修《永樂大典》總裁。八月特加少傅兼太子太傅，建極殿大學士、尚書如故。"甲子即嘉靖四十三年（1564），當時重錄已進行二年。

這兩份資料都明確記載袁煒以戶部尚書、武英殿大學士身份充任纂修《永樂大典》總裁，以及因此所獲升賞。《明實錄·穆宗實錄》所載隆慶元年優獎重錄人員詔書，並沒有提及袁煒。據陳陛《神道碑銘》，袁煒於嘉靖四十四年病重致仕，在歸鄉途中逝世，則其參預重錄事務不足一年，時間較短。《慈溪縣志》袁煒傳所謂"書成，特進少傅兼太子太傅"，記載有誤。重錄成書時袁煒已去世，而隆慶元年升賞的重錄人員均爲當時在世者，因此詔書中未出現袁煒姓名是理所當然的。如果不是《慈溪縣志》中保存的資料，袁煒這段經歷就湮沒無聞了。這可視爲方志可補國史的一個例子。

值得注意的是，《慈溪縣志》所引兩份袁煒傳記資料中都記載，袁煒在重錄《永樂大典》組織機構中的職位是"總裁"。隆慶元年優獎重錄人員詔書在"總校等官"之前，列有徐階、李春芳、郭樸、高拱、陳以勤、張居正、嚴訥等七人，他們都是職衘爲尚書、大學士的高官，但未說明在重錄工作中的職位或作用。李、汪文整理的資料顯示，重錄總校官、分校官、寫書官、書寫圈點人員分別由官階不同的人員擔任，總校官由侍郎、大學士擔任，分校官由翰林院修撰、編修、檢討等擔任，寫書官多爲低階官員或監生、儒士，官品與重錄職位存在明顯的對應關係。徐階等人的官職與袁煒接近，他們在重錄中的職位也應與袁煒相同，即"總裁"（或副總裁）。由此可知，嘉靖後期重錄《永樂大典》時，在總校官之上設有"總裁"一職，由多位高官充任。

---

① （清）張廷玉等撰：《明史》，中華書局，1974 年，第 7389 頁。

二、重録總校官

2. 謝丕

《［光緒］餘姚縣志》卷二十三《列傳》載："謝丕，字以中，號汝湖。遷仲子也。弘治十八年一甲三名進士，授編修，正德初請告歸省。……嘉靖初，詔復編修。四年武廟實錄成，升贊善。八月主順天鄉試，稱得人。六年升太常卿。是年遷再入相，丕充經筵日講官。無何，遷乞休，丕以太常少卿兼翰林學士掌院事。十四年，上臨軒策士，特命讀卷，丕每進講，敷陳剴切，儀觀詳雅，上爲之傾注，自是寵渥日深。尋轉吏部左侍郎，兼翰林學士，仍掌院事。同修《永樂大典》。丁母憂，服闋，巡按疏薦起用，弗應。"

謝丕參與重録時，職務爲吏部左侍郎兼翰林院掌院學士，與重録總校官禮部左侍郎兼翰林院學士瞿景淳、吏部左侍郎秦鳴雷、閒住學士王大任等人官職相近，而較擔任分校官的翰林院修撰、編修、檢討等要高。因此謝丕在重録過程中的角色，應當也是總校官。

三、重録分校官

3. 王錫爵

《［嘉靖］新修靖江縣志》卷四《職制·政績》録有《靖江縣里役編年長賦碑》，落款爲"賜進士及第文林郎翰林院編修分校永樂大典兼修嘉靖實錄經筵講官東海王錫爵撰"。可知王錫爵（字元馭，1534—1610）擔任過重録分校官。

王錫爵爲嘉靖四十一年（1562）進士，授編修。後於萬曆二十一年（1593）任內閣首輔，仕官甚顯。《明史》本傳與《王文肅公文集》卷五十五所收申時行撰《墓誌銘》、葉向高撰《神道碑》、李維楨撰《傳》、馮時可撰《傳》、焦竑撰《行狀》均未言及其參預重録《大典》事。《王文肅公文集》未收《靖江縣里役編年長賦碑》，今僅可據《靖江縣志》略知其事。

四、謄録

4.* 白壽祥

李、汪文載其爲書寫儒士。《［乾隆］保昌縣志》卷八《職官志》載白壽祥爲浙江會稽人，儒士，萬曆初年任保昌縣丞。又據《［同治］樂平縣志》卷六《職官志》，白壽祥萬曆初年曾任樂平主簿。

5.* 曹嘉賓

李、汪文載其爲書寫生員。《［康熙］蕭山縣志》卷十七《選舉志·明薦辟》

有傳："曹嘉賓，（嘉靖）三十七年由楷書、鴻臚寺序班升順天府知事。"《［嘉靖］蕭山縣志》第四卷《人物表·選舉表》嘉靖四十五年制舉亦載曹嘉賓"由生員任鴻臚寺序班"。

6.* 曹一奇

李、汪文載其爲書寫儒士。《［乾隆］沁州志》卷四《職官》載曹一奇爲"大興人，儒士"，萬曆十一年任沁州同知。其籍貫爲順天府大興縣。《［光緒］增修登州府志》卷二十五《文秩》則載曹一奇萬曆間曾任登州府經歷。

7.* 郭東都

李、汪文載其爲寫書官、序班。《［康熙］通州志》卷八《選舉志》衆途項載："郭東都，由儒士任翰林院史館辦事，歷光禄寺大官署正。"此通州即今北京市通州區。

8.* 郭宗義

李、汪文所舉書寫儒士有郭宗義，但未列生平。按，《［民國］洪洞縣志》卷五《選舉表下》列郭宗義爲明例貢，並有小傳："以寫《永樂大典》功授鴻臚寺序班，升陝西鎮原縣縣丞。"

9.* 韓繼榮

李、汪文載其爲書寫儒士。《［康熙］蕭山縣志》卷十七《選舉志·明薦辟》有傳："韓繼榮，（嘉靖）三十八年由楷書、鴻臚寺序班升兩淮運司知事。"《［嘉靖］蕭山縣志》第四卷《人物表·選舉表》嘉靖四十五年制舉亦載韓繼榮"由儒士任鴻臚寺序班"。

10.* 胡邦寧

李、汪文載其爲書寫儒士。《［嘉慶］東昌府志》卷十九載胡邦寧爲無錫儒士，隆慶六年任恩縣主簿。

11.* 梅元紹

李、汪文載其爲書寫辦事官。《［萬曆］常州府志》卷九《職官·令佐表》載梅元紹爲浙江永嘉人，隆慶二年任無錫縣丞。

12.* 梅子琦

李、汪文載其爲書寫儒士。據《［嘉靖］永嘉縣志》卷六《選舉志》載梅子琦係嘉靖年間辟用，任"府照磨"。

13. 孫墀

《［光緒］餘姚縣志》卷二十三《列傳》載："墀字志朝，少敏，過目千言輒成誦。爲諸生，工文，伸紙走筆，俄頃立就。兄堪赴父難，留墀與陞侍母。堪既行，墀即偕陞相繼赴之，服闋任修邑志。以嘉靖八年鄉貢預修《大典》。授中書舍人，選大理寺正，會兩制缺詞員，輔臣疏請墀與焉。三考晋尚寶丞，加金緋。母楊就禄京邸，墀年已六十餘，朝夕承懽，靡不竭情。母没，扶櫬歸，執喪如父時。甫終制，竟以毀卒。"

孫墀以鄉貢參預重録《永樂大典》，其職務當爲書寫或圈點。

14.* 張天祚

李、汪文載其爲書寫辦事官。《［康熙］錢塘縣志》卷十《選舉・楷書選》載："張天祚，武興衛經歷。"

15.* 汪栴

李、汪文載其爲寫書官、知事。《［嘉靖］徽州府志》卷十四《選舉志・舍選》載："汪栴，上路人，由儒士，中書科舍人。"

16.* 汪玄壽

李、汪文載其爲書寫儒士。《［康熙］徽州府志》卷十一《選舉志・舍選》休寧縣下有傳："汪玄壽，號同野、上舊墅人。儒士。原名壽。考入史館，與修《永樂大典》。禮部奏名，御筆加一玄字，興文縣。"《［道光］休寧縣志》卷十一《仕宦・文官》載："汪壽，字同野，舊市人。四川興文縣知縣。"

17. 王穉登

《［光緒］慈溪縣志》卷二十八袁煒傳"纂修《永樂大典》，充總裁"一句下，注引王穉登所撰袁煒傳："薦穉登入史館，校《永樂大典》。"則王穉登亦曾參預重録《大典》。

18.* 吳繼芳

李、汪文列出的"書寫官序班"中有吳繼芳，但未考出生平。按《［康熙］休寧縣志》卷五《選舉・舍選・嘉靖》載："吳繼芳，字用譽，商山人，鴻臚寺序班。"同書卷六《人物・列女》載："吳繼芳妻汪氏。適商山序班。芳修《永樂大典》，勞瘁卒，汪絶粒死，撫周題奏，以夫忠婦節表其墓。"

19.* 吳子像

李、汪文載其爲書寫儒士。《［康熙］平陽縣志》卷九《選舉・薦辟》將吳子像列入崇禎間，"考選署正，中書舍人"。《［乾隆］溫州府志》卷十九則載吳子像"善書"，官光祿署丞。

20.* 謝用樞

李、汪文載其爲書寫儒士。《［康熙］永州府志》卷六《秩官志：道州歷代官屬表》載謝用樞爲浙江餘姚人，萬曆四年任道州州判。《［民國］霸縣新志》卷三所附《歷代職官録》載謝用樞萬曆間任霸州州判，出身爲"儒士"。

21.* 許永禄

李、汪文載其爲書寫儒士。據《［乾隆］長汀縣志》卷十五《職官》，許永禄爲浙江奉化人，隆慶間任福建長汀縣照磨。

22.* 張九鶴

李、汪文載其爲書寫儒士。《［乾隆］解州安邑縣運城志》卷五《職官》載張九鶴爲順天霸州儒士，萬曆七年任山西運城鹽運使司知事。

23.* 周維藩

李、汪文載其爲寫書官、中書。《［康熙］昌平州志》卷十三《科貢志》有傳："周維藩，由儒士初授鴻臚寺序班，選入內閣制敕房辦事，升中書舍人，兼翰林院侍書，升光祿寺寺丞，升尚寶司少卿，仍兼侍書。"

24. 周文輝

《［嘉靖］徽州府志》卷十四《選舉志·舍選》載："周文輝，繕寫《大典》。"其籍貫爲祁門。《［同治］祁門縣志》卷二十二《選舉志·舍選》亦載："周文輝，居城東，繕寫《大典》。"

《［嘉靖］徽州府志》未記載周文輝生存年代。按該志其前一人爲王續光，任職瑞安縣主簿，查《［嘉靖］瑞安縣志》卷四《職官志·主簿》，王續光"字養蒙，直隸祁門人，嘉靖三十一年至"；其後一人爲程清，任奉化縣丞，查《［光緒］奉化縣志》卷十六《職官表》，程清任職時間爲隆慶年間。據此可知，周文輝當爲嘉靖間人，他參與繕寫者爲《大典》嘉靖副本。

劉波　國家圖書館古籍館　副研究館員

引用書目

（明）王錫爵撰：《王文肅公文集》五十五卷，明唐氏廣慶堂刻本。國圖索書號 11885。

（明）王穉登撰：《客越志》二卷，明隆慶元年（1567）延陵吳氏蕭竦齋刻本。國圖索書號 04347。

（民國）張仁蠡、劉延昌修，崔汝襄、劉崇本纂：《［民國］霸縣新志》，民國二十三年（1934）天津文竹齋鉛印本。

（清）陳志儀纂修：《［乾隆］保昌縣志》，清乾隆十八年（1753）刻本。

（清）周尚質修，李登明、謝冠纂：《［乾隆］曹州府志》，清乾隆二十一年（1756）刻本。

（清）吳都梁修，潘問奇等纂：《［康熙］昌平州志》，清康熙十二年（1673）刻本

（清）陳朝羲纂修：《［乾隆］長汀縣志》，清乾隆四十七年（1782）刻本。

（明）劉廣生修，唐鶴徵等纂：《［萬曆］重修常州府志》，明萬曆四十六年（1618）刻本。

（清）楊泰亨、馮可鏞纂：《［光緒］慈溪縣志》，清光緒二十五年（1899）刻本。

（清）方汝翼、賈瑚修，周悅讓、慕榮幹纂：《［光緒］增修登州府志》，清光緒七年（1881）刻本。

（清）嵩山修，謝香開、張熙先纂：《［嘉慶］東昌府志》，清嘉慶十三年（1808）刻本。

（清）李前泮修，張美翊等纂：《［光緒］奉化縣志》，清光緒三十四年（1908）刻本。

（民國）孫奐崙、賀椿壽修，韓垌纂：《［民國］洪洞縣志》，民國五年（1916）鉛印本。

（明）何東序修，汪尚寧等纂：《［嘉靖］徽州府志》，明嘉靖四十五年（1566）刻本。

（清）丁廷楗修，趙吉士纂：《［康熙］徽州府志》，清康熙三十八年（1699）刻本。

（清）言如泗修，熊名相、呂瀅等纂：《［乾隆］解州安邑縣運城志》，清乾隆二十九年（1764）刻解州全志本。

（明）王叔杲修，朱得之纂：《［嘉靖］靖江縣志》，明隆慶四年（1570）刻本。

（清）董萼榮、梅毓翰修，汪元祥、陳謨纂：《［同治］樂平縣志》，清同治九年（1870）刻本。

（清）金以埈修，呂弘誥等纂：《［康熙］平陽縣志》，清康熙三十三年（1694）刻本。

（清）魏㟾修，裘璉等纂：《［康熙］錢塘縣志》，清康熙五十七年（1718）刻本。

（清）葉士寬纂修，姚學瑛續修，姚學甲續纂：《［雍正］沁州志》，清乾隆三十六年（1771）增刻本。

（清）吳存禮修，陸茂騰纂：《［康熙］通州志》，清康熙三十六年（1697）刻本。

（清）李琬修，齊召南、汪沆纂：《［乾隆］溫州府志》，清乾隆二十七年（1762）刻本。

（明）林策修，張燭纂，魏堂續增：《［嘉靖］蕭山縣志》，明嘉靖三十六年（1557）刻萬曆三年（1575）增刻本。

（清）劉儼修，張遠纂：《［康熙］蕭山縣志》，清康熙三十二年（1693）刻本。

（清）廖騰煃修，汪晋徵纂：《［康熙］休寧縣志》，清康熙三十二年（1693）刻本。

（清）何應松修，方崇鼎纂：《［道光］休寧縣志》，清道光三年（1823）刻本。

（明）程文箸修，王叔杲纂：《［嘉靖］永嘉縣志》，明嘉靖四十五年（1566）刻本。

（清）劉道著修，錢邦芑纂：《［康熙］永州府志》，清康熙九年（1670）刻本。

（清）周炳麟修，邵友濂、孫德祖纂：《［光緒］餘姚縣志》，清光緒二十五年（1899）刻本。

目録 版本目録學研究第十一輯

《四庫全書初次進呈存目》整理本二種"經部"對讀記

趙兵兵

　　"四庫學"是時下熱門學問之一,而圍繞《四庫全書總目》(下文簡稱《總目》)開展的研究更是其中的重頭戲,以至於有學者喊出"四庫總目學"的口號①。但多年的學術積纍,使得相關研究新方法和新角度的開掘變得愈加困難。於是,新的學術增長點,頗有賴於新材料的再發現。

　　2011年10月15日,臺灣大學夏長樸教授在北京師範大學古籍與傳統文化研究院等主辦的"第二屆中國古文獻與傳統文化國際學術研討會"上,宣讀了《四庫全書總目研究的新資料——臺北"國圖"所藏四庫全書初次進呈存目》的論文②。首次向學界揭示了《四庫全書初次進呈存目》(下文簡稱《初目》)這一重要文獻,並率先進行了初步研究。2012年12月,臺灣商務印書館與臺北"國圖"合作,將之原大雙色影印出版(下文稱作"影本")。僅過兩年多一點的時間,人民文學出版社、陝西師範大學出版總社就接連申得2015年書號(分別是第055671號、第288606號),並分別於2015年6月和2016年3月先後出版江慶柏等整理《四庫全書初次進呈存目》(下文稱作"江本")和趙望秦等校證《四庫全書初次進呈存目校證》(下文稱作"趙本")二書。

---

　　① 陳曉華:《"四庫總目學"史研究》,商務印書館,2008年,第1—4頁。
　　② 轉引自江慶柏等整理:《四庫全書初次進呈存目》,人民文學出版社,2015年,概述第1頁腳注②。

此外，臺北"國家圖書館"自 2003 年開展古籍數字化建設，於 2013 年將包括"古籍影像檢索系統"在内的多個資源系統，整合爲"古籍與特藏文獻資源"資料庫（http://rbook2.ncl.edu.tw），透過平臺供使用者瀏覽、檢索。2017 年 1 月 18 日，該系統所收影像正式對外開放，供世人免費瀏覽、查閱①。其中自然包含《初目》高清原色掃描件（下文稱作"網本"）。

自夏教授向學界揭示《初目》以後，短短四五年間，市面上便已出現了《初目》的三種紙本。這一方面説明當今出版業的發達與便捷，另一方面則可看出相關影印、整理者及三家出版社對《初目》學術價值的高度重視，自然是看準了《初目》在推動《總目》研究乃至四庫學研究方面可能產生的效益。

但是，一般來説，古籍整理工作需要耗費不少的時間和精力，纔有可能爲其質量提供保障。如此神速地整理、出版，難免讓人對其品質產生懷疑。筆者在使用《初目》時，發現江、趙二種整理本確實存在不少問題。因而草作此篇，以就教於讀者諸君。

一、江本《概述》及"凡例"與趙本《代前言》及"叙例"之不同

整理古籍，需要冠以"整理説明"，呈現的方式和名稱可以多樣，但所涉内容則有大致範圍。照黄永年先生的看法，我們概括爲如下六個方面：（1）談意圖，談目的；（2）講作者，述注者；（3）述内容，評優劣；（4）講版本，述淵源；（5）講方法，講體例；（6）講援助，講承用②。

具體到《初目》，由於這是一部不署名的集體創作之存世孤本，所以無需涉及（2）（4）兩個方面，但有必要介紹其版本情況。江本《概述》及"凡例"即有關於《初目》外觀、分册及流傳情況的介紹，而趙本僅言及《初目》封面題簽及版心題字即外觀的情況。至於方面（1），换言之即是談《初目》價值所在，而這又與其内容密切相關，所以江本《概述》與趙本《代前言》即是圍繞（1）（3）兩方面而作。二本之"凡例"與"叙例"則針對方面（5）而談。在方面（6）的問題上，二種整理本正文部分，除趙本承用其底本（影本）中針對錯裝、缺頁所加"編按"外，二本"校記"中均鮮及近人成果③，儘管可供參考的見解有很多，但他們却不約而同地選擇了"另起爐灶"。

江本《概述》與趙本《代前言》相比，明顯地要深入得多。《概述》討論的

---

① 臺北"國家圖書館"—資源查詢—古籍與特藏文獻資源"簡介"。（http://rbook2.ncl.edu.tw）
② 詳參黄永年：《古籍整理概論》，上海書店出版社，2011 年，第 164—165 頁。
③ 二本之中，經部僅見江本言及沈津、中華書局點校本及余嘉錫（第 65、84、93 頁），三處而已。

内容包括：《初目》的基本情况、《初目》是一部獨立類型的四庫提要文獻、《初目》建立了《四庫全書》的圖書分類體系、《初目》確立了四庫提要的基本範式、《初目》與四庫學提要文獻系統的構成、《初目》爲庫本提要的比較提供了依據、《初目》著録《總目》未收提要考述。江氏對每一個問題都在其前研究的基礎上，進行了深入細緻的探討，無論是舉例還是分析，都足以論證其觀點。

而趙本《代前言》，即《〈四庫全書初次進呈存目〉文獻價值探微》一文，則僅圍繞《初目》"文獻價值的一些細節問題""略陳管見"。因趙氏認爲，有關《初目》的文本形態、目録分類、條目數量、彙編時間、收藏流傳、提要内容、文獻價值以及它與其他提要文獻之關係和它的地位等問題，已有夏長樸、曾淑賢（即影印本序作者）及劉浦江等人的介紹及研究，毋庸贅述，"讀者自可取閱"。從讀者角度來說，這樣處理顯然不能讓人滿意。且不說對相關問題尚可有進一步的研究，如江本《概述》所做，即便是將此前研究做一總結以紹介於使用者，既無需太多的篇幅，又可以省却讀者另加搜檢文獻並自行歸納的時間和精力。正所謂省所不當省。至於趙氏的"管見"，雖亦不無參考之用，然頗有似是而非之處。

下面僅選取趙本《代前言》與江本《概述》的幾處不同，略加論證。

例1：趙氏認爲，"從目前所掌握的'四庫學'相關材料看"，《初目》"正處在出於衆手的分纂稿與出於一人的修改稿之間，屬於一種過渡性的書目文字，而更接近於分纂稿"（第4頁）。而江氏則說："至於《初目》與在此之前形成的分纂稿，無論内容還是形式，差異都是非常明顯的，無容多說。"（第4頁）

按：二人均直接表明觀點，不加論證，足見都是自信其說。那麼，這兩個說法是否可靠呢？對於趙氏的觀點，我們不妨把《初目》經部易類提要中，同時見於《總目》和"分纂稿"的十篇提要，做一比對，列表如下[①]。

表1 《初目》易類提要與《分纂稿》及《總目》對照表

四庫全書初次進呈存目					四庫提要分纂稿				四庫全書總目	
書名	各本頁碼				翁方綱分纂稿		姚鼐分纂稿			
	網	影	江	趙	頁	關係	頁	關係	頁碼	關係
了翁易説	12	13	3	8	4	×			7上	√
易通	68	69	11	31			388	×	16下	√

---

① （清）永瑢等：《四庫全書總目》，中華書局，1965年，據浙江刻本影印（下文稱《總目》而無說明者，即是此本）。（清）翁方綱等：《四庫提要分纂稿》，吴格、樂怡標校，上海書店出版社，2006年。

四庫全書初次進呈存目					四庫提要分纂稿				四庫全書總目	
書名	各本頁碼				翁方綱分纂稿		姚鼐分纂稿		四庫全書總目	
	網	影	江	趙	頁	關係	頁	關係	頁碼	關係
讀易考原	78	79	12	36	10	×			25 下	√
周易集傳	102	103	15	47	10	√			25 中	×
易象鈎解	828	137	16	58	12	×			30 上	√
周易全書	110	111	17	49	22	×	390	√	56 上	×
古易考原	112	113	17	50	19	×			52 中	√
周易旁注前圖	145	151	21	65	18	×	389	√	50 中	√
易義古象通	155	161	22	69	13	○			31 下	○
易互體例	213	217	28	87	14	○			48 中	○

上表中，"√"表示與《初目》有明顯承用關係，相同語句甚多；"×"表示與《初目》差別較大，關係較遠。可見前七篇提要中，祇有對《周易集傳》和《周易全書》（《總目》及《分纂稿》所載三篇均作《周易古今文全書》）的兩篇提要，分纂稿較《總目》更接近《初目》。且對於後者，又是姚鼐分纂稿比《總目》更接近《初目》，而此時翁方綱分纂稿則和《總目》極爲接近[1]。這一現象，也表現在末二書提要上，即《總目》明顯承用了翁方綱分纂稿，而《初目》與二者均差別較大。至於對《周易旁注前圖》的提要，則是姚鼐分纂稿與《初目》最爲接近，《總目》與《初目》雖亦有相同語句，但關係已較弱。而翁方綱分纂稿實際上是針對《周易旁注》和《前圖》十二卷全本的提要，所以與《初目》相去甚遠[2]。

僅從這小小的十篇樣本中，已足以看出《初目》與《分纂稿》及《總目》關係之複雜。"誰更接近於誰"這個問題，怕是很難從全書來論，而祇能落實到一篇篇具體的提要上來作對比、下結論。如此，則趙氏所謂《初目》"更接近於分纂稿"的論斷，顯然無法成立。基於同樣理由，江氏的説法也祇是根據整體印象做出的籠統判斷，讀者不必過信。

---

① 關於這一點，夏長樸早已指出。見氏文：《〈四庫全書初次進呈存目〉初探——編纂時間與文獻價值》，《漢學研究》第 30 卷 2 期，2012 年 6 月，第 191 頁脚注 43。

② 關於此四篇提要之關係，劉浦江已有討論。見氏文：《〈四庫全書初次進呈存目〉再探——兼談〈四庫全書總目〉的早期編纂史》，《中華文史論叢》2014 年第 3 輯，第 313—317 頁。

又，趙氏的説法似乎是襲用夏長樸文中"《初次存目》編纂較早，也較接近分纂稿原貌"的觀點而誤解者。因爲夏氏是説，《初目》"是現有資料中，形式和内容最接近各書分纂稿原始面目的素材"①。也就是説，如果把分纂稿看做提要系列文獻的原點，把《總目》看做終點，那麼《初目》離原點最近。而到了趙氏筆下，則成了《初目》與原點間的距離小於《初目》與終點間的距離。

例2：趙氏認爲，《初目》與閣本書前《提要》和《總目》相比，最顯目的一點不同是"前者爲體例不一的作品，後者爲體例劃一的作品"。又稱後二者"撰寫體例十分謹嚴，高度統一，每書的每條提要都是以作者生平、版本流傳、主要内容及價值評判爲序，層次分明，極少紊亂"。然後舉出《初目》行文違反這一叙述次序的提要，以爲亂例之證。予以"五花八門"的判語，且認爲彙編《初目》時"未做統一體例的處理"（第4—10頁）。

同樣是將《初目》與《總目》作對比，江氏有不同的感受。他説："《初目》普遍比《總目》要簡略。""但四庫提要的基本範式已經建立。《初目》吸收了各分纂稿的成果，又在其基礎上進行了整飭，使得體例更爲統一、内容更爲明晰、格式更爲規範，並使得《初目》最終成爲各庫本提要、《總目》提要的基礎文本。"然後陳述能體現這一整飭工作的諸多方面，包括對書名之義的辨析，對作者的考辨，對圖書版本情況的介紹，對圖書真僞的考辨，對文字增删、篇章分合的考訂等。並認爲這正是按照《總目》中有關提要内容的"凡例"之要求來進行整飭工作（第8—9頁）。

按：顯而易見，雖同言體例，但二人着眼點相異。趙氏注重形式，江氏更看重内容。各有道理，似乎難分軒輊。那不如抛開其論斷，仍做自己的觀察。

《總目》的成書，有一個漫長過程，從《分纂稿》到《初目》再到《總目》，並加上其間反復多次地修訂，可以説提要恒處於動態變化中。但如果以這三部書作爲關鍵點來做整體考察，會很容易地發現，無論是在形式，還是在内容上，提要稿都在不斷地被完善，形式趨向統一，内容趨於豐滿。所以，單一地着眼於形式或内容，都不足以反映《初目》的體例真相。讀者不如將雙方論述，合而觀之。

不過，更重要的是，趙氏所舉有違於其所謂"以作者生平、版本流傳、主要内容及價值評判爲序"之體例的三條例子中，有兩條都不恰當。《書説》一條，《總目》中相應提要（第92頁中）和《初目》保持一致，也是他所謂"版本、内容、價值、作者"的順序。《隆平集》一條，趙氏以爲寫作順序是"内容、價值、作者、版本"，實際上，他所謂"寫書的作者"的部分，是對《隆

① 夏長樸：《〈四庫全書初次進呈存目〉初探——編纂時間與文獻價值》，第187頁。

平集》真僞的考辨，並不是對曾鞏的生平介紹。而從《初目》到《總目》（第447頁下），對是書内容的介紹之前增加了曾鞏小傳，原來的版本介紹則被替換作對是書流傳情況的説明及仍予著録的緣由，中間關於書之内容、價值評判、真僞考辨的部分，幾乎全部保持了《初目》的文字面貌。尚需指出的是，趙氏所謂閣本書前《提要》和《總目》之撰寫體例，並不符合二者之實際。《總目》"凡例"明確地寫道："每書先列作者之爵里，以論世知人。次考本書之得失，權衆説之異同。以及文字增删、篇帙分合，皆詳爲訂辨，巨細不遺。"（卷首第17頁下）可見在"作者生平"一項後，並沒有依照"版本流傳、主要内容及價值評判爲序"的寫作規則。

例3：江本《概述》之"《初目》著録《總目》未收書提要考述"一節（第17—21頁），總共列出34篇見於《初目》而不見《總目》的提要（其中13篇爲夏長樸文已指出）①。而趙本《代前言》（第17頁）説，這類提要"計有三十九篇"。

按：因爲趙氏並未給出39篇的清單，所以祇能通檢其書，逐一摘列。於是，可以發現趙本較江氏所言34篇，又計入如下六種：《南北史合注》（第372頁）、《合訂南唐書》（第409頁）、《歷代不知姓名録》（第844頁）、《印人傳》（第862頁）、《書畫記》（第864頁）、《黄給諫遺稿》（第1412頁）。前五種均見《總目》所附《四庫撤燬書提要》，確實屬於"《總目》未收"的範圍。但既已久隨《總目》影印本流傳，爲衆所知，所以江氏不加考述，亦不爲誤。且江本各書提要（分别見第111、122、250、254、255頁）下，均已指明《總目》未著録。至於《黄給諫遺稿》之提要，趙本僅在"今案"中説："《四庫全書總目》無此條。"（第1412頁）江本"校記"則云："《總目》不載此書，《四庫全書》亦未收録，惟粤刻本《四庫全書簡明目録》著録有此書。"（第407頁）是江氏乃因其見存《簡明目録》而不復予以考論，亦非漏記。

除此六種外，趙本又剔除江氏所言《引經釋》提要一種。其"校記"云："《引經釋》五卷案《四庫全書總目》卷三七同條作'《經籍異同》三卷'。"其"今案"："《四庫全書總目》卷三七經部三七四書類存目，第三一一頁上。"（第273頁）而江本"校記"則云："本書《總目》未單獨列出，而包括在《經言枝指》一百卷中。"並標見《總目》"311中"（第85頁）。回查《總目》，即知趙本之謬誤，此正所謂"失之眉睫"者。

綜上可知，《初目》著録而《總目》未收之提要，凡40篇。

---

① 江慶柏又有《〈四庫全書初次進呈存目〉著録而〈四庫全書總目〉未收提要考》，對夏文所及之外的21篇逐一考論，較該節更加完備。見《版本目録學研究》第6輯，北京大學出版社，2015年，第161—176頁。

除了上述三例，再討論三個小問題。

關於《初目》的簡稱。江本即用《初目》之稱，並說："既爲簡便起見，也還含有與《四庫全書總目》相對而言之意。"（《概述》第1頁）而趙本乃以《存目》稱之，雖亦取自原書題簽末二字，但顯然不如《初目》之稱爲優。一則"存目"之名，多指《總目》中的存目書，行用既久，幾成專名，此復用之，易致誤解。再則，書簽題名是原書所有，還是出於藏家之手，尚存爭論①。如此，則"存"字恐失着落，但原書浮簽有"初次進呈"字樣，是"初"字極爲關鍵，理當用之。

關於《初目》的版本。從版本學角度説，《初目》是"清乾隆間鈔本"。不管是相關書目，還是研究論文，都以"鈔本"稱之。唯有趙本以"稿本"視之，卻又不見有何論證，其書"叙例"中反而有"抄手衆多，繕寫不精"之語，自相矛盾。至於劉浦江先生於行文之中，稱《初目》爲"稿本"，是因爲他將《初目》視作《總目》初稿彙編本，其"稿"字實爲"文稿"之"稿"。劉文第一部分對《初目》的介紹，給出的版本定性，也説是"此書爲鈔本"②。

關於《初目》的完缺。趙本《代前言》（第26頁）注釋⑥中，認爲《初目》失載他處已言"著錄經部中"的《讀易舉要》一書提要一事，證明《初目》"散逸已甚"。而江氏則説："現在的《初目》已有散失，其總篇數應該不止今天所能看到的這些。但我們認爲《初目》的基本樣子還保留着，我們甚至還傾向於認爲最早的《初目》的規模與現在所見的應該差距並不大，散失的數量並不多。"（《概述》第2頁）雖然江氏未予論證，但在這段文字之前同一頁不遠處，曾指出《初目》的一個現象，即"正史類中的二十四史一部也没有""清朝皇帝數量巨大的御撰書也一部没有收錄"，並認爲"這不是偶然佚缺，而是當時就没有進呈"。這可以算是一個有力證明。另外，《初目》今存僅1878篇提要，且有8種書各有兩篇提要，但它的類目多達48個，比《總目》的44個還多，縱使存在整類缺失的可能，這個類目數也應該是基本完備的。其子部縱横家、墨家、名家三類，由於相關著作太少而在《總目》中取消的類目，亦各以收錄一部著作而存在，這顯然不是"散逸已甚"之後的恰巧存留。而根據劉浦江先生的研究，《初目》"僅是截止三十九年七月爲止已進呈提要的彙編本"，"若每次進呈提要在千種左右，那麼這很可能是前兩次進呈的一

---

① 夏長樸：《〈四庫全書初次進呈存目〉初探——編纂時間與文獻價值》，第187頁。劉浦江：《〈四庫全書初次進呈存目〉再探——兼談〈四庫全書總目〉的早期編纂史》，第304—305頁。

② 劉浦江：《〈四庫全書初次進呈存目〉再探——兼談〈四庫全書總目〉的早期編纂史》，第297—304頁。

部分"①。如果這個結論成立，則可以肯定地説，現存《初目》佚失篇目有限，與最初的規模差距不大。

上文是對讀江本《概述》與趙本《代前言》的一些感想。下面則是圍繞江本"凡例"與趙本"敘例"的對讀及值得注意的幾點不同之總結。

第一點：關於整理底本。江本自言以臺北"國圖"藏"鈔本"爲底本，並參考影印本。趙本則徑以影印本爲底本。

按：影印技術，使得古籍原貌在化身千百過程中的保存，成爲可能。但是，由於影印者或多或少的介入，歷來的影印本古籍往往與其底本存在這樣或那樣的差異。有鑒於此，古籍整理者理當盡可能地依據原本整理，不得已然後再採用影印本做底本。以《初目》而言，其影本雖採用原大雙色技術，但因非原色，未能反映原本的蟲蛀情況，導致難以分辨那些空白字格是原本無字還是原有而後殘壞者。至於影本採取以加"編按"的方式，對底本原來的錯裝亂葉進行調整，則已屬學術性的加工。以影本爲底本的趙本，祇能信而從之，如有加工時的錯漏，也祇能承襲而不能糾正（下文"二本目錄之異"第4條、"趙本譌文誤字"末一例，均可爲證）。

又，根據江本自述，並不能看出它的底本究竟是藏於臺北"國圖"的《初目》紙本原書，還是像本文之前提到的《初目》"網本"一樣的電子掃描件。筆者認爲以後者可能性爲大。因爲臺北"國圖"（即原"國立中央圖書館"），早在1978年便已完成善本書縮製工作，於1979年又開展彩色膠捲的縮微工作②。《初目》即在其中③。雖然我們暫不知《初目》彩色縮微膠捲的具體製作完成時間，但想必不會在影本出版之後。如此，則網本、影本、江本應當均是出於《初目》彩色微捲，即電子掃描件。

附帶討論一下，今存《初目》的頁數（兩頁爲一葉）問題。按理説，網本和影本都據原鈔本微捲，頁數應該一致。但經統計，可發現其間實有不同處。

先説網本。網站影像顯示，《初目》共4084頁，每册封面占1頁，凡48册，即占48頁，則正文計4036頁。

再看影本。其"凡例"第一條，分列四部提要册、篇、葉數，云"全書共計二零二四葉"，即4048頁。而影本中，四部編碼自爲起訖，分別爲904頁、

---

① 劉浦江：《〈四庫全書初次進呈存目〉再探——兼談〈四庫全書總目〉的早期編纂史》，第304頁。

② 王振鳴：《臺灣地區圖書館的中國古籍收藏管理與利用》，《圖書情報工作》1990年第4期，第43頁。

③ "國立中央圖書館"出版品國際交換處編輯：《"國立中央圖書館"善本圖書微捲目錄索引》，臺北"國立中央圖書館"，1984年，第67頁（05000號）。

940 頁、1008 頁、1352 頁，凡 4204 頁。其中每册封面占 2 頁，計 96 頁；增補白葉 30（經部 9 葉：139—140、471—472、735—736、745—746、757—758、769—770、811—812、821—822、879—880；史部 6 葉：041—042、045—046、111—112、751—752、845—6—7—848；子部 2 葉：279—280、925—926；集部 13 葉：027—028、037—038、077—078、099—100、109—110、393—394、477—478、521—522、733—734、1083—1084、1137—1138、1233—1234、1253—1254），計 60 頁。則正文實 4048 頁。

今復列表如下，以便觀覽。重要數據加粗字體，并加下劃綫。

表 2 《初目》頁數、葉數統計表

部名	册數	網本			影本					影本凡例
		頁數	去封面後頁數	葉數	頁數	封面頁數	白葉頁數	去前二項後頁數	葉數	葉數
經	9	876	867	434	904	18	18	868	434	435
史	11	917	906	453	940	22	12	906	453	452
子	12	992	980	490	1008	24	4	980	490	489
集	16	1299	1283	642	1352	32	26	1294	647	648
合計	48	4084	4036	2019	4204	96	60	4048	2024	2024

顯然，網本和影本在經、集二部存在差別。今既已通校經部，可知二本相差一頁之緣由。原來經部小學類《字孿》條提要，内容雖然完整，但網本中（第 848 頁），僅有前半葉（即 a 面），而無後半葉（即 b 面）空白一頁。如果原書鈔本即缺，則影本《字孿》提要的後半葉空白頁（第 876 頁），當是影印時補齊。反之，如果原書鈔本並不缺此空白頁，則爲網本脱漏。以前者可能性較大。推想二本在集部的差別，大概與此相同。

至於影本凡例所説與影本總葉數相同，而四部分計有異，則不知何故。江本《概述》亦稱："《初目》以行楷鈔寫，四十八册，今存二千零二十四葉（以雙面爲一頁計算）。"（第 2 頁）蓋即取用影本凡例之説。均不必細考。

第二點：關於字形字體。趙本將"不致引起文義歧解的異體字、俗體字、簡體字改爲通行的規範字"。江本則無相應條例，是其於字形字體皆不措意。

按：一般來説，字形字體上的差異，不大會對文本内容的理解造成困難。究竟改還是不改，雖然已有《通用規範漢字表》可供遵循，有《中華人民共和國國家通用語言文字法》的出台，但因它並未進行强制性的規定，所以古籍整理者往往各隨其意，頗顯混亂。不過，仍有一點原則當需堅持，如果不改，就應該盡量做到"悉依其舊"，如果要改，就應該盡量避免"改而不盡"。"一本書內的用字應力求統一"①。此二本成績如何，且待下文討論。

第三點：關於避諱字。凡缺筆諱字，二本均爲補足缺漏筆畫。對於已改用他字者，江本一仍其舊，不加回改。趙本則在是字後括注諱字本字。

按：已經整理的各類古籍，在對以替代法避諱之字的回改問題上，也是各自爲政，步調不一。有人如江本，一律不改。有人如趙本，括注以明之。更有人徑改而不一一指明，僅於凡例中統而言之。其實，有關避諱字，涉及不少知識。面對古籍原書，既要知道哪些字在它的避諱範圍内，又要判斷在替代字中，哪些是因避諱而用，哪些是其本來用法。所以，最妥當的辦法，還是趙本採用的——加括號隨於整理者認定的、因避諱而用的那些替代字之後的方式。

第四點：關於部類名稱。《初目》書口標有部類名稱，江本將類名改置各類圖書前，趙本則將每冊所含類名合併冠於冊前。

按：翻閱二本"目録"，即可感受到，江本做法優於趙本。以類名置於各類圖書前，眉目清晰，一眼即能看出其類起訖。而在趙本中，對於一冊包含數類的情況，圖書名目接連而下，若要辨清各類界限，必然要花費一些本可節省的時間。

二、二本目録之異、字形字體之不齊、訛文誤字問題

（一）二本目録之異

僅將二本書前《目録·經部》加以對比，可注意之不同便有如下五處。

1.《易象鈎解》條，江本置《周易集傳》後，趙本置《易經勺解》後。

按：江本"校記"①："《易象鈎解》提要，《初目》原排在經部小學類《俗書刊誤》之後。抄本書口題'經部易類'，是抄本誤排在彼處。今據《總目》所排列位置，移録於此。"（第16頁）趙本"校記"［一］："易象鈎解四卷底本原案曰：'編按：此篇原置小學類，今據中縫校改。'"（第59頁）

趙本承用影本意見，但既未標明該篇原來的具體位置，亦未給出校改的具體根據。江本雖祇説是據《總目》調整，但實際上也是基於其對《初目》編排規律的理解。《概述》之"《初目》的基本情況"一節（第2頁），即有一段相關討論。江本調整後，該書（明陳士元撰）處在《初目》所收明人易類著作之首，在此範圍内，對應《總目》，確以該書位置最靠前。因此，江本

---

① 程毅中：《古籍校勘釋例》，見許逸民：《古籍整理釋例（增訂本）》，中華書局，2014年，第46頁。

的調整十分恰當。

2.《三禮考注》條，江本置《三禮纂注》前，趙本置《禮記纂言》後。

按：江本"校記"①："《三禮考注》提要，《初目》原排在史部春秋類《春秋提綱》之後。抄本書口誤題'經部春秋類'。今據《總目》所排列位置，移錄於此。"（第49頁）趙本"校記"〔一〕："三禮考注六十四卷案底本原案曰：'編按：本書屬禮類，中縫誤作春秋類，今校改入禮類。'"（第59頁）

與前條相同，趙本仍是承用影本意見，既不明原篇位置，也不明校改根據。江本則仍言依據《總目》。今考是書，《初目》云："舊題元吳澄撰。"故影本將其置於吳澄撰《禮記纂言》後，且處於《初目》所收元人著作之末（禮類宋人著作末條《周禮集說》，即爲不著撰人姓氏之宋元間人之作，江本第45頁。可以爲例）。而江本調整後，此書夾雜於明人著作之間，頗顯突兀。當以趙本爲優。

3.《干禄字書》一條，趙本置書名於方括號"〔〕"中。

按：趙本對殘缺書名的提要（包括缺頁和文字殘壞兩種情況），均於書名上加方括號，以示區別。此條即是因原書名破損而加方括號（第300頁）。江本中的六角括號，具有類似功能，但它祇在因缺頁造成書名殘缺的情況下（此時提要亦缺開頭部分），纔使用這一辦法。而本條提要內容完整，祇是書名出現殘壞，所以江本不用六角括號（第92頁）。各有體例，不必一律。

4.《九經字樣》前，江本有"〔韻經〕"一條，趙本則無。

按：江本"校記"云："《韻經》五卷，《初目》本篇提要爲殘篇，缺書名及開頭部分。茲據《總目》標注書名，所缺提要未予補出，僅錄所存部分。"（第93頁）以網本核對，此條提要載第734—735頁，但其開頭自"於吻皆因"至"故十三處"，凡107字，乃是《五音集韻》提要之文（《總目》第362頁上）。屬於"兩篇誤合爲一篇者"。江本雖已將其析出，使其歸於原位，但沒有對這一情況加以說明（第100頁）。

網本第734—735頁，對應影本第809—810頁，即被調至《五音集韻》條下。趙本"校記"云："底本自'於吻'以下爲一頁，原案曰：'編按：此葉原置干禄字書後，今校改。'"（第327頁）影印本整理者，祇根據此葉開頭文字，便將全葉歸置在《五音集韻》，而未顧及後半段文字實另當別屬。趙本承其說，未能於點校時發現此誤，其工作較影本更加粗疏。

5.《音韻日月燈》後，江本有"〔韻會小補〕"一條，趙本則無。

按：江本"校記"云："《韻會小補》三十卷，《初目》本篇提要爲殘篇，缺書名及開頭部分。……此條原在'子部類書類'《聖賢群輔錄》之下，今依《總目》順序移動於此。"所存文字僅"有甚於前人者亦非無故云然矣"一句十三字而已（第107—108頁）。此句在網本第2296頁。

再檢趙本，此一句十三字則緊跟在"子部六考證類"《義門讀書記》提要末後一行。"校記"〔二〕用近二百字的篇幅，查得該句爲《韻會小補》的殘存文字（第 900—901 頁）。推想趙本不爲之單獨立目，大概是爲遷就其底本即影本的原貌。影本所加"編按"云："此葉應接何書待查。"（第 501 頁）

至於影本爲何不將此十三字放在江本所説的《聖賢群輔録》提要下，則是因爲在原書中，《義門讀書記》（網本第 2290—2291 頁）與《韻會小補》之間的《耒耜經》（網本第 2292—2293 頁，江本第 224 頁，影本第 155—156 頁，趙本第 759 頁）和《聖賢群輔録》（網本第 2294—2295 頁，江本第 286—287 頁，影本第 795—796 頁，趙本第 1006—1007 頁），都因錯亂而被調整了位置。

（二）字形字體之不齊

如前所説，在該問題上，趙本自言於一定範圍内進行了規範處理，江本則並未措意。今持二本與各自底本相校，前者則"改而未盡"、頗有自相牴牾及誤改處，後者則未能"悉依其舊"、用字極度混亂。

趙本"叙例"（第 4 頁）説："僅將叙述句中的一些不致引起文義歧解的異體字、俗體字、簡體字改爲通行的規範字，其他凡出現在專門名詞術語中而可能會引起文義歧解的字則一律不改。"

今檢其書，保留了不少異體字等非規範字。如"潛心"（10，括號中的數字爲例證所在頁碼，下同）、"潛龍勿用"（11），又作"潛心"（68）、"潛龍勿用"（68）。又因"潛""潛"二字，以"扶"爲正，以"兓"爲異，所以趙本又有"贊"（12）、"僭"（34）、"讚"（205）等形體，而不代以相應規範字"贊""僭""贊"。又如"注疏"（35）、"註疏"（56）並存，有因"註"字出現在書名中而保留者如"《集註周易》"（3），但也有同樣情況而被改者如"《周禮述注》"（161，影本第 401 頁本作"周禮述註"）。其他如"証"（118、126）、"甞"（259、284）、"徵"（271、279）等，皆非規範字（相應規範字爲"證""嘗""徵"）。專有名詞中，更是多有異體字。如"孔穎達"（3）/"孔穎達"（130）；"豐坊"（130）/"豊坊"（69）；"顧炎武"（130）/"顧炎武"（69）；"《詩説解頤》"（127）/"《解頤》"（127）；"《隸續》"（643）/"《隸續》"（366）。皆當以前者爲正。而趙本皆兩存其字。更爲荒謬的是，竟有以"穎"爲"穎"之誤字，加以校正者。（第 181 頁校記〔二〕）以上所舉非規範字，如均予以統一，並不會引起文義的歧解，緣何不改呢？

趙本中，又有《初目》本不誤，而被誤加統一者。如"臺州"（28）、"臺、朕、陽之予爲我"（314）之"臺"，影本並作"台"（60、777），作"臺"則誤。又如影本"抱朴子"（131）之"朴"、"后妃之本也"（281）之"后"、"雲臺觀"（601）之"雲"、"説文儿部儿讀若人"（864）兩"儿"字，被誤改作"樸"（57）、"後"（116）、"云"（238）、"兒"（353），是連《詩經》《説文》亦未檢也。又，影本

"餛飩"（847），趙本竟作"馄饨"（347），蓋因輸入法在繁體狀態下，亦先給出後者也。

相比於趙本，江本的用字就更爲混亂了。試爲舉例，以證不誣。

先説字形。趙本在字形上基本没有問題，而江本却有不少的舊字形。如戶（1）、吳（2）、虛（5）、呂（8）、黄（12）、兌（15）、併（47）、亘（92）等等，棱角分明，皆非新字形。多用"别"（1）、"沒"（10）等舊字形，偶用"别"（69）、"没"（75）等新字形。"悮"（34）、"悞"（38）新舊二形，與其正體"誤"（5），交叉用之，一字三形並存。

再看字體。江本没有説對字體做規範處理，但如前舉趙本中的很多異體字，在江本中都做了統一與規範。如"豐/豐"併作"豐"、"隸/隸"併作"隸"等等。但江本未加規範的異體字占更大比例。出現次數較多的，有"於/于""注/註""實/寔""采/採""托/託""概/槩""疏/疎/踈"等。這確實和原書字體雜亂的狀態保持了一致。其中很多情況下，都是對原書字體的保留。但同時存在大量的原書本爲 A，而江本改爲其異體 B 的情況。以"於/于"爲例，網本《淮海易譚》條有"於易義……務主于……惟主於"（第 106 頁），一句兩"於"一"于"。江本作"於《易》義……務主于……惟主于"（第 16 頁），一"於"兩"于"，前二者保留原貌，第三個則改作異體。類似的情形，在"於/于""注/註""實/寔"等組合中，反復出現。如此隨意地處理，是非但不能"悉依其舊"，且有"變亂古書"之嫌。

自 1965 年國家相關部門發布《印刷通用漢字字形表》以來，我國政府在語言文字規範問題上，做出了持久、深入地努力。於 2000 年 10 月 31 日全國人大通過，自 2001 年 1 月 1 日起實行的《中華人民共和國國家通用語言文字法》，第二章第十一條明確規定："漢語文出版物應當符合國家通用語言文字的規範和標準。"[1] 雖然古籍的整理有其特殊性，但至多可在字體問題上進行變通，在字形問題上，完全可以遵循新字形、廢弃舊字形。即便是對字體的變通，也應盡力統一一本書内的用字。語言文字工作者與國家正規出版社，應該自覺踐行這項非强制性的法規，爲普通大衆做表率，爲國家通用語言文字的規範化、標準化及其健康發展盡自己的責任和義務。

（三）訛文誤字問題

如果説，上述兩項非關宏旨，那麼，下面我們就開始討論二種整理本的核心内容：文字校訂、標點及校記。

《初目》是一部孤本，無可供死校的對校本。好在有《總目》等近似的提要

---

① 魏勵編：《語言文字規範手册》，商務印書館國際有限公司，2014 年，第 3 頁。

文獻，可資參校。兩種整理本即主要依據《總目》，糾正了《初目》大量文字訛誤。惟今取二本，各校其底本，並參考《總目》，發現二本均有不少的漏校、誤校（江本誤校多見下一節），且都有新增的訛文誤字。今分類舉例如下。

1.《初目》訛誤，二本均漏校者

《周易口義》（江本2、趙本7）"胡定安易"，定安，《總目》（5中）作"安定"，是。胡瑗，世稱"安定先生"。該條下文兩稱"安定"，而二本於前者仍失校。又，"非其自序""例于易傳"之"序""例"，《總目》作"著""列"，是。

《易璇璣》條，江本"其曰'璇璣'者，取王弼《易略例·明象篇》'處璇璣以觀大運'語曰。胡一桂稱沈尚有《易禮圖説》"（3）句中"語曰。胡一桂"，趙本作"語。曰胡一桂"（10）。二者斷句不同，但均不通暢。查《總目》（9下）則作"語也胡一桂"。是《初目》之"曰"實"也"之誤字。

《周易玩辭》（江5、趙14）"伊川《易禪》"（江本依鈔本作"禪"，同"禪"），禪，《總目》（13中）作"傳"，是。程頤有《易傳》，無《易禪》。

《朱文公易説》（江8、趙23）"皆有成袟""編輯諸言"之"袟""諸"，《總目》（18上）作"帙""緒"，是。

《學易記》（江15、趙45）"其己未歲承乏倅泰安"，其，《總目》（25中）作"自序稱"，是。"承乏"者，任官之謙辭，則其所在文句當是引語。趙本標點作"其'己未歲承乏倅泰安'"，較江本爲優。然"其"字直接引文，自是不通。固當從《總目》校正。

《周易集傳》（江15、趙47）"《彖》、《象》及《傳》"，《總目》（25中）作"及彖象傳"，是。《彖》《象》即"傳"，三字何得並列！

《周易冥冥篇》（江16、趙49）"删《序卦》、《離卦》"之"離"，《總目》（59中）作"雜"，是。既與《序卦》同列，自是"十翼"篇目，而非卦名。

《周易正解》（江19、趙55）"而不自知其失之鑿"，《初目》（網129、影130）"鑿"上原當有一字，惟僅存一微弱墨點於上端，近於空白，故二本忽之。此句《總目》（60上）作"遂横生穿鑿"。《總目》又常以"失之穿鑿"評書（如129中《詩故》、249中《春秋左傳典略》、256中《春秋詳説》等條）。

《尚書説》（江29、趙92）"《詩》《周》説今佚"，《總目》（92下）作"詩與周禮説"。縱使不據補"與"字，亦當增入"禮"字。而二本均無校。

《毛詩草木鳥獸蟲魚疏廣要》（江40、趙128）"至援陳氏之説"云云，當條上文並未言"陳氏"爲何人。查該句又見《總目》之《毛詩草木鳥獸蟲魚疏》條（120中），作"援陳振孫之言"，是。

《春秋後傳》（江本57、趙本182）"稱其《公》《穀》之説參之《左氏》"，"稱其"下《總目》（220中）有"以"字，當據補。又，"研求聖人之上旨"，"上旨"之"上"，《初目》實爲"旨"之異體"旨"字殘存上半者（網413、影451），二本均誤讀其字。《總目》作“微旨”，是。

《春秋或問》（江 58、趙 186）“足以維綱常而衛名”，語義不完，《總目》（224 中）“名”下有“教”字，當據補。

《春秋左氏傳補注》（江 64、趙 203）提要前云“陳傅良《左傳章指》”、後又云“陳傅良之《章旨》”，“指”與“旨”相矛盾。查浙本《總目》（228 下）並作“旨”，殿本則並作“指”。再查《宋史·藝文志》及傅良本傳，皆作“指”。趙希弁《讀書附志》①、趙汸《左傳補注》自序②、朱彝尊《經義考》卷一百八十七，均同。則《初目》“章旨”當據相關文獻校正。

《古樂經傳》（江 87、趙 281）“然古之度數，其密率已不可知，非聖人聲律身度者，何由於百世之下，闇與古合，而實可以播金石管弦之器？”末句文脉不暢，《總目》（331 下）作“而用以播諸金石管弦之器”，當據正。

《重修玉篇》（江 90、趙 293）“乃仍收《大廣益會》本，而不收野王書舊本遂不可考”，後半句訛誤顯然。《總目》（347 上）作“而不收上元舊本，顧、孫原帙遂不可考”，當據正。江本於“而不收”下加句號，校出《初目》脱“上元舊本”，而不言“野王書舊本”與《總目》“顧孫原帙”之異。趙本於“舊本”下加句號，則更等而下之矣。

《九經字樣》（江 93、趙 301）引開成二年八月牒文，前云“張參《五經文字》”，後又云“請附於《五經字樣》之末”，顯相牴牾。該條後即接張參《五經文字》提要，《總目》（348 上）於二處皆作“五經文字”，是。惟《册府元龜》卷六百四及《玉海》所收該牒，於前一處均作“五經字”，後一處分別作“五經樣”“五經字樣”③。其文字參差如此。

《爾雅注》（江 95、趙 313）“惟魚謂之丁一條”，《總目》（339 中）“魚”下有“枕”字，是。“魚枕謂之丁”，見《爾雅·釋魚》。

《五音集韻》提要（江 100、趙 326）中“《禮部韻略》”及二“《韻略》”，《總目》（362 上）皆以“集韻”代之。蓋因前半段增入《集韻》與該書相較內容，故有此改動，使前後一致。江本於第二處“《韻略》”校云：“《韻略》，文淵閣《四庫全書》書前提要同。《總目》作‘《集韻》’。”於前二處不同，似未見者，頗使人費解。趙本亦不着一字。至於《初目》與《總目》之是非，則關乎《禮部

---

① （宋）晁公武撰，孫猛校證：《郡齋讀書志校證》，上海古籍出版社，2011 年，第 1095 頁。

② 此書用文淵閣《四庫全書》本。下文徵引常見典籍（如《十三經注疏》）及利用文淵閣《四庫全書》本之古籍，均不再加脚注，僅隨文注出卷目或卷數。

③ （宋）王欽若等編纂：《册府元龜》，周勛初等校訂，鳳凰出版社，2006 年，第 6969 頁。（宋）王應麟撰，武秀成、趙庶洋校證：《玉海藝文校證》，鳳凰出版社，2013 年，第 406 頁。

韻略》與《集韻》之關係①，筆者亦無力辨之。又，同條“改併窄韻有十有三處”，《總目》無上“有”字，當據删。

《四聲篇海》（江100、趙330）“凡同母之部，又辨其四聲爲先後，以便於檢尋其部每部之内，則計其字畫之多寡爲先後，以便於檢尋”，“以便於檢尋”前後重複，“其部”二字更爲隔膜。故江本於“其部”之上加句號，趙本於“其部”之下加句號。江本校“其部每部之内”云：“《總目》作‘每部之内’。”實則《總目》（371下）無“以便於檢尋其部”七字，遂使文簡字順。又，此句後“其字書成於明昌、承安間”，《總目》無“字”字，可從。

《六書索隱》（江106、趙354）“自序謂‘……予得而略’云”，“云”，《總目》（373下）作“云云”，是。“云云”自是習語。

《音韻日月燈》（江107、趙355）“似便檢尋”，似，《總目》（386上）作“以”，當據改。

《古今通韻》（江108、趙357）“以無入十三韻之去聲，與有十七韻之入聲同用”，“有”下當據《總目》（368中）補“入”字。“有入十七韻”與“無入十三韻”對舉，上文已見，分別指“有入聲之十七韻”與“無入聲之十三韻”。

又，《周易本義集成》（江12、趙34）“嘗作是書，前有良輔自序”，《總目》（24下）無“嘗作”二字，義勝。如是，則“書”下不當有逗號。關乎標點，即不據改，亦當出校。

《詩集傳名物鈔》條，趙本“延祐初，居東陽金華山”（122），文字與《初目》（網288、影295）同。江本改“金”爲“入”，作“延祐初居東陽，入華山”，並云《元史》《薈要提要》均作“入華山”（38）。今查《元史》，實作“八華山”。東陽八華山，位於今浙江省東陽市。山巔有八華書院。許謙門人許孚吉創辦，迎謙講學於此。趙本漏校，江本誤校，均未能正《初目》之訛。

吕本中《春秋集解》（江54、趙173）“朱彝尊《經義》”，“經義”，《總目》（219中）作“經義考”。提要系列文獻屢引《經義考》，均不省“考”字。縱使此處不以《初目》爲誤，亦當存《總目》異文，以見修訂之迹。

《十一經問答》（江79、趙253）書名，二本均校出浙本《總目》作“十一經問對”，但均不置可否。查江氏率人整理《四庫全書薈要總目提要》，於同條下校記中直言殿本《總目》作“問答”爲誤，亦不舉提要系列之外文獻爲證②。

---

① 相關討論，可參張民權：《〈禮部韻略〉與〈集韻〉關係之辨證》，《漢語史研究輯刊》第十一輯，2008年，第472—501頁。

② 江慶柏等整理：《四庫全書薈要總目提要》，人民文學出版社，2009年，第210頁。

今考該書尚存元刊本，題《新編十一經問對》①。據崔富章先生考證，該書本名《小學問對》。"《十一經問對》之名，或傳刻者取便通行耳"②。

《中庸輯略》（江81、趙261）"朱子撰"，《總目》（294下）作"宋石𡼐編，朱子删定"。此涉史實，雖不必據改，仍當出校以存其異。

2. 江本訛文誤字

a.《初目》訛誤，江本漏校，趙本已校正者

《周易舉正》（江1、趙4）"政正"當作"改正"。《周易玩辭》（江5、趙14）"補所不及所"下，當補"謂各明一義者也"七字。《童溪易解》（江5、趙15）"宋王弼"當作"宗王弼"。《水村易鏡》（江7、趙21）"幹辦公事"當作"幹辦公事"、"作始八卦"當作"始作八卦"。《易學啓蒙小傳》（江9、趙26）"坤陰不能乾陽"，"不能"下當有"包"字。《周易傳義附録》（江9、趙27）"羽異程朱"當作"羽翼程朱"。《三易備遺》（江10、趙29）"卷末立士"當作"卷末士立"。《易通》（江11、趙31）"爻書九六"當作"爻畫九六"。《大易輯説》（江12、趙37）二"關郎"皆當作"關朗"。《洗心齋讀易述》（江26、趙78）"虞翔"當作"虞翻"。段昌武《毛詩集解》（江35、趙113）"吕祖謙《讀書記》"，書，當作"詩"。《魯詩世學》（江41、趙130）"抵排舊説"，抵，當作"觝"（"抵排"亦成詞，但不符文意。《總目》常用"觝排"，不用"抵排"）。《詩傳》（江41、趙132）"曾見宋榻"，榻，當作"搨"。《周禮翼傳》（江46、趙148）"《握奇傳》"當作"握奇經傳"。《周禮説》（江47、趙150）"某官某官移易爲最允"，當删一"某官"（此句下接"某官移易爲未協"，二句當保持一致，文氣方順。故以趙本據《總目》删一"某官"者爲正）。《春秋分記》（江59、趙189）"説字伯剛"當作"公説字伯剛"。《六經正誤》（江75、趙242）"'賴'字古從貝從剌""居正乃謂'賴'從束從負"，二"賴"字並當作"賴"。《重修廣韻》（江95、趙311）"隋陸法言吕静等"，"法言"下當補"以"字。《古今通韻》（江108、趙357）"十三部爲一部"，上"部"字，當作"韻"。

又，《丙子學易編》（網34、影35）"經述迹極深淳"，江本（6）以文意徑改"迹"爲"亦"，趙本（18）據《總目》改"述迹"爲"术亦"（趙本原文爲簡體"术"）。查《總目》（16中）對應文句作"經術亦頗究心"。江本可援以爲改字之證，且當改正"述"字。趙本僅捻其中二字，則不盡妥當。

《周易輯聞》（江7、趙20）著録書名中"筮宗三卷"，趙本據《總目》改爲"筮宗一卷"，江本亦校出《總目》異文，並引《總目》云："《筮宗》一卷，朱

① （清）莫友芝撰，傅增湘訂補：《藏園訂補邵亭知見傳本書目》，傅熹年整理，中華書局，2009年，第135頁。

② 崔富章：《四庫提要補正》，杭州大學出版社，1990年，第211頁。

彝尊《經義考》作三卷。蓋是書原本題《明本》第一，《述笨》第二，《先傳考》第三，彝尊以一篇爲一卷也。"（"明本"，實用殿本《總目》文字，浙本《總目》作"釋本"）江本因此而不改《初目》。然詳《總目》之意，乃解釋《經義考》題爲"三卷"之由，並不以之爲準。且《初目》該條正文亦言"《笨宗》一卷"，則固當以"一卷"著録也。

《周易古本》（江 18、趙 53）"陸績"當作"陸績"，《總目》（64 中）不誤。江本沿《初目》之誤，趙本已改正而無校記。《尚書説》（江 29、趙 91）、《尚書疏衍》（江 32、趙 100）均有"吳械《書埤傳》"之"埤"，當作"裨"。江本於二處皆沿誤，趙本於前條改正而不言、於後條則校作"裨"（同"裨"）。

《六書精蘊》（江 104、趙 347）"則乖僻可矣"，語意不完。江本無説，趙本校出《總目》作"則乖僻無用可知矣"而無判斷。

b.《初目》訛誤，江本校而未正者

《學易記》（15）"六十四家遺書亦多散秩"，"校記"云："散佚，《初目》原作'散秩'，今據《總目》等改。"是自言已改《初目》"秩"爲"佚"，而正文仍作"秩"。類似者尚有：《關氏易傳》（28）"紹博"已校作"邵博"、《毛詩集解》（35）"《讀書總説》"已校作"讀詩總説"兩處，正文均仍用誤字。

又，《集韻》條"校記"①："封演《見聞記》，《薈要提要》、文淵閣《四庫全書》書前提要、《總目》同。"（97）這是發現"見聞"爲"聞見"之誤，因有此校，但各提要均作"見聞"，故未加校改。實則其所用"《總目》"並非浙本，而是殿本。浙本《總目》（359 中）實作"封演聞見記"。趙本漏校（317）。

《附釋文互注禮部韻略》"校記"③："捌，或作'枊'。"（98）不言異文出處，亦不辨正誤。魏小虎校《總目》：" '其枊'，殿本作'其捌'，誤。《詩·大雅·皇矣》：'修之平之，其灌其枊。'"① 趙本漏校（319）。

《字鑑》"校記"（102）先説"文仲世父伯英，文淵閣《四庫全書》書前提要、《總目》作'文仲從父世英'"，然後考得文仲爲"世英從子"，"世英爲名，伯英爲表字"。至此，已可知《初目》"世父"當作"從父"，"伯英"雖不合著録通例（言名不言字），然亦無誤。乃江本忽轉而云："《初目》稱'文仲從父世英'，雖亦無誤，但不合文獻著録人物之通例。"由此其正文仍作"世父伯英"。輾轉考證，結果把自己繞了進去。反不如趙本（335）據《總目》等直接改爲"從父世英"來得準確。

上三例皆於《初目》訛誤處出校，但均未能得出正確結論，再次失之眉睫。

---

① 魏小虎編撰：《四庫全書總目彙訂》（典藏本），上海古籍出版社，2016 年，第 1317 頁。

與前三例"言改仍誤"者，均爲"校而未正"。

c.《初目》不誤而遭江本徑改者

此類凡 22 例，皆無需辨析，爲便觀覽，特製表列之。

表 3　江本變更"《初目》不誤文字"表

提要篇目	網本		江本		提要篇目	網本		江本	
	頁	摘句	改字	頁		頁	摘句	改字	頁
周易舉正	7	故**仍**從近本焉	**乃**	2	中庸輯略	649	"**鼕**"字三處	**鼟**	81
學易記	99	猶有**什**一之傳	**仕**	15	樂經元義	693	亦**妄**且悖矣	**狂**	87
易窺	152	惟**中縫**有	**書口**	22	律吕元聲	708	劉恕通鑑外**紀**	**記**	88
尚書詳解	216	字**梳**句櫛	**疏**	29	廣雅	722	**隋**志	**隨**	90
書纂言	227	澄**自**序雖謂	**之**	30	禮部韻略	768	下至**紹**熙五年	**紹**	98
禹貢川郡	249	嘉**靖**乙丑進士	**定**	33	龍龕手鑑	791	統和十五**年**	**午**	101
春秋臣傳	430	與此**本**不合	**書**	56	龍龕手鑑	792	但據傳聞**紀**載	**記**	101
五傳平文	530	**歧**然字秀初	**崎**	68	六書故	795	説文之**部**分	**份**	101
春秋提綱	578	**其**書分門凡四	**是**	73	古叶讀	832	漸失本**旨**	**音**	105
程氏經説	624	**至**中庸解	**及**	78	古韻通	868	皆大相**刺**謬	**刺**	110

表注：限於表格大小，"提要篇目"一欄有用簡稱者。"摘句"欄中加下劃線者，即被改字。"改字"欄即對應被改字的江本用字。二者均加粗，以凸顯對比。"頁"之兩欄，分別指"摘句"及"改字"頁碼。

d.《初目》不誤，江本脱、衍及誤讀者

脱文六例。（摘句取自網本）《太平經國之書》（網 332、江 43）"凡禮典皆因官所執掌及之"脱"典"字；吕本中《春秋集解》（網 417、江 54）"而經學深邃乃如此"脱"深"字；《豐坊春秋世學》（網 500、江 65）"蓋即坊所僞托也"脱"僞"字；《論語集説》（網 653、江 82）"吾猶及史之闕文"脱"之"字；《律吕正聲》（網 689、江 86）"閉户二十年乃成此書"脱"此"字；《雅樂考》（網 704、江 88）"雅樂考二十卷"脱"二"字。

衍文六例。（摘句取自江本）《詩經叶音辨譌》（江 42、網 324）"如《還》篇之'牡'之叶'好'"，衍上"之"字；《春秋輯傳》（江 68、網 528）"蓋朱彝尊偶誤"衍"朱"字；《四書集編》（江 82、網 656）"殆非虚語也"衍"殆"字；《樂經元義》（江 87、網 692）"四卷至第七卷"衍"第"字；《龍龕手鑑》（江 101、網 792）"每引《中阿含經》《賢愚經》中諸釋典"衍下"中"字；《彙雅》（江 103、網 812）"其流弊率至於此也"衍"也"字。

誤讀三例。《周易舉正》"《震・象傳》之'不喪七鬯'"（江2），"七"字實爲"匕"字（網6），原鈔寫字形右下一撇稍微露出，但與同頁"七"字相差很大。且此句出《周易》，若果釋爲"七"字，亦當出校正之。

《丙子學易編》"亦間附以已意"（江6），"已"當釋作"己"。古籍中"已""己""巳"往往不分，《初目》鈔本多作"已"形。整理者隨文釋之可矣。此處自當讀作"己"。又，"穀"字，鈔本作"穀"，"侯""候"二字常混用之類。江本、趙本均隨文釋讀。

《毛詩集解》"樗自號迂仲……學者稱爲迂齊先生"（江37），古人字號多有"某齋"之類，此處"齊"字有違常理。查鈔本實爲"齋"之殘字（網279），下方"小"形尚存左右兩"丶"。上三例，趙本（5、18、118）均不誤。

又，《古今通韻》條（江108），自"通者"至"論矣"三十七字（網851—852），本屬於《古韻通》提要（網867—868），《初目》原錯裝在《古今通韻》提要（網849—850）。而《古今通韻》提要"平上去"以下原缺。江本未能發現。趙本根據影本，對相關情況做了說明（357、364）。

3. 趙本訛文誤字

a.《初目》訛誤，趙本漏校，江本已校正者

《周易玩辭》（趙14、江5）"則居江陵"當作"謫居江陵"；"王懋竑曰《田草堂集》"，"曰"當作"白"，在書名號內。《易裨傳》（趙16、江6）"謂《易》畫在於是則非"，"畫"當作"盡"。《丙子學易編》（趙18、江6）"郭永"當作"郭雍"；"自序陳"當作"自序稱"；"諸儒之義之異者"，上"之"字，當作"字"；"所列周子、邵子"，"列"下脫"無"字。《三易備遺》（趙29、江10）"備選成帙"，"選"當作"遺"。《周易集説》（趙30、江10）"《易外傳》"當作"《易外別傳》"。《易通》（趙31、江11）"《洪範》占用三貞悔"，"三"當作"二"，標點當作："占用二：貞、悔。"《周易本義集成》（趙34、江12）"凱字堯天"當作"凱字舜夫"。《易圖通變》（趙44、江15）"五十爲用以會通於中"，"五十"當作"十五"。《周易大全》（趙51、江17）"侍講楊雄"當作"侍講楊榮"；"未寓目者至今多勘驗前書"，"至今多"當作"至多今"。《古易彙編》（趙53、江18）"曰《古意》"當作"曰古易"；"曰玩，曰卜筮"，"玩"下當補"占"字。《像象管見》（趙63、江20）"知像爲像"，上"像"字當作"象"。《學易舉隅》（趙65、江21）"貢士"當作"貢生"。《易象大旨》（趙68、江22）"享於岐山"當作"亨於岐山"。《玩易意見》（趙72、江23）"八十有一"，"八"當作"九"。《周易象義》（趙73、江24）"項安節"當作"項安世"。《洗心齋讀易述》（趙78、江26）"主理莫備於房審權，於李鼎祚"，"於李"上，當補"主象莫備"；"故取《義海》者較其集者所載"，"其集者"當作"多集解"，標點作"多.《集解》"。《易象與知編》（趙86、江28）"五六生成之理"，"五六"當作"五行"。

《尚書詳解》（趙88、江28）"當以求人之心求古人之心"當作"當以古人之心求古人之書"。《古文尚書疏證》（趙104、江33）"伏生所記二十八篇"，"八"當作"九"；"若璩所列二十八條"，"二"上當補"一百"二字；"傳寫佚其三卷"，"其"下當補"第"字。《詩集傳》（趙115、江36）"《江廣》悦人也"，"江"當作"漢"。《詩經傳説取裁》（趙137、江43）"旁采申培《詩説》及《詩帖六測》"，"詩帖六測"當作"詩測六帖"，"詩測""六帖"均爲書名。《周禮翼傳》（趙148、江46）"其讀《周禮法》"當作"其《學周禮法》"。《儀禮鄭注句讀》（趙162、江51）"官本《儀禮》"當作"官本《儀禮疏》"。《春秋王霸列國世紀編》（趙168、江52）"霸國之中點秦穆、楚莊"，"點"當作"黜"。《春秋集注》（趙169、江53）"《左傳》'五周正月'"，"五"當作"王"。《春秋列國諸臣傳》（趙178、江55）"於當《列傳》亦云三十卷"，"三"當作"五"。吕本中《春秋集解》（趙180、江56）"頗允此本"下有缺。吕大圭《春秋或問》（趙186、江58）"鈿銖繩之"，"鈿"當作"錙"。《春秋尊王發微》（趙188、江59）"中丞、國子監直講孫復"，"中丞"當作"殿中丞"。程端學《春秋或問》（趙195、江61）"其指擊諸説，多否少可"，"指"當作"掊"或"抨"（江本疑當從文淵閣本書前提要作"掊"。然《總目》［226中］有"此書則歷舉諸家，各加抨擊"語，故亦可校作"抨"）。《春秋集傳》（趙200、江62）"此書實成於思誼之手"，"思誼"當作"尚誼"。《春秋師説》（趙201、江63）"吴徵"當作"吴澂"。《春王正月考》（趙211、江66）"又《伊訓》《秦誓》諸篇皆出古文"，"秦"當作"泰"。《春秋提綱》（趙233、江73）"劉莊、孫復、王申子前"，"復"當作"後"，標點爲"劉莊孫後、王申子前"。

　　《孝經刊誤》（趙238、江74）"胡寅"當作"胡宏"。《授經圖》（趙247、江76）"勤羹"當作"勤羹"。《五經緯》（趙247、江77）"《易》則雖經文而頗更其次第"，"雖"下當補"載"字。《九經誤字》（趙255、江79）"以授尸坐取簞與"，"與"當作"興"。《急就篇》（趙287、江89）"黄應堅"當作"黄庭堅"。《重修玉篇》（趙293、江90）"凡五百四十部"，"十"下當補"二"字。《韻補》（趙295、江91）"商英"當作"張商英"。《五經文字》（趙303、江93）"顯德二年"當作"廣順三年"。《重修廣韻》（趙311、江95）"慮思道"當作"盧思道"。《集韻》（趙317、江97）"賈昌言言"當作"賈昌朝言"。《佩觿》（趙321、江98）"恕字恕先"之上，當補"忠"字；"召爲宗正"之下，當補"丞"字。《類篇》（趙322、江99）"書凡十五卷，每卷各分上、下，故稱四十五卷"，"上下"當作"上中下"。《古今韻會舉要》（趙338、江103）"熊忠字子忠"，下"忠"字當作"中"。《韻略易通》（趙345、江104）"十韻爲下卷"，"韻"當作"部"。《六書準》（趙360、江108）"'社'之一字，《説文繋傳》雙示土聲"之"雙"，原作"双"（影883），當作"从"。

又，《周易義海撮要》（趙12、江4）“周易解集”當作“周易集解”。李鼎祚書名《周易集解》，固毋庸多言。《書傳纂疏》（趙96、江31）“櫟別有《書説折衷》”，“説”當作“解”。江本引陳櫟自述均作“解”，足證“説”字之誤。《儀禮鄭注句讀》（趙162、江51）“明西安王堯典”，“典”當作“惠”。江本所引雍正《陝西通志》《經義考》等足以爲證。魏小虎校《總目》，即據明趙崡《石墨鐫華》作“王堯惠”，指殿本《總目》作“王堯典”爲誤①。此三例，江本均校出異文，不言是非，亦不變改《初目》原字。

《周易玩辭》（趙14、江5）“以《永樂大典》所載合成編”，“合”上當補“衷”字。江本校云：“合成編，《總目》作‘衷合成編’。”不置可否。查《初目》於“載”下本有一字空格（網27、影28），江校未予描述。《周易訂疑》（趙79、江26）“其説皆朱子爲宗”，“皆”下當補“以”字。江本校云：“以朱子爲宗，《初目》作‘朱朱子爲宗’。今據《總目》改。”所述《初目》較趙本多一“朱”字。查《初目》確有二“朱”字，但上“朱”字已加墨點删去。此二例，江本均已校正《初目》訛誤，但對原誤描述不確。

《古易彙編》（趙53、江18）“《乾》《坤》卦”當作“《乾卦》《坤卦》”。《初目》於“乾”下有一破洞，致殘損一字（網123、影124）。《總目》（60中）對應爲“卦”字。《詩説解頤》（趙127、江40）“《止釋》三十卷”，“止”當作“正”，《總目》（128下）及原書可證。《杜解補正》（趙229、江72）“肉謂之美”，“美”當作“羹”，《總目》（235中）及《爾雅》可證。《青郊雜著》（趙345、江104）“《唐韻》爲三十”，“爲”下當補“約”字，《總目》（388上）可證。《六書本義》（趙352、江106）“《説文》‘本’部，‘皋’字從‘李’從‘白’”，“本”當作“李”，《總目》（353下）及《説文》可證。上五例，江本皆無誤，亦均無校記。

《周易旁注前圖》（趙65、江21）“於《易》最祥”，“祥”當作“詳”。趙本校云：“祥當爲‘詳’之形訛。”（66）江本則據姚鼐《惜抱軒書録》校改。姚氏所作此篇分纂稿，見趙本參考之《四庫提要分纂稿》（第389頁）。趙本未能援引，是其未校《分纂稿》之一證。

《左傳事緯》（趙231、江72）“《左傳字寄》”，“寄”當作“釋”。江本校記，先指出《總目》等“寄”作“奇”，然後考證原書有《左傳字釋》一卷。提要中正是備陳各卷名目，本可據此校正提要之訛。乃江校忽云：“至於提要所説‘左傳字寄’‘左傳字奇’，或有一誤，或兩者均誤，因不能明，故録之俟考。”（73）此又過於謹慎，徒令讀者困惑。

《四書通證》條，趙本“胡炳文作《四書通釋》，詳義理而略名物”（268）

---

① 魏小虎編撰：《四庫全書總目彙訂》，第606頁。

之"《四書通釋》，詳"，江本作"《四書通》，釋詳"（83）。江校云："釋詳義理而略名物，文淵閣《四庫全書》書前提要作'釋義理而略名物'，《總目》作'詳義理而略名物'。《初目》當衍一'釋'或'詳'字。"（84）"詳""略"對文，優於"釋"。

《古音臘要》（趙348）書名，"臘"當作"獵"。趙本於校記中舉《總目》亦作"臘要"。查《總目》（364上）實作"獵"，江本已校改作"獵"（105）。

b.《初目》訛誤，趙本僅據《總目》校出異文，但無判斷者

《周易習解》（3）、《毛詩鳥獸草木》（130）二條下，趙校謂《總目》作"周易集解""毛詩鳥獸草木考"，於異文是非無判斷。江本均據以校改（1、41）。

《三禮考注》（趙146、江49）"取十五篇爲《儀禮傳》"，趙校指出《總目》"五"作"六"，無評判。江本無校。魏小虎校《總目》云："'十五篇'，底本作'十六篇'，據殿本改。此書卷四十至卷五十四爲《儀禮傳》。"[①] 魏校是。

《古周禮》（趙151、江47）"媛媛姝姝"，趙校指出《總目》"媛媛"作"暖暖"，不言是非。江本謂"暖姝"出自《莊子》，此處當從《總目》作"暖暖姝姝"，然亦不改原文。

《論語集說》（趙263、江82）"官至太府卿、兼樞密副承"，趙校指出《總目》"副承"作"副都承旨"，未予評斷。江校則指出，該書進表結銜，宋刻本原書作"朝散郎試太府卿兼樞密副都承旨"，可參看。《經義考》及浙本《總目》與之同。文淵閣《四庫全書》書前提要作"朝散郎大府卿兼樞密右承旨"。又據《宋史》所記，解釋說："樞密院長官爲都承旨，副都承旨爲都承旨之貳。"江氏等《四庫全書薈要總目提要》同條校記中，考證更詳，並云稱"副承旨""右承旨"者均誤。[②] 則《初目》稱"副承"亦誤，當據《總目》補正。

又，趙本《春秋本義》條，"至治元年舉進士第二"句下"校記"云："元底本原作'六'，誤，茲據《四庫全書總目》卷二六同條改。"（194）江本不改"六"字，但於"校記"中指出，"《初目》作'六年'明顯有誤。《總目》作'元年'亦可商"。遂即引據文獻數條，認爲以"泰定元年"爲是。（61）實則《總目》之誤，早經楊武泉氏校正[③]。二本均不援引而各起爐灶，未知其可也。

c.《初目》不誤，趙本誤加校改者

趙本《關氏易傳》條，"獨所無謂關子明者"句下"校記"云："所無謂案此三字當爲'無所謂'之倒文。"（85）查影本（211）"所無"二字右旁，各有

---

① 魏小虎編撰：《四庫全書總目彙訂》，第742頁。
② 江慶柏等整理：《四庫全書薈要總目提要》，第194頁。
③ 楊武泉：《四庫全書總目辨誤》，上海古籍出版社，2001年，第30頁。按：楊氏又謂"第二"亦當刪。

一向下、向上墨點。即趙本《代前言》（22）所謂底本上"標示校勘的符號"之一種。趙氏云："在抄倒了的字右旁標上近乎今日使用的前後（引按：原作"后"）單引號（'）（'），以示要調換位置的。"可見此處實作"無所謂"，並不作"所無謂"。江本正作"無所謂"，且無校記（28）。

趙本《詩傳通釋》條："明胡廣等爲《詩經大全》，皆襲瑾及朱公遷。《詩經大全》行，而二書遂微。"（119）"《詩經大全》行"下出校云："詩經大全底本原作'書大全'，誤一字脱一字，兹據本書本條上文補改。"（120）實則"書"字當屬上讀，下"大全"爲簡稱。全句標點當作："明胡廣等爲《詩經大全》，皆襲瑾及朱公遷書。《大全》行，而二書遂微。"《初目》並不誤。江本標點作"（亦於《集傳》有補）明。胡廣等爲《詩經大全》皆襲瑾。及朱公遷書《大全》、《行而》二書，遂微（然其剽綴之迹）"（37），謬妄之甚，無過於此。

趙本《周禮傳》"母亦少横乎"句下，校云："母當爲'毋'之形訛。"（153）且不説"母""毋"本爲一字而分化者，古籍中往往混用（如"胡母敬""胡毋敬"同指作《博學篇》者，即其顯例），幾可視爲異體字。即就《初目》原字形而言，其字上半近"母"、下半近"毋"（網367、影376），直釋爲"毋"並無不可。江本正作"毋"（48），趙校甚無謂。

趙本《周禮注疏删翼》"而考核訓詁者少"句下，校云："詁底本原作'故'，誤，兹據《四庫全書總目》卷一九同條改。"（154）訓故，即訓詁。何有正誤之分！此蓋所謂知一而不知二者歟？

趙本《周禮因論》"有隆慶六年陸□宅跋"句下，校云："□案底本此字殘損無文，而《四庫全書總目》卷二三同條亦無類似語句可供校補。"（156）趙本所説缺字，江本作"光"（49）。果爲"殘損無文"，且無可供校補者，江本何得而補之？查《初目》（網376、影385）該處，確爲殘壞字，但仍存"光"字大部，辨識非難。考明薛應旂（約1499—1574）《憲章録》有萬曆二年（1574）陸光宅刻本，其《刻〈憲章録〉跋》末署"萬曆二年甲戌秋七月望門人平湖陸光宅頓首跋"[1]。又，明萬曆七年（1579）張之象刻本《文心雕龍》，卷四題校書人姓名爲"鄉貢士陸光宅"[2]。朱彝尊《經義考》卷九十著録陸光宅《尚書主説》，引鍾嶸立曰："光宅，平湖人。隆慶庚午舉人。"雍正《浙江通志》卷二百四十五《經籍》又據天啓《平湖縣志》，收録陸光宅著《天全證道圖説》；卷一百七十五《儒林》有"陸光宅"小傳，引舊《嘉興府志》云："字與中，平湖人……領隆慶鄉薦。"此數條皆明隆慶萬曆間，平

① 《四庫全書存目叢書》，齊魯書社，1996年，史部第11冊影印本，第864頁上。又見《續修四庫全書》，上海古籍出版社，2002年，第352冊影印本，第2頁上。

② 傅增湘：《藏園群書經眼録》，傅熹年整理，中華書局，2009年，第1314頁。

湖鄉貢士陸光宅，著、校、刻書之例。① 其人當即隆慶六年題跋《周禮因論》者。

趙本《韻補》條："《兔罝》篇'仇'音'渠之反'，以與'逵'叶。此書乃據《韓詩》'逵'作'馗'，音'渠尤反'，以與'仇'叶。顯相背者亦不一。"（295）"以與'逵'叶"下出校云："逵底本原作'迷'，誤，茲據《四庫全書總目》卷四二同條改。"（298）今查《總目》亦作"迷"（360中），並不作"逵"。且此處討論的是《兔罝》中叶韻情況，則所舉字自然取自《兔罝》。查《詩經·兔罝》云："肅肅兔罝，施于中逵。赳赳武夫，公侯好仇。"又，該句即以"相背"評《韻補》，則《初目》認爲前述《韻補》以"逵"叶"仇"與《兔罝》實際當相反，正確説法當是以"仇"叶"逵"。何有作"逵"之理！

趙本《五經文字》條，内引劉禹錫《國學新修五經壁記》有"書於講論堂東、西廂之壁"一句，校云："講底本原脱此字，茲據《文溯閣四庫全書提要》卷二五、《文津閣四庫全書提要匯編》經部一〇小學類及《四庫全書總目》卷四一同條補。"（304）江本校記云："論堂，文淵閣《四庫全書》書前提要同。《薈要提要》、殿本《總目》作'講堂'，浙本《總目》作'講論堂'。按：劉禹錫《國學新修五經壁記》原文作'論堂'。諸書所引，如《困學紀聞》《玉海》《唐文粹》《經義考》等，亦均作'論堂'。"（94）豈可輕易改之乎！

趙本《俗書刊誤》條："其書第一卷至第四卷，類分四聲，刊正訛字。若'莘'之非'丰'，'容'不從'谷'是也。"（349）"校記"〔一〕云："莘底本原作'丰'，誤，茲據《四庫全書總目》卷四十一同條改。"（350）查《總目》（354下）實作"芈"，即"丰"字，並不作"莘"。而《初目》確作"丰"，即"丰"字。然據文淵閣《四庫全書》本《俗書刊誤》，《初目》舉例對應條目作："丰，音峯。芊，柯邁切。二字異。"但"丰"實爲"丰"字異體，與"芊"同。可見《俗書刊誤》所辨析者，實爲"丰"與"芊"二字之不同，即"丰"與"芊"之不同。如此，可知文淵閣《四庫》本"丰"爲"丰"字之誤。《初目》亦同誤，"丰"字當作"丰"。至《總目》乃因"丰、丰、芊"易混，改爲"芈"。然後其文乃通。

又，《樂經元義》（趙279）"又極駁圜鍾、函鍾"句下，趙校云："函底本原作'亟'，誤，茲據《四庫全書總目》卷三九同條改。"（280）查《初目》（影705）實作"函"，即"函"字，並不誤作"亟"。雖然趙本最終也是作"函"字，與《初目》一致，但這是經過校改之後的"函"，並非原"函"（函）。所以將該條附於此類之末。

---

① 除上引與"書事"相關者外，據明孫承恩《文簡集》卷五十四《太學生廬江姚君墓誌銘》，可知陸光宅爲姚運之（正德丁卯—嘉靖丁巳，即1507—1557）婿，其父爲陸元晉，當姚氏殁時，元晉任禮部郎中。

d.《初目》不誤，趙本新增之誤

訛字 16 例。因形或音近而訛者 9，因未改用規範字而訛者 1（逢），因文字殘壞而訛者 4（二、允、祈、旨），改後兩可者 2（辯、傳），均視爲訛字，並列下表。

表 4　趙本新增訛字表

提要篇目	影本		趙本		提要篇目	影本		趙本	
	頁	原／正字	訛字	頁		頁	原／正字	訛字	頁
大易輯説	83	**辨**論紛紛	**辯**	38	春秋本義	478	讀書**工**程	**二**	194
學易記	99	仲**徽**／徽	**微**	45	左傳補注	502	亦非完**書**	**善**	204
古易考原	113	**鹽**／鹽課	**監**	50	左傳補註	583	**尤**於風教	**允**	230
三易洞璣	153	脩**脩**／脩短	**脩**	66	樂書	716	**所**論	**祈**	283
易就	185	張**溥**／溥	**溥**	76	樂書	716	論樂**皆**以	**旨**	283
詩集傳	281	猗**猗**／猗覺	**倚**	116	九經字樣	756	轉／**轉**寫	**傳**	302
古周禮	369	罕**逢**／逢	**逢**	151	尚書疏衍	246	各一處"**斷斷**"均誤作"**斷斷**"		101
周禮删翼	379	**註**／注疏	**諸**	154	論語解	663			262

表注：限於表格大小，"提要篇目"一欄有用簡稱者。"原／正字"欄中，"原字"指原字形，"正字"指其對應規範字，如果原字形即是規範字，則僅列原字形，均加下劃綫。"訛字"欄即對應"原字"的趙本訛字。二者均加粗，以凸顯對比。"頁"之兩欄，分別指"摘句"及"訛字"所在頁碼。

脱字一例。《尚書纂傳》（趙 99、影 244）"以二人之爲斷"，"之"下脱"説"字。

倒文一例。《關氏易傳》"獨所無謂關子明者"（趙 85、影 211），"所無謂"原作"無所謂"。此例已見前。

衍字五例。《易互體例》（趙 87、影 217）"於《易互體例》亦題曰"衍"易"字。《書説》（趙 92、影 227）"雲谷明胡氏"衍"明"字。《韓詩外傳》（趙 109、影 264）"其中引繭絲卵雛之喻"衍"引"字。《詩經世本古義》（趙 126、影 304）"以《菁菁者莪》爲《由儀》"衍"以"字。《春秋師説》（趙 201、影 493）"先識聖人之氣象"衍"之"字。

又，《皇祐新樂圖記》趙本"猶備見家之學"（277）下出校云："此句似有脱文。"江本作"猶備見一家之學"（86），語義完整。查《初目》網本（687）確有"一"字，而影本（700）竟無"一"字。蓋影本板框爲影印時重新製作，與原框和文字間的間距並没有完全一致，大部分頁面中，板框均相對上移。該句所在頁，因“一”字不夠顯眼，未引起處理者注意，遂使板框上提過多，致“一”字脫漏。此亦影印本不可盡信，整理者難以糾正其訛誤之一證。

綜上，《初目》的兩種整理本，在文字校訂上的工作，實在是難以令人滿意。各種訛誤，真可謂觸目驚心，甚而讓人難以置信。因爲不管是《初目》原有的訛誤，還是二本新增的訛誤，如果整理者能認真閱讀，仔細用《總目》校對，絕大多數問題都可以發現或者避免。在發現異文的基礎上，如能稍加查考，亦可校正《初目》的訛文誤字。

整體來看，江本與趙本可謂互有得失。但相較而言，趙本中的問題顯然要比江本更多，其成績較江本爲小。在《初目》訛誤校訂方面，及二本誤讀《初目》文字上，更可看出趙本的不夠深入，其水平較江本爲低。

三、兩種整理本標點失誤舉例

對於古籍整理類圖書來説，文字準確與否，是檢驗整理質量最關鍵的一環。而標點符號的使用，則是僅次於文字的第二把檢驗鑰匙。

標點符號的使用，有國家標準（GB/T15834—2011）《標點符號用法》（代替 GB/T15834—1995）可供遵循。但該標準明確其範圍説：“本標準規定了現代漢語標點符號的用法。”[1] 這自然是考慮到，古代漢語與現代漢語不能全相符合，而給出的嚴謹説法。因此，爲古籍加新式標點，在以該標準爲依據的同時，要充分注意古代漢語自身的特點（包括詞彙和語法兩方面）。

可見，古籍整理者對《標點符號用法》的掌握情況及其對古代漢語特點的認識，便是決定其標點施用的兩項關鍵因素。正因如此，同一種古籍的不同整理本，其標點使用情況，往往千差萬別。有鑒於此，在討論古籍整理圖書標點質量時，最重要的還是“斷句”，至於能否精密的施用各種新式標點則位居其次。努力做到不破句，應當是首要目標；精密施用，實屬錦上添花之事。

回到《初目》的兩種整理本，其標點之不同即是隨處可見，但大多情況下，並不太影響對文意的理解，所以這裏不予討論。我們衹摘出其中已發現的、不得不改正的錯誤標點，分別分類羅列於此，有問題的地方加下劃線，附近文字加粗。

（一）江本的標點錯誤

1.破句，即逗號、句號的誤用

《易學啓蒙小傳》條：“知其字曰**巽甫。爾初**，朱子作《易學啓蒙》……”（9）

---

① 魏勵編：《語言文字規範手册》，第 349 頁。

當作"**巺甫爾。初，朱子**"。

《圖書辨惑》條："周子之《太極圖説》，圖則雜以仙真，説則冒以《易》道，其學全得於老、**莊、朱子，從**而分析之，則更流於釋。"（27）按：如此標點，則周子之學出自朱子矣，刺謬顯然。當作"**莊，朱子從**"。

《書纂言》條："惟其顛倒錯簡，皆以意自爲，且不明言所以改竄之故，若經文舊本本如是**者，然是則**沿宋人改經之習，而變本加厲耳。"（30）按：當作"**者然。是則**"。此"然"字，用於句尾，表斷定語氣，相當於"焉""也"。"是則"乃古人習語，此處意爲"這是"。

《詩傳通釋》條："又考正諸國世次、作者、時世，并辨析各章音韻，亦於《集傳》有**補明。胡廣等爲《詩經大全》皆襲瑾。及朱公遷書《大全》、《行而》二書，遂微然**其剽綴之迹，説經者猶能勘驗也。"（37）按：當作"**補。明胡廣等爲《詩經大全》，皆襲瑾及朱公遷書。《大全》行而二書遂微。然**"。辨已見前（"《初目》不誤，趙本誤加校改者"小節下）。

《禮記集説》條："其言《冬官》不必補，而訾河間獻王取《考工記》附《周禮》，適以啓武帝之忽略**是經甚，且**以爲壞《周禮》自鄭康成始，皆過於非議古人，未免自立門户之習。"（44）當作"**是經，甚且**"。

《禮書》條："雖其中精駁互見，要亦**深心，稽古之士未可**以依附王安石父子，遂廢其考禮之功也。"（45）當作"**深心稽古之士。未可**"。

《春秋屬辭》條："夫史家**義例，有定褒貶乃明**。"（64）當作"**義例有定，褒貶乃明**"。

《春秋讀意》條："其論《春秋》，以爲不當以褒貶**看聖人，祇**備録是非，使人自見。"當作"**看，聖人祇**"。趙本同誤（216）。

《古文孝經指解》條引真德秀語："自唐明皇《御注孝經》**出世，不復知**有古文。"（74）當作"**出，世不復知**"。

《孝經刊誤》條："故刊定其**誤以相傳。既久**，不敢删削……"（74）當作"**誤。以相傳既久**"。

《程氏經説》條："然《經義考》引康紹宗之言，謂《孟子解》……非程子**手著，及**（《初目》本作'至'）《中庸解》之出吕大臨，朱子辨證甚明，不得仍於《程氏經説》增此一種。"（78）按：此處是説，康紹宗曾指出《孟子解》非程子手著，朱子曾指出《中庸解》乃吕大臨作。自是兩層。當作"**手著。及（至）**"。

《中庸輯略》條："墅（《初目》本作'墅'），字子重，由太常寺主簿奉祠除知南康軍，**未及赴，其没也。朱子**爲誌其墓。"（81）當作"**未及赴。其没也，朱子**爲誌其墓"。趙本同誤（261）。

《南軒論語解》條："及久，而是非**論定乃不復**回護其前説。此大儒至公之**心所由，異於**門户之見也。"（82）當作"**論定，乃不復……之心，所由異於**門户"。

按："所由異於"相當於"之所以有別於"。趙本同此誤（262）。

《廣雅》條："憲**注蓋一本，《音》**與書分，即《隋志》**所言一本**散音於句下，析爲十卷，一本又嫌十卷煩碎，併爲三卷。如今刊陸德明《經典釋文》、司馬貞《史記索隱》、朱子**《韓文考異》**皆一本注文別行，一本散注入句下，是其例也。"（291—292）當作"憲**注，蓋一本《音》**與書分，即《隋志》**所言，一本**……**《韓文考異》，皆**"。

《重修玉篇》條轉引《文獻通考》所引晁公武《讀書志》："梁顧野王撰，唐孫强增加**字釋，神珙**《反紐圖》附於後。"（91）按：僧、尼以"釋"爲姓，當作"增加**字。釋神珙**"。

《四聲篇海》條："考崇慶元年**壬申明年**即改元至寧，曰'己丑'者亦誤。"（101）當作"**壬申，明年**"。

《六書精蘊》條引作者明人魏校自序："惟祖頡而參諸**籀斯篆，可者**取之，其不可者釐正之。"（104）按：當作"**籀，斯篆可者**"。斯，指李斯。斯篆，即指小篆。查魏校《六書精蘊叙》云："天王而考文也，亦惟祖頡而參諸籀，若盤盂書，定而之一。斯篆可者取之，其不可者釐正之。"[1]提要節引，標點者未明"斯篆"之意，亦不復查原書，遂有此誤。趙本同誤（347）。

2. 書名號的誤用

a. 當加而加誤者

《周易口義》條"安定**《易學》**"（3），當作"安定**《易》學**"。

《易十三傳》條"邵**《博聞見後録》**"（17），當作"邵博**《聞見後録》**"。

《春秋師説》條"得**《六經疑義》**千餘條"（63），當作"**《六經》疑義**"。

《授經圖》條"宋章俊卿**《考索圖》**"（77），章氏書名"群書考索"（或稱"山堂考索"），"圖"指《考索》中散見之"傳經圖"，當作"**《考索》'圖'**"或"**《考索·圖》**"或"**《考索》圖**"。趙本同誤（247）。

《説文解字》條"又所引**《五經文字》**與今本多不相同，如'江有汜'復作'江有洍'之類"（94），按：此指《説文解字》所引經書文字多與後世傳本不同，下舉《詩經·江有汜》一例足以爲證。且《五經文字》乃唐人所作，烏得爲漢許慎之《説文解字》所引乎？當作"**《五經》文字**"。

又，《春秋列傳》條"取**《春秋内外傳》**所載"（69），當作"**《春秋内、外傳》**"或"**《春秋》内、外傳**"，内傳指《左傳》，外傳指《國語》。合並於一個書名號内，易致誤解。趙本同誤（219）。

---

① 《四庫全書存目叢書》，經部第189册，影印北京圖書館藏明嘉靖十九年魏希明刻本，第66頁上。又，《續修四庫全書》，第202册，影印同一刻本，第505頁下。

《程氏經説》條"**《易·繫辭説》**"（78），此爲《程氏經説》之一種，即"説"《易》之《繫辭》，"繫辭"與"易"字密切，當作"**《易繫辭説》**"，或作"**《〈易·繫辭〉説》**"。

b. 不當加而加者

《丙子學易編》條"其門人高斯得**《跋》**而刻之"（6），此處"跋"爲動詞，故云"跋而刻"，不能用書名號。

《易學啓蒙小傳》條："史子鞏**《跋》**稱因是書悟**《乾》、《坤》、《納甲》**之義。"（9）按："納甲"指以納甲之法解《易》，即"乾納甲壬、坤納乙癸"之類。不得與《乾》《坤》並列。當作"**《乾》、《坤》納甲**"。

《學易舉隅》條"其**謂日月爲《易》，亦本《緯書》**"（21），"日月爲易"乃釋"易"字名義，"緯書"爲泛稱，當作"**謂日月爲'易'，亦本緯書**"。

《詩集傳名物鈔》條"各卷**末《譜》作**詩時世"（38），此處"譜"字爲動詞，不當加書名號。

《詩傳》條"二書皆以篆文刻之，不知漢代**傳《經》**悉用隸書"（41），"傳經"者，"傳經書（學）"也。"經"字加書名號，頗違常理。

《春秋名臣傳》條："然既標**以《春秋》，則**自應用《春秋》之年月。"（65）按：前一"春秋"，指《春秋名臣傳》書名中"春秋"二字，非其簡稱。可用引號（""），作"**以'春秋'，則**"。

《重修廣韻》條："朱彝尊**《序》**之，力斥劉淵**《韻》**合**《殷》**於**《文》**、合**《隱》**於**《吻》**、合**《焮》**於**《問》**之非。然此本實合**《殷》、《隱》、《焮》**於**《文》、《吻》、《問》**，彝尊未及檢也。"（95）按："序"爲動詞，不當加書名號。下"殷、文、隱、吻、焮、問"六字，皆是韻名，可用引號（""）。江本於他篇提要（如《集韻》《五音集韻》等條）即用引號，不用書名號。

c. 當加而不加者

《周易本義通釋》條："其九世孫珙及弟玠募遺書，得《上》、《下經》而闕《十翼》，乃復彙蒐諸集中以補之。然則今本**十翼**乃珙、玠所裒録，非炳文之舊矣。"按：上下兩處"十翼"同義，前加後不加，自相矛盾。當作"**《十翼》**"。

《程氏經説》條"然《經義考》引康紹宗之言，謂《孟子解》乃後人纂集**《遺書》外書**而成，非程子手著……"（78），"遺書外書"即指《程氏遺書》與《程氏外書》，均是書名，當作"**《遺書》、《外書》**"。

《大學千慮》條："是書就《章句》、《或問》引申其説，**中引佛遺教經，以爲儒釋一本**。"（85）按："佛遺教經"爲佛教經典，全稱《佛垂般涅槃略説教誡經》，亦簡稱《遺教經》。故當作"**中引《佛遺教經》，以爲儒、釋一本**"。趙本同誤（273）。

《律吕正聲》條"是書之末復仿**太元**元虛之體"（88），兩"元"字均爲避康熙諱“玄”字而改，“太元”即“太玄”，指《太玄》一書。當作“**《太元》**”。

又，《玩易意見》條：“取**程傳、朱義**之未洽於心者，自出意見論之，故所**解非《全經》**”。（23—24）按：江本加書名號較濫，像“注”“疏”“序”“跋”等字，往往用之，多數實無必要。此條中，“程傳朱義”應加而不加，“全經”不應加而加。當作“**程《傳》、朱《義》**”“**非全經**”。

3.引號的誤用

《易通》條：“《閩書》稱：‘以夫著（引按：《總目》及《閩書》無‘著’字）作《易通》，莆田黃績相與**上下其論，則是書實績所參定**。’以夫《自序》皆自**稱‘臣未有不敢**自秘，將以進於上，庶幾仰裨聖學緝熙之萬一’。”（11）按：“則是書實績所參定”顯係《初目》所下判斷語，“臣未有不敢”亦甚爲不辭。查《閩書》卷一百六《英舊志·黃績傳》原文作“晚聞趙以夫作《易通》，與上下□論，以夫謂績爲益友”①，《初目》實爲概述，並當於“上下其論”後爲止。又查趙以夫原序末云：“丙午之夏，書成，名之曰《易通》。不敢自秘，將以進於上，庶幾仰裨聖學緝熙之萬一云。臣以夫謹序。”如此，則該句當作“……**上下其論。’則**是書實績所**參定。以夫《自序》皆自稱‘臣’，末有‘不敢**……”。

《易學啓蒙翼傳》條：“《自序》**稱去朱子纔百餘年，而承學漸失**。’如圖書已釐正矣……又有之。’”（13）按：“去朱子纔百餘年”云云，顯非《初目》之語。查胡一桂原序云：“誠以去朱子纔百餘年，而承學浸失其真。如圖書已釐正矣……又有之。”（二書省略處並不完全相同，但與此處討論無關，故不全引）固當作“《自序》**稱‘去朱子纔百餘年**，而承學漸失（其真）。如圖書……”。

《易學濫觴》條：“觀卷首吳澄所題**‘二書蓋合爲一帙’**者，惜其《春秋指要》今佚矣。”（15）按：此句於《總目》作“卷首有延祐七年吳澄題辭。據其所言，二書蓋合爲一帙。今《春秋指要》亦無傳本，惟此書僅存”（24上）。查《易學濫觴》書前題辭，末云：“延祐第七，立秋之後四日，臨川吳澄書於《易學濫觴春秋指要》之卷端。”提要據此爲言。江本所加引號實館臣之言，誤。

《讀書叢説》條“**論‘律呂’‘相生’**，根柢《史記》……”（30），“律呂相生者，言作樂之際律呂之相應也”②，當作“**論‘律呂相生’**”。

《論語全解》條“晁公武《讀書志》云：‘王介甫《論語注》，子雱《口義》，其徒陳用之《解》，紹聖後皆行於**場屋，爲當時所重**。’又引……”（81）按：查《郡齋讀書志》，其“王介甫論語解十卷王元澤口義十卷陳用之論語十卷”條下，云：“右皇朝王安石介甫撰，并其子雱《口義》，其徒陳用之《解》，紹聖後皆行於場

---

① 《四庫全書存目叢書》史部205冊，影印福建省圖書館藏明崇禎刻本，第660頁上。

② （明末清初）孔興誘輯訂：《琴苑心傳全編》，中國藝術研究院音樂研究所、北京古琴研究會編：《琴曲集成》，中華書局，1992年，第11冊影印本，第234頁。

屋。或曰'用之書乃用鄒浩所著，托之用之'云。"① 因此，當標作"《讀書志》云：'王介甫……**場屋**。'**爲當時所重。又引**"。

4.因漏校而導致的標點錯誤

《周易玩辭》條："其意欲于《程傳》之外**補所不及所**。馬端臨……"（5）按："所"下，《初目》原空六字（網27），《總目》有"謂各明一義者也"七字（13中），趙本已據補（14），此亦當補。標點爲"**補所不及，所謂各明一義者也**。馬端臨"。

《重修廣韻》條："初，隋**陸法言、吕静**等六家韻書各有乖互……"（95）按：吕静爲晉時人，豈可與隋之陸法言並列！《總目》於"陸法言"下有"以"字（358下），甚是。趙本已據補（311）。固當作"初，**陸法言以吕静**等六家韻書各有乖互"。

（二）趙本的標點錯誤

1.破句，即逗號、句號的誤用

《水村易鏡》條："《閩書》則謂：'淮東漕臣黄漢章……入爲少農少卿**兼史館官階**。'頗有異同，未詳孰是。"（22）當作"**兼史館。'官階頗有異同**"。

《大易輯説》條："今考康成注《易》，**於五位相得，而各有合顯，陳一、六**等數相配之方。"（37）當作"**於'五位相得而各有合'，顯陳**"。

同上條："迨陳希夷出，始指**以實之宜，後人**辯（《初目》本作'辨'）論紛紛也。"（38）當作"**以實之，宜後人**"。

《易學濫觴》條"中歴陳《易》之名義……卦變之法、**卦名易數之原**……**脱文、疑字**，不能復古者十三條"（46），查原書所列名目，有"卦名""易數之原""脱文疑字"，當作"**卦名、《易》數之原**……**脱文疑字**"。

《周易全書》條："此書自序謂隆慶庚午**假居山中，所著**《論例》二卷……"（50）當作"**假居山中所著，**《論例》二卷"。

《周易旁注前圖》條："下篇則全録元蕭漢中《讀易考原》之文、萬歷（曆）中姚文蔚《易》。其旁注列於經文之下，已非其**舊，此本**……"（65）按：下"易"字爲改易、移易，當作"**之文。萬歷（曆）中姚文蔚易其**旁注列於經文之下，已非其**舊。此本**"。

《古易世學》條："書中《正音》《略説》《傳義》托之於遠祖稷、曾祖慶、**父熙而已，自爲**考補。"（69）按：《初目》（影163）原"已"形當釋作"己"，此句當作"**父熙，而己自爲考補**"。

《易發》條"因京氏納甲之法而**變通。其間卦氣則本於**"（77），當作"**變通其間。卦氣則本於**"。

《圖書辨惑》條："周子之《太極圖》《説圖》則雜以**仙真説，則**冒以《易》道。

---

① （宋）晁公武撰，孫猛校證：《郡齋讀書志校證》，第136頁。

其學全得**於老莊、朱子**，從而分析之，則更流於**釋，有激而言捭擊，未免**過當。"
（82）當作"周子之**《太極圖説》，圖則**雜以**仙真，説則**冒以**《易》道。其學全
得於老莊。朱子從而**分析之，則更流於**釋。有激而言，捭擊未免**過當"。參上文
"江本的標點錯誤"同條。

《書纂言》條："若經文舊本本**如是者然是則**沿宋人改經之習，而變本加厲
耳。"（94）當作"**如是者然。是則**"。參上文"江本的標點錯誤"同條。

《毛詩集解》條："今觀二家之例略同，樗則尤於**樗，解未安處**，互爲引駁。"
（118）當作"樗則尤於**樗解未安處**"，意指李樗注解不妥當的地方。

《周禮翼傳》條"與細務爲自古相傳之**遺官，事**有兼涉不擾之法"（148），
當作"**遺，官事**"。按：此句中"務"字，《總目》作"物"（154上），似乎均能
講通，存疑待考。

程端學《春秋或問》條"又災異不當强**舉其事，應皆具有**卓識"（195），當
作"**舉其事應，皆具有**"。

《讀春秋編》條："其説大抵以胡氏爲宗，而兼采《左氏》**事。實蓋**《左氏》
身爲魯史……"（197）當作"**事實。蓋**"。

《孝經刊誤》條："末有朱子自記，謂其説略'因於衡山胡侍郎及**汪端明侍
郎'。蓋謂**胡寅（當作'宏'，説已見前），高宗時爲禮部侍郎，老居衡州，故
稱衡山。汪端明者，玉山汪應辰也，孝宗時爲端明殿學士。"（238）當作"略
'因……**汪端明'。侍郎蓋謂**胡"。

《論語意原》條"乃有托而**行以見善；如'不及'**一節……"（256—257），
當作"乃有托而**行；以'見善如不及'一節**"。

《廣雅》條："憲注，蓋一本音與書分，即《隋志》**所言一本，散音**於句下……
如今刊陸德明**《經典釋文》，司馬貞**《史記索隱》、朱子**《韓文考異》皆**一本注
文別行，一本散注入句下，是其例也。"（291—292）當作"**所言，一本散音**……
《經典釋文》、司馬貞……**《韓文考異》，皆**"。參"江本的標點錯誤"同條。

《干禄字書》條"'芻'之作**'芚'，'菫'**直是俗字"（299），當作"'芻'
之作**'芚''菫'，**直是俗字"。

《重修廣韻》條"考孫愐《唐韻序》，稱異聞、奇怪、傳説、**姓氏、原由**、土地、
物產、山河、草木、鳥獸、蟲魚……"（312）按："姓氏原由"，即丁度《集韻·韻
例》所謂"凡姓望之出，舊皆廣陳名系"之意。當作"**姓氏原由**"。

《爾雅注》條"所列《釋詁》'臺（引按：此趙本誤改，《爾雅》本作"台"）、
朕、陽之予爲**我、賚**、畀、卜之予爲與'一條"（314），當作"**我，賚**"。

《字通》條"籀、**篆分隸、行、草**"（324），"分"指八分書，亦字體之一，
當作"籀、**篆、分、隸**、行、草"或"**籀篆、分隸、行草**"（用並稱）。

《五音集韻》條"……得沈約《四聲譜》古本於廬山**僧，今幏因合**吳棫《韻

補》……"（327）當作"廬山**僧今𪫴，因合**"。按：此句本屬《韻經》提要文，《初目》誤置《五音集韻》後，影本未能調正，趙本承之。説已見前。

2. 書名號的誤用

a. 當用而用誤者

《復齋易説》條："彥肅所著有《廣雜學辨》**《士冠禮》《婚禮》《饋食圖》**，皆爲朱子所稱。"（20）當作"**《士冠禮婚禮饋食圖》**"。

《學易舉隅》條："且其謂日月爲《易》，亦本緯書，而《六十四卦圓圖》即**《參同契六十卦》。周張布爲輿**之説……"（65）當作"日月爲**'易'**，……即**《參同契》'六十卦周張布爲輿'**之説"。

《周易旁注前圖》條："上篇自**《河圖》《洛書》**合一圖説，至**三十六宮圖説**，凡八圖。"（65）按：查原書[1]，由朱升自序及目錄可知，當作"**《河圖洛書合一圖》**説，至**《三十六宮圖説》**"。

《像抄》條"先撰**《像象管見續成》。是書就朱子**《本義》"（75），當作"先撰**《像象管見》，續成是書。就朱子**《本義》"。

《易發》條"卦氣則本於**《易緯》《卦氣圖》《天易》《地易》，以及**按卦分度則本於《三易洞璣》……"（77），當作"**《易緯卦氣圖》，'天易地易'**以及"。

《春秋五傳平文》條："胡廣等拙於纂修，又竊襲**汪克寬、胡《傳》纂疏**，苟且應詔。"（218）當作"**汪克寬《胡傳纂疏》**"。

《南軒論語解》條："其書成於乾道九年，朱子所謂**癸巳《論語解》**者也。"（262）當作"**《癸巳論語解》**"。

b. 不當用而用者

《易學啓蒙小傳》條引史子鼇跋云："因是書悟《乾》《坤》**《納甲》**……"（26），"納甲"不當加書名號，辨已見前。

《三易洞璣》條："首載《略例》，後《宓圖》《文圖》《孔圖》**《經緯》**各三卷，《雜圖》《餘圖》《貞圖》**《經緯》**共七卷。"考是書全本，有《宓圖經緯》《文圖經緯》等名目。[2]則"經緯"不得與《宓圖》等並列爲一書名，當作"《孔圖》**經緯**各三卷……《貞圖》**經緯**共七卷"。

c. 當用而不用者

《程氏經説》條："謂《孟子解》乃後人纂集**遺書、外書**而成，非程子手著。"（252）當作"**《遺書》《外書》**"。參"江本的標點錯誤"同條。

---

[1] 《四庫全書存目叢書》，經部第 2 册，影印首都圖書館藏明刻本，第 186 頁下—187 頁上。又見《續修四庫全書》，第 4 册，影印本，第 157—160 頁。

[2] 翟奎鳳：《〈三易洞璣〉的成書、版本及思想特色》，見（明）黃道周：《三易洞璣》，翟奎鳳整理，中華書局，2014 年，卷首第 7 頁。

《五音集韻》條"詳考音義，博徵載籍，**爲古今詩韻注，凡**二百六十一卷"（327），當作"**爲《古今詩韻注》凡**"。按：此句本屬《韻經》提要文，《初目》誤置《五音集韻》後，影本未能調正，趙本承而不改。說已見前。

3. 引號的誤用

《漢上易集傳》條："前有震進書表，稱'起政和丙申，終紹興**甲寅，凡十八年而成'**。"（24）查朱震書，《進書表》云："造次不捨，十有八年。起政和丙申，終紹興甲寅。"故當作"'**起……甲寅'，凡十八年而成**。"

《易學啓蒙小傳》條："初，朱子作《易學啓蒙》，多發邵氏《先天圖》義，至與袁樞論《後天易》，則謂'嘗以……是以畏懼不敢**妄爲'**之説。"（26）按：此段隱括税與權自序中語，自"則謂"至"之説"爲原序文。"嘗以"至"之説"爲税氏轉述朱子之語，故當作"則謂'嘗以……**妄爲之説'**。"

《三易備遺》條"卷末士立**跋'稱咸淳**庚午……"（29），當作"**跋稱'咸淳**"。

《大易輯説》條："朱子引《大戴禮記·明堂》**鄭注云：'法龜文證，元定之説爲確。'**王應麟……"（37）當作"**鄭注云'法龜文'，證元定之説爲確。王應麟**"。

《周易大全》條："前有凡例、姓氏及**程子《傳序》上、下篇、《義易五贊筮儀》、朱子《圖説》**。"（52）查原書可知，當作"**《程子傳序》《上、下篇義》《易五贊》《筮儀》《朱子圖説》**"。

《書蔡傳旁通》條"於名物度數，蔡《傳》所**稱'引而未詳者'，一一**博引繁稱"（98），"稱引"即援引、稱述，當作"**稱引而未詳者，一一**"。

《詩經世本古義》條："又如《陳風·月出》篇，據**'舒窈糾兮，舒懨受兮'**之文……"（126）按：劃線部分實爲兩句，並非連文，當作"據**'舒窈糾兮''舒懨受兮'**之文"。

《詩説》條："……《釋文》曰此**'是《魯詩》'，而此**僞爲莊姜送戴媯。"（132）當作"**《釋文》曰：'此是《魯詩》。'而此**"。

《詩補傳》條："朱彝尊《經義考》**云：'**《宋史·藝文志》有范處義《詩補傳》三十卷，卷數與逸齋本**相符，明**朱睦㮮《聚樂堂書目》直書處義名，當有證**據：'處義**，金華人，紹興中登張孝祥榜進**士'**云云。"（133）按：自"宋史"至"進士"，均是取《經義考》卷一百六所載之文而略加變動者。所加引號頗相牴牾。當作"《經義考》**云：'**……**相符。明**……**證據。處義**……**進士。'**云云"。

《周禮圖説》條："今考《春官·司服》**文絺冕以祀社稷，五祀序於毳冕，以祀四望山川之下**……"（159）按：此句窒礙難通。查《周禮·春官·司服》有句云："祀四望、山川則毳冕，祭社稷、五祀則希冕。"則當作"今考《春官·司服》**文，'絺冕以祀社稷、五祀'序於'毳冕以祀四望、山川'之下**"。

《春秋集注》條："書首有洽進書狀，**自言'於漢、唐……名曰《春秋集傳》'。既又因此書之粗備，'復仿先師、文公《語》《孟》之書……以爲《集注》'云云。**"

（170）按：查《經義考》卷一百八十九所載張洽《進書狀》，"既又因此書之粗備"亦在其中，即自"漢唐"至"以爲集注"均屬引文。當作"**自言於'漢、唐……名曰《春秋集傳》。既又因此書之粗備，復仿先師文公**"。

《春秋孔義》條："朱彝尊**《經義考》：'此書**之外，別有李攀龍《春秋孔義》十二**卷。'注**曰'未見'。"（214）當作"朱彝尊**《經義考》，此書**之外，別有李攀龍《春秋孔義》十二**卷，注**曰'未見'"。

《論語全解》條："晁公武《讀書志》**云：王介甫《論語注》'子雱**《口義》，其徒陳用之《解》，紹聖後皆行於場屋。'爲當時所重。"（259）當作"**云：'王介甫《論語注》，子雱**……場屋。'爲當時所重。"參"江本的標點錯誤"同條。

《龍龕手鑑》條"沈括言'熙寧中，有人自契丹得此書，入傳傅欽之家，蒲傳正取以刻版。其末舊題云"重熙二年**序，蒲公削去之**"。'今按……"（332）按："蒲公"云云，顯非蒲氏刻書自題。查《夢溪筆談》，《初目》所據見卷十五，原文云："契丹書禁甚嚴，傳入中國者法皆死，熙寧中有人自虜中得之，入傅欽之家。蒲傳正帥浙西，取以鏤板，其序末舊云'重熙二年五月序'，蒲公削去之。"[1] 提要實概述其文，而"蒲公削去之"的非"舊題"內容。故當作"沈括言'熙寧中……舊題云"重熙二年**序"，蒲公削去之**。'今按"。

4. 因漏校而導致的標點錯誤

《易璇璣》條："其曰'璇璣'者，取王弼《易略例·明象篇》'處璇璣以觀大運'**語。曰胡**一桂……"（10）按：下"曰"字，《總目》作"也"（9下），是。當作"**語也。胡**"。江本亦漏校，但標點無誤（3）。

《周易玩辭》條："近時王懋竑**曰《田草堂集》**中有……"（14）按："曰"爲"白"之誤，江本已校正（5），《總目》改引《白田雜著》（13中）。固當作"王懋竑**《白田草堂集》**"。

《周易大全》條："朱彝尊《經義考》謂廣等'就前儒成編……於諸書外未寓目者**至今多**勘驗前書，良非**苛論'**。"（51—52）按："今多"爲"多今"倒文，已見前。當作"廣等'就……**至多'。今**勘驗前書，良非**苛論**。"

《洗心齋讀易述》條："故取《義海》者**較其集者所載**如虞翻……"（78），"其集者"爲"多集解"之誤，當作"**較多。《集解》所載**"。已見前。

《詩經傳説取裁》條"旁采申培《詩説》及**《詩帖六測》**以發明之"（137），按："詩帖六測"爲"詩測六帖"倒文，已見前。當作"**《詩測》《六帖》**"。

《周禮翼傳》條"**其讀《周禮法》**"（148），"讀"爲"學"之訛，已見前，故當作"**其《學周禮法》**"。

---

① （宋）沈括：《夢溪筆談》，金良年點校，中華書局，2015年，第151頁。

《儀禮鄭注句讀》條："宋馬廷鸞稱其家有景德中官本**《儀禮》正經，《注》語皆**標起止，而《疏》文列其下……"（162）按："儀禮"下脱"疏"字，已見前。當作"**《儀禮疏》，正經注語，皆**"。

蘇轍《春秋集解》條："其論是書**頗允此本**。"（181）按："此本"以下有缺，江本已指出《總目》等均完備（57）。可參。當作"**頗允。此本**"。

《春秋提綱》條："朱彝尊《經義考》列之**劉莊、孫復、王申子前**，然則元人也。"（233）按："復"爲"後"字之訛，當作"**劉莊孫後、王申子前**"。已見前。

《四書通證》條"胡炳文作**《四書通釋》，詳**義理而略名物"（268），"釋"或"詳"字有一衍文，説已見前。當作"**《四書通》，釋／詳義理**"。

《樂書》條："先是（，）莆人李文利著《律吕元聲》……文察力糾其**繆而祈**論按人聲以定五音**之説**。《明史·樂志》亦謂其終不能行。蓋二人**論樂旨，以意**據理而談，非有所授受於古也。"（283）按："祈"爲"所"之訛，"旨"爲"皆"之訛，説已見前。當作"**糾其繆。而所論……之説，**《明史·樂志》……**論樂，皆以**"。

又，《詩傳通釋》條："明胡廣等爲《詩經大全》，皆襲瑾及**朱公遷。《詩經大全》**行，而二書遂微。"（119）按："詩經"原作"書"，此爲趙本誤改，當作"**朱公遷書。《大全》**"。已見前。（該條爲誤校而致標點失誤，附於此）

以上所舉，基本上屬於顯見的標點錯誤，主要是在斷句、書名號和引號的使用三個方面，即便如此，這些錯誤的數量已不可謂不多。假如要以"精密施用"的標準來衡量，那只會讓人更失望。

四、江本"校記"及趙本"校證"之問題

規範的古籍整理，都要附有校勘記，不管是簡式，還是繁式。一方面，以示改而有據、言而有徵，目的是爲了取信於使用者。另一方面，它也是整理者辛苦工作得以部分表現的處所，自然也肩負着讀者檢驗其校勘水平的重任。

江本"校記"，包括"標注"《總目》的卷次、部類及中華書局影印浙本的頁碼、欄位和校勘文字的"校記"兩部分。其校記采用繁式，往往涉及考證，論證是非，闡述校改與否的理由。趙本"校證"，包括"校記"（文字校勘）和"今案"（羅列提要系列文獻部類、卷次、頁碼）。其校記采用簡式，只交待校改的文獻依據或表明疑誤之意，極少論證。這裏討論的江本"校記"也和趙本"校證"一樣，包含上述各自的兩項內容。

在上文"《初目》訛誤，二本均漏校者""《初目》訛誤，趙本漏校，江本已校正者""《初目》訛誤，趙本漏校，江本已校正者"三小節，我們羅列了仍然存在於《初目》整理本中的《初目》原有訛誤。與此相反，在兩種整理本中，

均存在《初目》訛誤而整理本不誤的情況，也就是"《初目》訛誤，整理本已改正，却不出校者"。凡得江本 20 例，趙本 13 例，均予製表，分列如下。

表 5　江本徑改《初目》訛誤無校記表

提要篇目	江本		網本		提要篇目	江本		網本	
	頁	摘句	原訛	頁		頁	摘句	原訛	頁
周易輯聞	7	汝楳之言	煤	41	春秋集解	56	與孫覺爭	興	435
啓蒙小傳	9	固藏於六	蔵	56	春秋後傳	57	號止齋	齊	439
周易贊義	23	著述甚富	甚述	159	春秋以俟	66	二百四十	一	506
周易塵談	28	周易塵談	塵	209	杜解補正	72	肉謂之羹	美	568
禹貢川郡	33	稍詳備	祥	249	六經正誤	75	誤寫作	勒	599
詩集傳	36	塵史	塵	272	釋名	89	稱名辨物	辯	718
詩說解頤	40	正釋三十	止	300	韻會舉要	103	忠字子中	忠	807
詩傳	41	孔壁蝌蚪	璧	312	青郊雜著	104	約爲三十	原無	817
毛朱詩說	42	以詩說詩	統詩說	322	字韻合璧	106	吳作吳	吴	836
春秋臣傳	55	元祐中	佑	429	六書本義	106	說文本部	本	839

表注：限於表格大小，"提要篇目"一欄有用簡稱者。"摘句"欄爲江本文字，與《初目》原字不同處加下劃線。"原訛"欄即對應"摘句"的江本正字的原本訛誤情況。二者均加粗，以凸顯對比。"頁"之兩欄，分別指"摘句"及"原訛"所在頁碼。下表同此表例。

表 6　趙本徑改《初目》訛誤無校記表

提要篇目	趙本		影本		提要篇目	趙本		影本	
	頁	摘句	原訛	頁		頁	摘句	原訛	頁
啓蒙小傳	26	固藏於六	蔵	57	詩考	111	網罟	綱	268
易義附疏	39	今檢其全	令	86	詩傳	132	孔壁蝌蚪	璧	319
易纂言	42	官至翰林	原脫	91	春秋臣傳	178	元祐中	佑	439
周易古本	53	陸績之説	續	120	春秋集解	180	與孫覺爭	興	445
易古文鈔	74	萬曆	避諱	177	釋名	288	稱名辨物	辯	731
關氏易傳	85	邵博	紹	211	四聲篇海	331	孝彦所編	考	816
尚書説	91	書埤傳	神	224					

對於《初目》訛誤，其兩種整理本，既有共同漏校或改而無校的情況，又多有一本出校一本無校的情況。這兩種情形，在《初目》字面無誤（史實可能有誤）而《總目》等有重要異文時，表現得尤爲突出。

　　二者均不出校的例子，如《周易集説》（江10、趙30）"今惟《易外傳》有本別行，《讀易舉要》《易圖纂要》，見《永樂大典》，餘皆不傳"，別，《總目》（20下）作"單"；不傳，《總目》作"未見"。前者尚可説校與不校差別不大，但後者却存在明顯的語意不同，《總目》更爲嚴謹，從中可見《總目》的修訂之細及努力提高完善之迹。此類並無是非可言的異文，本在江本校勘範圍之内，譬如《易經澹窩因指》條"歷官江西布政司参議"，江校云："歷官，《總目》作'官至'。"（19）趙本偶爾也會保留此類異文，如《心易》條"卷末爲《象説》《字義》《統義》三編。其所圖所説，皆前人所有，而《統義》亦無所發明"，趙校云："而統義案此三字，《四庫全書總目》卷一〇同條作'所附三論'。"（80）

　　又，二本均有利用《初目》校正《總目》訛誤的例子。如《丙子學易編》條"二百八十日"下，江校考證"《總目》作'二百八日'，非是"（6）。《毛詩集解》條"升進士丙科"下，趙校論證"《四庫全書總目》卷一五同條作'兩科'，誤"（118）。但像《春秋左氏傳補注》"陳傅良左傳章指"（江64、趙203）之"指"，浙本《總目》（228下）誤作"旨"（説已見前），可以《初目》校正《總目》一條，二本均無校。

　　整體來説，江本出校的《總目》異文要遠多於趙本。如全書首條《周易集解》"官至秘閣學士"，江本出校引《總目》云："鼎祚《唐書》無傳，始末未詳。惟據序末結銜，知其官爲秘書省著作郎。……朱睦㮮《序》稱爲秘閣學士，不知何據也。"（1）趙本無校（3）。又如，《周易玩辭》條"安世，字平甫，江陵人"，江校云："江陵人，《總目》作'松陽人'。陳振孫《直齋書録解題》卷一云：'太府卿松陽項安世平甫撰。當慶元中得罪時宰，謫居江陵。'是項安世本爲松陽人，後家江陵。"（5）趙本無校（14）。顯而易見，江本提供的信息，更容易引發讀者對《初目》與《總目》關係的思考，或者幫助讀者理解其間異文的來由。此類例子甚多，可以證明江本在利用《總目》校對《初目》的問題上，比趙本做得要全面和深入。這正是趙本在校正《初目》訛誤方面不如江本的原因所在。當然，偶爾也會看到，趙本有校、江本無校的例子，如《待軒詩記》"無卷數"，趙校云："《四庫全書總目》卷一六同條作'八卷'。"（124）江本無校（39）。

　　像此類異文，不管是出校較多的江本，還是不怎麼出校的趙本，都有大量的遺漏。這樣一來，二本出校與否，就顯得極其隨意。如果讀者不去核查《總目》，還會誤以爲《初目》與《總目》的差異只有整理本指出來的那麼多。真是誤人不淺。

　　上面屬於兩種整理本共同存在的問題（校記中的訛文誤字，自然難免。但因無關緊要，這裡就不舉例了）。下面再分別討論二者各自的問題。

（一）江本"校記"體例不純

江本"整理凡例"共九條，涉及校記的有五條，均存在體例不一的情況。

"凡例"第二條，對"一書兩篇提要"的情況作了整體說明："明王邦直《律呂正聲》、元戴侗《六書故》、明馮應京《月令廣義》、明顧元鏡《九華山志》、唐孫思邈《千金要方》、宋呂祖謙《歷代制度詳説》、明陳耀文《正楊》（一作《正楊集》）、宋梅堯臣《宛陵集》八部書，均各有兩篇提要。因文字不同，仍分別著錄，未予歸併，亦未調整篇目位置。"既有此說明，如無特殊情況，本無需於書中再加重複。現在檢看此八書提要，位置在後的重出提要下，出校再予說明的有《律呂正聲》（87）、《六書故》（102）、《月令廣義》（158）、《千金要方》（226）、《正楊集》（264），此六書兩篇提要相去不遠，基本在相鄰兩頁之間。而相距較遠的《九華山志》（168/177）、《歷代制度詳説》（249/288）、《宛陵集》（350/371）三書提要，反而不再出校說明。並且前六書所加校語各不相同，頗爲隨意。

同條又說："部分提要有兩篇誤合爲一篇者，今分別成篇。如元戴表元撰《剡源集》提要，原與宋羅願撰《鄂州小集》提要抄錄在一起，今從《鄂州小集》提要中析出。"檢《剡源集》條，江校①云："剡源集三十卷，《初目》本篇提要原題書名作'鄂州小集六卷'，開頭並有小傳'宋羅願撰願字端良別號存齋新安人'十五字。按：此誤抄宋羅願《鄂州小集》提要。因'鄂州小集'另有條目，此處將上述文字刪去，並據《總目》另標書名，補錄作者小傳所缺部分。"（348）這裡詳述了《剡源集》誤與《鄂州小集》合抄爲一篇而予以分別的具體情形。但同樣是"兩篇誤合爲一篇"而"分別成篇"的《韻經》提要，其校記說："《韻經》五卷，《初目》本篇提要爲殘篇，缺書名及開頭部分。茲據《總目》標注書名，所缺提要未予補出，僅錄所存部分。"（93）實際上，《韻經》提要所存"見其書"至"王士禎居"四十五字，原與《五音集韻》提要中"於吻皆因"至"故十三處"一百零七字合抄一頁（網734），前者接於後者下。而江本在《五音集韻》條下，亦只說"'故十三處'以下，《初目》原缺"（100），同樣沒有交待這兩篇提要的合抄情況。影本則將該頁（網734）及同葉的《韻經》提要（網735）整體移置到《五音集韻》提要（網783—784、影807—808）之後，全都作爲《五音集韻》提要（影809—810）了。趙本承用影本的調整，而未發現其中的合抄情形（326—327，此例已見前）。

同條又說："部分提要有一篇分排在兩處者，如明李本固撰《古易彙編》提要，'會即'至'二序'一百二十六字，原在《周易古本》提要後。此係今本《初目》編排錯亂所致，並非原來錯訛。凡此均合爲一篇。"檢《周易古本》、《古易彙編》兩條，其下江本均出校說明這一情況（18、19）。但此類"一篇分排在兩處"的提要，江本更多的是不予說明，而直接根據影本或《總目》錄入者。如

《三禮編繹》條"竄入"至"極矣"四十四字一葉（網398—399，江47），與《儀禮鄭注句讀》條"在此編中"四字一葉（網356—357，江51）互竄，而江本均不出校説明。影本均已調整（365—366、407—408），趙本照録影本"編按"予以説明（150、163）。此類甚多，可參影本"編按"或趙本所録影本"編按"（但其按只説原在某某之後，描述不夠詳細，有些情况下，並不能據以了解原本的真實面貌）。

同條還説："《初目》部分殘篇提要缺書名及開頭部分。兹據《總目》標注書名，加六角括號〔〕以示區别。所缺提要未予補出，僅録所存部分。"前舉《郊源集》條"據《總目》另標書名，補録作者小傳所缺部分"（348），頗顯不合此例。如果説這一條情况略有不同，實屬變例，那麽這一處"凡例"在"缺書名及開頭部分"的殘篇提要上，確實没有違例。但是，與此近似的缺後半及末尾的殘篇該如何處理呢？江本"凡例"並未規定。查江本《易象鈎解》（16）、《書説》（29）、《春秋集解》（57）、《小爾雅》（90）等篇，均在校記中引出其他提要文獻可續接的部分作爲參考，而《毛詩集解》（36）、《春秋分記》（60）條則直接根據《總目》將《初目》原缺部分在正文中補齊了，顯然未能劃一。

"凡例"第五條，説到《初目》條目多有前後錯亂情况，其本僅對整體上朝代錯亂的、個别作家錯亂的（如晉《陶淵明集》，排在唐《杼山集》後），或部類交叉的、部類錯亂的（如《易象鈎解》），作適當調整外，其餘一般不作調整。今查《易象鈎解》下，有校説明調整情况（16）。《陶淵明集》下則無校（326）。今所讀經部中，《韻會小補》乃從"子部類書類"《聖賢群輔録》之下移入，出校説明（107—108）。而經部書類《古書世學》一條（網167—168，江33），本在"易類"《玩易意見》（網165—166，江23—24）之後，鈔本書口誤題作"經部易類"，江本已移入書類《尚書疏衍》（網241—242，江32）後，但未予説明。

"凡例"第六條説："在每一《初目》提要下，著録該書在浙本《總目》中所在卷次部類及中華書局一九六五年版影印本頁碼、欄位。如書名、卷數有異，則一併列出。"這項内容，不妨稱之爲"標注"。後半句凡例，在江本中實際分兩種情况：若對書名、卷數異文進行正誤考訂，則出校討論，而"標注"中不再標出；反之，如果不加判斷，則只在"標注"中注出異文。但問題是，江本處理得頗不一律。如《周易全書》條標注："《四庫全書總目》卷七經部七易類存目一。56上"，校記："周易全書，《總目》作《周易古今文全書》。"（17）《易互體例》條標注："《四庫全書總目》卷七經部七易類存目一，作《方舟易學》。48中"（28）同樣是書名有異，不予評判，處理不同如此。且後者尚有漏校，《初目》著録"一卷"，《總目》作"二卷"。遺漏的例子，又如"《樂書》十卷"一條，標注："《四庫全書總目》卷三十九經部三十九樂類存目。321上"（88），實際上《總目》對應條目作"李氏樂書十九卷"，且在"333中"，江本連頁碼也標錯了。又有標錯卷次的，如《周易象義》條標注："《四庫全書總目》卷三經部三易類三。62上"（24）當爲"卷八經部八易類存目二"，頁碼不誤。又如《尚書撰一》、《書帷別記》兩條，均在書類（112中、111中），江本標作"易類"（33）。《禹貢山川郡邑考》一條，在《總目》"卷十三經部十三書類存目一"（110下），江本標作"卷十經部十易類存目四"（33）；《周禮集説》條，在"卷二十經部二十"（153上），江本標作"卷十九經部十九"（45）。其馬虎類如此。

"凡例"七，前半段説："本書按照鈔本《初目》原文録入。如有文字錯訛異同，另出'校記'。《初目》明顯的錯字，依據相關文獻予以改正；如屬異文或史實性錯誤則予以保留。"根據前面舉出的例證，可以知道，江本有一些地方並非照《初目》原文録入，比如可以從《總目》找到根據的衍文、徑改《初目》訛誤而不出校的地方都屬於蛛絲馬跡。至於哪些屬於明顯誤字可改，哪些屬於異文或史實性錯誤保留，江本中似乎也存在標準不一的情形。如《古文尚書疏證》條，"伏生所記二十九篇"、"若璩所列一百二十八條"、"傳寫佚其三卷"，前二處數字，《初目》本作"二十八篇"、"二十八條"，江校通過考證，均據《總目》改正；後一處"三卷"，江校指出《總目》作"第三卷"，其書所佚爲第三卷，然而並不予以判斷，似乎只以異文視之？（34）而《四書辨疑》條，"所列三十餘條"，江校明白指出《薈要提要》等作"三百餘條"爲"是也"，並計算《總目》"合計三百七十五條"，但原文仍然保留錯誤的"三十餘條"，而不改正（84）。不知以上幾處是如何區分明顯訛誤與否的呢？

"凡例"七，後半段説："此類校記一般列出文淵閣《四庫全書》書前提要、《總目》等以作比較。部分校記參照了摘藻堂《四庫全書薈要》、文溯閣《四庫全書》、文津閣《四庫全書》的書前提要。"這顯然是把前二種提要作爲首要參照，後三種較後考慮。但我們在一些提要，尤其是小學類提要，校記中，往往看到先説《薈要提要》如何如何，甚至只舉《薈要提要》而不及《總目》等。如《重修廣韻》條，江校①："盧思道，《初目》原作'慮思道'，誤，今據《薈要提要》等改。"校②："封演，《初目》原作'封寅'，誤，今據《薈要提要》等改。"（95）這裡的"等"字，或許是包括《總目》在內的，因爲這兩處《總目》確實不誤。但是，就在這一條提要的第二句"隋陸法言、呂靜等六家"云云，《總目》（358下）在"言"下有"以"字，江本漏校，以致斷句都出了問題。這説明該條整理者，似乎並未校對《總目》，而只取用手邊的《四庫全書薈要總目提要》（江慶柏等整理）粗率校對一過而已。《埤雅》條，江校①："刊本，《薈要提要》作'別本'，文淵閣《四庫全書》書前提要作'刊本'。"校②："復，《薈要提要》作'得'，文淵閣《四庫全書》書前提要作'後'。"（97）其實，《總目》（342上）也是作"刊本"和"後"，但卻不提及，似乎更可説明上條中的"等"可能是只包含文淵閣《四庫全書》書前提要，而不包括《總目》。

"凡例"九，説到爲了叙述方便，常用文獻采用簡稱，如《總目》指《四庫全書總目》，浙本《總目》指浙江刻本《四庫全書總目》，殿本《總目》指武英殿刻本《四庫全書總目》等等。但該本校記中，常常出現説是《總目》，實際上是殿本《總目》的情況。如《紫岩易傳》條校②"行狀，《總目》作'墓誌'，非是"（4），浙本《總目》作"行狀"（8上），不誤，殿本《總目》誤作"墓誌"。又如，《韓詩外傳》條江校："景帝時至常山太傅，《總目》作'武帝時至常山太傅'，非是。"（34）這同樣是殿本《總目》，浙本《總目》作"景帝"，不誤。《毛詩集解》條末尾"卷之外"以下三十五字，江本云"據《總目》補"（36）。其中有《讀詩總記》一書名，顯與前文《讀詩總説》相牴牾，查浙本《總目》（125上）實作"讀詩總説"，江本所據實爲殿本《總目》，遂有此誤字（"記"）。

又，"凡例"一，説是參考了影本。但是像此前曾舉過的，《古韻通》提要後一葉三十七字，誤接在《古今通韻》之後，影本已經調整，而江本仍誤。是不是在參考影本時也不夠認真呢？

以上所舉，都是江本中明顯與"凡例"相違背的。至於校記的文筆、寫法等方面，隨意性就更大了，顯非一人手筆，且未精心統一。

（二）趙本"校證"名不副實

前面説過，趙本"校記"采用簡式，只交待校改的文獻依據或表明疑誤之意，極少論證。從形式上看，趙本校記確乎做到了黃永年先生説的"文筆、體例一定要統一"的要求，甚至讓人感覺極度地程式化。而從其內容上來説，實在是乏善可陳，絕大多數所謂校記，不過是改正那些明顯到一讀之下即可發現問題的《初目》訛誤，引據《總目》等文獻（主要是《總目》）不過是爲了表示"改而有據"。只要文字上稍微順暢一些，就很難加以校正。這也正是趙本中會保留有那麼多訛文誤字的原因所在。

雖然上文已經舉出大量的實例，來證明趙本校勘工作的不足，但爲了更好地證明上一段的評説，筆者仍然舉出實例來論證。請看：

《古易彙編》條"參稽象説，折以義理"，趙校［三］："折似爲'析'之形訛。"（54—55）按：折，有判斷、裁決之意。《總目》卷六《易經通注》提要有"斟酌乎象數義理，折以大中"（34中），"折"字取義與此同。不誤。

《內外服制通釋》條"尚可考其一班云"，趙校："班似爲'斑'之形訛。"（142）按：一班，同"一斑"，比喻事物的一小部分。蘇軾《洞庭春色賦》："悟此生之泡幻，藏千里於一班。"（見《漢語大詞典》）

《字通》條："故熊忠《韻會舉要‧凡例》稱舊本純用《説文》，施用頗駭。"趙校："駭疑爲'賅'之形訛。"（324）按：此"駭"字顯然是"驚世駭俗"之"駭"。該條之後不遠，即是熊忠《古今韻會舉要》條，亦有"雖舊典有徵，而施行頗駭"的説法，趙本無校（339）。再往後，有《六書精藴》條，云："如熊忠《韻會舉要》所譏者，已爲駁俗。"（347）如同自注。

由以上三例，可以看出，趙本整理者確實有細讀文本，在字形上糾察很細，但同時也證明，他們可能是憑藉自己的知識儲備，讀出問題，再去找提要文獻來驗證，而不是直接從校對中發現問題。即是"讀"而"校"，不是"校"而"讀"。甚至連《漢語大詞典》之類工具書，都不查一下，更不要說照顧前後文了。這大概就是所謂的"以意校書"吧。

如此校書，自然少不了出現提供無用甚至錯誤信息的情況。上文講過的"趙本誤校"諸例及剛舉過的三例都可爲證。又如《韻補》條，趙校〔三〕云："楚詞案《四庫全書總目》卷四二同條作'楚辭'。"（298）此類校記，不知意欲何爲？《古易彙編》條"呂大防"下，校云："大底本原作'六'，誤，茲據《四庫全書總目》卷八同條改。"（55）實際上，這不過是個殘壞字，上方的那一筆並不像"六"字的起筆一點，自左上往右下行（網122、影123）。網本中殘壞處的破洞顯然可見，故江本直接釋爲"大"字（18）。又如，《易傳》《韓詩外傳》兩條，《初目》原本多殘損。趙本於前者出校七條，其中六條近一頁篇幅，是説根據文溯閣、文津閣提要補入原殘字十五個（84）。於後者亦有兩條四行校記來説明據其他提要補入原殘字五個（110）。但原本殘壞的字都比趙本指出得要多。江本於前條下，有一條校記説："《初目》本篇多有殘缺，《總目》與此大致相同，遂據以補出。"（28）在《韓詩外傳》條，對殘壞字問題隻字未提（34）。趙本的做法自然有助於向讀者呈現原書面貌，但又做得很不徹底，終究難以取信於人。

趙本"叙例"第四條説："凡遇提要之殘缺者，即將《總目》同條提要之文録入'校記'中，以資比較對讀，以助全面了解。"於是，我們看到，即便是所缺甚少，基本完好的殘篇，也都將《總目》的全篇文字附於校記中。而大部分殘篇所存文字，基本上和《總目》相差不多，校記中不管是不是重複，統統補上全篇。最讓人難以理解的是《干禄字書》一條，所缺只不過是"干禄字書一卷"前五個字，因爲書名在内，所以本來完整的提要之下，也附上了《總目》的全篇提要（300）。整理者説，這麼處理是"實乃姑用此法，聊補此憾而已"。簡直讓人摸不着頭腦。恐怕整理者對《初目》的定位存在什麼誤解。《初目》的價值，主要是作爲一種新材料，爲學界研究《四庫全書總目》的成書過程，甚至是四庫學相關問題起到推動作用。它並不是一個普及讀物。需要"全面了解"某書情況的時候，去讀《總目》就好了，何須來讀《初目》呢？

再説趙本中的"今案"。封三"内容簡介"説："《四庫全書初次進呈存目》在《四庫全書》與《總目》纂修程序上具有過渡性的價值，因而此次整理，還將《存目》中的每條提要與《四庫提要分纂稿》、《四庫全書薈要總目提要》、文淵閣《四庫全書》書前提要、《文溯閣四庫全書提要》、《文津閣四庫全書提亞匯編》、《四庫全書簡明目録》、《四庫全書總目》中的同一條目一一比照，在'今案'

中列出其所處之部類、卷次、頁碼，以方便讀者及研究者按圖索驥，檢索求證。"末了的"按圖索驥，檢索求證"真是用得貼切，這部分簡直就是一個"索引"。只是這個"索引"，頗有可議之處。

首先，一個突出的問題是，可省不省，徒耗紙墨。上面列出的一系列提要文獻，每個都有長長的名字，既然要成百上千次地反復出現，完全可以采用簡稱。但趙本"今案"不然，每一次都用帶着書名號的全稱，不知道是爲了版面的美觀，還是爲了擴充篇幅？前面說過，趙本是簡式校記，其內容遠沒有江本豐富，但江本總共是 87.8 萬字，趙本却高達 95.8 萬字（均見版權頁）。趙本的反超，顯然是"今案"部分的功勞。又因趙本采用字號略大的繁體豎排，相較於字號略小且橫排的江本，用紙自然是遙遙領先。（趙本：開本 880mm×1230mm 1/32；印張 62.5。江本：開本 787mm×1092mm 1/16；印張 36.5。）

其次，整理者的羅列工作並不完善，頗有遺漏。比如，《易通》、《讀易考原》、《易象鈎解》、《周易旁注前圖》、鄭氏《書説》、《孝經刊誤》、《論孟精義》、《引經釋》八條（33、36、60、66、93、239、261、273），在《四庫提要分纂稿》都有對應條目（388、10、12、18/389、445、393、391、393），趙本"今案"均未標出。其中，《周易旁注前圖》有兩處，整理者一處也未注出，而該條下，趙校〔二〕"祥當爲'詳'之形訛"的推測（66），完全可以在姚鼐的分纂稿中得到印證（《分纂稿》389）。又有《周易全書》一條，趙本"今案"列出《四庫提要分纂稿》第二二頁（50）。實際上，《分纂稿》第 22 頁翁方綱所纂該條，與《初目》此篇相去甚遠。而在第 390 頁的姚鼐所纂一篇，與《初目》此篇極爲接近，顯然後者才是《初目》此篇的源頭。

再次，爲了求全，將《四庫全書簡明目錄》也納入排比之列，似不合適。《簡明目錄》寥寥兩三句，與其他各種提要文獻，相差甚遠，完全是一部較爲獨立的著作。將《簡明目錄》與他種提要一視同仁，怕是沒有認清它的屬性。江慶柏先生曾指出："《四庫全書簡明目錄》雖然也屬於總目提要，但該書不是《四庫全書總目》的簡單縮寫，而是重新編寫的，它與匯總提要的關係沒有如《總目》那樣密切。"（江本"概述"第 3 頁腳注③）所言甚是。

五、餘論：對古籍整理工作的一點期望

上文中，筆者以極其冗長的篇幅，對《初目》的兩種整理本進行了多方面的檢驗和對比。限於學識，其中一定還存在筆者未能注意到的地方。僅就已經發現的種種缺陷來説，這兩個小小的樣本，已足以折射出數以千百計的古籍整理類圖書較常見的問題。

古籍整理，頭緒繁多，絕非易事。一部合格的古籍整理圖書，至少應在文字、標點、校記三方面取得令人滿意的成績。

文字的準確與否，更是其中最重要的檢驗標準。而最低限度的“準確”，便是努力做到與底本文字的一致（字形字體問題可以統一處理），在此基礎上，如能利用他校、理校等手段，對底本中的訛文誤字進行糾正，自然再好不過。僅就前一步來説，態度的端正，無疑起到至關重要的作用。至於能否利用本校、對校以發現問題，同樣取決於校勘者的認真程度。

關於標點與校記的撰寫，黃永年先生在其《古籍整理概論》一書中，曾有很多經典性的指導意見。譬如，爲盡量避免標點錯誤，先生認爲，標點者應從以下幾個方面多多努力：“（1）弄通文理；（2）多讀書，多看書，充實有關知識，多多益善；（3）態度認真嚴肅，不懂就查書，就向懂的人請教，切勿想當然，切勿自以爲是。”①

針對校記的相關問題，先生則説：“校記的文筆、體例一定要統一，不能前後不一。如果是大部頭書由幾個人分工校勘，事先必須發凡起例，人手一份，誰都不得故意違例。有時雖一個人校，也要定個凡例，隨時查對，以免校到後面忘了前面的體例，弄成前後不一。不論一個人校或幾個人校，校記寫出後都得複看一遍，發現違例之處應立即改正。”②又説：“關鍵問題是有沒有用，而不是字數多少。沒有用，即使一句話也嫌多，有用，再講多點也無妨，不要怕扣‘繁瑣’帽子而去硬砍。”③

古籍整理的理論並不虛無縹緲，黃先生的指導意見無不實實在在，值得每一個古籍整理者認真學習，努力實踐，常常誦讀，時時自省。

我們祈願：古籍整理工作，能夠被更嚴肅地對待；每一個古籍整理者，都能心存敬畏地對待古人的精心結撰；每一部正式出版的古籍整理圖書，都可以是質量過關的合格品。

2019.1.18 草於燕園小補齋

附記：本文作於年初，國慶節後，見本校圖書館書架新增《四庫全書初次進呈存目校證》16 開精裝本一大冊。取與本文所用 2015 年平裝本比對，顯著不同有如下幾處：①平裝本標注爲“陝西師範大學優秀著作出版基金資助項目”，

---

① 黃永年：《古籍整理概論》，第 125 頁。
② 黃永年：《古籍整理概論》，第 93 頁。
③ 黃永年：《古籍整理概論》，第 94 頁。

精裝本則改作"陝西師範大學中國語言文學'世界一流學科建設成果'";②精裝本整理者名單增入"王璐"一員;③精裝本書號爲2017年第102115號,版次爲2018年9月;④精裝本開本:787mm×1092mm 1/16;印張:72。然抽檢本文所摘是書訛誤十餘處,竟無一處更正,似可説明精裝本於文字内容一仍平裝本之舊,並無修訂。

2019.12.4 修改補記於圖書館
趙兵兵　北京大學 2018 級博士研究生

《文淵閣春秋類提要》抽換述略[*]

羅毅峰

各類型的四庫提要之間存在差異，在《總目》成稿以後就被發現，雖然歷經檢查、抽換，但從現存的提要文獻來看，效果並不令人滿意。這種差異也逐漸成爲"四庫學"研究的重要方面，迄今爲止，既有研究從多方面展開，研究成果數量已然相當可觀。然而導致提要産生差異的重要原因之一——"抽換"，目前來看探討的却不太多，系統論述的似乎僅見劉遠游《〈四庫全書〉卷首提要的原文和撤換》一文^①。文章通過比對分纂稿、書前提要及《總目》等文獻並結合《全書》纂修材料，嘗試總結出鑒定抽換的一般性規律，並對抽換的原因作了推論，具有相當的啓發性。在對經部春秋類所著録的一百一十五種圖書提要進行彙輯彙校以後發現，相關問題還需細化分類，今在劉文基礎上，再做嘗試。

（一）從編纂史角度看《文淵閣提要》的來源

書前提要應該來源於"提要初稿"，劉遠游已申之，並以乾隆四十年爲限定義"初稿"。但提要的編纂從乾隆三十八年四庫開館纂修官擬就分纂稿

---

* 本文係 2015 年度國家社科基金重大項目"四庫提要彙輯彙校彙考"（項目編號 15ZDB075）的階段性成果。

① 文載《復旦學報（社會科學版）》（1991 年 02 期）。按：下文引劉遠游之説皆來源於本文，不再出注。

開始，到乾隆六十年《總目》刊定，前後二十多年間始終處於一個動態的編修過程中，《四庫全書》的編纂和抄録在相同的時期内情况也是一樣。所以要想厘清"抽换"問題，不得不結合兩者的編纂史加以分析。我們首先要弄清楚書前提要據以抄寫的"提要初稿"在這一過程中應該屬於哪個階段，其原有面貌如何。

先看《四庫全書》。北四閣《四庫全書》的抄成時間，文淵閣《四庫全書》於乾隆四十六年十二月率先告竣，剩餘三閣在接下來三年内也次第抄完，這已經是學界共識，不必多言。至於開抄時間似乎還需再做探索。乾隆三十八年閏三月十一日軍機處上《辦理四庫全書處奏遵旨酌議排纂四庫全書應行事宜摺》所奏諸事中有如下三條：

　　一、《永樂大典》内所有各書，現經臣等率同纂修各員逐日檢閱，令其將已經摘出之書迅速繕寫底本，詳細校正後即送臣等復加勘定，分別應刊、應抄、應刪三項。其應刊、應抄各本，均於勘定後即趕繕正本進呈。……

　　一、遵旨將官刻各種書籍及舊有諸書，先行陸續繕寫。其卷帙甚爲浩繁，臣等酌議，凡應寫各書，俱于每卷首行寫欽定四庫全書卷幾萬、幾千、幾百、幾十，下注經部、史部字樣；次行方寫本書名目卷次。但首行卷數，此時難以預定，謄寫時暫空數目字樣，統俟編輯告成後再行補填，于排纂體制方能井然不紊。謹將篇式繕樣進呈。……

　　一、謄録一項，前經臣等奏明酌取六十名在館行走，僅供寫録《永樂大典》正副本之用。今恭繕《四庫全書》陳設本一樣四分，卷帙浩瀚，字數繁多，必須同時分繕成編，庶不致汗青無日，而其字畫均須端楷，又未能日計有餘，非多派謄録人員不能如期蕆役。……[1]

這三條材料所反映的信息要點大致有四：其一，應抄之書"勘定後即趕繕正本進呈"，可見抄好的《全書》是陸續進呈御覽的；其二，《全書》抄寫篇式繕樣已擬定；其三，抄寫《永樂大典》正副本的六十名在館行走不足以供同時抄録《四庫全書》之用，需要另外加派人手；其四，雖然北四閣《全書》是次第抄成的，但應是同時開抄的。綜合來看，這無疑都是開抄前的匯報工作，此時《全書》尚在待抄階段。另外，通檢文淵閣《四庫全書》，現存提要校上時間没有早於乾隆三十八年四月的，似乎也可作爲旁證[2]。至三十八年五月初一，乾

---

① 中國歷史第一檔案編：《纂修四庫全書檔案》，上海古籍出版社，1997年，第74—77頁。

② 因爲抽换提要時有改署校上時間的情况存在，所以現存書前提要的校上時間僅可作爲旁證。

隆皇帝又降一旨命辦《四庫全書薈要》：

> 著於《全書》中擷其菁華，繕爲《薈要》。其篇式一如《全書》之例，蓋彼極其博，此取其精，不相妨而適相助，庶縹緗羅列，得以隨時流覽，更足資好古敏求之益。[①]

以《薈要》"篇式一如《全書》之例"，可見最遲到乾隆三十八年五月初一，《四庫全書》的謄錄工作已經展開。取此上下限，可以圈定《四庫全書》的開抄時間當在乾隆三十八年閏三月十一日至五月初一之間。那麼文淵閣《四庫全書》的抄寫時間就應該是乾隆三十八年閏三月至五月某天開始，到乾隆四十六年十二月結束。這也是文淵閣提要理論上的校上時間範圍。

在這一時間範圍內，我們再看《總目》的編纂進度。《總目》的具體編纂流程，司馬朝軍概括爲"分纂草創——總纂潤色——總裁討論——皇上欽定"[②]，劉浦江總結爲"各位纂修官撰成分纂稿後，將抄好的提要稿黏貼於四庫底本的書前或書後，總纂官據此進行修訂，最後再將改定後的各書提要抄出匯爲一編，並進行分類整理編纂，即形成爲《總目》"，[③] 言辭雖異，而大略實同，當無異議。又，陳曉華編有《〈四庫全書總目〉編撰及刊刻過程表》，[④] 眉目甚清，現截取相關部分轉列如下：

《總目》編撰及刊刻過程表（部分）

時　　間	編撰及刊刻過程
乾隆三十七年（1772）正月初四	諭旨要求在採集圖書時，各書敘列目錄，註明作者、時代、書中要旨
乾隆三十八年（1773）五月初一	特詔詞臣，詳爲勘核，厘其應刊、應抄、應存者，系以提要，輯成總目
乾隆三十八年五月初一	令編《四庫全書薈要》，以于敏中、王際華管理其事
乾隆三十八年五月十七	著總裁等將進到各書詳核匯爲《四庫全書總目》並妥議給還遺書辦法

---

① 《纂修四庫全書檔案》，第 107 頁。
② 司馬朝軍撰：《〈四庫全書總目〉編纂考》，武漢大學出版社，2005 年 11 月，第 722—723 頁。
③ 劉浦江：《四庫提要源流管窺——以〈小字錄〉爲例》，《文獻》2014 年 5 期，第 11—12 頁。
④ 陳曉華撰：《"四庫總目學"史研究》，商務印書館，2008 年，第 39—41 頁。

時　間	編撰及刊刻過程
乾隆三十九年（1774）七月二十五	奉諭旨，四庫館臣進呈已修部分《四庫全書總目》，以備御覽審定。並令於《四庫全書總目》外另編《簡明目録》
乾隆四十三年（1778）	《四庫全書薈要》第一分書成
乾隆四十六年（1781）二月十三	奉上諭，《四庫全書》總裁奏進所辦《四庫全書總目》提要
乾隆四十六年二月十六	《四庫全書總目》初稿辦竣。旋即奉旨改變體例，將列朝御纂各書分列各家著撰之前，並將御題《四庫全書》諸書詩文從《四庫全書總目》卷首撤出
乾隆四十七年（1782）七月十九	《四庫全書總目》編次改定，永瑢等奉表奏上。同時完成《四庫全書簡明目録》。此後，《四庫全書總目》隨《四庫全書》的抽毁删補而不斷增删補訂

從表中可知，匯編進呈《總目》之事，最遲到乾隆三十九年即已有之。在這一年的七月二十五日乾隆皇帝下了一道《諭内閣著四庫全書處總裁等將藏書人姓名附載於各書提要末並另編〈簡明書目〉》的聖旨，内開：

> 辦理四庫全書處進呈《總目》，於經史子集内，分晰應刻、應抄及應存書名三項。各條下俱經撰有提要，將一書原委，撮舉大凡，并詳著書人世次爵里，可以一覽瞭然。較之《崇文總目》，蒐羅既廣，體例加詳，自應如此辦理。
>
> ……至現辦《四庫全書總目提要》，多至萬餘種，卷帙甚繁，將其抄刻成書，繙閱已頗爲不易，自應於提要之外，另列《簡明書目》一編，祇載某書若干卷，註某朝某人撰，則篇目不煩而檢查較易。[①]

劉氏就是依據這則材料與于敏中乾隆四十年所作書札，認爲到乾隆四十年提要初稿已大致辦妥，遂劃定"提要初稿"當以乾隆四十年爲限。在此之後，乾隆四十六年二月又有《總目》進呈，是爲《總目》初稿告竣。

綜合這四個關鍵的時間點，總結復述如下：乾隆三十八年三月至五月之間某日文淵閣《四庫全書》開抄，乾隆三十九年七月進呈《總目》，乾隆四十六年二月進呈《總目》並宣告《總目》初稿完竣，乾隆四十六年十二月文淵閣《四庫全書》抄完。揆之常理，從乾隆三十九年到乾隆四十六年，提要處於編纂期間，内容不

---

① 《纂修四庫全書檔案》，第228—229頁。

可能一成不變，而某書提要若已有總纂官修訂稿在先，那麼在其後抄寫時自然要以修訂稿爲底本而非原稿。[①] 按照這一原則，相對於劉氏提出的以乾隆四十年爲界一刀切的説法，我們認爲還可以進一步提煉爲：1. 校上時間在乾隆三十八年三月以後至乾隆三十九年七月的文淵閣提要應以"提要初稿"爲底本；[②] 2. 校上時間在乾隆三十九年七月以後至乾隆四十六年二月的文淵閣提要應以乾隆三十九年七月進呈的《總目》及其修訂稿爲底本；3. 乾隆四十六年二月至乾隆四十六年十二月的文淵閣提要應以乾隆四十六年二月進呈的《總目》及其修訂稿爲底本。現行書前提要凡是出离上述各底本範圍者，我們認定其爲"抽換"。

（二）現存文淵閣春秋類提要的抽換數量

對提要抽換的甄別，劉氏提出最佳辦法是"同初稿比校"，但同時也承認"提要的修訂稿流傳極稀"，"分纂稿並不全是初稿"等等，這是必須直面的現實。即使到今天，能夠獲取的提要文獻材料仍遠不足以支撐我們一篇一篇進行比對。但也並非絕無辦法，合理利用時代相近的提要文獻如各種書前提要，同樣可以嘗試解決一些問題。這其中包括編纂於乾隆三十八年五月至四十三年的第一份《四庫全書薈要》，書前同樣抄有提要，[③] 其次是《文溯閣提要》與《文津閣提要》，還有則是《聚珍版提要》，這四種提要屬有校上時間，[④] 無疑是考察所需要的重要信息之一。

首先，我們有必要對春秋類提要做一個概述。文淵閣春秋類著錄圖書一共一百一十五種，其中蘇轍《春秋經解》與吕本中《春秋經解》同名相混，崔子方《春秋例要》附入《春秋經解》，兩書皆無對應提要，故春秋類的《文淵閣提要》實際祇有一百一十三篇。依據校上時間細分的話，乾隆三十九年七月至乾隆四十六年二月的，有七十六篇；乾隆四十六年二月至乾隆四十六年十二月的，有三十一篇；乾隆四十六年十二月以後的，有六篇。下面我們就照此三部分進行論述。

抄成時間在四十六年二月以前的七十六種書中，有相當一部分與校上時間相近的書前提要迥異，如《春秋穀梁傳註疏》一書的提要就極爲典型：

---

① 今《總目》卷前《凡例》有稱："今於所列諸書，各撰爲提要，分之則散弁諸編，合之則共爲總目。"是"散弁諸編"的提要無疑均應與"總目"同，方能達到目的。所以我們認爲當提要有修訂稿時，若其書未抄，當以修訂稿爲底本；若其書已抄，當以修訂稿爲底本進行抽換。

② 此"提要初稿"的定義仍取諸劉氏。

③ 下文簡稱"薈要提要"。

④ 有部分《聚珍版提要》闕校上時間。

《薈要提要》	《文淵閣提要》	《文溯閣提要》①
臣等謹案:《春秋穀梁傳註疏》二十卷,晋范甯集解,唐楊士勛疏,宋邢昺等奉詔訂正,令太學傳授《穀梁》。主於説經,多得精義。魏晋以來,尹更始、唐固等説者共若干家。甯據經詁傳,較之何休之註《公羊》,不啻數倍過之。士勛此書頗能疏通范氏之旨。明監本載陸氏《釋文》,間有删節,今刻本並補正。乾隆四十年十月恭校上。	臣等謹案:《春秋穀梁傳註疏》二十卷,晋范甯集解,唐楊士勛疏。其《傳》則士勛《疏》稱:"穀梁子名俶,字元始,一名赤。亦受經於子夏,爲經作傳。"則當爲穀梁子所自作。徐彦《公羊傳疏》又稱:"公羊高五世相授,至胡母生乃著竹帛,題其親師,故曰《公羊傳》。穀梁亦是著竹帛者題其親師,故《穀梁傳》。"則當爲傳其學者所作。按:《公羊傳》"定公即位"一條引"子沈子曰",何休《解詁》以爲後師。按:此註在《隱公十一年》所引"子沈子"條下。此《傳》"定公即位"一條亦稱"沈子曰"。公羊、穀梁既同師子夏,不應及見後師。又"初獻六羽"一條稱"穀梁子曰",《傳》既穀梁自作,不應自引己説。且此條又引"尸子曰",尸佼爲商鞅之師,鞅既誅,佼逃於蜀,其人亦在穀梁後,不應預爲引據。疑徐彦之言爲得其實,但誰著於竹帛,則不可考耳。《漢書·藝文志》載《公羊》《穀梁》二家經十一卷,《傳》亦各十一卷,則經、傳初亦別編。范甯《集解》乃併經註之,疑即甯之所合。《定公元年》"春王三月"一條,發傳於"春王"二字之下,以"三月"别屬下文,頗疑其割裂。然考劉向《説苑》稱:"文王似元年,武王似春王,周公似正月。"向受《穀梁春秋》,知《穀梁》經文,以"春王"二字别爲一節,故向有此讀。至"公觀魚於棠"一條、"葬桓王"一條、"杞伯來逆叔姬之喪以歸"一條、"曹伯盧卒於師"一條、"天王殺其弟佞夫"一條,皆冠以"傳曰"字。惟"桓公"一條與《左傳》合,餘皆不知所引何傳。疑甯以傳附經之時,每條皆冠以"傳曰"字,如鄭元、王弼之《易》有"象曰""象曰"之例,後傳寫者删之,此五條其削除未盡也。甯註本十二卷,以兼載門生故吏子弟之説,各列其名,故曰"集解"。《晋書》本傳稱甯此書爲世所重,既而徐邈復爲之註,世亦稱之。今考書中乃多引邈註,未詳其故。又自序有"商略名例"之句,疏稱甯别有《略例》十餘條,此本不載。然註中時有"傳例曰"字,或士勛割裂其文,散入註疏中歟?士勛始末不可考,孔穎達《左傳正義序》稱"與故四門博士楊士勛參定",則亦貞觀中人。其書不及穎達書之賅洽,然諸儒言《左傳》者多,言《公》《穀》者少,既乏憑藉之資,又《左傳》成於衆手,此書出於一人,復鮮佐助之力。詳略殊觀,固其宜也。其疏"長狄眉見於軾"一條,連綴於"身橫九畝"句下,與註相離,蓋邢昺刊正之時又多失其原第,亦不盡士勛之舊矣。乾隆四十二年三月恭校上。	臣等謹案:《穀梁註疏》二十卷,晋范甯集解,唐楊士勛疏,宋邢昺等奉詔訂正,令太學傳授。穀梁氏或以爲名喜,或以爲名赤,或以爲名俶,宋儒若王應麟輩皆未能定也。其《傳》始顯於漢宣帝時,而向、歆父子猶各執一議,莫能相從。自後爲其學者有尹更始、唐固、糜信、孔衍、江熙、段肅、張靖等十餘家,而甯采集之以成是《傳》。甯字武子,解褐爲餘杭令,遷臨淮太守,徵拜中書侍郎,補豫章太守。沈思是《傳》,其義精審,爲後儒所稱。蓋杜預註《左氏》,何休註《公羊》,皆獨主其説,不敢稍有異同,以是多迴護。甯治《穀梁》而能知其非,較他家爲最善矣。士勛不詳其字里,官國子四門助教,見於《崇文總目》云。乾隆四十七年四月恭校上。

① 此書《文津閣提要》與《文溯閣提要》除校上時間外,内容全同,爲減少佔用篇幅,僅舉《文溯閣提要》。

單從文本體量來講，《文淵閣提要》近千字，遍考傳、註、疏相關人與事，而《文溯閣提要》還不到其三分之一，紹介頗簡，殊乏考證。結合兩者校上時間來看，《文淵閣提要》在乾隆四十二年三月，《文溯閣提要》已晚至五年以後，設若現行《文淵閣提要》爲原始文本，殆無晚出的《文溯閣提要》反倒空疏之理。再將《文淵閣提要》比之殿本《總目》，兩者內容幾近全同。《總目》經紀昀等人反復錘煉，撰寫體例規範統一，又以考據爲優長，這都是明顯異於早期提要稿的地方，此篇《文淵閣提要》卻兼而有之。具體而言，如作者之著錄，《薈要提要》《文溯閣提要》《文津閣提要》均作"晋范甯集解，唐楊士勛疏，宋邢昺等奉詔訂正，令太學傳授"，《文淵閣提要》《總目》則徑題"晋范甯集解，唐楊士勛疏"。嚴格的説，邢昺等人功勞在訂定文本，與原書撰述無關，删宋人之痕迹，無疑更加簡潔明晰；又如文本內容的考訂，《文淵閣提要》長篇累牘，而《薈要提要》《文溯閣提要》不置一詞，其詳略懸殊一望即知，不必費言。《文淵閣提要》抄錄時間處於《薈要提要》《文溯閣提要》之間，其原始文本理當如前，而今反與《總目》同，若非抽換所致，似不可解。

　　但也不是所有抽換提要都有這麼大懸殊的，比如《春秋集傳纂例》。此書今存《文淵閣提要》（乾隆四十四年三月）、《文溯閣提要》（乾隆四十七年二月）、《文津閣提要》（乾隆四十九年三月）、《總目》四種，其內容除個別字詞表達略微有些差別外，大致相同。這就包含兩種可能性：其一，此書提要從初擬到定稿改動不大，所以乾隆四十四年抄寫的文淵閣提要與後來的三種提要差別甚微；其二，書前提要俱爲抽換所致。我們認爲可能是後者。雖然從內容上無法做出判斷，但細審文淵閣本的提要與正文書迹，可以看出差別。

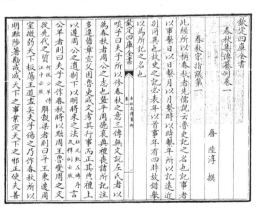

圖 1 《春秋集傳纂例》提要　　　　　圖 2 《春秋集傳纂例》正文

儘管均爲端楷所書，但兩者風格區別還是比較明顯的，同出於一人手筆的可能性較低。具體而言，左側提要書迹有魏碑書風，方筆較多，平劃寬結，撇捺舒展，方正峻朗；右邊正文筆迹相對而言則更接近趙孟頫書風，工穩秀美。①

通過彙輯這七十六部圖書的提要，並對内容到版式進行詳細比勘，我們發現與上述兩書提要類似的情況極爲普遍，可定爲抽換之作的共計有五十六篇之多，佔比高達百分之七十三。

再看抄成時間在乾隆四十六年二月至乾隆四十六年十二月的三十一篇提要。這部分提要仍然可以根據與其他書前提要的比對結果分爲兩類：一是兩者差異巨大的，如魏了翁《春秋左傳要義》、趙汸《春秋屬辭》等；一是兩者幾無差異的，如鄭玄《箴膏肓》《起廢疾》《發墨守》、劉敞《春秋傳》等。對於前者，分辨難度不大；而對於後者，就需要結合版式、字體等做具體探討。最終可以確認爲抽換的提要有二十五篇，佔比百分之八十。另外一點值得注意的是，這部分書前提要與《總目》的同一性遠比上一部分要高，應該與《總目》初稿告竣有關。

至於時間在乾隆四十六年十二月以後的六篇提要，已經在文淵閣《全書》辦峻以後了，全爲抽換之作當無異議，鑒別起來也最爲簡單。除此以外，其改署的校上時間將對考察抽換時間大有裨益。

（三）《文淵閣提要》抽換的鑒別及相關問題

結合劉文已經總結出來的規律，在以春秋類爲主的情況下，我們又分別擇取易類、書類、詩類、五經總義類、四書類同一時間段的提要各十篇作爲參考，試圖對這些規律進行總結。經整理歸納，大致如下：

1.抄寫格式。劉遠游稱："按語應叙於各書目録之後，按語所在的書版，版心仍題'目録'。如果書原來没有目録，則按語大都冠序文之前，首題'提要'二字。"今按：劉氏所言不誤，但其中原書没有目録的情況需與抽換提要撤去目録相區分，同時也有未經抽換的提要冠於目録前，詳下文。

2.印記鈐蓋位置。文淵閣《四庫全書》書前皆有"文淵閣寶"印記，其鈐蓋位置本在每種書第一册的目録首頁，而經抽換者目録被悉數抽去，則蓋在卷首卷端。

3.書寫筆迹。抽換内容的謄録與原書抄手並非一人，筆迹自然前後有別，

---

①　書迹分析得友人李靈力君襄助，志此感謝。

取提要文字與原書正文比對，即可分辨。正文需要選取與提要同一冊的文本，因有多人合抄一書的情況存在。

4.校上時間。文淵閣《四庫全書》的告竣時間在乾隆四十六年十二月，提要的校上時間自然應該早於該時間點。但需要注意抽換提要時照録原校上時間的情況。

5.提要内容。如若同書的文淵閣提要相比文溯閣提要、文津閣提要，内容更加豐富，那麼極有可能就是抽換之作，畢竟文淵閣提要一般謄抄在前。

以上述五點繩之現行各部類的文淵閣提要，應該可以甄别出大部分抽換之作，但還需多作説明的是，鑒别需從多角度入手，單一標準有時未必可靠。如"校上時間"，經過抽換的八十六種春秋類提要中僅有六種時間在乾隆四十六年十二月以後，换言之，有八十種提要雖經抽換但校上時間仍照録原本，或改署早於庫書辦峻的時間，若僅憑這一點尚不足以定論。再如"抄寫格式""印記鈐蓋位置"，經過抽換的《春秋公羊傳註疏》提要即是特例，其現行提要通過挖補進行抽換，目録頁尚存，印記鈐蓋一仍其舊，故需結合抄寫筆迹以及内容之分析，方能作出準確判定。

還有兩個問題需要額外探討一下。

一個是抄寫格式，前引《纂修檔案》有提到乾隆三十八年閏三月十一日進呈過"繕樣"，同年五月一日令辦《薈要》時詔令悉依《全書》格式。檢《摛藻堂四庫全書薈要》，我們發現至少兩種抄寫體例，一種是目録書首而提要以"臣等謹案"繫於目録末尾，全書無"提要"字樣，這類占絶大部分，劉遠游認爲這應該是原本抄寫格式；一種是提要單獨抄出置於書首，書名次行與版心題"提要"，如乾隆四十年二月校上的趙汸《春秋屬辭》，雖抄寫格式與上一種不同，但無論其文本内容抑或抄寫筆迹均無抽換迹象。另外，乾隆五十二年十二月十一日紀昀上奏："伏查《欽定四庫全書》，雖以經史子集爲大綱，實分爲四十四類，中又分六十二子目，皆區别甚明，原應於提要前二行下逐類註寫，以清條理。"[①] 這裏提到的"原應於提要前二行下逐類註寫"，只能是上述兩種格式中的第二種，即提要單獨抄出置於書首的。以此觀之，似乎《全書》抄寫格式也是有不止一種的，所以我們提出在觀察提要抄寫格式時，"也有未經抽換的提要冠於目録前"。同時，我們又發現文淵閣提要在抽換時，有將目録一併撤去的情況，如《春秋穀梁傳註疏》即是如此，因爲此書文津閣本提要未經抽換，且書於全書目録之後，能藉以判定文淵閣本原書目録是因抽換所没，所以"原書没有目録的情況需與抽換提要撤去目録相區分"。

---

① 《纂修四庫全書檔案》，第 2107 頁。

另一個問題是關於提要內容。儘管大部分文淵閣的抽換提要相較其餘書前提要文獻內容更爲豐富，但也存在少數特殊案例，比如劉敞《春秋意林》、葉夢得《春秋考》。其原因肯定是多方面造成的，但有一點是相通的，此二人均有同類著作多種，撤換提要內容減少的部分多見於其人名下的他書提要，簡言之，就是將部分內容移到作者別的著作提要中去了。這部分內容一般是作者的生平履歷或者考辨作者著作情況的文字，多因後來排序，不便重複，故舍此取彼。

（四）對抽換提要的來源及時間的一點思考

在總結歸納過程中，我們發現抽換的提要多是來自《總目》，但往往又與通行的浙本《總目》、殿本《總目》互有異同，這些《總目》稿應該是修訂過程中的文本顯而易見。近年來，一批與《總目》編纂相關的提要稿陸續被發現，爲我們提供了可藉以比對的樣本。例如臺北"國家圖書館"藏《四庫全書初次進呈存目》，學者普遍認爲與乾隆三十九年七月進呈的《總目》相關；[①] 又如上海圖書館藏《四庫全書總目》稿本（殘），學者普遍認爲與乾隆四十六年二月進呈的《總目》相關；[②] 再如天津圖書館藏《紀曉嵐刪定〈四庫全書總目〉稿本》（殘），應該與乾隆四十七年七月進呈的《總目》相關等等。[③] 今結合《四庫全書初次進呈存目》、《紀曉嵐刪定〈四庫全書總目〉稿本》、殿本《四庫全書總目》，嘗

[①] 此稿編纂時間，夏長樸《〈四庫全書初次進呈存目〉初探——編纂時間與文獻價值》（《漢學研究》2012 年 02 期）認爲"乾隆四十年五月至乾隆四十一年正月"，劉浦江《〈四庫全書初次進呈存目〉再探——兼談〈四庫全書總目〉的早期編纂史》（《中華文史論叢》2014 年 03 期）認爲"乾隆三十九年七月之前"，趙永磊《〈四庫全書初次進呈存目〉編纂性質考略》（《中國典籍與文化》2016 年 01 期）認爲"乾隆四十年五月至十月之間"。諸家最終結論雖不甚一致，但均是圍繞乾隆三十九年七月進呈的《總目》稿而發。

[②] 此稿編纂時間，沈津《校理〈四庫全書總目提要〉殘稿的一點新發現》（《中華文史論叢》1982 年 01 期）認爲"此稿非最初的稿本，也非後來之定本，而是不斷修改中的一部分稿本"，崔富章《〈四庫全書總目〉考辨》（《文史》第 35 輯，1992 年）認爲是"乾隆四十六年二月"，劉浦江《四庫提要源流管窺——以〈小字錄〉爲例》（《文獻》2014 年 05 期）、苗潤博《臺北"國家圖書館"藏〈四庫全書總目〉殘稿考略》均認同崔氏説法，夏長樸《上海圖書館藏〈四庫全書總目〉殘稿編纂時間蠡探》認爲"乾隆四十四年四月至乾隆四十六年五月之間"。與《初目》情況相似，諸家結論均是圍繞著乾隆四十六年二月進呈的《總目》稿。

[③] 天圖藏本的編纂時間學界分歧較大，劉浦江《天津圖書館藏〈四庫全書總目〉殘稿研究》推測是"乾隆五十一年爲刊刻《總目》而抄繕的一個清本"，修改文字則晚至"乾隆五十五年七月"。又，夏長樸《重論〈天津圖書館藏紀曉嵐刪定四庫全書總目稿本〉的編纂時間》（《湖南大學學報（社會科學版）》，2016 年第 6 期）對此進行了商榷，認爲不應晚於"乾隆四十八年二月"。我們這裏從夏氏之説。

試劃分出四個文本系統，對抽換的提要作出相應的分類。

1. 據《初目》修訂系統抽換

如崔子方《春秋本例》，《文淵閣提要》與《初目》思想一脈相承。例如對於用"例"，各提要對《公羊傳》《穀梁傳》是不持褒貶的，但以啖、趙爲廢例濫觴，僅《初目》《文淵閣提要》《文津閣提要》提出了明確批評，謂"舉漢晋以來相傳師説一概斥之，亦不免於憑臆自用"，比《文淵閣提要》更早的提要稿祇有《初目》與《薈要提要》，而《薈要提要》的態度明顯與之不同。

2. 據《紀曉嵐删定〈四庫全書總目〉稿本》底本系統抽換

如《春秋公羊傳註疏》，《文淵閣提要》"彦《疏》，《文獻通考》作三十卷，今本乃止二十八卷"。"止"，同於《紀曉嵐删定〈四庫全書總目〉稿本》，殿本《總目》作"作"。又如《春秋釋例》，《文淵閣提要》"謹隨篇掇拾，取孔穎達《正義》及諸書所引《釋例》之文補之，校其訛謬，厘爲二十七篇，仍分十五卷"。"二十七"，同於《紀曉嵐删定〈四庫全書總目〉稿本》、殿本《總目》，浙本《總目》作"四十七"，覈原書當爲"四十七"。又如《春秋意林》，《文淵閣提要》"今觀其書，或僅標經文數字，不置一詞"。"詞"，同於《紀曉嵐删定〈四庫全書總目〉稿本》，浙本《總目》作"辭"，殿本《總目》作"字"。又如《春秋五禮例宗》，《文淵閣提要》全同《紀曉嵐删定〈四庫全書總目〉稿本》底本。

3. 據《紀曉嵐删定〈四庫全書總目〉稿本》修訂系統抽換

如《春秋辨疑》，《文淵閣提要》"書之大旨主於以統制歸天王"，《紀曉嵐删定〈四庫全書總目〉稿本》底本作"書之大旨主於宗經，而不肯如註疏之遷就傳文。如譏杜預之信野史而疑《尚書》，從《公》《穀》之論輸平而駁《左氏》，辨'地不繫國'以明統制必歸於王"，《稿本》内以墨筆删"宗經，而不肯如註疏之遷就傳文。如譏杜預之信野史而疑《尚書》，從《公》《穀》之論輸平而駁《左氏》，辨'地不繫國'以明"，又圈"統制"後"必""於"二字，而於"主於"下添"以"，"王"上增"天"，乃成此貌。

4. 據殿本《總目》系統抽換

如《春秋穀梁傳註疏》，《文淵閣提要》"又自序有'商略名例'之句，疏稱甯别有《略例》十餘條，此本不載"。"十"，同於殿本《總目》，《紀曉嵐删定〈四庫全書總目〉稿本》、浙本《總目》作"百"，覈原疏文亦作"百"。又如劉敞《春秋傳》，《文淵閣提要》"宋代改經之弊，敞導其先"。"弊"，同於殿本《總目》，《文溯閣提要》《文津閣提要》《紀曉嵐删定〈四庫全書總目〉稿本》、浙本《總目》

作"例"。又如葉夢得《春秋考》,《文淵閣提要》"今排比綴輯,復勒成書"。"書",同於殿本《總目》,《紀曉嵐删定〈四庫全書總目〉稿本》、浙本《總目》作"編"。又如陳傅良《春秋後傳》,《文淵閣提要》"以其所書推其所不書",同於殿本《總目》,《紀曉嵐删定〈四庫全書總目〉稿本》、浙本《總目》以及原書"推"下有"見"字。

至於抽換時間,劉氏曾結合《晋書》等特殊的個案與相關材料推定開始於乾隆四十一、四十二年間,也就是説在抄寫《全書》過程中,抽換工作也同時在進行。這其實不難理解,如前所述,編修《四庫全書》與編纂提要是兩個並列同行的動態過程,《全書》抄好部分需陸續進呈"欽定",乾隆皇帝翻閱如發現問題即下旨令改,提要抽換雖乏材料可稽,但是《全書》內容的删改撤換却有豐富的例證,因此提要遭遇同樣的境况也就不足爲奇了。儘管因爲缺乏足够的材料,無法對提要抽換的時間進行詳細考論,然而仍有部分方法可以進行嘗試。

其一,個別特殊提要的發現,比如劉氏所舉《晋書》的兩篇提要,校上時間晚的一篇即是抽換提要,其校上時間也就是抽換時間。

其二,校上時間在《全書》辦竣以後的提要,抽換時間應該就是所署的校上時間。如校上時間題署乾隆四十九年十月的葉夢得《春秋考提要》、乾隆五十三年七月校上的《春秋集傳釋義大成提要》等等。

其三,利用抽換提要的來源可以做適當推論。如蕭楚《春秋辨疑》的現行《文淵閣提要》據《紀曉嵐删定〈四庫全書總目〉稿本》修訂系統抽換,據相關考述《紀曉嵐删定〈四庫全書總目〉稿本》的編纂時間在乾隆四十八年二月前後,那麼蕭書提要的抽換時間祇能晚於這個時間點。

（五）餘論：簡單談談研究提要抽換的價值

提要抽換是一個動態的過程,抽換前後留下的又是至少兩份靜態的文本,因此我們可以認爲前後兩者分屬《四庫全書》與四庫提要的編修範疇,對於探討其價值也應該分而論之,以期全面。

作爲《四庫全書》的一部分,書前提要的變化也是《全書》變化的一種反映。比如修改內容所使用的方法,像换頁、挖補等手段,在提要抽換過程中也有使用。典型的如《春秋公羊傳註疏》,其抄寫格式一如原版,但目錄下的兩行內容是通過挖改補上去的,單行字數遠超規定字數,剩下的部分則通過换頁抄寫達到目的。還有如吕祖謙《春秋左氏傳説》則與《公羊傳註疏》不同,直接將繫有提要的目錄頁撤去,然後另紙换寫部分目錄與新提要,再將换寫的新提要冠於目錄之前,手法可謂多樣。再比如可以反映底本的抽换。

典型的如孫覺《春秋經解》一書，《文淵閣提要》記其"十三卷"，《聚珍版提要》記其"十五卷"，《總目》註其來源爲"兵部侍郎紀昀藏本"，而紀昀自述"乾隆癸巳詔求海內遺書以充四庫，中外獻書及格者凡十三家，皆擇其珍祕之本御製詩章弁於首，俾世守以示褒異。臣昀幸與其數，賜題孫覺《春秋經解》七言律詩六韻寶墨，既而命以是書付武英殿剞劂，戶部尚書臣王際華宣示定本"云云，[①] 可見此書的確曾送往武英殿印製。然而取兩本互核，可以發現收入《武英殿聚珍版叢書》的本子與抄入文淵閣的版本迥異，其底本已經抽換不言而喻。

　　書前提要本身的價值，已經有不少學者重視並研究，但多從分析靜態差異入手，如果能結合抽換來看，或許又是一個新的切入角度。前揭崔子方《春秋本例》即是一例。此書《初目》最簡，《薈要提要》《文溯閣提要》作了大量豐富，抽換後的《文淵閣提要》校上時間處於《薈要提要》《文溯閣提要》之間，而內容與《文津閣提要》同，在《薈要提要》之後又做了修改，至《總目》而定型。其中論及唐人啖助、趙匡廢例言經，《初目》是持批評態度的，謂"舉漢晋以來相傳師說一概斥之，亦不免於憑臆自用"；《薈要提要》《文溯閣提要》刪之，改稱"執例、廢例皆偏見也"，調和意味明顯；至《文淵閣提要》《文津閣提要》則又回改《初目》批判之意；到了《總目》，雖言辭有所改換，但批判之意猶在，當是承《初目》、抽換後的《文淵閣提要》而來。《薈要提要》主要是由陸費墀負責的，由此展現出來的學術觀念分歧，可窺一斑。茲再舉一例：劉浦江《四庫提要源流管窺——以〈小字錄〉爲例》一文是一篇極爲精審的以個案討論提要纂修過程的文章，文中已經發現了幾篇書前提要內容上的不同之處，尤其《文淵閣提要》相較《文津閣提要》《文溯閣提要》更爲準確，並以其功歸於校對官葉蘭。其實不然，細審《文淵閣提要》與正文字迹，兩者風格有別，現行提要當爲後來抽換之作，已不可視爲原本。除了未辨提要抽換，造成判斷失誤外，劉氏對天圖藏《總目》稿本編纂時間的認識不準確，該稿本應該是乾隆四十八年前後的《總目》文本，已有學者提出商榷。兩因相加，致使最終結論出現偏差，可謂白玉微瑕。

　　上述蜻蜓點水式的簡述是遠不足以概括其全部價值所在的，但如能結合諸多提要文獻與纂修材料對抽換提要作出全面的、細緻的考察，對於《四庫全書》及四庫提要的編纂研究應該是大有裨益的。

---

① （清）紀昀著，孫致中校點：《紀曉嵐文集》（第一冊），河北教育出版社，1995年，第227頁。

附表：

文淵閣春秋類提要抽換情況一覽表

卷次	書名卷數	提要校上時間	是否抽換
卷二六	春秋左傳正義六十卷	乾隆四十一年五月	×
	春秋公羊傳註疏二十八卷	乾隆四十一年正月	√
	春秋穀梁傳註疏二十卷	乾隆四十二年三月	√
	箴膏肓一卷起廢疾一卷發墨守一卷	乾隆四十六年三月	√
	春秋釋例十五卷	乾隆四十九年十月	√
	春秋集傳纂例十卷	乾隆四十四年三月	√
	春秋微旨三卷	乾隆四十三年七月	√
	春秋集傳辨疑十卷	乾隆四十三年六月	√
	春秋名號歸一圖二卷	乾隆三十九年十一月	√
	春秋年表一卷	乾隆四十六年九月	√
	春秋尊王發微十二卷	乾隆四十二年二月	√
	春秋皇綱論五卷	乾隆三十九年十月	√
	春秋通義一卷	乾隆四十六年十月	√
	春秋權衡十七卷	乾隆四十二年五月	√
	春秋傳十五卷	乾隆四十六年十月	√
	春秋意林二卷	乾隆四十五年二月	√
	春秋傳說例一卷	乾隆四十三年六月	×
	春秋經解十三卷	乾隆四十九年十月	√
	春秋集解十二卷	提要闕	╱
	春秋辨疑四卷	乾隆四十六年正月	√
卷二七	春秋經解十二卷	乾隆四十六年九月	√
	春秋本例二十卷	乾隆四十二年三月	√
	春秋例要一卷	提要闕	╱
	春秋五禮例宗七卷	乾隆四十五年九月	√
	春秋通訓六卷	乾隆四十六年九月	√
	春秋傳二十卷	乾隆四十二年十月	√
	春秋考十六卷	乾隆四十九年十月	√
	春秋讞二十卷	乾隆四十六年九月	√

卷次	書名卷數	提要校上時間	是否抽換
卷二七	春秋集解三十卷	乾隆四十四年九月	×
	春秋傳三十卷	乾隆四十一年十月	√
	春秋集註四十卷	乾隆四十九年十月	√
	春秋後傳十二卷	乾隆四十一年五月	√
	春秋左氏傳説二十卷	乾隆四十一年十月	√
	春秋左氏傳續説十二卷	乾隆四十六年七月	√
	詳註東萊左氏博議二十五卷	乾隆四十三年九月	√
	春秋比事二十卷	乾隆四十一年五月	√
	春秋左傳要義三十一卷	乾隆四十六年六月	√
	春秋分紀九十卷	乾隆四十三年九月	√
	春秋講義四卷	乾隆四十六年九月	√
	春秋集義五十卷綱領三卷	乾隆四十三年二月	√
	春秋集註十一卷綱領一卷	乾隆四十六年十月	√
	春秋王霸列國世紀編三卷	乾隆四十一年十月	×
	春秋通説十三卷	乾隆四十三年五月	×
	春秋説三十卷	乾隆四十六年九月	√
	春秋經筌十六卷	乾隆四十三年六月	√
	春秋或問二十卷春秋五論一卷	乾隆四十四年八月	√
	春秋詳説三十卷	乾隆四十二年五月	×
	讀春秋編十二卷	乾隆四十二年九月	√
卷二八	春秋提綱十卷	乾隆四十四年二月	√
	春秋集傳釋義大成十二卷	乾隆五十三年七月	√
	春秋纂言十二卷總例一卷	乾隆四十六年六月	√
	春秋諸國統紀一卷目録一卷	乾隆四十五年二月	√
	春秋本義三十卷	乾隆四十二年二月	√
	春秋或問十卷	乾隆三十九年十月	×
	春秋三傳辨疑二十卷	乾隆四十六年五月	√
	春秋讞義九卷	乾隆四十二年二月	×
	春秋諸傳會通二十四卷	乾隆四十二年五月	√
	春秋經傳闕疑四十五卷	乾隆四十二年九月	×

卷次	書名卷數	提要校上時間	是否抽換
卷二八	春秋集傳十五卷	乾隆四十四年四月	√
	春秋師説三卷	乾隆四十一年五月	√
	春秋屬辭十五卷	乾隆四十六年十一月	√
	春秋左氏傳補註十卷	乾隆四十六年九月	√
	春秋金鎖匙一卷	乾隆四十四年九月	×
	春秋胡傳附録纂疏三十卷	乾隆四十三年六月	√
	春王正月考二卷	乾隆四十二年三月	√
	春秋鈞元四卷	乾隆四十四年二月	√
	春秋大全七十卷	乾隆四十六年十二月	×
	春秋經傳辨疑一卷	乾隆四十二年三月	×
	春秋正傳三十七卷	乾隆四十三年二月	√
	左傳附註五卷	乾隆四十二年五月	√
	春秋胡氏傳辨疑二卷	乾隆四十四年三月	√
	春秋明志録十二卷	乾隆四十三年九月	√
	春秋正旨一卷	乾隆四十六年六月	×
	春秋輯傳十三卷宗旨一卷春秋凡例二卷	乾隆四十六年九月	×
	春秋億六卷	乾隆四十二年十一月	√
	春秋事義全考十六卷	乾隆四十四年正月	×
	春秋胡傳考誤一卷	乾隆四十六年九月	√
	左傳屬事二十卷	乾隆四十一年十月	×
	左氏釋二卷	乾隆四十六年十一月	√
	春秋質疑十二卷	乾隆四十三年七月	√
	春秋孔義十二卷	乾隆四十二年五月	√
	春秋辨義三十九卷	乾隆四十三年六月	√
	讀春秋略記十卷	乾隆四十二年三月	×
	春秋四傳質二卷	乾隆四十六年十月	√
	左傳杜林合註五十卷	乾隆四十六年十二月	√
卷二九	日講春秋解義六十四卷	乾隆四十一年十月	×
	欽定春秋傳説彙纂三十八卷	乾隆四十三年正月	×
	御纂春秋直解十五卷	乾隆四十一年九月	√

卷次	書名卷數	提要校上時間	是否抽換
卷二九	左傳杜解補正三卷	乾隆四十九年三月	√
	春秋稗疏二卷	乾隆四十六年六月	√
	春秋平義十二卷	乾隆四十三年三月	√
	春秋四傳糾正一卷	乾隆四十二年四月	√
	讀左日鈔十二卷補二卷	乾隆四十六年閏五月	√
	左傳事緯十二卷附錄八卷	乾隆四十四年六月	√
	春秋毛氏傳三十六卷	乾隆四十五年十二月	×
	春秋簡書刊誤二卷	乾隆四十二年五月	√
	春秋屬辭比事記四卷	乾隆四十三年九月	√
	春秋地名考略十四卷	乾隆四十三年三月	√
	春秋管窺十二卷	乾隆四十五年九月	√
	三傳折諸四十四卷	乾隆四十二年五月	√
	春秋闕如編八卷	乾隆四十二年九月	√
	春秋宗朱辨義十二卷	乾隆四十四年正月	√
	春秋通論四卷	乾隆四十二年六月	×
	春秋長歷十卷	乾隆四十六年十月	×
	春秋世族譜一卷	乾隆四十六年十一月	×
	半農春秋説十五卷	乾隆四十六年二月	√
	春秋大事表五十卷輿圖一卷附錄一卷	乾隆四十六年四月	×
	春秋識小録九卷	乾隆四十五年三月	√
	左傳補註六卷	乾隆四十六年十一月	√
	春秋左氏傳小疏一卷	乾隆四十六年十一月	√
	春秋地理考實四卷	乾隆四十一年十月	√
	三正考二卷	乾隆四十四年三月	√
	春秋究遺十六卷	乾隆四十三年三月	×
	春秋隨筆二卷	乾隆四十四年正月	√
附錄	春秋繁露十七卷	乾隆四十二年六月	×

羅毅峰　上海科學技術文獻出版社　編輯

《四庫全書總目》雜史類存目辨誤

王　勇

　　《四庫全書總目》（以下簡稱"總目"）雖是我國目録學頂尖之作，但問題良多。民國以來，訂誤已衆。其中，尤以存目書爲重災。魏小虎《四庫全書總目彙訂》彙集 2012 年以前之訂誤成果，頗便使用。兹以是書爲底本，參照近年新出文章，新訂《總目》雜史類存目提要之誤十八例。慮容未周，賜教是荷。

　　1.《避戎夜話》一卷

　　《總目》：宋石茂良撰。……是編載靖康元年十一月，金人陷汴京事。

　　按：靖康元年爲閏年，十一月置閏，金人陷汴京在靖康元年閏十一月，非"十一月"。《總目》作"靖康元年十一月"未確。《宋史·欽宗本紀》靖康元年："十一月……。閏月，壬辰朔……丙辰，妖人郭京用六甲法，盡令守禦人下城，大啓宣化門出攻金人，兵大敗。京託言下城作法，引餘兵遁去。金兵登城，衆皆披靡。金人焚南熏諸門。姚仲友死于亂兵，宦者黃經國赴火死，統制官何慶言、陳克禮、中書舍人高振力戰，與其家人皆被害。秦元領保甲斬關遁，京城陷。"①丙辰爲本月二十五日，則靖康元年閏十一月二十五日京城陷。本書《續修四庫全書》收有嘉靖顧氏大石山房刻《顧氏明朝四十家小説》本，是刻卷上本明書"靖康丙午……閏十一月……二十五日……城遂陷。"云云②，亦同。可知《總目》

　　————————————

　　①　（元）脱脱等：《宋史》，中華書局，1985 年，第 434 頁。

　　②　（宋）石茂良：《避戎夜話》，《續修四庫全書》第 423 册，上海古籍出版社，1995 年，第 275—277 頁。

漏脱"閏"字。

2.《維揚巡幸記》一卷

《總目》: 不著撰人名氏。記建炎三年金兵至天長,高宗自揚州奔杭州事。起正月十三日,盡二月十五日。大意罪汪伯彥、黃潛善之苟且晏安,變生倉卒而不知。《北盟會編》一百二十三卷所載,與此本全同,亦後人錄出別行者也。

按:"一百二十三卷"當作"一百二十一卷"。據《四庫全書》所收宋徐夢莘《三朝北盟會編》,著錄《維揚巡幸記》在卷一百二十一①,非卷一百二十三。《總目》誤。

3.《淮西從軍記》一卷

《總目》: 不著撰人名氏。據書中所言,蓋劉錡幕客也。敘錡自紹興十年春赴東都留守,中途戰於順昌,十一年戰於柘皋。及張俊、楊沂中濠州之敗,錡全軍得歸事。

按:此書今不可見,然尚有可論者。紹興十年(1140)劉錡所赴職為"東都副留守",非"東都留守"。《宋史·劉錡傳》:"(紹興)十年,金人歸三京,充東京副留守,節制軍馬。"②宋李心傳《建炎以來繫年要錄》,此書卷一百三十四、紹興十年二月載:"辛亥,濟州防禦史、主管侍衛軍馬司公事劉錡為東京副留守,仍兼節制馬軍。"③清雍正景鈔宋本宋熊克《宋中興紀事本末》卷五十一、紹興十年二月:"以龍神衛四廂都指揮使、主管馬軍劉錡為東京副留守。"以上均可證。

4.《南渡錄》二卷《竊憤錄》一卷

《總目》: 此二書所載,語並相似。舊本或題無名氏,或並題為辛棄疾撰。蓋本出一手所偽託,故所載全非事實。……金太宗天會五年三月,以宋二帝至燕,十月徙之中京。……熙宗天會十四年,昏德公薨。……事並見《金本紀》。

按:《總目》此處記載有二誤。"金太宗天會五年三月",當作"金太宗天會五年四月"。《金史·太宗紀》,天會五年四月:"丙戌……宗翰、宗望以宋二帝歸。"④此其一。又,"熙宗天會十四年,昏德公薨"當作"熙宗天會十三年,昏德公薨"。《金史·熙宗紀》,天會十三年四月:"丙寅,昏德公趙佶薨,遣使致祭及賻贈。"⑤

---

① (宋)徐夢莘:《三朝北盟會編》,《景印文淵閣四庫全書》第 351 冊,臺北商務印書館,1986 年,第 146 頁。

② (元)脫脫等:《宋史》,中華書局,1985 年,第 11400 頁。

③ (宋)李心傳:《建炎以來繫年要錄》,中華書局,1988 年,第 2150 頁。

④ (元)脫脫等:《金史》,中華書局,1975 年,第 57 頁。

⑤ 同上,第 70 頁。

5.《焚椒錄》一卷

《總目》: 遼王鼎撰。……《本紀》道宗在位四十七年，改元者三，清寧、咸雍、壽昌，初無太康之號。而耶律乙辛密奏太康元年十月云云，皆牴牾不合。

按: 遼道宗在位改元者凡五，非三，依次爲: 清寧、咸雍、大康、大安、壽昌。《遼史·道宗三》咸雍十年十二月: "辛巳，改明年爲大康，大赦。"[1] "大康"即"太康"，古字"大""太"常通用。《總目》論非。

6.《庚申外史》二卷

《總目》: 明權衡撰。……又《元史》亦尚未修，故別名曰《史外見聞錄》。所言多與《元史》相合，於宮庭構煽，盜賊縱橫之事，皆能剖析端委。至於順帝誅博囉，與秀才徐思畬謀之，博囉誅，思畬不受賞，逃去。

按:《史外見聞錄》未見他有載此名，疑當作《庚申見聞錄》，字之訛也。《存目叢書》收有清雍正六年魚元傳鈔本，正題《庚申見聞錄》。又據是本，三處所引，"徐思畬"皆作"徐施畬"。[2] 考他本所稱引，亦皆作"徐施畬"，尚未見有作"徐思畬"者。此蓋"思""施"音近而訛。

7.《漢唐秘史》二卷

《總目》: 明寧王權撰。……永樂元年秋，封南昌而仍其故號。正統十三年始薨。事迹具《明史》本傳。

按: "永樂元年秋"當言"永樂元年春"。《明史·諸王二》載朱權: "永樂元年二月，改封南昌。"[3]《明太宗實錄》卷十七、永樂元年二月: "己未，以大寧兵戈之後，民物雕耗，改寧王府於南昌。是日，遣王之國。"[4] 所載並同。

《總目》又云: 權自序云: "洪武二十九年，奉命纂輯，成於辛巳六月。"

按: 據《存目叢書》所收明建文刻本朱權自序，言書已完就，其下題"辛巳三月"，《總目》據之著録爲完書時間，而又誤作"六月"。

8.《北征録》一卷《後北征録》一卷

《總目》: 明金幼孜撰。……《前録》自永樂八年二月至七月，《後録》自永樂十二年三月至八月，並按日記載。其往返大綱，均與史傳相合。

按:《續修四庫全書》收此二種，將之與《明史》核查，亦有微別。《總目》言"其往返大綱，均與史傳相合"，亦不甚確。以《前録》爲例，如《明史·成

---

① （元）脫脫等:《遼史》，中華書局，1974年，第276頁。

② （明）權衡:《庚申外史》，《四庫全書存目叢書》史部第45冊，齊魯書社，1997年，第239—240頁。

③ （清）張廷玉等:《明史》，中華書局，1974年，第3592頁。

④ 《明太宗實錄》，臺灣"中央研究院"歷史語言研究所校印本，第306頁。

祖二》載永樂八年二月二十八日"乙丑，大閱"①。而據金氏所記，二十七日、二十八日皆"上閱武營外"。《明史》但載後日，失前日。又《明史》載成祖逐雅失裏，返回之日在四月二十日："丙戌，還次飲馬河。"②而據金氏所記，成祖追擊，渡飲馬河下營，此後以金氏不習戰，留金氏在營（後金氏移至營四五里之土城），而自己率兵追擊。至四月二十一日金氏"早飯出城外候駕。"若使二十日即返至飲馬河，則金氏在距離四五里外志土城，安能於次日方出外候駕。又在城外營中見成祖，又"命寫平胡詔"。明日二十二日，乃"發平胡詔"。則成祖之返在二十一日。《明史》本之《明太宗實錄》。此詔當即《明實錄》丙戌日成祖所言"乃封其山，即日班師。於乎！包舉無外，用施一視之仁；撫輯有方，茂衍萬年之治。布告中外，咸使聞知。"即將平胡事迹詔告天下。

9.《否泰録》一卷

《總目》: 明劉定之撰。……天順改元，定之由右庶子調通政使，歷官翰林學士，入直文淵閣。

按：英宗天順改元，劉定之由右庶子調通政使左參議，非爲通政使。《總目》表述不確。《明史·劉定之傳》："久之，遷右庶子。天順改元，調通政司左參議，仍兼侍講。尋進翰林學士。憲宗立，進太常少卿，兼侍讀學士，直經筵。"③《明英宗實錄》卷二百七十四天順元年正月："右庶子兼翰林院侍講劉定之俱爲通政司左參議，仍兼侍講。"④所載同。

《總目》又云：此書所記，即英宗北狩之事。自言參用楊善《奉使録》暨錢博所述《袁彬傳》。……蓋所記訖於英宗初歸之時，未叙及後來丁丑復辟之事，故其立言如此。其曰"身備史官"者，正其遷右庶子時。他書引此，或作"閣老劉定之撰"者，據其所終之官言之耳。

按：據明鈔《國朝典故》本、明《紀録彙編》本此書，"錢博"當作"錢溥"。又，《否泰録》末言"以身備史臣，於國家大務不敢不具載，以待遺亡故也"⑤，即《總目》所論。明焦竑《國朝獻徵録》卷十三彭時《嘉議大夫禮部左侍郎兼翰林院學士贈禮部尚書諡文安劉公定之神道碑》："中正統丙辰會試第一，廷試第一甲第三名。文字入録者，人喜誦之，自此名聞天下。是年授行在翰林

---

① （清）張廷玉等：《明史》，中華書局，1974年，第87頁。
② 同上，第88頁。
③ 同上，第4695頁。
④ 《明英宗實錄》，臺北"中央研究院"歷史語言研究所校印本，第5819頁。
⑤ （明）劉定之：《否泰録》，《四庫全書存目叢書》史部第46冊，齊魯書社，1997年，第80頁。

編修，秩滿，升侍講。景泰壬申，升司經局洗馬。丙子，進右春坊、右庶子。"①知其遷右庶子在景泰七年丙子（1456），然右庶子之職與史官無涉。此書所記下至景泰元年（1450）八月英宗初歸，或當作於是後。復考《明英宗實錄》卷一百七十九、正統十四年六月："壬申，升翰林院編修劉定之爲本院侍講。"②又景泰三年壬申（1452），升司經局洗馬。古人入翰林稱史官（有身份意味），此時下不及丁丑（1457），此言"史臣"當在其景泰元年至景泰三年間任翰林院侍講以後。

10.《南征録》一卷

《總目》：明張瑄撰。……是編乃天順八年瑄爲廣西右布政使時，值廣西諸峒蠻構廣東肇、高、雷、連土寇爲亂。遣左參將范信、都指揮徐寧督官兵四千、土兵一萬討之，以瑄監其軍。瑄因述其征剿始末爲此書。始於是年正月初二日，止於三月初九日，逐日紀載。

按："連"當作"廉"，即明之廉州府。《存目叢書》收有明鈔《藝海彙函》本，前有廣東右布政使江浦張瑄《南征録引》，言"天順七年，廣西諸峒蠻復越過廣東肇、高、雷、廉等府構扇土賊爲害。"③可見"廉"爲府，明有連州縣，屬廣州府，非府。文中所記亦言"廉州"。《明英宗實錄》卷三百五十七、天順七年九月載當時此事："復敕廣西總兵官泰寧侯陳涇、左參將都指揮使范信曰：'比得廣東奏雷、廉、高、肇四府屢被廣西流賊縱橫攻劫，爲害不已，皆從范信所守地越過而東……。'"④云云，是亦作廉州。

11.《平蠻録》一卷

《總目》：明王軾撰。……史稱軾於宏治十三年督貴州軍務，討普安賊婦米魯。用兵五月，破賊寨千餘，盡平其地。是編所録，即其奏捷之疏也。

按：《明史·王軾傳》："十三年，拜南京戶部尚書。尋命兼左副都御史，督貴州軍務，討普安賊婦米魯。"⑤本未明言弘治十三年，《總目》以"尋命"二字，乃誤以爲弘治十三年事，其實非也。考《明孝宗實錄》卷一百七十六、弘治十四年七月："上從之，於是命南京戶部尚書王軾兼都察院左副都御史，往貴州提督軍務，賜敕遣之。"⑥則任命之事在弘治十四年，十三年尚無此任。此處

---

① （明）焦竑：《焦太史編輯國朝獻徵録》，《續修四庫全書》第 525 冊，上海古籍出版社，2002 年，第 447 頁。

② 《明英宗實錄》，臺北"中央研究院"歷史語言研究所校印本，第 3474 頁。

③ （明）張瑄：《南征録》，《四庫全書存目叢書》史部第 46 冊，齊魯書社，1997 年，第 90 頁。

④ 《明英宗實錄》，臺北"中央研究院"歷史語言研究所校印本，第 7122 頁。

⑤ （清）張廷玉等：《明史》，中華書局，1974 年，第 4603 頁。

⑥ 《明孝宗實錄》，臺北"中央研究院"歷史語言研究所校印本，第 3224 頁。

亦不排除另一可能，即《總目》不主王軾任官之時，而專謂弘治十五年進軍之事，如此則"十三"當爲"十五"之訛。

12.《北征事迹》一卷

《總目》: 明袁彬撰。……其他與《明史》異者，若喜寧等燒毀紫荆關，殺都御史孫祥事，此書在正統十四年九月，而《明史》則在十月。彬日侍英宗左右，其見聞當獨真，而所記與他書輒有異同。豈其書上於成化元年，距從征之年前後凡十有七載，諸所記憶，或有疑闕歟？

按: 據《存目叢書》所收明嘉靖《金聲玉振集》本此書，載"十月……初五日，喜寧領前哨進紫荆關北口。初九日，喜寧等燒毀紫荆關，殺都御史孫祥。"[1] 是本亦書在十月。與《明史·景帝紀》所載"冬十月……丙辰，也先陷紫荆關，孫祥死之"[2]合。此非袁彬記憶疑闕，實乃館臣錯看而已。

13.《燕對録》一卷

《總目》: 明李東陽撰。……又考《本紀》，宏治十一年二月己巳，小王子遣使求貢，夏五月戊申，甘肅參將楊翥敗小王子於黑山。此書則載六月小王子求貢甚急，大同守臣以聞，已許二千人入貢，既而不來。六月間走回男子報小王子有異謀，內閣具揭帖以聞。證之《本紀》，繫求貢於二月，先後差五月。又《本紀》載楊翥敗小王子在五月，則小王子之叛已在五月前矣，而此書載六月間始報小王子有異謀，頗爲不合。考《本紀》載小王子之敗在五月戊申，而六月首標己酉，次標癸亥。戊申距己酉止一日，則五月之戊申乃五月盡日，當六月間內閣揭帖時，或猶不及聞耳。

按:《明孝宗實録》卷一百三十七、弘治十一年五月:"戊申……虜數百騎駐肅州境外之喇哈兀速泉，將入寇。分守右參將楊翥率千户田志深調漢番兵迎襲之，虜遁去。翥等追至黑山，兵備副使李旻亦率衆至。合兵與戰敗之，又追至夾山及瑣瑣林，皆敗之。斬首四十級，獲馬二百四十一匹，器仗千數，鎮守太監陸闓等以捷聞。"[3] 此即《明史》所謂五月戊申甘肅參將楊翥敗小王子於黑山一事。《實録》並未言是小王子，且從虜騎數目看，亦斷非小王子之軍。《明史》記載不確。《總目》憑之討論，亦不當。

考此處問題之關鍵，乃在於李東陽之言之"六月"，非弘治十一年之六月，《總目》誤以二者在同年，故有是疑。考《續修四庫全書》所收明嘉靖刻明良集本《燕對録》，李氏書中此段首云"六月北虜小王子遣使求貢甚急，大同守臣以

---

① （明）袁彬:《北征事迹》,《四庫全書存目叢書》史部第 46 册，齊魯書社，1997 年，第 155 頁。

② （清）張廷玉等:《明史》，中華書局，1974 年，第 142 頁。

③ 《明孝宗實録》，臺北"中央研究院"歷史語言研究所校印本，第 2392 頁。

聞，已許二千人入貢，既而不來。六月，聞走回男子報虜有異謀"①，段上未著年歲。上條紀事爲弘治十七年，則此當弘治十七年事。且首處"六月"當爲"三月"之訛。考《明孝宗實錄》卷二百九弘治十七年三月："先是，大同守臣奏迤北小王子遣使臣阿黑麻等六千人賷書求貢，而番文年月稱號不類。會官議，下大同守臣勘報，因遣通事往諭，令歸語虜主易書以來。阿黑麻不可，具言往年謀入貢，書已成，以事不果，番地紙難得，故仍舊書，無他意。守臣以聞，且言和好之利，用兵之害。命復會官議處，僉謂虜擁衆在邊，且已有先入境者，勢不可已。請准十一年例，令二千人入貢。上從之，命大同延綏偏頭關三鎮移兵嚴備。"② 則其事信爲弘治十七年三月間事。"三""六"字形肖似，易訛。

又，《總目》所謂"六月首標己酉，次標癸亥"，考《明史·孝宗紀》弘治十一年不載六月事，此乃七月事。前後本作："二月己巳，小王子遣使求貢。夏五月戊申，甘肅參將楊壽敗小王子於黑山。秋七月己酉，總制三邊都御史王越襲小王子於賀蘭山後，敗之。癸亥。徐溥致仕。"③《總目》所論之"首標己酉，次標癸亥"乃七月間事。館臣已爲誤讀，下之議論自非。

14.《馭倭錄》九卷

《總目》：明王士騏撰。……是編乃其爲兵部主事時採明一代倭寇事迹，起洪武元年，訖萬曆二十四年。凡當時所奉詔旨及諸臣章奏並中外戰守方略，案年編紀，本末頗具。

按：是書《存目叢書》收有明萬曆刻本，本題《皇明馭倭錄》，據是刻卷前王士騏《皇明馭倭錄小序》："乃就國史中一一拈出，自高皇帝以至穆廟，列爲編年，謀之鉅公，題曰：《皇明馭倭錄》。"云云。④ 則編纂範圍起明太祖至明穆宗止。復檢此書中，起始一條乃洪武二年，《總目》言"起洪武元年"未確。末一條爲穆宗末年隆慶六年，誠如作者所論。惟卷九隆慶六年條後，引及萬曆二十四年御史朱鳳翔上言事，故《總目》言"訖萬曆二十四年"，然此實非編纂體例之下限。

15.《建文書法儗》五卷

《總目》：明朱鷺撰。……至序末題識一條，稱萬曆甲午，夢明太祖示以"一朝表譜"四金字。次日具奏，焚孝陵下，復夢太祖召見，則幾於妖言矣。

按：據《存目叢書》所收明萬曆刻天啓元年增刻本，此非二日之事。得夢

---

① （明）李東陽：《燕對錄》，《續修四庫全書》第 433 冊，上海古籍出版社，1995 年，第 348 頁。
② 《明孝宗實錄》，臺北"中央研究院"歷史語言研究所校印本，第 3893 頁。
③ （清）張廷玉等：《明史》，中華書局，1974 年，第 190—191 頁。
④ （明）王士騏：《皇明馭倭錄》，《四庫全書存目叢書》史部第 53 冊，齊魯書社，1997 年，第 4 頁。

在發榜之前，具奏焚孝陵下在發榜之後，不得言"次日"。考此序本言："萬曆甲午，候試金陵，偕友王在公弘濟寺祈夢。在公得火龍渡江兆，鷺夢踊身白月天朗徹下方世界。已忽被高皇帝命，授臣四金字'一朝表譜'。放榜日，在公中解額。鷺無聊散步，憶前夢，白月兆出世當學道。一朝殆指建文，向所志也，獨不解表譜義。即日閉邸户草小奏，旦走謁孝陵丹垣外，叩首焚之，祈默啓復建文年，夜輒夢高皇見"①云云。自"候試"至"放榜日"，其間尚有考試，斷非兩日内所能辦，可知非二日間事。《總目》稱"次日具奏"，非。

16.《明寶訓》四十卷

《總目》：明萬曆壬寅南京禮部郎中陳治本、工部郎中吕允〔胤〕昌、禮部主事朱錦等所刊。

按：《存目叢書》收有明萬曆刻本，卷首有"光禄大夫柱國少傅兼太子太傅禮部尚書武英殿大學士臣吕本謹校，南京禮部祠祭清吏司郎中臣陳治本、南京兵部職方清吏司主事臣朱錦、南京工部虞衡清吏司郎中臣吕胤昌謹閲"②，《總目》漏脱"吕本"，蓋以其爲挂名者。而朱錦爲兵部主事，《總目》又誤題"禮部"，蓋涉上陳治本之"禮部"而誤。

《總目》又云：蓋裒合歷朝官撰之本以爲一編者也。原本《洪武》六卷，成於永樂十六年。《永樂》十五卷、《洪熙》二卷，均成於宣德五年。《宣德》十二卷，成於正統三年。《正統》十二卷，成於成化三年。《成化》十卷，成於弘治四年。《弘治》十卷，成於正德四年。《正德》十卷，成於嘉靖四年。《嘉靖》二十四卷，成於隆慶五年。《隆慶》八卷，成於萬曆二年。皆有當時御製《序》。統計一百一十三卷。此本四十卷，治本等所合併也。

按：《總目》所云原本卷數，係從各寶訓前御製序所載。據萬曆刻本，"《洪熙》二卷"當作"《洪熙》六卷"，如此方足一百一十三卷之數。《嘉靖》二十四卷，成於萬曆五年，《總目》作"隆慶"誤。

17.《平叛記》二卷

《總目》：國朝毛霦撰。霦字荆石，掖縣人。是書記崇禎四年叛兵李九成等攻圍萊州始末。……分日記載，有綱有目。其事皆霦所目擊，故纖悉具備。

按：此事非毛霦所目擊，乃其纂述他人著述而來，此由其自序可知。《存目叢書》收有清康熙五十五年毛貢刻本，卷前亦題"東萊毛霦荆石甫編"。又自序題"康熙重光單閼歲"，即康熙五十年辛卯，時距此事之發生之崇禎四年已有

① （明）朱鷺：《建文書法儗》，《四庫全書存目叢書》史部第53册，齊魯書社，1997年，第234頁。

② （明）吕本等輯：《皇明寶訓》，《四庫全書存目叢書》史部第53册，齊魯書社，1997年，第657頁。

八十一年。而據［乾隆］《掖縣志》卷四《文學》："毛霶，字荊石。……著《平叛記》，銓裁可徵信，年七十六無疾卒。"① 即以康熙五十年（1711）爲其卒年上推，崇禎四年（1631）其尚未生，此絕非能目擊者。知《總目》所論不確。

18.《封長白山記》一卷

《總目》: 國朝方象瑛撰。……是編記康熙十六年聖祖仁皇帝遣官至長白山事。大略言是年六月三日由烏喇啓行，歷文德痕河、阿虎山、庫納納林、邪爾薩河、渾陀河、法布爾堪河、納丹佛勒地方、輝發江、法河水、敦林巴克塔河、納爾渾河、敦敦山、卓龍窩河諸處，至訥陰。十一日復自訥陰啓行，十四日乃至山麓。

按: 據《存目叢書》所收清康熙刻《昭代叢書》本，"烏喇"當作"兀喇"，"庫納納林"當作"庫納訥林"，"邪爾薩河"當作"祁爾薩河"，"渾陀河"當作"渾沱河"，"水敦林巴克塔河"當作"水敦林巴克嗒河"。又至山麓之時，在十六日，非十四日。文中言："十四日，與薩布素等會密樹茂林，揣摩開路。十六日黎明，聞鶴鳴六七聲。雲霧迷漫，不復見山。乃從鶴鳴處覓徑，得鹿蹊循之以進，則山麓矣。"② 可知至山麓爲十六日。

王勇　山東理工大學齊文化研究院　講師

---

① ［乾隆］《掖縣志》，載《中國地方志集成·山東府縣志輯46》，鳳凰出版社，2004年，第11頁。

② （清）方象瑛:《封長白山記》，《四庫全書存目叢書》史部第56冊，齊魯書社，1997年，第685頁。

版本　版本目録學研究第十一輯

《國家珍貴古籍名録圖録》獻疑[*]

景新强

　　新世紀以來，我國古代典籍保護傳承領域實施了兩項大工程，其一是"中華再造善本"的影印傳世，另一項就是編録《國家珍貴古籍名録》並公開發布。後者的直接成果——《國家珍貴古籍名録圖録》自 2008 年以來由國家圖書館出版社（原北京圖書館出版社）陸續出版，目前已經出版五批。這是我國迄今爲止最大的一部古籍圖録，許多珍貴古籍善本得以真容現身，是新世紀古籍文獻保護工程的階段性成果。古典珍籍，編在册府，粲然可觀，益昭美備。然而，筆者在學習《圖録》的過程中，陸續發現一些版本鑒定問題，因不揣淺陋，撰此小文，請《圖録》的編者、讀者、古籍文獻事業從業者們批評指正。爲行文方便，文中所稱《圖録》者，如無特别説明，均指《國家珍貴古籍名録圖録》；所涉古籍也以名録批次號領起。

　　1. 第一批第三册第 126 頁，00691 號《重校正地理新書》十五卷，《圖録》著録爲金刻本。

　　按，此書十三行，行三十字，黑口，四周雙邊，是北京大學藏書，李盛鐸木犀軒舊物。《藏園訂補邵亭知見傳本書目》著録爲"金刻本"，應是李盛鐸己見，但藏園疑之爲元刻本^①。張玉範、沈乃文先生《北京大學圖書館藏善本書録》著

---

　　* 本文爲西北大學"學分制改革下版本目録學小班授課改革研究（編號 JX18064）"項目資助成果。

　　① 莫友芝撰、傅增湘訂補《藏園訂補邵亭知見傳本書目》，中華書局，2009 年，第 606 頁。

録爲元刻本①。《北大善本書録》乃是宿白先生選定書目，《唐宋時期的雕版印刷》附録著録，亦定爲元刻本②。審其字體版式，此書爲元代建陽本無疑。

所謂金刻本者，主要指金代山西平水本。現存金代乃至蒙古、元朝時期的平水本地域特點鮮明，除《壬辰重改證呂太尉經進莊子全解》是類似宋浙本的歐體字外（此書應是翻刻浙本而來），都是一種顏歐之間的字體，字體姿態挺拔，横劃稍稍向右上角傾斜，筆劃也較硬。楊成凱先生認爲平水本的結構重心靠上，這是極有眼力的見解③。平水本的這種風格甚至堅持到蒙元時期，祇不過有粗有精而已（傳世蒙元平水本因是正經圖籍所以字體更好些）。例如 1986 年在南疆且末縣出土一批元代文書，第 16 件是一件書籍殘葉④，殘壞過甚，已無版框、版心、書名等，祇有若干行格文字，紙質較厚實。研究者初步認爲是雕版印刷品，但未判斷刊刻年代、地域。筆者查驗原件圖片後認爲，這是一件金元之際雕刻於平水地區的印刷品，有典型的平水本字體風格，内容性質屬於教人寫信的"書儀"一類格式文書。如圖 1⑤：

圖 1　且末縣出土文書殘葉

而元代建本則不同，特别是 14 世紀的建本，正是如《重校正地理新書》一樣，是飽滿圓活的顏體字路子，筆劃的起筆、頓筆之處，尤其講求圓圓的蠶頭效果⑥。

---

① 張玉範、沈乃文：《北京大學圖書館藏善本書録》，北京大學出版社，1998 年，第 49 頁。
② 宿白：《唐宋時期的雕版印刷》，文物出版社，1999 年，第 213 頁。
③ 楊成凱：《金刻本的鑒賞與收藏》，《紫禁城》2009 年 2 期，第 120 頁。
④ 何德修：《新疆且末縣出土元代文書初探》，《文物》1994 年 10 期。
⑤ 選自何德修《新疆且末縣出土元代文書初探》圖七。
⑥ 關於元代、明代建本的鑒别，參見拙文《談明建本的鑒别》，《版本目録學研究》第八輯，北京大學出版社，2018 年，第 231—242 頁。

這種刻意的字體刀法，甚至到明初建本中也有保留，例如著名的《蛻菴詩》①。所以，《重校正地理新書》仍然應該著録爲元建本，而不是金刻本。現存《地理新書》經金代畢履道等人重編（甚至曾有平水本刊刻），已非北宋王洙之舊；但元代建陽書坊刊刻金本，也在情理之中，因爲此書是唐宋堪輿風水地理學的集成之作，在民間較有影響。臺灣藏另一建本，已有影印本，與北大藏本類似但不同版。

2. 第一批第五册232頁，01445號《洪武正韻》十六卷，著録爲明初刻本。《圖録》定爲明初本者，應當是原書没有具體的刊刻序跋年款，無法確切定位年份，以其字體版式紙張等酌定的。

按，此書黑口，四周雙邊，半葉八行，行字不等，字大如錢，《圖録》同時收録數種《洪武正韻》行款、版框大小均一致，應有傳承關係。審其字體，01445號《洪武正韻》則不應是明初本。明初本，前人所謂"黑口趙體字明初本"者是也，使用明代流行的沈度、姜立綱等人的"館閣體"書法，都是從趙體字俗化而來的書體。這種本子在明代内府、司禮監刻書中尤其精美突出（明初内府、司禮監爲模仿沈度書體，正德、嘉靖時漸變爲姜立綱書體，較沈體挺拔硬朗），地方、偏遠地區本子則差可。但此書字劃較硬直，整體看去舒朗挺拔，是典型"嘉靖本"的風格，與趙體字、館閣體無涉。《明代版刻圖釋》著録隆慶元年衡藩刻本《洪武正韻》，經比對，也與01445號《洪武正韻》是同一版②。筆者所在西北大學藏有兩部《洪武正韻》，經與第一批第五册232頁01445號《洪武正韻》對比，乃是同一版本所印刷，其中一部卷末有"隆慶元年丁卯歲仲春吉"跋文款③，跋文説明是衡藩隆慶元年刻本，跋文字體也與全書一致。如圖2：

圖2　西北大學藏隆慶元年《洪武正韵》跋

---

① 北京圖書館編：《中國版刻圖録》第一册，文物出版社，1960年，第64頁。

② 周心慧主編：《明代版刻圖釋》，學苑出版社，1998年，第403頁。

③ 《藏園訂補郘亭知見傳本書目》著録"隆慶辛卯重刊本"，按隆慶無辛卯，應爲丁卯之誤，當指此本。第191頁。

按，隆慶元年的衡王名朱厚燆，是明憲宗孫，第一代衡恭王朱祐楎子，嘉靖十九年襲封，隆慶六年薨，謚號莊，刻此《洪武正韻》在隆慶元年。明代官修書籍，頒賜藩王，往往在藩府翻刻。這衡王府還特別喜歡刊刻《洪武正韻》，據學者研究，衡藩在明代中後期一共刊刻了四次《洪武正韻》，均有著錄，分別是嘉靖二十七年 [①]、隆慶元年、隆慶六年、萬曆十一年 [②]。《圖錄》此後著錄的衡藩本《洪武正韻》當在此列。所以，《圖錄》第一批第五冊第 232 頁《洪武正韻》應著錄爲隆慶元年衡藩刻本。

　　又，《圖錄》第一批第五冊 01452、01453 號《洪武正韻》也著錄爲隆慶元年衡藩刻本，但作黑口趙體字風格。著錄年款如此具體，似應據刻書跋文年款鑑定年代。那麼，衡藩隆慶元年本當有兩次風格迥異的刊版？抑或 01452、01453 號是隆慶六年刊本，而跋文用隆慶元年舊版刷印裝訂者？因未見原書，未詳孰是。但 01445 號《洪武正韻》不應爲明初本，則可坐實。

　　3. 第二批第五冊第 038 頁，03862 號《皇明祖訓》一卷，定爲明初本，徐州市圖書館藏。原書應該佚去刻書序跋，《圖錄》以字體版式紙張等，酌定爲明初本，如圖 3。

圖 3　《圖錄》03862 號《皇明祖訓》

　　按，《皇明祖訓》一卷，朱元璋御撰，《四庫全書總目》史部政書類存目。《四庫存目標注》於此書版本著錄較爲含糊，應是未檢原書或書影，以館藏條目轉錄。《中國古籍善本書目》著錄兩部刻本，分別是：

　　第一種，明洪武禮部刻本，國家圖書館藏（十行二十字黑口四周雙邊有圈斷），

　　①　趙前：《明代版刻圖典》著錄，文物出版社，2008 年，第 159 頁。
　　②　陳清慧：《明代藩府刻書研究》，國家圖書館出版社，2013 年，第 97—98 頁。

《圖録》第二批第五册 037 頁著録（03861 號），《四庫全書存目叢書》據以影印。洪武禮部本十行二十字，黑口四周雙邊，館閣體字，有圈斷，半葉框 27.9×16.9 厘米。這個本子也是各種圖録書影中最常見的。現藏臺北"故宫博物院"的"國立中央圖書館典藏北平圖書館善本"中的"明洪武内府刻本"（編號：平圖 009566），也是這個本子。臺北"故宫"還藏兩部，編號：故殿 016090、故殿 016089，稱"明經廠本"，也是同一個本子，不知何故版本標注不同（洪武禮部之時，尚未有經廠之設）。揆諸情理，"故殿"應是舊清宫藏品，經廠云者應是舊習慣之稱。

　　第二種，故宫博物院藏一部，明刻本，《圖録》第三批第三册 149 頁著録（07783 號），半葉十行二十字，黑口，四周雙邊，半葉框 27.9×16.9 厘米，惟字體比洪武本挺拔，似姜立綱書體一路，審其字體，刊刻比洪武本晚甚，當在萬曆上下，是洪武本的翻刻本，如圖 4。另外，臺北"故宫博物院"藏編號：故殿 016088（白綿紙印）、故殿 016087（黃紙印）也著録爲"經廠本"，審其圖片，均與 07783 號北京故宫藏本一致 ①。

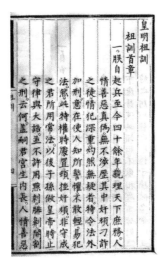

圖 4　《圖録》07783 號《皇明祖訓》

　　第三種，就是此 03862 號徐州市圖書館藏本。此本半葉十行，行二十一字，四周雙邊，半葉框 21×14.8 厘米，版框大幅度小於洪武本，行款也不一致。白版心，單黑魚尾，書名簡稱在上魚尾之下，頁碼在版心下方，頁碼之下是一短横。趙體字，姿態挺拔，有連筆行書意味。以版式字體審之，此本不是明初本，乃是"嘉靖本"路子，特別是白版心單黑魚尾，版心下方短横的設計，是典型模仿宋浙本版式而來，

_____

　　① 　上述臺北"故宫"藏本，均可在"國立故宫博物院"網站《善本古籍資料庫》查詢書影信息，網址 http://npmhost.npm.gov.tw/ttscgi/ttswebrb@0：0：1：rbmeta@@0.5664236609253743。

明中期"嘉靖本"多有此版式。故應著録爲明中期刻本，或徑曰嘉靖本可也。所謂"嘉靖本"，發源於江南蘇州等核心區的是以模仿宋浙本、翻刻宋元古本爲風尚，字劃筆直僵硬，甚至影寫影刻，保持舊本風貌。流風所及，其他地區的明中期本子紛紛在原來的底子上有所更張變化，或字劃僵硬但很簡略難看（書手比江南的差甚），或保留趙體字舊習慣但版心又變爲單魚尾白版心，等等，不一而足。此類，可視作非典型的"嘉靖本"；要之，與黑口趙字明初本絶不相似。

4. 第二批第六册第 141 頁，04507 號《十七史百將傳》十卷，定爲景泰五年刻本，軍事科學院軍事圖書資料館藏，如圖 5。

圖 5 《圖録》04507 號《十七史百將傳》

《百將傳》，或名《十七史百將傳》，宋張預撰，一百卷。現存多十卷本。《中國兵書知見録》著録一部明景泰五年刊本，軍事科學院圖書館藏[1]，當即此本。此書十行、二十字，四周雙邊，白版心，單黑魚尾，書名的簡稱和卷次在上魚尾之下，相當於下魚尾處是頁碼，未見刻工。字體方板，僵直乾瘦，姿態挺拔。這是典型"嘉靖本"的風格。《藏園訂補郘亭知見傳本書目》著録一部十行二十字的景泰刊本，但版心爲黑口[2]，與此本不同。景泰屬於"明初本"範疇，走圓潤的趙體字館閣體的路子，不能也不會出現這種僵硬方板的字體。《中國兵書集成》影印了《十七史百將傳》，影印牌記題明嘉靖三十二年翁氏刻隆慶元年耿文光印《武學經傳》本，原書十行二十字，高 20.4 厘米，寬 14.3 厘米，序言首頁鈐蓋"軍事科學院軍事圖書館藏"印[3]，當是據《知見録》所著録軍科院藏本影印。經比對，《兵書集成》本與 04507 號《十七史百將傳》十卷爲同一書。《圖

---

① 許寶林編：《中國兵書知見録》，解放軍出版社，1988 年，第 87 頁。

② 《藏園訂補郘亭知見傳本書目》，第 534 頁。

③ 劉魯民主編：《中國兵書集成》第九册，解放軍出版社、遼沈出版社，1991 年。

録》和《知見録》之誤認爲景泰刊本者，應是流傳中翁氏的重刻跋被人爲佚去了，保留了景泰五年原刻後序①。這種現象在版本鑒定實踐中很常見②。《兵書集成》影印時，應經過版本考訂，別有所據③。

明代刻書規模大，翻刻頻次較高，明刻本的鑒定，不應該單獨信從序跋，而應從字體、版式、紙張等綜合因素入手，字體版式在鑒定中的作用尤其突出。在明代版本鑒定中對那些失去序跋年款的本子，冀淑英先生指出"祇能從書籍現有條件著手，比如觀察書中的字體、刀法、紙張等等"④，這是經驗之談。因此，此書應著錄爲明嘉靖三十二年（1553）翁氏刻本。

5. 第二批第八冊第 064 頁，05701 號《慈湖先生遺書》二十卷，定爲嘉靖四年（1525）秦鉞刻本。《圖錄》所據，應是原書有嘉靖四年刻書序跋，如圖 6。

圖 6 《圖錄》05701 號《慈湖先生遺書》

楊簡（1141—1226），南宋學者，字敬仲，號慈湖，人稱慈湖先生。《宋史》本傳著錄多種著作，《直齋書錄解題》卷九"儒家類"著錄楊簡《慈湖遺書》三卷及多種其他著作⑤。宋代諸本已不傳。

現存楊氏著作，以明嘉靖四年秦鉞刊《慈湖先生遺書》二十卷本爲最早，是嘉靖間秦鉞、周廣二人重新編輯成二十卷的。《藏園訂補郘亭知見傳本書目》

① 《中國兵書集成》第九冊，第 715—718 頁。

② 詳見：劉薔《天祿琳琅研究》第五章第五節《"天祿琳琅"版本鑒定錯誤及其原因》，北京大學出版社，2012 年，第 396 頁。

③ 按，嘉靖本《武學經傳》，《中國叢書綜錄》著錄北京大學藏一部。

④ 冀淑英《談談明刻本及刻工》，原載《文獻》1981 年 7 期，此據《冀淑英文集》，北京圖書館出版社，2004 年，第 87 頁。

⑤ （宋）陳振孫：《直齋書錄解題》，上海古籍出版社，1987 年，第 49、269、283、284、551 頁。

著録秦鈸本①，此本有陳洪謨序，言秦鈸、周廣編輯校勘等語。祝尚書《宋人別集叙録》考訂現存各本甚詳，計有：嘉靖四年（1525）秦鈸刊本、嘉靖十二年（1533）楊氏翻刻秦本、萬曆翻刻秦本、另一明代後期十八卷本等，其餘爲清代近代版本。明代諸本行款均同，應均從嘉靖秦鈸本出②。《四庫總目》集部別集類著録《慈湖遺書》十八卷續集二卷，合二十卷，當從明本出。

《圖録》所收此 05701 號《慈湖先生遺書》，半葉十行，行二十二字，白口，四周雙邊，單黑魚尾。書名在黑魚尾之上（版心上方），魚尾下爲卷次，相當於下魚尾處是葉次，版心下方有刻工姓名。此書字體寬肥舒展，橫平豎直，是方體字（日人所謂"明體字"），乃典型的萬曆本特徵。《圖録》選印《遺書》卷之一首葉刻工爲"鄒天爵"，查《明代刊工姓名索引》，該鄒姓刻工刊刻過萬曆三十一年（1603）張氏刻本《路史》，書中鄒姓刻工尚有鄒達、鄒化、鄒邦傑等③，應是家族工匠。且據冀淑英先生考訂，鄒邦傑是萬曆間江西地區刻工④，那麼鄒姓刻工應也是江西人，此《慈湖遺書》或刊刻於江西。因此，《圖録》所收05701 號《慈湖先生遺書》二十卷應著録爲明萬曆刻本爲宜，是嘉靖本的翻刻本。

6. 第二批第九冊第 157 頁，06392 號《六藝流別》二十卷，定爲嘉靖四十一年（1562）歐大任刻本。有 3 部，如圖 7。

圖 7 《圖録》06392 號《六藝流別》

《六藝流別》，明黃佐（1490—1566）撰，《四庫全書總目》集部總集類存目。

---

① 《藏園訂補郘亭知見傳本書目》，第 1213 頁。
② 祝尚書：《宋人別集叙録》，中華書局，1999 年，第 1103 頁。
③ 李國慶：《明代刊工姓名索引》，上海古籍出版社，1998 年，第 105 頁、第 307 頁。《路史》現藏天津市圖書館，可據以稽核。
④ 《談談明刻本及刻工》，《冀淑英文集》，第 89 頁。

《四庫存目標注》著録中山大學藏本，杜澤遜先生鑒定爲清康熙二十六年（1687）黄逵卿、黄銘刻本①。《國家珍貴古籍名録圖録》著録廣東省立中山圖書館藏一部，中山大學圖書館藏又一部，當爲杜先生目驗之書。此本半葉十行，行二十字，白口，單黑魚尾，四周雙邊，書名在版心上方，上魚尾下記卷次，相當於下魚尾處是頁次。審其字體，方正中庸，已趨僵化，非爲嘉靖本。

　　《六藝流别》康熙刻本著録典藏較多。朱俊芳女史目驗“嘉靖本”和康熙本後認爲，兩本行款版式均同，卷首有扉頁，題“嶺南黄泰泉先生彙纂”“寶書樓藏板”，書前有黄佐自序，目録葉第二行題“門人南海歐大任校正”，卷末有嘉靖四十一年（1562）歐大任後序。康熙本《六藝流别序》之末有“時／嘉靖辛卯春二月吉旦南海後學泰泉／黄佐謹序／康熙丁卯秋七月玄孫逵卿雲孫銘重梓”題記，“嘉靖本”於此頁均佚去②。如此這般，應是流傳中人爲造成的，舊序並不足信據。此《六藝流别》因是《四庫》存目書，嘉靖初版世不多見，清以後人頗珍奇之，故有此割序以淆亂視聽者。所以《圖録》此《六藝流别》二十卷應著録爲康熙二十六年（1687）刻本。

　　7. 第三批第二册第 113 頁，07250 號《五經》八十二卷，選印《周易傳義》卷首，定爲正統十二年（1447）司禮監本，故宫博物院藏。如圖 8。

圖 8　《圖録》07250 號《五經·周易傳義》

　　按，明正統十二年司禮監刊刻《五經》全用宋元人注本，分别爲：《周易》程朱傳義、《書》蔡沈傳、《詩》朱熹傳、陳澔《禮記集説》、《春秋》胡安國傳，凡八十二卷，均半葉八行，行十四字，大黑口，四周雙邊，圓圈句讀。正統十二年司禮監本《五經》傳世較多，《藏園訂補邵亭知見傳本書目》著録③。《國家珍貴古

---

① 杜澤遜：《四庫存目標注》，上海古籍出版社，2007 年，第 3433 頁。
② 朱俊芳：《黄佐著作善本書志七種》，《圖書館論壇》2016 年第 3 期，第 100—101 頁。
③ 《藏園訂補邵亭知見傳本書目》，第 4 頁、42 頁、58 頁、90 頁、112 頁。

籍名録圖録》第二批第三冊 297 頁 03196 號《五經八十二卷》，正統十二年司禮監本，中國人民大學藏；各經零種也由《圖録》多次單獨著録。西北大學藏一部正統十二年司禮監本《周易程朱傳義》，八行十四字，爲黑口趙體字。經目驗比對，以上諸本《五經》及其零本均爲同一版刷印，確爲正統十二年司禮監本。如圖 9。

圖 9　西北大學藏正統十二年司禮監本《周易傳義》

而此 07250 號《五經》選印的《周易傳義》，與上列《五經》諸本版式行款一致，字體迥乎不同，不是一版。《圖録》既已著録人民大學藏本正統十二年司禮監刻《五經》，就應審查此 07250 號《五經》版本與之不同。細審此 07250 號《五經·周易傳義》，字體挺拔方正，是"嘉靖本"味道，應屬嘉靖間翻刻正統本，《圖録》於此著録有誤。此本版印極精，刻工甚佳，以版式視之，仍然爲司禮監所刻，爲明宮廷舊物，故今藏故宮。

以上諸例，説明當前的古籍版本鑒定領域有一些較爲普遍的問題。首先是信從舊録，信從前人，如李盛鐸舊藏《重校正地理新書》金刻本之類。舊式藏書家，其目力所見，不一定有今日圖録萃編之廣之多，再加之他們往往有自矜自誇的習氣（甚至互相吹捧），有時候會不那麼客觀。其二，是盲目信從原書保留的舊序舊跋，並以其年款爲鑒定依據，這在實踐中是非常機械的。《圖録》中明刻本鑒定失誤，往往在此一類。其三，對佚去序跋年款的古籍，不能自覺地從字體、版式、紙張、刻工等相關要素去綜合研判。當然，《圖録》煌煌巨冊，白璧微瑕，不失爲我國當前古籍版本保護研究的最高成就。

景新强　西北大學歷史系講師

校勘　版本目録學研究第十一輯

《高麗國新雕大藏校正別録》與《思溪藏》

柳富鉉

1. 序言

《高麗國新雕大藏校正別録》30 卷（以下簡稱《校正別録》）是在對高麗《再雕藏》（1236—1251）進行雕造時，守其法師把《開寶藏》{本藏（971—983），續刊（983—1122）}·高麗《初雕藏》（1011—1087）·《契丹藏》（1031—1063）等進行對比而作成的校勘記，并收録有校正經典原文的校勘録。《思溪藏》（？—1175）是繼《崇寧藏》（1080—1104）之後江南地區雕造的第二部大藏經。本研究首先對《校正別録》30 卷所記載的"校勘記" 78 件原文進行介紹，然後對《校正別録》"校勘記"中記載的校勘内容進行分析，與《思溪藏》的内容進行比較。最終把《校正別録》的校正結果與《思溪藏》的内容進行比較分析。希望通過本研究能對理解《思溪藏》與高麗《再雕藏》《開寶藏》《契丹藏》的關係有所幫助。

2.《校正別録》"校勘記" 原文

在開始説明《校正別録》30 卷中所記載的"校勘記" 78 件原文之前，首先通過表格整理了《校正別録》所記載的"校勘記" 78 件，見附録一。

下面對《校正別録》30 卷中記載的"校勘記" 78 件原文進行整理説明（原文不作標點，以 "." 標示斷句）。

〔1〕服（086）函 《決定毗尼經》 宋本 ^①

此經宋本第十二幅以下．有其三節之文文斷義絕．難取解處．右幅十四行云．"云何名爲菩薩乘人雖淨持戒於聲聞乘不名淨戒優婆離菩薩乘人於"〔之下便云〕"恒河沙劫受五欲樂游戲自在受諸樂已未曾捐捨發菩提心"．〔乃至〕第十四幅初四行云．"優婆離如來先說欲難捨離爲小犯"〔之下便云〕"菩薩乘人清淨持戒於聲聞乘不名清淨菩薩乘人於無量劫堪任受身"．〔乃至〕第十五幅十九行"優婆離云何菩薩乘人持深入戒聲聞乘人持次第戒菩薩乘人於"〔之下便云〕"瞋恨易得離名爲大犯"．是爲三節文斷處也．

今檢他本．則宋本錯．將後節"聲聞乘人持次第戒菩薩乘人於"〔之下〕"恒河沙劫受五欲樂"〔乃至〕"欲難捨離爲小犯"〔等〕四百八十七字之文．安於初節"菩薩乘人於"〔之下〕．却將初節"云何名爲"〔之下〕"菩薩乘人清淨持戒"〔乃至〕"聲聞乘人持次第戒菩薩乘人於"〔等〕五百一十七字之文．安於"欲難捨離爲小犯"〔之下〕．致令如是三節文斷．不唯如此前後倒錯．其第二節"菩薩乘人清淨持戒於聲聞人不名清淨優婆離菩薩乘人於"等二十四字者．是錯重寫焉．今依二本．削其重而序其亂者．又爲看舊宋藏經者．略錄正文于左．（中略）

〔2〕服（086）函 《須摩提經》 法護譯本

開元錄云．此經前後四譯三存一闕．流志法師有先後二譯．其先譯者即一闕也．今撿諸藏．國宋二藏有法護譯．流志後譯．而無什譯．丹藏雖無流志後譯．而有法護羅什二譯．則若二藏互備．乍似三存具矣．

今詳丹藏所謂什譯者．與諸藏法護譯始終無異．又非羅什譯經之例．而謂之什譯何也．若同時．異國二人各譯．則容有二譯偶同而諸經無此例者．況法護之後一百餘年．羅什西來始事翻譯．不應直書法護之譯而云重譯．

若云什公未見法護之譯而重譯之．乃偶同耳．則彼時聖教未廣．人又勤學其會下參譯八百餘人竝是東土英賢何必人人皆不見耶．又凡重譯者欲異於前．若全同者何煩重譯耶．諸重譯經亦無此例．

若異函隔越勢難相准．容有錯誤而重載之．如宋藏六字神呪王經．未曾有經之類是也．今以錯重皆删去．今此一函一卷之經．譯主雖爲二人．經本始終唯一．而重載之者．丹藏之錯何甚耶．故今不取丹藏．所謂什譯者．由是言之．開元之後．什本亦失．傷哉．

〔3〕推（089）函 《大集經》〔國宋二藏皆六十卷． 丹藏三十卷． 開元錄

①　本文是根據 CBETA 漢文大藏經（中華電子佛典協會，網址：http://www.cbeta.org）與高麗大藏經研究所（網址：http://www.sutra.re.kr）提供的原文爲基礎，通過與《再雕藏》印經本的對照修訂補充而成。

云三十卷〕

按此經國本宋本.皆六十卷.凡十七品.丹藏中.三十卷十一品.又經初首.國宋兩本則有瓔珞品名.丹藏所無.其虛空藏品.兩本在不可說後.丹藏在無言品前.又於寶髻品後.兩本有無盡意品四卷.丹藏即無.而有日密分三卷.如是不同者何耶.

今以開元錄前後文.括而統之.按梁沙門僧祐錄云.此經凡有六本.大集記云.有十二段說.共成一經.第一瓔珞品.二陀羅尼自在王品.三寶女品.四不眴品.五海慧品.六無言品.七不可說品.八虛空藏品.九寶幢品.十虛空目品.十一寶髻品.十二無盡意品.〔按云〕此則第一本也.今以品次驗之.是兩本六十卷中.前分三十卷矣.

又云.今撿經本.與祐記不同.第一陀羅尼自在王菩薩品.二寶女品.三不眴品.四海慧品.五虛空藏品.六無言品.七不可說品.八寶幢分.九虛空目分.十寶髻品.十一日密分.〔按云〕此則第二本也.今以品次驗之.則今丹藏經三十卷者是矣.

又云.隋朝僧就合大集經.乃以明度五十校計經.題爲十方菩薩品.編月藏後.及無盡意成五十八卷者.〔按云〕此則第四本也.

又云.其合大集經.亦有六十卷成者.三十一二兩卷.重有寶髻品.足成六十卷.其寶髻品在日密前.二十六七卷是.此復重編.未詳何意.又日密日藏梵本不殊.重重編載誤之甚矣.〔按云〕此則第五本也.今以品次驗之.則今兩藏本經六十卷者是矣.但不重載寶髻品.斯爲少異耳.即於前第四本五十八卷經中.分彼日藏分十卷.爲十二卷.足成六十耳.其第三第六兩本.今以諸藏所無.故不煩叙.經本如是不同.藏中致斯有異耳.謹按開元錄前後文相.今此兩藏本經六十卷者.有六失故不可依行.錄云.亦有經本.分爲瓔珞品者不然.此是一段不合分二.〔按云〕此經分之一失也.

又云.僧祐記中無日密分.有無盡意品者不然.今以無盡意經.雖大集別分.非無讖譯.又非次第不合入中.〔按云〕此經入中.又爲無讖譯.二失也.

又云.其虛空藏品.祐在不可說後.未詳所以.〔按云〕此經在彼.三失也.

又云.日密日藏梵本不殊.重重編載.誤之甚矣.〔按云〕此經重載.四失也.

又云.明度五十挍計經.題爲十方菩薩品.編月藏後者非也.既無憑准故不依彼.〔按云〕此經依之.五失也.

又明度經安世高譯.而云那連堤耶舍譯.〔按云〕此亦誤人.六失也.

不獨如是.其十方菩薩品.即下難函中.明度五十校計經二卷耳.無盡意品.即下最函中.無盡意經六卷耳.而於此中並重編之.是亦雜沓難依者也.是則理須正之.正之如何.略則如開元錄及丹藏經.爲三十卷乃正矣.合則如開元錄中第六本.爲八十卷方備矣.然今不能即正者.以此六十卷本是本朝芬皇宗選行經.行

來已久久．則難變耳．

［4］虞（094）函　《大集經》第五十九卷

此經自下二卷．則丹藏所無．故今無可相校．而國宋二本．此卷之中皆有三節之文．文斷義絕．難取解處．

一則第九幅十七行中．有五陰中有［之下便云］所多得中味中語言［等］．二則第十幅二十一行云．言相未具者自不［之下便云］習自言我無罪［等］．三則第十二幅二行云．是爲顚倒口［之下便云］能得佛何能使人得佛．是爲三節文斷處也．

今准明度經此中二本．皆錯將是爲顚倒口［之下］．所多得中味中語言乃至相未具者自不［等］．凡二十七行．摠三百七十九字．進而寫之于五陰中有［之下］．却將五陰中有［之下］．習自言我無罪［乃至］是爲顚倒口［等］．凡二十七行．摠三百七十六字．退而寫之于相未具者自不［之下］．致令三節之文文斷義絕．今依明度經．進退而正之．又爲看舊國宋藏者．略録正文于左．（中略：總53行）

［5］伐（099）函　《般舟三昧經》三卷［後漢支婁迦讖譯］

上卷二十一幅“何況守是三昧悉具足者”［下］“佛尒時頌偈曰”［等］十六偈．今此宋本本無．而有長行十餘紙文．詳其文相．與中卷無著品四輩品文雖少異．大旨無殊．則長行之文例無重疊．恐宋本錯將．異譯之文連書耳．故依東北二本．去彼同後重疊之文．安兹頌前要略之偈云．又爲看舊宋藏者具録所安頌文于左．（中略）

［6］鳳（130）函　《正法華經》十卷

第六卷初“藥王菩薩品”名并正文．從初．至第六幅初三行“皆歸一乘”．此宋本中本無．今依諸本加之．宋本此中有“法師品”名．今以下自有之．此中除之．

又諸藏本皆分見“七寶塔”頌後之文“吾往無數難稱量劫”已下爲“梵志品”．通爲二十八品．今亦注出其品名．又爲看舊宋藏經者具録其文于左．（中略）

（以上《高麗國新雕大藏校正別録》卷第一）

［7］王（128）函　《普曜經八卷》［第二卷］　法護譯

宋本第一卷末有現相品第三．第二卷初便有欲生時三十二瑞品第五．其第四品本闕．今於國丹本第二卷初．得降神處胎品第四凡十三紙而補其闕焉．又爲看舊宋藏經者具録其文于左．（中略）

［8］鞠（155）函　《月燈三昧經》一卷［宋沙門先公譯．今十三紙］（K.0182）

此是丹藏月燈三昧經先公譯者．而與彼國宋二藏之經．文義逈異．未知孰是．按開元録．此經有二別譯．一於有譯無本中．有後漢安世高譯一卷．二於有譯有本中．有宋沙門先公譯一卷．皆云出大月燈經第七卷．其先公譯．目下注云．一名文殊師利菩薩十事行經．又指多小云一十紙．

今撿此丹本經．始從六度乃至分衛．凡歷十二法．皆以十事説之．又其多小是古之十紙有十二行．即知真是先公所譯月燈經矣．故今取之爲正．但録云出大經第七卷．而今撿之．出自第六卷之前半．斯爲未叶．疑古今分卷有異．或書寫錯六爲七耳．今爲看國宋藏者具録正經于左．（中略）

（以上《高麗國新雕大藏校正別録》卷第三）

［9］鞠（155）函　《月燈三昧經》一卷［宋沙門先公譯．國宋藏本二十六紙］（K.0183）

此是國宋二藏所謂月燈三昧經先公譯者．而與彼丹藏經文義迥異．未知孰是．按開元録．先公譯本目下注云．一名文殊師利菩薩十事行經．又指多小云一十紙．

今撿之．彼丹藏經乃是矣．此國宋藏經．始從三界乃至道識．凡歷九十餘法．皆以六行説之．曾無十事之言．又其多小是古之二十紙．則知非先公譯明矣．今恐宋藏失先公之譯．而得古所失安世高譯．無譯主之名者．見目録中有月燈經名．是先公譯者．乃錯題其名耳．又録云．出大經第七卷．今撿．似出第五卷之後半．猶未適當何也．此須更勘耳．

［10］養（156）函　《佛説彌勒下生經》　竺法護譯

此經六譯三失．此本宋有丹無．按開元録．有譯無本中有法護譯彌勒成佛經一名彌勒當來下生經者．乍觀此經．似彼失本而還得之．其實非也．何則羅什譯彌勒成佛經目下注云．與下生經異本．與法護譯彌勒成佛經同本．兩譯一闕．則彼失本經．非此下生經六譯三失之一者明矣．又按孤山智圓重校金剛般若後序云．古德分經皆用紙數者．一紙有二十五行一行十七字．今撿失本彌勒經目下注云．一十七紙則計有七千二百二十二字．此經只有三千一百七十六字．則尚未其半．豈是彼經歟．則丹藏無此經爲得．

然此經文頗似漢晋經．注又有漢云之言．還恐此是三失本中第一本．録云今附西晋者耳．宋藏還得而編入之爲得之矣．而二録並無下生經是法護譯者．今云法護譯者何耶．伏俟賢哲．

［11］養（156）函　《佛説彌勒下生成佛經》　義淨譯［宋無．丹有．今還收入藏］

按開元録．彌勒下生經前後六譯．三存三失．而此本亦在三存之一也．則宋藏無此經者失之耳．今得於丹藏而編入之．又爲看國宋藏者具録于左．（中略）

［12］敢（158）函　《佛説申日經》［法護譯］

此經四譯一失．此本宋有丹無．按開元録．法護譯中有月光童子經．亦名申日經者．自是一經有二名耳．非別有申日經．亦是法護譯者．藏中既有月光童子經．爲法護譯斯已矣．此何更有申日經亦是法護之譯耶．則未知此經是誰之譯．又何據謂之法護譯耶．

今以録中有云支謙譯中有申日經一卷.云與月光童子經同本異譯.今撿尋文句二經不殊.故不雙出［云云］.則藏中古有支謙所譯申日經.亦名月光童子經者.今諸藏皆無.

恐此經即是支謙之譯.而誤安法護之名耳.如是則四譯還具矣.冒陳瞽言以俟來哲.

［13］才（167）函 《六字神呪經》［大唐天竺菩提流志譯.諸藏皆有］

國宋二藏此才函中更有六字神呪王經菩提流志譯者.丹藏即無.按開元録.才函六字神呪經與陀羅尼集經第六卷文殊師利菩薩呪法及呪五首經中六字陀羅尼等同本異譯.今撿之.此經是耳.更無佛説六字神呪王經亦是流志譯者.按彼經則後知函之中失譯人名.今附梁録者耳.

意者.宋藏見彼題中六字神呪之言.以爲此經之異譯.遂將類聚重編於此.是一錯也.而又妄安流志之名何耶.故今删去此函中者.後賢欲知今所去經是何等者.請見知函六字神呪王經則是耳.

（以上《高麗國新雕大藏校正別録》卷第二）

［14］知（169）函 《東方最勝燈王陀羅尼經》 闍那崛多譯

正經六紙.雜呪三紙.此經丹藏即云東方最勝燈王如來經.經初有歸敬辭者是也.按開元録.此經前後四譯.三存一失.即東晉失譯名爲陀羅尼章句經或無章字者是第三譯.而一失本也.

今此崛多譯宋本與丹.名既不同.文亦有異.丹文大多倍宋本而有餘.則未知孰是真本經耶.今以丹本經首有歸敬辭者爲崛多真本耳.此宋本經文古語質.似非崛多之譯.又文中數云陀羅尼句.即恐此經是失本陀羅尼句經.宋藏失崛多譯而得彼失本經.見經中有最勝燈王之言.遂認爲崛多譯燈王經耳.不然.何一人之譯而有名題始末之殊廣略質文之異耶.今且雙存.欲令四譯廣具矣.因書其意.伏俟明哲.

［15］知（169）函 《最勝燈王如來經》［丹本］ 闍那崛多譯

此經此本宋藏失之.今得丹藏而編入云.又爲看舊宋本藏者具録其經于左.（中略）

［16］必（171）函 《須真天子經》［宋四卷.丹三卷］

第一卷第九紙末二行 “人發無上正真道意” ［已下］ “五千菩薩” ［之上］.丹本有 “爲轉法輪甘教慈教” ［乃至］ “於泥越等不永泥越” 等凡三十八行.宋本可五十行文.今詳文相.首尾疣贅.不相連屬.撿之.即是下文宋本則第三卷.丹本下卷分別品第八之末文耳.丹藏錯亂重安於此.故今不取庶.後對勘者詳焉.

［17］罔（177）函 《賢劫經》八卷

按下己函賢劫千佛名號經.與此經第六卷千佛名號品第二十同本異譯.則此經可爲單重合譯.彼此俱可列于重譯.而目録中皆列于單譯.而分入乎隔函者.何耶.

（以上《高麗國新雕大藏校正別録》卷第五）

［18］詩（197）函 《蘇悉地羯羅供養法》三卷 輸波迦羅唐言善無畏譯

丹藏即云．蘇悉地羯羅經．名既不同．文亦大異．譯人一也．今撿丹藏之經．國宋藏中始終皆無．供養法者丹藏亦於感函有之．委尋開元貞元二録．善無畏譯只有三經一法．而無此供養法．今以目録雖無．詳其文義．非是後人偽妄集者．故依丹藏．兩俱存焉．（中略）

（以上《高麗國新雕大藏校正別録》卷第四）

［19］羔（199）函 《魔逆經》

魔逆經法護譯者．按開元録是單譯經．而國丹二本雖始終無異．宋本與彼文義全別．則必有一是一非．未知孰是真魔逆經耶．今撿．宋經全是後念函中文殊師利悔過經耳．宋藏錯乱名魔逆經重編於此．故今去宋取國丹本爲真魔逆經焉．

後賢欲知今所去經是何等者．請見念函文殊師利悔過經即全是耳．今爲看舊宋藏者具録正經于左．（中略）

以上《高麗國新雕大藏校正別録》卷第十一

［20］作（207）函 《大智度論》第四卷

第一幅第九行云“荅曰”［之下］“菩薩雖應次佛以諸煩惱”［乃至第二幅第八行云“菩薩衆荅曰”等凡二十二行文此宋本中本闕．今依二本補之．又爲看舊宋藏論者具録其文于左．（中略）

［21］聖（208）函 《大智度論》第十四卷

第十一幅初行云“能到”［之下］“菩薩若遇惡口”［乃至］“阿毗曇廣分別”等凡十七行文此宋本中本闕．今依二本補之．又爲看舊宋藏論者具録其文于左．（中略）

［22］建（210）函 《大智度論》第三十一卷

第二十七幅末六行云“無始空”之下“問曰有始法”［乃至第二十九幅初行云］“有始空”等凡三十一行文此宋本中本闕．今依二本補之．又爲看舊宋藏論者具録其文于左．（中略）

［23］谷（218）函 《大寶積經論》四卷［菩提流支譯］

宋本第一卷．與國丹二本迥異．未知去取．今按開元録中叙此論云．“右釋舊單卷大寶積經即寶積第四十三會是”［已上］．按寶積部．“第四十三普明菩薩會一卷．失譯．右舊譯單卷大寶積經有釋論四卷”［已上］．

今對撿之．宋本初卷全是彼經．非論文也．是則宋本錯將經本爲論初卷耳．其名加論字又爲流支譯．何耶．故今去彼．取此爲正．後賢欲知今之所去宋本初卷是何等者．請見大寶積經第一百一十二卷則是耳．今爲看舊宋藏論者具録其文于左．（中略）

（以上《高麗國新雕大藏校正別録》卷第十二）

［24］日（245）函　《攝大乘論釋》卷第九［世親菩薩釋．真諦三藏譯］

第九幅十三行"懶墮即是退弱心因"［之下］應有"定慧二波羅密"文．而三國本皆闕．遂令次文"壞失心因者謂散亂邪智"之言及與結文"爲對治"故'立波羅密有六數"等言皆無所從來．今撿．本論中卷［二十四幅］此中有云"若已起發行及不退弱心爲對治壞失心因故立定慧二波羅密"等二十五字．今依本論足之．（中略）

［25］當（250）函　《決定藏論》

下卷十五幅十八行"依大五塵一切"［之下便云］"思惟如正心人"［等］．第十七幅第六行"水雨溉灌芽等增長"［之下便云］"他色假名説陰法入中"［等］．第二十幅第五行"如是隣虛不正"［之下便云］"是名長生離增長生是名壞生"［等］．按此宋本三節論文．皆文斷義絶．不相連續．

今撿國丹二藏．宋本錯將第三節"是名長生"［之上］"思惟如正心人"［乃至］"水雨溉灌互得增長"［等］凡三十五行惣四百一十七字却安初節"依大五塵一切"［之下］．却將初節"依大五塵一切"［之下］"他色假名説陰法入中"［乃至］"如是隣虛不正"［等］凡三幅總六十九行之文却安第三節"是名長生"［之上］．故致如是斷絶．今依二本進退正之．又爲看舊宋藏論者具録正文于左．（中略）

（以上《高麗國新雕大藏校正別録》第十三）

［26］竭（251）函　《寶性論》第二卷

第十三幅初二行"聲聞僧寶"［之下］宋本脱"此有何義偈言境界諸功德"［乃至］"偈言果勝最無上"［等］凡二十四行總三百三十八字．今依他本足之．又爲看舊宋藏論者具録其文于左．（中略）

［27］力（252）函　《轉識論》

第四幅十五行"但遣前境未無識故"［之下］"釋曰謂是一切種子識者"［等］凡五幅十三行文此宋本中本闕．今依他本足之．又爲看舊宋藏論者具録其文于左．（中略）

［28］命（256）函　《法界無差別論》一卷［提雲般若譯］（K.0640）

此論丹藏與國宋二藏不同．此則丹本．有五字四句二十四頌．間挾七言一偈．離爲十二段．段段各釋．吾祖賢首疏所釋者此本也．按彼國宋兩本．有七言四句二十偈．一舉並出後方次第釋之．其初偈曰"法界不生亦不滅．無老病死無蘊過．由彼發勝菩提心．是故我今稽首禮"者是也．

今按．開元録及賢首疏並以此論爲單譯．而國宋兩本與此丹本．文雖有異．義則無殊．必是開元之後．後代重譯也．但未詳何代何人之譯．此須待勘．二藏直以彼爲提雲般若譯者錯耳．今爲看舊國宋藏者具録丹本文于左．（中略）

［29］命（256）函　國本宋本《法界無差別論》（K.0639）

此是二藏所謂法界無差別論提雲般若譯者．今按開元録及賢首疏．則彼丹本五言二十四頌者真是提雲般若所譯而賢首疏所釋者．又此論録及疏中並爲單譯．而國宋兩本與彼丹本．文雖有異．義則無殊．必是開元之後．後代重譯也．但未知何代何人之譯．此須待勘．而二藏直以此爲提雲般若之譯者錯也．

（以上《高麗國新雕大藏校正別録》卷第十四）

［30］薄（260）函 《中阿含經》卷第十一

此經此卷國宋二本皆直以"三十二相經第二"爲卷初首．遂令第二之言無所對第一．又於三十二相經中直以"得如來無所著等正覺"之言．爲經初首．而闕其"我聞如是"已下證信發起二序之文．遂令一經正宗起無由序．

今於丹藏經中得七寶經第一總一百九十字爲卷初首．又於三十二相經初得"我聞如是"［乃至］"無家學道者必"［等］凡一百八十二字．爲經初首．補其闕焉．其所補者具列于後．（中略）

［31］薄（260）函 《中阿含經》卷第十五

此卷初"三十喻經"丹藏作"世喻經"者．但卅字之訛變也．三十爲正．國宋經初直以"比丘比丘尼以護六根爲守閣人"爲經初首．而闕"我聞如是"等證信發起二序之文．

今於丹藏經中得"我聞如是"［已下乃至］"猶如王及大臣有守閣人舍利子如是"［等］凡三十五行總四百九十字．補其闕焉．其所補文今録于左．（中略）

［32］松（270）函 《雜阿含經》第四卷

此經此卷國宋二本文義全同．皆有十九經．總二十五紙．丹本有十五經．若依宋藏式寫之．可成二十七紙．又其文義與國宋二本全別．未知去取．

今撿．國宋本經則下流函中此經第四十二卷耳．宋藏錯將彼卷重刊于此．爲初四卷．國亦仍之者錯也．故今去彼取此丹本經焉．又爲看舊國宋藏者具録正經于左．（中略）

（以上《高麗國新雕大藏校正別録》卷第十五）

［33］川（273）函 《雜阿含經》第三十四卷

此經此卷第二十七幅第二行"令我三"［之下］宋經脱"結盡得須陀洹"［乃至］"記說道令正"［等］凡五百一十六字．遂令'婆蹉經'尾落三百四十七字．"欝低迦經'首無一百六十九字．今依二本補之．二經方成矣．今爲看舊宋藏經者具録其文于左．（中略）

［34］不（275）函 《別譯雜阿含經》（第五卷）

第五卷末五經及第六卷初五經皆國宋本所無．而丹本獨有者．前九是"梵問經'．第十是"度須跋經'．

今檢．"梵問經'者與彼大本雜阿含經第四十四卷之初同本異譯．"度須跋經'與大本第三十五卷十六卜已下同本異譯．則國宋二本無此經者脱之耳．今依丹藏加之分入二卷焉．（中略）

（以上《高麗國新雕大藏校正別録》卷第十六）

［35］澄（278）函［國宋藏云.《起世經》闍那崛多共達摩笈多等譯.丹藏則云.闍那崛多譯］

［36］取（279）函［國宋藏云.《起世因本經》闍那崛多譯.丹藏則云.達摩笈多譯］

今撿.開元録以起世經爲闍那崛多譯.亦爲前經.以起世因本經爲達摩笈多譯.亦爲後經.則經名前後皆同.而但譯主少差耳.及見注云."前經初云婆伽婆在舍婆提城.後經乃云在舍囉婆悉帝城.緣生經亦云舍囉婆悉帝城.故知同是笈多譯也.恐二本相濫.題下別云起世因本焉."［按云］據此注文.丹本爲正.故今以在舍婆提城者名爲起世經爲崛多譯.而前之爲澄函.以在舍囉婆悉帝城者題加因本二字爲笈多譯.而却之爲取函焉.

［37］暎（280）函　《大樓炭經》卷第一

右經第十九幅十八行"家室親屬四部兵"［之下］宋丹藏本脱十五行文.今依國本加之.又爲看舊宋丹藏者具録其文于左.（中略）

［38］暎（280）函　《中本起經》卷下

右經第十幅十四行下宋本闕"瞿曇彌來作比丘尼品第九"凡六紙.今依他本補之.又爲看舊宋藏經者具録其文于左.（中略）

（以上《高麗國新雕大藏校正別録》卷第十七）

［39］容（281）函　《受歲經》

此經丹藏則名受歲經.而丹有宋無.宋藏則名受新歲經.而宋有丹無.按此二經皆云法護譯.名雖小似.義乃大別.則未知其孰是孰非.又何二藏互有無耶.今按開元録重譯録中容函之内.有受歲經竺法護譯.云"與中阿含經第二十三卷初同本異譯".單譯録中竟函之内.有新歲經竺曇無蘭晋云法正譯.注中有云."中含大本無此等經故編於此".

今撿丹受歲經.與彼中含二十三卷大同.則真是容函重譯受歲經耳.宋本受新歲經.與彼中含全別.而與竟函名新歲經者.在文雖異大旨無殊.似是彼經之異譯耳.然今此容函宋藏受新歲經與彼竟函新歲經以爲單譯耶.則何有廣略之殊譯人之異.又此何編於重譯中耶.以爲重譯耶.則彼何列于單譯中耶.此須待勘.今且欲類聚.以待賢哲.故移受新歲經編于竟函.此容函中取此丹藏經爲真本焉.又爲看舊國宋藏者具録正經于左.（中略）

［40］止（282）函　《佛説頻毗娑羅詣佛供養經》　西晋沙門法炬譯

右一經經名譯主諸藏皆同.而其文相國本宋本全同.丹本大別.似未知去取.今按.開元録云.此經與增一阿含經第二十六卷等見品同本異譯.

撿之.國宋二本與彼全同.即是彼經中抄出耳.何爲異譯耶.意者.宋藏失法炬譯本.遂抄彼本部爲此別行.然彼增一即東晋瞿曇僧伽提婆譯.既抄彼經而

云法炬譯者何耶．況凡是抄經非異譯者．開元録中曾被刪去．此何獨存耶．故今以丹藏爲真本云．又爲看舊國宋藏者具録正經于左．（中略）

［41］若（283）函 《舍衛國王十夢經》［安公失譯經．今付西晉録］（國宋本，K.0735）

按．此經與增一阿含經第五十一卷大愛道般涅槃品同本異譯．今國宋二本文義相同．此丹本與宋義同文異．似非一譯．而未知是非．不敢去取．然此丹本詳悉．今且雙存以待賢哲．

［42］若（283）函 《四未曾有經》一卷［西晉竺法護譯］

右一經經名譯主諸藏皆同．而國宋兩本文義全同．始終唯説造塔功德．末雖結名"未曾有法'．然一經始末無四字之義．此丹本經説轉輪聖王有四未曾有法．以喻阿難亦有四未曾有法．按開元録若函中有四未曾有經云．與增一阿含八難品同本異譯．今撿之．丹本即是也．其國宋本經即前毁函中"未曾有經後漢失譯人名出古舊録"者耳．

意者．宋藏於此若函中失真四未曾有經．而得毁函中未曾有經．以爲名脱"四'字．遂加"四'字．重編於此錯也．意．此錯之失凡有四焉．失真四未曾有經一也．未曾有經一本重載二也．又彼失譯而爲法護譯三也．彼是大乘而抑之編此小乘藏中四也．故去宋經而取丹本．後賢欲知今所去經是何等者．請見毁函未曾有經．即是耳．今爲看舊國宋藏者具録正經于左．（中略）

（以上《高麗國新雕大藏校正別録》卷第十八）

［43］籍（301）函 《本事經》第三卷

此一卷經國宋則同．同有四十三段．丹本唯有十八段耳．多少如是不同．文義始終迥異．如何去取．

今撿．國宋本經有四大錯．丹有二事以知其正．何則．此卷品名既是"二法"．則應始終唯説二法．而國宋本經四十三段皆是一法．則名義不相當是一錯也．又國宋本卷初二段及第三段前六行文即是諸本初卷［三幅］心意經一段十二行耳．國宋於此三重重寫是二錯也．第三段中"一類有情"已下即是諸本初卷［七幅］破僧經一段十七行耳．國本於此重重寫之．其乃至於四十一重是三錯也．其卷末頌云．"貪欲瞋恚癡．覆藏及惱忿．不恨嫉與慳．躭嗜慢將害．"者即是諸本第二卷［九幅］結經頌正云．"貪恚及愚癡．覆藏惱忿恨．嫉慳與貪嗜．慢害將一切．"之小訛變耳．宋本於此閑重寫之是四錯也．故知大錯耳．今此丹本十八段經始終成就二分．終至二果二纏．皆是二法．即與品目名義相當是一正也．又按．諸本第四卷中七幅有結頌云．"爲通達律儀．猒知不淨果．纏覺悟宴坐．愧所作尋求．"者則結十二經爲一頌．其"覺悟'已下五經即是諸本第四卷卷初五經．其纏經果經已上七經即是丹本此卷卷末七經耳．則列結相應是二正也．餘本則非．故今取此丹本爲正．又爲看舊國宋藏者具録正經于左．（中略）

（以上《高麗國新雕大藏校正別録》卷第十九）

［44］甚（302）函　《大安般守意經》二卷

此經按經首序及見經文．似是書者之錯．經注不分而連書者也．義當節而注之．然往往多有不可分處．故不敢擅節．以遺後賢焉．

［45］竟（304）函　《受新歲經》　竺法護譯

按．此受新歲經法護譯者．國本宋本皆編於容函中．以當受歲經．丹藏則容函中有名受歲經者而與此經大別．

今依開元録撿之．則丹藏之經正是容函受歲經耳．此宋藏經與此竟函新歲經文異義同．似是同本異譯耳．則開元録中以新歲經爲單譯者厥義未詳．今且欲類聚以待賢哲．故以此經移編于竟函焉．

［46］竟（304）函　《護淨經》［失譯人名．附東晉録］

第三幅五行“一切衆人普使聞知”［已下］國宋兩本［有］“一切檀越施設法會”［等］凡二百五十五字之文．丹藏所無．其文切要．今爲看舊丹藏經者具録于左．（中略）

［47］攝（309）函　《十誦律》卷第五

此卷第二十六張第二行“夜提”［之下］“乃至三十日皆如上説”者丹本無此中九字．而有“又比丘得不具足衣”［乃至］“至三十日地了時尼薩耆波夜提”［等］凡九十一行文國本宋本並無者．今依丹本逶而足之．（中略）

／同卷二十七張第十三行即今正本三十一張第十三行“尼薩耆波夜提”［之下］“十二日乃至三十日亦如上説”［者］丹本無此中十二字．而有“又比丘得不具足衣停更望得”［乃至］“至三十日地了時尼薩耆波夜提”［等］凡九十二行國本宋本並無者．今依丹本逶而足之．（中略）

／同卷第二十九張第四行即今正本第三十七張第四行“尼薩耆波夜提”［之下］“十二日乃至三十日皆如上説”［者］丹本無此中十二字．而有“又比丘得不具足衣”［乃至］“尼薩耆波夜提”［等］凡九十七行國本宋本所無者．今依丹本逶而足之．又爲看舊國宋藏者具録其文于左．（中略）

［48］樂（321）函　《根本説一切有部苾芻尼毗奈耶》卷第二十

此卷十九張第二十行“汙手捉淨水”［之下丹本有］“瓶應當學”［乃至］“佛言不”［等］凡五十九行文國本宋本並無者．今撿．若無彼文．則文義斷絶．又違前略攝頌云“俗舍善容儀．護鉢除病人”之言．遂令衆學闕二十餘法．故今依丹本足之．又爲看舊國宋藏者具録其文于左．“時六衆苾芻以不淨手捉淨水瓶遂令諸蠅競來附近招致譏醜佛言不以汙手捉淨水”［下有］．（中略）

［49］隨（336）函　《彌沙塞五分戒本》　宋罽賓三藏佛陀什等譯

按．此戒本國本同於宋本．丹本獨異．如何去取．今以本律撿之．此丹本乃正也．彼國宋兩本即此隨函中十誦比丘波羅提木叉戒本鳩摩羅什譯者．錯重寫爲

五分戒本而云佛陀什譯．其閒雖有小不同處．但是寫筆之錯耳．故今取此丹本入藏．又爲看舊國宋藏者具録正本于左．（中略）

（以上《高麗國新雕大藏校正別録》卷第二十）

[50] 隨（336）函 《摩訶僧祇比丘尼戒本》 東晋法顯共覺賢譯

按．此戒者宋本與國本多同．丹本與二本大異．今對同譯本律尼部及比丘同戒撿之．丹本乃正．其國宋二本亦非異譯．但文句多涉四分之言故有異耳．未詳厥由．今取丹本．對律挍正入藏．而衆學初有十三戒．丹本所無者．今勘諸律及五部戒本．互有一二．或並無者既未詳．故不忍删去．并取入之．直注其下云．

[51] 外（337）函 《沙彌尼離戒文》[失譯．附東晋録]

按．此戒名國本宋本及開元録皆云"沙彌尼離戒文'．丹本即云"沙彌尼雜戒文'．今撿正文．諸本皆非．何則．按．此譯之離字與他譯之尼字．但梵音楚夏耳．曾不是沙彌尼之離戒文．亦不是沙彌尼之雜戒文．並乖正文．故今可直云"沙彌離戒文'方乃正耳．然三本皆無．不敢擅改．直書其意以待雅正君子焉．

[52] 傳（339）函 《四分比丘尼羯磨》一卷[丹本云宋求那跋摩譯． 宋本但云女人出家事]

按．此羯磨一卷宋本與國本則同．丹本將二本獨異．何耶．今撿．丹本與懷素所集．文義大同．又其起盡有倫叙可觀．知是跋摩所譯正本．故取之入藏．彼國宋二本甚是錯乱．凡尼出家始終之例．初求出家．次受十戒．學法二歲．受具足戒．久後方乞畜衆羯磨度人受戒．乃其序也．二本於受六法請和尚文．重用沙彌請十戒文．此一乱也．以乞畜衆文繫乎受大戒前．二乱也．凡尼受戒．先於尼僧中受．後至大僧而受．二本即云二部僧聽．不分先後．三乱也．其學戒六法中．四分即以非時食與飲酒爲第五六．而二本乃以摩觸八事爲五爲六．四乱也．首題既云尼羯磨．二本即有比丘度沙彌法．沙彌受十戒法．大僧受具戒法等．五乱也．開元録云宋求那跋摩譯．二本但云女人出家法．六乱也．故知二本是乃後代無稽之人臆度乱鈔耳．不可依用．今故逷之．（中略）

（以上《高麗國新雕大藏校正別録》卷第二十二）

[53] 入（341）函 《目連問戒律中五百輕重事》一卷

按文．國本有三百六十七問．丹本同此．則宋本只有二百二十問者脱之甚矣．今取二本補之．然亦不滿五百．今疑譯本不足．或恐題舉大數摽爲三百．而傳寫者錯三爲五焉．又爲看宋藏者具録其文于左．（中略）

（以上《高麗國新雕大藏校正別録》卷第二十三）

[54] 諸（345）函 《鼻奈耶》十卷

按．此鼻奈耶．國本與丹本皆有十卷．宋本唯八卷耳．今撿宋本．脱第五卷．[則於十三僧決斷中"破僧"已下四事闕也]而以第六卷爲第五卷．又脱第七卷．[則九十墮中從"教尼至暮"至"不唱使行"十四事闕也]而以第八卷爲第七卷．故

唯八卷耳．今取二本之足者入藏．又爲看舊宋藏者具録其文于左．（中略）

（以上《高麗國新雕大藏校正別録》卷第二十四）

［55］子（350）函　《阿毗曇八揵度論》卷第六

此卷卷初．宋本有"身中過去愛結繫有過去瞋恚結耶"［乃至四幅十一行云］"荅曰若興未盡則繫若前不興興者已盡則不繫"［等］凡七十五行文國本丹本並無者．今撿．此文則前第五卷自十七幅第二十行乃至卷末之文耳．宋本於此錯重寫耳．故今删而正之．

［56］子（350）函　《阿毗曇八揵度論》卷第八

此卷第七幅原二行"聲細滑持緣識欲"［之下］第九幅十行"色界三種"［之上］國本宋本有"相應無明無漏緣我受"［乃至］"見諦所斷有"［等］凡三十五行文丹本所無者．致令二節之文文義斷絶．今撿此文．則與此卷下文國宋本第十四幅原四行已下之文大同．雖此文省而彼文備．然非異譯．又非他文．

今按．安公序云"以建元十九年．佛念譯傳．自四月二十日至十月二十三日乃訖．譯人頗雜義辭．予深謂不可．遂令更出．四十六日而得盡定．"則佛念初譯即有前後二譯．今疑國宋二本錯乱而重寫于兹耳．今依丹藏删正之．

［57］孔（353）函　《發智論》第八卷

宋本第三幅第九行"當勝解"［之下即脱］"何緣時心解脱名愛耶"［乃至］"彼亦如是故名爲愛"［等］七十六字國本丹本並有者．今撿此文．此本則至第四幅二行已下方有之．按之彼此無妨．故不須改耳．但國本此文彼此皆有者．錯乱之甚也．

［58］同（357）函　《集異門足論》卷第十四

此卷宋本第八幅第八九行云"彼色界天中有起"［之下便云］"壞命終彼色界天"［乃至］第九幅原五行"補特伽羅復"．［之下便云］"已往生色界"［乃至］第十一幅第七行"生異熟業身"．［之下便云］"次有作是言説"［等］．如是三節文斷義絶不相連續．今撿二本．則宋本錯將"生異熟業身"［之下］"壞命終彼色界天"［乃至］"補特伽羅復"［等］凡三十四行之文進而寫之于"彼色界天中有起"［之下］．却將"中有起"［之下］"已往生色界"［乃至］"生異熟業身"［等］三十四行之文退而寫之于"補特伽羅復"［之下］致令如是．今依二本．進退而正之．又爲看舊宋藏論者略録正文于左．（中略）

／第十二幅原六行"善現天中所有無"［之下］國本宋本並脱．"覆無記"［乃至］"便於諸欲心"［等］凡三十五行之文今依丹本足之．又爲看舊國宋本者具録其文于左．（中略）

［59］分（364）函　《阿毗曇毗婆沙論》卷第十四

此卷第十七張第五行"欲令無量那由他衆生眷屬"［之下］"皆得解脱入於涅槃"［之上］國本有"能斷貪欲修悲心者"［乃至］"兄弟姉妹欲令安樂非"［等］

凡四百五十五字於丹宋二本並無者．詳其文勢．非唯首尾不相連續．至於立文之體亦非此論．國本妄加耳．故今不取．但恨未詳彼文來自何經．此須待勘．因書其意以告來賢云．

　　［60］慈（370）函　《阿毗達摩大毗婆沙論》卷第十四

　　此卷宋本第十六幅末"便不生瞋復次行者得"［之下］"所起名中"［之上］二本有"他罵時便審觀察"［乃至］"依十二字四字"［等］六十八行文宋本無者脫耳．今依二本補之．又爲看舊宋藏論者具錄其文于左．（中略）

　　［61］惻（372）函　《阿毗達摩大毗婆沙論》卷第三十二

　　此卷宋本第七幅已下有三處文文斷義絕．一者第七幅初三行"有餘師説但"［之下便云］"荅此不決定"［等］．二者第八幅十四五行"或忍或戒乃至不"［之下便云］"於過去未來諸法得非擇滅"［等］．三者第十幅初四行"不共得耶"［之下便云］"忍皆於惡趣得非擇滅"［等］．今撿國丹二本．則宋本錯將"不共得耶"［之下］"荅此不決定"［乃至］"或忍或戒乃至下"［等］凡三十六行文進而寫之于"餘師説但"［之下］．却將"説但"［之下］"於過去未來諸法得非擇滅"［乃至］"不共得耶"［等］凡三十五行文退而寫之于"或戒乃至下"［之下］"忍'字之上］．又錯"下'字爲"不'字．又錯重寫其"忍'字．致使如是三處文斷．今依二本進退而正之．

　　/又國本中第九幅十七行"乃至下忍"［之下］"於過去未來得非擇滅"［乃至］"爲皆共得不共得耶"［等］凡十二行者亦錯重寫耳．故今不取．又爲看舊宋藏論者具錄正文于左．（中略）

　　（以上《高麗國新雕大藏校正別錄》卷第二十六）

　　［62］弗（375）函　《大毗婆沙論》卷第六十五

　　此卷十九幅第六行"此四果位對治"［之下］"三結餘位不尒"［乃至九行］"及欲漏"［四十字］國宋二本並錯重寫．丹本中作"四法．餘位不尒．謂預流果對治見瀑流軛見取戒禁取及後二身繫．一來果對治欲瀑流軛取及初二身繫一分．不還果對治欲瀑流軛取及前二身繫"［五十八字］乃正文也．

　　［63］廉（379）函　《大毗婆沙論》卷第一百九

　　此卷十九幅第二十行"他心智不相應"［之下］"苦'［字之上］國本丹本皆有"道無願相應法"［乃至］"及空不相應"［等］凡七十二行文．此宋本中無者脫之耳．今依二本加之．又爲看舊宋藏論者具錄其文于左．（中略）

　　［64］逸（388）函　《大毗婆沙論》卷第一百九十九

　　此卷第二十三幅第十六行"戒禁取問"［之下］"善及染汙"［乃至］"故説命根緣緣識三界四部隨眠隨增"［等］一百四十六字者即是此論第八十七卷卷末文耳．宋本錯寫焉．此中二本即云"此四寧是前際分別．荅此四皆於現在事轉．待未來故立前際名．或有説者．此四皆緣先所聞教．謂彼外道先聞自師所説至教．要由如是．荅他所問生不死天．彼不死天．要由如是荅問故得．故此四種皆是前際分別見攝．如是四種前際分別．不死矯乱依怖妄語邪見無知愚鈍事起．"此一百九字乃正文也．

[65] 逸（388）函 《大毗婆沙論》卷第二百

初三幅第七行"有過失"［之下］二本無"故作是念此亦有色亦無色我死後有想"［乃至］"俱有過失"［等］凡八十五字．宋本錯重寫耳．今依二本删之．

／十七幅第六行"此二俱"［之下］"謗因等"［之上］二本有"入斷見品以執無故有説入二品由執我常"［等］十七字宋本無者脱耳．今依二本補之．

／十八幅第二十一行"皆常見攝"［之下］"五現法涅槃"［之上］二本有"故即常見品七斷滅論斷見攝故即斷見品"十七字宋本無者脱耳．今依二本足之．

／十九幅初二行云"一者有見"［之下］"一切見"［之上］二本有"二者無見如次攝入常斷見品師子吼經説"十七字宋本無者脱耳．今依二本補之．

／二十二幅十二三行"定有前心爲因"［之下］"引後"［之上］二本有"引起將命終位無極緣緣正死時心定能"［等］十六字宋本無者脱耳．今依二本補之．

[66] 渭（422）函 《分別功德論》第五卷

按此論．丹藏爲四卷．開元録云"四卷'而注云"或三卷或五卷"者．但分卷有異耳．文無增減焉．録有注叙云．"右此一論釋增一阿含經義．從初序品至弟子品過半釋王比丘即止．法上録云竺法護譯者不然．此中牒經解釋文句．並同本經．似與增一阿含同一人譯．而餘録並云失譯．且依此定．僧祐録云迦葉阿難撰者．此亦不然．如論第一卷中．引外國師及薩婆多説．故知非是二尊所撰．"

[67] 渭（422）函 《十八部論》［開元録云．新爲失譯．附秦録］

按此論者．宋藏中錯重寫．彼部異執論．名爲十八部論．故今取此國本爲正．開元録云．"右十八部論群録竝云．梁代三藏真諦所譯．今詳真諦三藏已譯十八部論．不合更譯部異執論．其十八部論初首．引"文殊問經分別部品'．後次云"羅什法師集'．後方是論．若是羅什所翻．秦時未有文殊問經．不合引之置於初也．或可準別録中文殊問經編爲失譯．秦時引證．此亦無疑．若是真諦再譯．論中子注不合有秦言之字．詳其文理多是秦時羅什譯出．諸録脱編．致有疑焉．其真諦十八部疏．即部異執疏．是雖有斯理．未敢指南．後諸博聞．請求實録．"

[68] 觀（430）函 《菩薩本緣經》卷上

右經第三幅十四行"鹿群威猛"［之下］丹本有"如我曾聞菩薩往昔以恚因緣墮於龍中"［乃至］"五穀臨熟遇天惡雹"［等］凡二十六行四百四十二字國本宋本所無者．今撿彼文．則是此經下卷龍品第八之文．丹藏錯亂妄置于兹耳．故今不取．

［69］驚（432）函　《雜寶藏經》卷第五

右經此卷第二幅"賈客造舍供養佛生天緣"［之下］丹本有"貧人以麨團施見獲報緣"［乃至］"乾陀衞國王治故塔寺得延命緣"等六緣國本宋本並無者．今撿此六緣．則前第四卷初已有之．丹本錯亂重寫于茲耳．故今不取．

［70］畫（437）函　《金七十論》三卷

按開元録．"亦名僧伽論或爲二卷"．云"右一論外道迦毗羅仙人造．明二十五諦．所謂數論．經中云"迦毗羅論'是也."又"長房内典二録真諦譯中有金七十論二卷．復有僧伽論三卷．二目俱存者誤也．此論及"勝宗十句義論'者非是佛法．而諸外道宗以此數勝二論爲上．欲令博學而破邪現正之者．先須委悉異道之宗．故譯出之．恐其失而不傳．故編入藏中耳."

［71］右（465）函　《（集）神州三寶感通録》三卷

此録上卷宋本與二本大異．撿之．宋本錯將宣律師感通録一卷爲此上卷耳．今依二本正之．又爲看舊宋藏者具録正文于左．（中略）

（以上《高麗國新雕大藏校正別録》卷第二十七）

［72］既（473）函　《辨正論》第七卷

右卷第六幅初行注"生時"上二本有"趙泰精思唯善是求"之正文及有注文丹本五十一行國本四十五行．撿之．有方文足．今加之．又爲看舊宋藏者具録其文于左．（中略）

［73］佐（533）函　《一字頂輪王經》第一卷［此則國本．宋本未見］

此經此卷國本有三處文意斷絶．第七幅八九行云"大福莊嚴一切安"［之下］便云"王身如傘蓋"［等］．第十三幅十九行云"神通熾盛無量"［之下便云"樂易成就"［等］．第二十幅八行云"白傘蓋佛頂"［之下便云"無邊一劫不能説"［等］．

今按丹本．則國本錯將"白傘蓋佛頂"［之下］"王身如傘蓋"［乃至］"神通熾盛無量"［等］凡一百四十九行之文進而安于"一切安"［之下］．却將"一切安"［之下］"樂易成就"［乃至］"白傘蓋佛頂"［等］凡一百五十行之文退而安于"神通熾盛無量"［之下］．致使如是三節文斷．今依丹本進退正之．又爲看舊國本經者具録正文于左．（中略）

（以上《高麗國新雕大藏校正別録》卷第二十九）

［74］孰（543）函　《佛説木槵經》　不空譯

此函國宋本中．有佛説木槵經不空譯者．今撿．與前竟函木槵子經．失譯人名．今附東晉録者．始終無異．詳其文體．即是漢晉之譯．其在竟函者然矣．

按續開元釋教録．有佛説木槵經不空譯者．則今此孰函．理必有之．此應宋藏失真不空譯本．而得竟函中經無譯人號者．錯認爲此不空之譯耳．故今除却此函中者．後賢若見佛説木槵經與彼竟函之經異者．請須編此孰函中焉．

〔75〕傾（552）函　《根本説一切有部毗奈耶破僧事》卷第十三

此卷撿國前本及宋本中於第十四幅二十行“尒時大子復白王言”〔已下文脱〕．今准國後本及丹本．則有“聽我出家”〔乃至〕“往四天王所或往”等〔凡〕八十八行文．今依二本足之．

／又於十七幅第九行“得神通已作如是”〔已下文脱〕．今准國後本及丹本．則有“念我得神通”〔乃至〕“同詣佛所”〔等〕凡八十六行文．今依二本足之．又爲看舊前本及宋本者具録其文于左．（中略）

〔76〕廻（554）·漢（555）函（《佛名經》/《大宗地玄文本論》·《釋摩訶衍論》）

右二函中國本有佛名經十八卷者．今檢．與下寧晋楚函中三十卷本同是一經．後人見其卷數有異．認爲異經．故重編入．今以三十卷世所盛行．故除此中十八卷者．乃以摩訶衍論十卷爲迴函．玄文論二十卷爲漢函云．

〔77〕俊乂密（561～563）函（《一切經源品次録》/《高麗國新雕大藏校正別録》）

右三函中國本有一切經源品次録三十卷沙門從梵撰者．今檢．但是標舉諸經卷中首尾之言．於看覽藏經者所益無幾．今且除之．以新選校正別録三十卷編其函焉．

〔78〕寧晋楚（568～570）函　《佛名經》三十卷〔宋藏丹藏並無此經．開元録云十六卷或三十一卷．貞元録云或三十二卷或十四卷．國本迴漢函中亦有此經爲十八卷．校曰既雜人僞多少任情〕

按．開元録’僞妄亂真’中云“右一經時俗號爲馬頭羅剎佛名經．似是近代所集．乃取流支所譯十二卷者錯綜而成．於中取諸經名目．後取辟支佛及菩薩阿羅漢名．以爲三寶次第．總有三十二件．禮三寶後皆有懺悔．懺悔之下仍引馬頭羅剎僞經置之於後．乃以凡俗鄙語雜於聖言．尋其所集之者全是庸愚只．如第四卷云南無法顯傳經．在法寶中列此傳．乃是東晋沙門法顯．往游天竺自記行迹．元非是經置法寶中誤謬之甚．又如第九卷云”南無富樓那’”南無彌陀羅尼子’．此是一人之名分爲二唱．次云”南無阿難羅睺羅’．此乃二人之名合之爲一．如斯謬妄其類寔繁．群愚倣習邪儻共傳．若不指明恐穢真教．故此述之”

貞元録云“此經乃以凡俗鄙語雜於聖言．本經雖真以有僞雜作此挍量．編於僞妄亂真録中．不得入藏．由斯可否已數百年．貞元十五年十月二十三日乃頒製曰「大佛名經“左右監門衛將軍知内侍省事’馬承債奏前件經未入藏目録勅旨宜令所司附入目録．」．今於謬妄之處．分者請合．合者請分．諸如此類．伏請改正．下順人望．上副天心．編入貞元新定釋教目録．傳出梁朝附於梁代．”

校曰今撿國本大藏．彼迴漢函中．亦有此經十八卷者．以此三十卷本對彼校之．卷數雖異．文義全同．但一樣懺文．此經再疊彼乃三疊．又寶達僞經此有彼無．爲少異耳．此一僞經古有二名．一名大乘蓮華馬頭羅刹經．古十六卷本用此名合之．一名寶達菩薩問報應沙門經而．無苔字．今此三十卷本用此名合之．而妄加苔字．隋開皇十四年勅沙門法經等．所撰衆經目錄．暨皇唐諸家目錄．並以此寶達經列爲僞妄．今佛名經．前諸錄家真僞不錄．開元錄中收爲僞妄．而合此寶達僞經．則妄中加妄也．

開元錄云“經至晉土其年未遠．而嘉事者以沙揉金．而無括正．何以別真僞乎．農者禾草俱存．后稷爲之歎息．金匱玉石同緘．卞和爲之懷恥．涇渭淆雜龍虵並進．豈不恥之．今列意謂非佛經者以示將來學士．共知鄙倍焉”遂摽此經而爲其首．錄家懇囑如是．國本如何二重重載．彼十八卷經．乃似是貞元錄中奉制所收入者．其分卷小異耳．後人見此三十卷本．認爲異經故加入耳．今欲删正．則彼十八卷者乃無寶達僞經．稍正可存．然此三十卷經本朝盛行．行來日久．國俗多有倚此而作福者．今忽删之．彼必衆怒．若俱存之．理亦未可．且順人情存此而删彼．因書古人之意．以告雅正君子．

但其誤分錯合之處．今隨改之．如第十二卷云．南無拘絺羅難陀．此是二聖之名．經錯合之．今分爲二．第十三卷云．南無賓頭盧南無頗羅墮．此是一聖之名．經誤分之．今合爲一．此類不少不能具叙．嗚呼阿難大聖也．距佛不遠也．經藏所集也．而欲正一僧水鶴之偈．僧竟不從．况我凡夫乎．佛世已遠乎．經法遥傳乎．而於舉國盛行久遠之典．忽獨起以删之．而欲衆情之不怒己．如螗蜋之怒其臂以當車欲其不輾己也．猶不足以譬其非分也．心知僞妄．力不能正．末法之弊一至於此．傷哉．

但有一理．既所患在於僞妄乱真．若於諸經之名．諸羅漢號．懺悔文等．分明知是人所撰集．有所錯處．各依聖教本文而正之．删去寶達僞經．而名之曰夾懺佛名經．使人看其名．分其主客．如諸家夾注解經．則其行於世．亦庶幾乎可矣．

（以上《高麗國新雕大藏校正別錄》卷第三十）

3.《校正別錄》的校勘內容與《思溪藏》之比較

本節將對《校正別錄》“校勘記”中記載的校勘內容進行分析，並與《思溪藏》的內容進行比較考察。首先對《校正別錄》“校勘記”所記載的校勘內容進行分析，其結果與《思溪藏》的內容 ① 進行比較，整理如附錄二所示。然後是把《校正別錄》“校勘記”根據校勘對象本與校勘內容的整理而列出附錄三的表格。最後把《校正別錄》的校正結果與《思溪藏》的內容同一與否進行了探討，

---

① 《思溪藏》的内容以《中華大藏經》校勘記爲依據。

整理如附録四。

　　這裏根據附録三對《校正別録》“校勘記”根據校勘對象本和校勘内容的區分進行分析如下。

　　第一，作爲校勘對象之國本的“校勘記”有7件，校勘内容也有7件。校勘内容7件中在國本中重複的内容1件，國本的衍文1件，國本的錯亂内容訂正1件，國本的重複經典削除1件，國本的不必要經典削除1件，國本的内容分析與經典存續理由説明1件。

　　第二，作爲校勘對象之丹本的“校勘記”13件，校勘内容也是13件。校勘内容13件中，在丹本中重複的1件，丹本追加編入7件，丹本有誤字1件，丹本有脱文1件，丹本錯亂1件，丹本重複内容1件。

　　第三，用國宋本作爲校勘對象的“校勘記”有23件，校勘内容24件。校勘内容24件中，國宋本的經名以及譯者名修訂本2件，國宋本經典的位置變更1件，國宋本闕失内容的補充4件，把國宋本用丹本代替收録的情況有6件，與丹本相異的國宋本文句進行校正的1件，國宋本中與丹本相異内容進行注記的1件，國宋本中省略的内容恢復的1件，國宋本重複的經典去除的3件，對國宋本錯亂的内容進行訂正的1件，對國宋本中的錯誤内容進行説明的1件，對國宋本錯誤的譯者名進行説明的1件。

　　第四，以國前本和宋本爲校勘對象的“校勘記”有1件，校勘内容有2件。校勘内容2件都是對國宋本和宋本中闕失的内容進行補充。

　　第五，以宋丹本爲校勘對象的“校勘記”有1件，校勘内容也是1件。校勘内容1件是對宋丹本闕失内容的補充。

　　第六，以宋本爲校勘對象的“校勘記”有42件，校勘内容也是42件。校勘内容42件中，宋本經典位置變更的1件，把宋本用丹本代替收録的1件，把宋本用國本代替收録的1件，把宋本用國丹本代替收録的1件，對宋本闕失内容補充的22件，宋本重複内容削除的5件，錯亂内容進行訂正的5件，對宋本錯誤的譯者名進行説明的4件，與國丹相異内容在宋本中注記的1件。

　　第七，以諸本和三國本爲校勘對象的“校勘記”有3件，校勘内容也有3件。校勘内容3件中，對經典配屬的疑問點進行提示的1件，對經名的疑問點提示的1件，對闕失内容進行補充的1件。

　　第八，没有具體説明校勘對象本的“校勘記”有5件，校勘内容也是5件。校勘内容5件中，對經典文段誤謬進行説明的1件，對經典的書誌情況考察的2件，編入新經典的2件，編入《校正別録》的1件。

　　第九，重複的“校勘記”有1件，即“［45］竟（304）函《受新歲經》”的校勘内容與“［39］容（281）函《受歲經》”的“校勘記'相同。

最後根據附錄四，整理《校正別錄》的校正結果與《思溪藏》的內容比較如下：

第一，《校正別錄》的校勘內容 98 件中，校正結果與《思溪藏》內容相同的有 67 件。

第二，《校正別錄》的校勘內容 98 件中，校正結果與《思溪藏》內容不同的有 12 件。

第三，《校正別錄》的校勘內容 98 件中，校正結果與《思溪藏》內容無關的有 17 件。

第四，《校正別錄》的校勘內容 98 件中，校正結果與《思溪藏》內容關係不詳的有 2 件。

4. 結言

本研究爲了能對《思溪藏》與高麗《再雕藏》《開寶藏》《契丹藏》之間的關係進行研究而拋磚引玉。通過對《校正別錄》校正結果（《校正別錄》的"校勘記"有 78 件，校勘內容 98 件）和《思溪藏》內容的比較分析，得到了如下的結果：

第一，《校正別錄》的校勘內容 98 件中，校正結果與《思溪藏》內容相同的有 67 件。

第二，《校正別錄》的校勘內容 98 件中，校正結果與《思溪藏》內容不同的有 12 件。

第三，《校正別錄》的校勘內容 98 件中，校正結果與《思溪藏》內容無關的有 17 件。

第四，《校正別錄》的校勘內容 98 件中，校正結果與《思溪藏》內容關係不詳的有 2 件。

附錄一　《校正別錄》中所記載的"校勘記"78 件

1	服（086）函《決定毗尼經》	40	止（282）函《佛説頻毗娑羅詣佛供養經》
2	服（086）函《須摩提經》	41	若（283）函《舍衛國王十夢經》
3	推（089）函《大集經》	42	若（283）函《四未曾有經一卷》
4	虞（094）函《大集經》第五十九卷	43	籍（301）函《本事經》第三卷
5	伐（099）函《般舟三昧經》三卷	44	甚（302）函《大安般守意經》二卷
6	鳳（130）函《正法華經》十卷	45	竟（304）函《受新歲經》
7	王（128）函《普曜經八卷》第二卷	46	竟（304）函《護淨經》
8	鞠（155）函《月燈三昧經》一卷	47	攝（309）函《十誦律》卷第五
9	鞠（155）函《月燈三昧經》一卷	48	樂（321）函《根本説一切有部苾芻尼毗那耶》卷第二十

10	養（156）函《佛説彌勒下生經》	49	隨（336）函《彌沙塞五分戒本》
11	養（156）函《佛説彌勒下生成佛經》	50	隨（336）函《摩訶僧祇比丘尼戒本》
12	敢（158）函《佛説申日經》	51	外（337）函《沙彌尼離戒文》
13	才（167）函《六字神呪經》	52	傳（339）函《四分比丘尼羯磨》一卷
14	知（169）函《東方最勝燈王陀羅尼經》	53	入（341）函《目連問戒律中五百輕重事》一卷
15	知（169）函《最勝燈王如來經》	54	諸（345）函《鼻奈耶》十卷
16	必（171）函《須真天子經》	55	子（350）函《阿毗曇八揵度論》卷第六
17	罔（177）函《賢劫經》八卷	56	子（350）函《阿毗曇八揵度論》卷第八
18	詩（197）函《蘇悉地羯羅供養法》三卷	57	孔（353）函《發智論》第八卷
19	羔（199）函《摩逆經》	58	同（357）函《集異門足論》卷第十四
20	作（207）函《大智度論》第四卷	59	分（364）函《阿毗曇毗婆沙論》卷第十四
21	聖（208）函《大智度論》第十四卷	60	慈（370）函《阿毗達磨大毗婆沙論》卷第十四
22	建（210）函《大智度論》第三十一卷	61	惻（372）函《阿毗達磨大毗婆沙論》卷第三十二
23	谷（218）函《大寶積經論》四卷	62	弗（375）函《大毗婆沙論》卷第六十五
24	日（245）函《攝大乘論釋》卷第九	63	廉（379）函《大毗婆沙論》卷第一百九
25	當（250）函《決定藏論》	64	逸（388）函《大毗婆沙論》卷第一百九十九
26	竭（251）函《寶性論》第二卷	65	逸（388）函《大毗婆沙論》卷第二百
27	力（252）函《轉識論》	66	渭（422）函《分別功德論》第五卷
28	命（256）函《法界無差別論》一卷	67	渭（422）函《十八部論》
29	命（256）函國本宋本《法界無差別論》	68	觀（430）函《菩薩本緣經》卷上
30	薄（260）函《中阿含經》卷第十一	69	驚（432）函《雜寶藏經》卷第五
31	薄（260）函《中阿含經》卷第十五	70	畫（437）函《金七十論》三卷
32	松（270）函《雜阿含經》第四卷	71	右（465）函《（集）神州三寶感通録》三卷
33	川（273）函《雜阿含經》第三十四卷	72	既（473）函《辨正論》第七卷
34	不（275）函《別譯雜阿含經》	73	佐（533）函《一字頂輪王經》第一卷
35	澄（278）函《起世經》	74	孰（543）函《佛説木槵經》
36	取（279）函《起世因本經》	75	傾（552）函《根本説一切有部毗奈耶破僧事》卷第十三
37	暎（280）函《大樓炭經》卷第一	76	廻（554）·漢（555）函《佛名經》《大宗地玄文本論》·《釋摩訶衍論》

| 38 | 暎（280）函《中本起經》卷下 | 77 | 俊乂密（561～563）函《一切經源品次錄》《高麗國整理太藏》《校正別錄》 |
| 39 | 容（281）函《受歲經》 | 78 | 寧晉楚（569～570）函《佛名經》三十卷 |

附錄二　《校正別錄》中所記載的"校勘記"78件（内容98件）與《思溪藏》内容的比較

校勘記順序	經　名	校勘内容順序	校勘對象本	校正和指摘内容	《校正別錄》的校正結果與《思溪藏》是否相同
1	服（086）函《決定毗尼經》	1	宋本	錯亂内容訂正	不同
		2	宋本	重複内容削除	不同
2	服（086）函《須摩提經》	3	丹本	經典重複指摘	不同
3	推（089）函《大集經》	4	國宋本	錯誤内容指摘	同一
4	虞（094）函《大集經》第五十九卷	5	國宋本	錯亂内容訂正	無關①
5	伐（099）函《般舟三昧經》三卷	6	宋本	錯亂内容訂正	同一
6	鳳（130）函《正法華經》十卷	7	宋本	闕失内容補充	同一
		8	宋本	重複内容削除	同一
		9	宋本	相異内容注記	同一
7	王（128）函《普曜經八卷》第二卷	10	宋本	闕失内容補充	同一
8	鞠（155）函《月燈三昧經》一卷13紙	11	丹本	丹本追加編入	同一
9	鞠（155）函《月燈三昧經》一卷26紙	12	宋本	錯誤譯者名指摘	無關②
10	養（156）函《佛說彌勒下生經》	13	宋本	錯誤譯者名指摘	不同
11	養（156）函《佛說彌勒下生成佛經》	14	丹本	丹本追加編入	同一
12	敢（158）函《佛說申日經》	15	宋本	錯誤譯者名指摘	無關③
13	才（167）函《六字神呪經》	16	國宋本	重複經典削除	同一
14	知（169）函《東方最勝燈王陀羅尼經》	17	宋本	錯誤譯者名指摘	無關④
15	知（169）函《最勝燈王如來經》	18	丹本	丹本追加編入	同一
16	必（171）函《須真天子經》	19	丹本	重複内容指摘	同一

---

① 　60卷本再雕藏本的第59卷中的相關内容没有收錄在30卷本《思溪藏》本中。

② 　26紙本《月燈三昧經》没有收錄在《思溪藏》中。

③ 　《佛說申日經》没有收錄在《思溪藏》中。

④ 　《東方最勝燈王陀羅尼經》没有收錄在《思溪藏》中。

校勘記順序	經　名	校勘內容順序	校勘對象本	校正和指摘內容	《校正別錄》的校正結果與《思溪藏》是否相同
17	罔（177）函《賢劫經》八卷	20	諸本	配屬疑問點提示	無關①
18	詩（197）函《蘇悉地羯羅供養法》三卷	21	丹本	丹本追加編入	同一
19	羔（199）函《摩逆經》	22	宋本	丹本代替收錄	同一
20	作（207）函《大智度論》第四卷	23	宋本	闕失內容補充	同一
21	聖（208）函《大智度論》第十四卷	24	宋本	闕失內容補充	同一
22	建（210）函《大智度論》第三十一卷	25	宋本	闕失內容補充	同一
23	谷（218）函《大寶積經論》四卷	26	宋本	國丹本代替收錄	同一
24	曰（245）函《攝大乘論釋》卷第九	27	三國本	闕失內容補充	不同
25	當（250）函《決定藏論》	28	宋本	錯亂內容訂正	同一
26	竭（251）函《寶性論》第二卷	29	宋本	闕失內容補充	同一
27	力（252）函《轉識論》	30	宋本	闕失內容補充	同一
28	命（256）函《法界無差別論》一卷	31	丹本	丹本追加編入	同一
29	命（256）函國本宋本《法界無差別論》	32	國宋本	錯誤譯者名指摘	無關②
30	薄（260）函《中阿含經》卷第十一	33	宋本	闕失內容補充	同一
		34	宋本	闕失內容補充	同一
31	薄（260）函《中阿含經》卷第十五	35	丹本	丹本誤字指摘	同一
		36	宋本	闕失內容補充	同一
32	松（270）函《雜阿含經》第四卷	37	國宋本	丹本代替收錄	同一
33	川（273）函《雜阿含經》第三十四卷	38	宋本	闕失內容補充	同一
34	不（275）函《別譯雜阿含經》	39	國宋本	闕失內容補充	同一
35	澄（278）函《起世經》	40	國宋本	經名和譯者名修訂	不同
		41	國宋本	經典位置變更	無關
36	取（279）函《起世因本經》	42	國宋本	經名和譯者名修訂	不同
		43	國宋本	經典位置變更	無關

---

　　① 本校勘對具有重譯關係的《賢劫經》和《賢劫千佛名號經》沒有放在重譯考慮，而是對單譯情況下各自的函配屬提出了疑問。

　　② 《大乘法界無差別論》沒有收錄在《思溪藏》中。

校勘記順序	經　名	校勘内容順序	校勘對象本	校正和指摘内容	《校正別録》的校正結果與《思溪藏》是否相同
37	暎（280）函《大樓炭經》卷第一	44	宋丹本	闕失内容補充	同一
38	暎（280）函《中本起經》卷下	45	宋本	闕失内容補充	同一
39	容（281）函《受歲經》	46	丹本	丹本追加編入	同一
		47	宋本	經典位置變更	無關
40	止（282）函《佛説頻毗娑羅詣佛供養經》	48	國宋本	丹本代替收録	同一
41	若（283）函《舍衛國王十夢經》	49	丹本	丹本追加編入	同一
42	若（283）函《四未曾有經》一卷	50	國宋本	丹本代替收録	同一
43	籍（301）函《本事經》第三卷	51	國宋本	丹本代替收録	同一
44	甚（302）函《大安般守意經》二卷	52		文段誤謬指摘	**未詳**
45	竟（304）函《受新歲經》			［39］與受歲經相同	與“［39］《受歲經》”同
46	竟（304）函《護淨經》	53	丹本	丹本脱文指摘	同一 ①
47	攝（309）函《十誦律》卷第五	54	國宋本	省略内容復原	不同
48	樂（321）函《根本説一切有部苾芻尼毗那耶》卷第二十	55	國宋本	闕失内容補充	同一
49	隨（336）函《彌沙塞五分戒本》	56	國宋本	丹本代替收録	不同
50	隨（336）函《摩訶僧祇比丘尼戒本》	57	國宋本	相異文句校正	**未詳** ②
		58	國宋本	相異内容注記	不同
51	外（337）函《沙彌尼離戒文》	59	諸本	經名疑問點提示	無關
52	傅（339）函《四分比丘尼羯磨》一卷	60	國宋本	丹本代替收録	同一
53	入（341）函《目連問戒律中五百輕重事》一卷	61	宋本	闕失内容補充	同一
54	諸（345）函《鼻奈耶》十卷	62	宋本	闕失内容補充	同一

---

　　① 《思溪藏》本與再雕藏本的情況相同，没有脱文。與此相反，福州藏本與丹本的情況相同，有脱文。

　　② 　對於《校正別録》中言及的有關《再雕藏》中的文句校正，因爲不清楚《再雕藏》中文句校正的内容，所以無法分析。

校勘記順序	經　名	校勘內容順序	校勘對象本	校正和指摘內容	《校正別錄》的校正結果與《思溪藏》是否相同
55	子（350）函《阿毗曇八揵度論》卷第六	63	宋本	重複內容削除	同一
56	子（350）函《阿毗曇八揵度論》卷第八	64	國宋本	重複內容削除	同一
57	孔（353）函《發智論》第八卷	65	國本	重複內容指摘	同一①
58	同（357）函《集異門足論》卷第十四	66	宋本	錯亂內容訂正	同一
		67	國宋本	闕失內容補充	同一
59	分（364）函《阿毗曇毗婆沙論》卷第十四	68	國本	國本衍文指摘	同一
60	慈（370）函《阿毗達磨大毗婆沙論》卷第十四	69	宋本	闕失內容補充	同一
61	惻（372）函《阿毗達磨大毗婆沙論》卷第三十二	70	宋本	錯亂內容訂正	同一
		71	國本	重複內容指摘	同一
62	弗（375）函《大毗婆沙論》卷第六十五	72	國宋本	重複內容削除	同一
		73	國宋本	闕失內容補充	同一
63	廉（379）函《大毗婆沙論》卷第一百九	74	宋本	闕失內容補充	同一
64	逸（388）函《大毗婆沙論》卷第一百九十九	75	宋本	重複內容削除	同一
		76	宋本	闕失內容補充	同一
65	逸（388）函《大毗婆沙論》卷第二百	77	宋本	重複內容削除	同一
		78	宋本	闕失內容補充	同一
		79	宋本	闕失內容補充	同一
		80	宋本	闕失內容補充	同一
		81	宋本	闕失內容補充	同一
66	渭（422）函《分別功德論》第五卷	82		書志的事項考察	無關
67	渭（422）函《十八部論》	83	宋本	國本代替收錄	同一
68	觀（430）函《菩薩本緣經》卷上	84	丹本	重複內容指摘	不同②

① 作爲校勘對象本的國本（即初雕藏本）在內容上雖然有重複，但《思溪藏》本與再雕藏本相同，沒有相同內容的重複。

② 《校正別錄》中指出的丹本重複內容在《思溪藏》本中也有。從這一點來考慮，相比作爲宋本底本的寫本大藏經本，後代的寫本大藏經本中這部分內容是筆寫重複的。這個寫本大藏經本作爲丹本和《思溪藏》本的底本，而丹本和《思溪藏》本如實的沿用了之前的內容，由此而推測的。

校勘記順序	經　　名	校勘內容順序	校勘對象本	校正和指摘內容	《校正別錄》的校正結果與《思溪藏》是否相同
69	驚（432）函《雜寶藏經》卷第五	85	丹本	丹本錯亂指摘	不同①
70	盡（437）函《金七十論》三卷	86	╱	書志的事項考察	無關
71	右（465）函《神州三寶感通錄》三卷（上）	87	宋本	國丹本代替收錄	同一
72	既（473）函《辨正論》第七卷	88	宋本	闕失內容補充	同一
73	佐（533）函《一字頂輪王經》第一卷	89	國本	錯亂內容訂正	同一
74	孰（543）函《佛說木槵經》	90	國宋本	重複經典刪除	同一
75	傾（552）函《根本說一切有部毗奈耶破僧事》卷第十三	91	國前本宋本	闕失內容補充	同一
		92	國前本宋本	闕失內容補充	同一
76	廻（554）漢（555）函《佛名經》	93	國本	重複經典刪除	同一
	廻（554）漢（555）函《釋摩訶衍論》	94	╱	新的經典編入	無關
	廻（554）漢（555）函《玄文本論》	95	╱	新的經典編入	無關
77	俊（561）乂（562）密（563）函《一切經源品次錄》	96	國本	不必要經典刪除	無關
	俊（561）乂（562）密（563）函《校正別錄》	97	╱	《校正別錄》編入	無關
78	寧（568）晋（569）楚（570）函《佛名經三十卷》	98	國本	內容分析與經典存續理由說明	無關

附錄三　校勘對象本‧校勘內容分別整理的《校正別錄》"校勘記" 78 件（內容 98 件）與《思溪藏》內容之比較

校勘記順序	經　　名	校勘內容順序	校勘對象本	校正與指摘內容	校正結果與《思溪藏》相同與否
59	分（364）函阿毗曇毗婆沙論卷第十四	68	國本	國本衍文指摘	同一
78	寧（568）晋（569）楚（570）函佛名經三十卷	98	國本	內容分析與經典存續理由說明	無關

---

　　① 《校正別錄》中指出，《雜寶藏經》第 4 卷的第一段中因緣有九種。其中第一到第六因緣在丹本第 5 卷第 2 張的 "賈客造舍供養佛生天緣" 中被重複記載，《思溪藏》本的第 5 卷結尾部分也重複記載了這九種因緣。

校勘記順序	經　名	校勘內容順序	校勘對象本	校正與指摘內容	校正結果與《思溪藏》相同與否
77	俊（561）乂（562）密（563）函一切經源品次錄	96	國本	不必要經典刪除	無關
57	孔（353）函發智論第八卷	65	國本	重複內容指摘	同一
61	惻（372）函阿毗達磨大毗婆沙論卷第三十二	71	國本	重複內容指摘	同一
76	廻（554）漢（555）函佛名經	93	國本	重複經典刪除	同一
73	佐（533）函一字頂輪王經第一卷	89	國本	錯亂內容訂正	同一
35	澄（278）函起世經	40	國宋本	經名和譯者名修訂	不同
36	取（279）函起世因本經	42	國宋本	經名和譯者名修訂	不同
35	澄（278）函起世經	41	國宋本	經典位置變更	無關
36	取（279）函起世因本經	43	國宋本	經典位置變更	無關
34	不（275）函別譯雜阿含經	39	國宋本	闕失內容補充	同一
48	樂（321）函根本說一切有部苾蒭尼毗那耶卷第二十	55	國宋本	闕失內容補充	同一
58	同（357）函集異門足論卷第十四	67	國宋本	闕失內容補充	同一
62	弗（375）函大毗婆沙論卷第六十五	73	國宋本	闕失內容補充	同一
32	松（270）函雜阿含經第四卷	37	國宋本	丹本代替收錄	同一
40	止（282）函佛說頻毗娑羅詣佛供養經	48	國宋本	丹本代替收錄	同一
42	若（283）函四未曾有經一卷	50	國宋本	丹本代替收錄	同一
43	籍（301）函本事經第三卷	51	國宋本	丹本代替收錄	同一
49	隨（336）函彌沙塞五分戒本	56	國宋本	丹本代替收錄	不同
52	傅（339）函四分比丘尼羯磨一卷	60	國宋本	丹本代替收錄	同一
50	隨（336）函摩訶僧祇比丘尼戒本	58	國宋本	相異內容注記	不同
50	隨（336）函摩訶僧祇比丘尼戒本	57	國宋本	相異文句校正	**未詳**
47	攝（309）函十誦律卷第五	54	國宋本	省略內容復原	不同

校勘記順序	經　　名	校勘內容順序	校勘對象本	校正與指摘內容	校正結果與《思溪藏》相同與否
3	推（089）函大集經	4	國宋本	錯誤內容指摘	同一
29	命（256）函國本宋本法界無差別論	32	國宋本	錯誤譯者名指摘	無關
13	才（167）函六字神呪經	16	國宋本	重複經典刪除	同一
74	孰（543）函佛説木槵經	90	國宋本	重複經典刪除	同一
56	子（350）函阿毗曇八揵度論卷第八	64	國宋本	重複內容刪除	同一
62	弗（375）函大毗婆沙論卷第六十五	72	國宋本	重複內容刪除	同一
4	虞（094）函大集經第五十九卷	5	國宋本	錯亂內容訂正	無關
75	傾（552）函根本説一切有部毗奈耶破僧事卷第十三	91	國前本宋本	闕失內容補充	同一
75	傾（552）函根本説一切有部毗奈耶破僧事卷第十三	92	國前本宋本	闕失內容補充	同一
2	服（086）函須摩提經	3	丹本	經典重複指摘	不同
8	鞠（155）函月燈三昧經一卷 13 紙	11	丹本	丹本追加編入	同一
11	養（156）函佛説彌勒下生成佛經	14	丹本	丹本追加編入	同一
15	知（169）函最勝燈王如來經	18	丹本	丹本追加編入	同一
18	詩（197）函蘇悉地羯羅供養法三卷	21	丹本	丹本追加編入	同一
28	命（256）函法界無差別論一卷	31	丹本	丹本追加編入	同一
39	容（281）函受歲經	46	丹本	丹本追加編入	同一
41	若（283）函舍衛國王十夢經	49	丹本	丹本追加編入	同一
31	薄（260）函中阿含經卷第十五	35	丹本	丹本誤字指摘	同一
69	驚（432）函雜寶藏經卷第五	85	丹本	丹本錯亂指摘	不同
46	竟（304）函護淨經	53	丹本	丹本脱文指摘	同一
16	必（171）函須真天子經	19	丹本	重複內容指摘	同一
68	觀（430）函菩薩本緣經卷上	84	丹本	重複內容指摘	不同
24	曰（245）函攝大乘論釋卷第九	27	三國本	闕失內容補充	不同

校勘記順序	經　名	校勘內容順序	校勘對象本	校正與指摘內容	校正結果與《思溪藏》相同與否
37	暎（280）函大樓炭經卷第一	44	宋丹本	闕失內容補充	同一
39	容（281）函受歲經	47	宋本	經典位置變更	無關
23	谷（218）函大寶積經論四卷	26	宋本	國丹本代替收録	同一
71	右（465）函神州三寶感通録三卷（上）	87	宋本	國丹本代替收録	同一
67	渭（422）函十八部論	83	宋本	國本代替收録	同一
6	鳳（130）函正法華經十卷	7	宋本	闕失內容補充	同一
7	王（128）函普曜經八卷第二卷	10	宋本	闕失內容補充	同一
20	作（207）函大智度論第四卷	23	宋本	闕失內容補充	同一
21	聖（208）函大智度論第十四卷	24	宋本	闕失內容補充	同一
22	建（210）函大智度論第三十一卷	25	宋本	闕失內容補充	同一
26	竭（251）函寶性論第二卷	29	宋本	闕失內容補充	同一
27	力（252）函轉識論	30	宋本	闕失內容補充	同一
30	薄（260）函中阿含經卷第十一	33	宋本	闕失內容補充	同一
30	薄（260）函中阿含經卷第十一	34	宋本	闕失內容補充	同一
31	薄（260）函中阿含經卷第十五	36	宋本	闕失內容補充	同一
33	川（273）函雜阿含經第三十四卷	38	宋本	闕失內容補充	同一
38	暎（280）函中本起經卷下	45	宋本	闕失內容補充	同一
53	入（341）函目連問戒律中五百輕重事一卷	61	宋本	闕失內容補充	同一
54	諸（345）函鼻奈耶十卷	62	宋本	闕失內容補充	同一
60	慈（370）函阿毗達磨大毗婆沙論卷第十四	69	宋本	闕失內容補充	同一
63	廉（379）函大毗婆沙論卷第一百九	74	宋本	闕失內容補充	同一
64	逸（388）函大毗婆沙論卷第一百九十九	76	宋本	闕失內容補充	同一
65	逸（388）函大毗婆沙論卷第二百	78	宋本	闕失內容補充	同一
65	逸（388）函大毗婆沙論卷第二百	79	宋本	闕失內容補充	同一

校勘記順序	經　名	校勘内容順序	校勘對象本	校正與指摘内容	校正結果與《思溪藏》相同與否
65	逸（388）函大毗婆沙論卷第二百	80	宋本	闕失内容補充	同一
65	逸（388）函大毗婆沙論卷第二百	81	宋本	闕失内容補充	同一
72	既（473）函辨正論第七卷	88	宋本	闕失内容補充	同一
19	羔（199）函摩逆經	22	宋本	丹本代替收録	同一
6	鳳（130）函正法華經十卷	9	宋本	相異内容注記	同一
9	鞠（155）函月燈三昧經一卷26紙	12	宋本	錯誤譯者名指摘	無關
10	養（156）函佛説彌勒下生經	13	宋本	錯誤譯者名指摘	不同
12	敢（158）函佛説申日經	15	宋本	錯誤譯者名指摘	無關
14	知（169）函東方最勝燈王陀羅尼經	17	宋本	錯誤譯者名指摘	無關
1	服（086）函決定毗尼經	2	宋本	重複内容削除	不同
6	鳳（130）函正法華經十卷	8	宋本	重複内容削除	同一
55	子（350）函阿毗曇八揵度論卷第六	63	宋本	重複内容削除	同一
64	逸（388）函大毗婆沙論卷第一百九十九	75	宋本	重複内容削除	同一
65	逸（388）函大毗婆沙論卷第二百	77	宋本	重複内容削除	同一
1	服（086）函決定毗尼經	1	宋本	錯亂内容訂正	不同
5	伐（099）函般舟三昧經三卷	6	宋本	錯亂内容訂正	同一
25	當（250）函決定藏論	28	宋本	錯亂内容訂正	同一
58	同（357）函集異門足論卷第十四	66	宋本	錯亂内容訂正	同一
61	惻（372）函阿毗達磨大毗婆沙論卷第三十二	70	宋本	錯亂内容訂正	同一
17	罔（177）函賢劫經八卷	20	諸本	配屬疑問点提示	無關
51	外（337）函沙彌尼離戒文	59	諸本	經名疑問点提示	無關
44	甚（302）函大安般守意經二卷	52		文段誤謬指摘	未詳
45	竟（304）函受新歲經			［39］與受歲經相同	與"［39］受歲經"同

校勘記順序	經　名	校勘內容順序	校勘對象本	校正與指摘內容	校正結果與《思溪藏》相同與否
66	渭（422）函分別功德論第五卷	82		書誌的事項考察	無關
70	盡（437）函金七十論三卷	86		書誌的事項考察	無關
76	廻（554）漢（555）函釋摩訶衍論	94		新的經典編入	無關
77	俊（561）乂（562）密（563）函校正別錄	97		《校正別錄》編入	無關
76	廻（554）漢（555）函玄文本論	95		新的經典編入	無關

附録四　《校正別錄》的校正結果與《思溪藏》內容之比較

校勘記順序	經　名	校勘內容順序	校勘對象本	校正與指摘內容	校正結果與《思溪藏》相同與否	
59	分（364）函阿毗曇毗婆沙論卷第十四	68	國本	國本衍文指摘	同一	1
76	廻（554）漢（555）函佛名經	93	國本	重複經典削除	同一	2
57	孔（353）函發智論第八卷	65	國本	重複內容指摘	同一	3
61	惻（372）函阿毗達磨大毗婆沙論卷第三十二	71	國本	重複內容指摘	同一	4
73	佐（533）函一字頂輪王經第一卷	89	國本	錯亂內容訂正	同一	5
48	樂（321）函根本説一切有部苾芻尼毗那耶卷第二十	55	國宋本	闕失內容補充	同一	6
62	弗（375）函大毗婆沙論卷第六十五	73	國宋本	闕失內容補充	同一	7
58	同（357）函集異門足論卷第十四	67	國宋本	闕失內容補充	同一	8
34	不（275）函別譯雜阿含經	39	國宋本	闕失內容補充	同一	9
40	止（282）函佛説頻毗娑羅詣佛供養經	48	國宋本	丹本代替收錄	同一	10
43	籍（301）函本事經第三卷	51	國宋本	丹本代替收錄	同一	11
52	傅（339）函四分比丘尼羯磨一卷	60	國宋本	丹本代替收錄	同一	12

校勘記順序	經　名	校勘內容順序	校勘對象本	校正與指摘內容	校正結果與《思溪藏》相同與否	
42	若（283）函四未曾有經一卷	50	國宋本	丹本代替收錄	同一	13
32	松（270）函雜阿含經第四卷	37	國宋本	丹本代替收錄	同一	14
3	推（089）函大集經	4	國宋本	錯誤內容指摘	同一	15
13	才（167）函六字神呪經	16	國宋本	重複經典刪除	同一	16
74	孰（543）函佛説木槵經	90	國宋本	重複經典刪除	同一	17
62	弗（375）函大毗婆沙論卷第六十五	72	國宋本	重複內容刪除	同一	18
56	子（350）函阿毗曇八揵度論卷第八	64	國宋本	重複內容刪除	同一	19
75	傾（552）函根本説一切有部毗奈耶破僧事卷第十三	92	國前本宋本	闕失內容補充	同一	20
75	傾（552）函根本説一切有部毗奈耶破僧事卷第十三	91	國前本宋本	闕失內容補充	同一	21
8	鞠（155）函月燈三昧經一卷 13 紙	11	丹本	丹本追加編入	同一	22
11	養（156）函佛説彌勒下生成佛經	14	丹本	丹本追加編入	同一	23
15	知（169）函最勝燈王如來經	18	丹本	丹本追加編入	同一	24
18	詩（197）函蘇悉地羯羅供養法三卷	21	丹本	丹本追加編入	同一	25
28	命（256）函法界無差別論一卷	31	丹本	丹本追加編入	同一	26
39	容（281）函受歲經	46	丹本	丹本追加編入	同一	27
41	若（283）函舍衛國王十夢經	49	丹本	丹本追加編入	同一	28
31	薄（260）函中阿含經卷第十五	35	丹本	丹本誤字指摘	同一	29
46	竟（304）函護淨經	53	丹本	丹本脱文指摘	同一	30
16	必（171）函須真天子經	19	丹本	重複內容指摘	同一	31
37	暎（280）函大樓炭經卷第一	44	宋丹本	闕失內容補充	同一	32
23	谷（218）函大寶積經論四卷	26	宋本	國丹本代替收錄	同一	33
71	右（465）函神州三寶感通錄三卷（上）	87	宋本	國丹本代替收錄	同一	34
67	渭（422）函十八部論	83	宋本	國本代替收錄	同一	35
6	鳳（130）函正法華經十卷	7	宋本	闕失內容補充	同一	36
7	王（128）函普曜經八卷第二卷	10	宋本	闕失內容補充	同一	37

校勘記順序	經　名	校勘內容順序	校勘對象本	校正與指摘內容	校正結果與《思溪藏》相同與否	
20	作（207）函大智度論第四卷	23	宋本	闕失內容補充	同一	38
21	聖（208）函大智度論第十四卷	24	宋本	闕失內容補充	同一	39
22	建（210）函大智度論第三十一卷	25	宋本	闕失內容補充	同一	40
26	竭（251）函寶性論第二卷	29	宋本	闕失內容補充	同一	41
27	力（252）函轉識論	30	宋本	闕失內容補充	同一	42
30	薄（260）函中阿含經卷第十一	33	宋本	闕失內容補充	同一	43
30	薄（260）函中阿含經卷第十一	34	宋本	闕失內容補充	同一	44
31	薄（260）函中阿含經卷第十五	36	宋本	闕失內容補充	同一	45
33	川（273）函雜阿含經第三十四卷	38	宋本	闕失內容補充	同一	46
38	暎（280）函中本起經卷下	45	宋本	闕失內容補充	同一	47
53	入（341）函目連問戒律中五百輕重事一卷	61	宋本	闕失內容補充	同一	48
54	諸（345）函鼻奈耶十卷	62	宋本	闕失內容補充	同一	49
60	慈（370）函阿毗達磨大毗婆沙論卷第十四	69	宋本	闕失內容補充	同一	50
63	廉（379）函大毗婆沙論卷第一百九	74	宋本	闕失內容補充	同一	51
64	逸（388）函大毗婆沙論卷第一百九十九	76	宋本	闕失內容補充	同一	52
65	逸（388）函大毗婆沙論卷第二百	78	宋本	闕失內容補充	同一	53
65	逸（388）函大毗婆沙論卷第二百	79	宋本	闕失內容補充	同一	54
65	逸（388）函大毗婆沙論卷第二百	80	宋本	闕失內容補充	同一	55
65	逸（388）函大毗婆沙論卷第二百	81	宋本	闕失內容補充	同一	56
72	既（473）函辨正論第七卷	88	宋本	闕失內容補充	同一	57
19	羔（199）函摩逆經	22	宋本	丹本代替收錄	同一	58
6	鳳（130）函正法華經十卷	9	宋本	相異內容注記	同一	59
6	鳳（130）函正法華經十卷	8	宋本	重複內容削除	同一	60

校勘記順序	經　　名	校勘内容順序	校勘對象本	校正與指摘内容	校正結果與《思溪藏》相同與否	
55	子（350）函阿毗曇八揵度論卷第六	63	宋本	重複内容削除	同一	61
64	逸（388）函大毗婆沙論卷第一百九十九	75	宋本	重複内容削除	同一	62
65	逸（388）函大毗婆沙論卷第二百	77	宋本	重複内容削除	同一	63
5	伐（099）函般舟三昧經三卷	6	宋本	錯亂内容訂正	同一	64
25	當（250）函決定藏論	28	宋本	錯亂内容訂正	同一	65
58	同（357）函集異門足論卷第十四	66	宋本	錯亂内容訂正	同一	66
61	惻（372）函阿毗達磨大毗婆沙論卷第三十二	70	宋本	錯亂内容訂正	同一	67
35	澄（278）函起世經	40	國宋本	經名和譯者名修訂	不同	1
36	取（279）函起世因本經	42	國宋本	經名和譯者名修訂	不同	2
47	攝（309）函十誦律卷第五	54	國宋本	省略内容復原	不同	3
49	隨（336）函彌沙塞五分戒本	56	國宋本	丹本代替收録	不同	4
50	隨（336）函摩訶僧祇比丘尼戒本	58	國宋本	相異内容注記	不同	5
69	驚（432）函雜寶藏經卷第五	85	丹本	丹本錯亂指摘	不同	6
68	觀（430）函菩薩本緣經卷上	84	丹本	重複内容指摘	不同	7
2	服（086）函須摩提經	3	丹本	經典重複指摘	不同	8
24	曰（245）函攝大乘論釋卷第九	27	三國本	闕失内容補充	不同	9
1	服（086）函決定毗尼經	1	宋本	錯亂内容訂正	不同	10
1	服（086）函決定毗尼經	2	宋本	重複内容削除	不同	11
10	養（156）函佛説彌勒下生經	13	宋本	錯誤譯者名指摘	不同	12
9	鞠（155）函月燈三昧經一卷26紙	12	宋本	錯誤譯者名指摘	無關	1
12	敢（158）函佛説申日經	15	宋本	錯誤譯者名指摘	無關	2
14	知（169）函東方最勝燈王陀羅尼經	17	宋本	錯誤譯者名指摘	無關	3
39	容（281）函受歲經	47	宋本	經典位置變更	無關	4

校勘記順序	經　名	校勘內容順序	校勘對象本	校正與指摘內容	校正結果與《思溪藏》相同與否	
4	虞（094）函大集經第五十九卷	5	國宋本	錯亂內容訂正	無關	5
29	命（256）函國本宋本法界無差別論	32	國宋本	錯誤譯者名指摘	無關	6
35	澄（278）函起世經	41	國宋本	經典位置變更	無關	7
36	取（279）函起世因本經	43	國宋本	經典位置變更	無關	8
77	俊（561）乂（562）密（563）函一切經源品次録	96	國本	不必要經典削除	無關	9
78	寧（568）晋（569）楚（570）函佛名經三十卷	98	國本	內容分析與經典存續理由説明	無關	10
17	罔（177）函賢劫經八卷	20	諸本	配屬疑問点提示	無關	11
51	外（337）函沙彌尼離戒文	59	諸本	經名疑問点提示	無關	12
66	渭（422）函分別功德論第五卷	82		書誌的事項考察	無關	13
70	盡（437）函金七十論三卷	86		書誌的事項考察	無關	14
76	廻（554）漢（555）函釋摩訶衍論	94		新的經典編入	無關	15
76	廻（554）漢（555）函玄文本論	95		新的經典編入	無關	16
77	俊（561）乂（562）密（563）函校正別録	97		《校正別録》編入	無關	17
50	隨（336）函摩訶僧祇比丘尼戒本	57	國宋本	相異文句校正	未詳	1
44	甚（302）函大安般守意經二卷	52		文段誤謬指摘	未詳	2

〈參考文獻〉

柳富鉉，《高麗大藏經의構成과底本및板刻에對한研究》，시간의물레，2014。

柳富鉉，《高麗大藏經의校勘學的研究》，시간의물레，2018。

中華書局編，《中華大藏經》，中華書局，1984。

柳富鉉　韓國大真大學校教授

張敦仁本《儀禮注疏》訛誤的由來與
上海古籍出版社點校本的問題[*]

——以《士冠禮》爲例

張　劍

顧廣圻依據宋嚴州本[①]、宋刻單疏殘本等文獻校勘《儀禮注疏》，宋刻單疏殘本已不見蹤迹。能夠傳遞宋刻單疏殘本樣貌的文獻主要有三種：其一，黃丕烈影宋單疏抄本[②]（簡稱黃抄本）；其二，清道光十年（1830）顧廣圻助汪士鐘藝芸書舍影刻單疏本[③]（簡稱汪本）；其三，顧廣圻批校重修明監本《儀禮注疏》[④]（簡稱顧校本）。顧廣圻在顧校本的基礎上刻成張敦仁本，世稱善本，然而釋讀黃丕烈影抄宋刻單疏殘本等文獻，發現顧廣圻存在若干漏校、誤校，遂使張敦仁本

　*　本文係國家社會科學基金一般項目"阮刻《十三經註疏》圈字彙校考正集成研究"（19BTQ049）階段性成果。

　①　宋嚴州本原本今已不見，清嘉慶二十年讀未見書齋據宋嚴州本影刻《儀禮鄭氏注》，傳宋本之真。本文據《覆宋嚴州本儀禮鄭注·武英殿聚珍版儀禮識誤》影印本，浙江古籍出版社，2016年。《儀禮鄭注》部分簡稱黃刊嚴州本。

　②　清黃丕烈士禮居影抄宋單疏本（存四十四卷），中國國家圖書館館藏，2014年《中華再造善本續編》影印出版。

　③　上海涵芬樓景印道光十年汪氏士鐘藝芸書舍影刻宋單疏本，《四部叢刊續編》影印本。

　④　顧廣圻批校重修明監本《儀禮注疏》，天一閣博物館館藏，簡稱顧校本。顧廣圻校語簡稱顧校。

有若干"不善"之處。上海古籍出版社整理本《儀禮注疏》以張敦仁本爲底本，繼承了張敦仁本的錯訛，又新增若干問題。本文在前人研究的基礎上①，首先論述黃抄本價值與不足。其次，利用黃抄本、汪本、顧校本等文獻，説明張敦仁本《儀禮注疏》②的錯訛由來。最後，對上海古籍出版社整理本《儀禮注疏》③的改進略抒己見。

一、黃抄本的價值及不足

喬秀岩先生指出汪本與宋刻單疏殘本有大的差別，并指出黃丕烈影抄單疏"自然也是探索宋本原貌的重要依據"④。喬秀岩先生還指出，"黃抄本對底本字迹模糊之處都有鈐印標志，可以推想宋版原貌，另外，天一閣藏顧千里校本，是理解張敦仁刻《禮儀注疏》、阮元刻《儀禮注疏》、汪士鐘刻《儀禮疏》的關鍵，十分重要"⑤。前人研究不乏精思明斷。黃抄本對於釋讀顧廣圻的校勘過程具有重要作用，本文對黃抄本的價值與使用問題作進一步探討。

（一）黃抄本主要反映顧廣圻的補字規模和具體位置
國家圖書館藏黃抄本卷首有"校宋刊單行本儀禮疏凡例"，其云：

> 一、脱簡：凡宋本缺葉名之曰脱簡，悉以空白存其面目。
> 一、闕文：凡宋本墨釘明之曰闕文⑥。
> 一、斷爛：凡宋本版壞，名之曰斷爛，間有他本可據，已經寫入行間者，仍加鈐印，以存缺疑之義。
> 一、過書：凡宋本字迹隱約，影寫錯誤，名之曰過書。各標可識之字于每行上方。⑦

---

① 主要有喬秀岩《〈儀禮〉單疏版本説》，論述了顧廣圻校刊張敦仁本的過程，指出汪本與宋刻單疏殘本大體相似，又有一定差別；周慧惠《天一閣藏顧廣圻校〈儀禮注疏〉考述》一文，揭示了顧廣圻批校本的校勘體例，勾勒出顧廣圻校勘《儀禮注疏》的大致過程。見周慧惠《天一閣藏顧廣圻校〈儀禮注疏〉考述》，《文獻》2016第1期，第70—86頁。周文指出，顧校本當中常見三種標誌，分辨是"丨""〇""△"，凡於天頭、地脚書某字，並在此字旁加標誌"丨"，即謂宋本作該字有誤；凡出校之字旁加"〇""△"，即是當從宋本刻作某字。
② 清嘉慶十一年張敦仁刻本《儀禮注疏》，2015年重慶師顧堂據上海圖書館藏本影印，簡稱張敦仁本。
③ 《儀禮注疏》，上海古籍出版社，2008年版，2011年印刷。簡稱上古本。
④ 喬秀岩：《義疏學衰亡史論》，生活·讀書·新知三聯書店，2017年，第297、298頁。
⑤ 喬秀岩：《儀禮疏考正解題》，見倉石武四郎《儀禮疏攷正》，崇文書局，2018年。
⑥ 黃抄本凡例書作"闕文"，黃抄本葉面朱文篆字印文作"缺文"。爲使行文一致，皆作"闕文"。
⑦ 見黃抄本卷首，《中華再造善本續編》影印本，國家圖書館出版社，2014年。

閱覽黃抄本，其葉面有四種朱文印，即分別爲"脫簡""闕文""斷爛""過書"。"過書"是指黃丕烈影寫有誤，後加改正，如黃抄本卷一葉五 B 面第一行，其于"求"字上蓋朱文"過書"印，并於行上方書"末"。檢汪本即作"末"，宋刻單疏殘本作"末"無疑。可見黃丕烈影寫之善。又"脫簡"印文，當是單疏本闕葉時，黃抄本在空白葉上印朱文"脫簡"，加以標誌，此時汪本亦未補刻闕葉文字。

圖組 1　黃抄本、汪本卷九對比

　　汪本與黃抄本差異最大之處，就在于"闕文""斷爛"兩種文字問題的處理。以第九卷爲例，黃抄本有一處"闕文"印，在卷九葉九 A 面第八行。除了"闕文"，卷九的"斷爛"印總計約 270 處，每處"斷爛"印文，或蓋一字，或蓋兩字，卷九斷爛文字數量超過 300 字。根據黃丕烈影寫凡例，"斷爛"是宋本壞字，"間有他本可據，已經寫入行間者，仍加鈐印，以存缺疑之義"。卷九"斷爛"印下，黃抄本共有 62 處"斷爛"印下無文字，據筆者統計，大約闕 99 字。黃丕烈之所以印以"斷爛"，是因爲底本文字難以辨識，尚可據他本補者，仍加印文，以示闕疑。而"斷爛"印下未加影寫的 99 個文字，定是根本無法辨認底本文字，此種情況實則與闕文無異。又如卷七、卷八兩卷，僅"斷爛"一種印文，約 298 處。又卷十"斷爛"印計約 77 處。斷爛最多的是卷四十九，"闕文"印下，僅僅是留空白而未寫字者，計約 322 字。而汪本卷四十九悉補底本斷爛疏文。通閱黃抄本全書，知顧廣圻在汪本刊刻中補闕幅度極大。清時所見宋刻《儀禮疏》，似唯有此一部殘本，而《儀禮要義》是疏文的節略本，無法以補足疏文。所以凡是宋刻單疏殘本闕文、斷爛之處，汪本必然據他本大量補入文字。觀察圖組 1，可以直觀地了解顧廣圻在"斷爛"之處大規模補闕的事實。

　　除了"斷爛"，汪本還在"闕文"之處補字。凡黃抄本印以"闕文"者，汪本以墨釘示闕疑的事例極少，大多"闕文"汪本已經補字。如卷四十九葉四 A

面第九行，有“闕文”印，汪本補“羊匕”二字。從顧廣圻對“斷爛”“闕文”兩種問題的處理來看，汪本改字和補字的數量、位置，根據黃抄本可以加以統計，其幅度之大，超出以往的認識。在沒有黃抄本的情況下，僅依靠汪本和顧校本，無法較爲全面地認識到顧廣圻校補的位置和規模。黃抄本的重要性不言而喻。

（二）黃抄本存在大量抄誤

黃抄本存在一些抄誤，往往與宋刻單疏殘本文字不清晰有關。如黃抄本卷一葉四A面第十五行，“六工禮”，張敦仁本、汪本“工”作“玉”。檢顧校本于地脚處書“王”，旁加標誌“丨”，是顧廣圻以爲宋刻單疏殘本作“王”誤，故而不取“王”字。張敦仁本根據顧校刻作“玉”，與重修明監本合。黃抄本作“工”應是筆誤，或因影抄時底本“王”字不清，影寫遂誤。汪本作“玉”，是經顧廣圻校改。

又如汪本卷九葉八A面第十二行“訓詁傳”，黃抄本“訓”誤寫作“話”。

又如汪本卷九葉八B面第三行“今言一人受爵”，黃抄本“言”誤寫作“書”。

又如汪本卷九葉九A面第三行“此其”，黃抄本“此”誤寫作“北”。

又如汪本卷九葉十B面第五行“使行人子員問之曰”，黃抄本“員”誤寫作“貢”。

又如汪本卷九葉十B面第十行“樂崩亦從而亡”，黃抄本“亡”誤寫作“云”。

此類影寫之訛，不一一列舉。在使用黃抄本之時，應當注意這一問題。

二、張敦仁本錯訛的由來

張敦仁本、汪本疏文，雖皆根本上源自宋刻單疏殘本，然二者異歧之處不少。張敦仁本疏文是顧廣圻嘉慶十一年（1806）以前校勘的産物，而顧廣圻刻汪本時推翻了之前的部分觀點，并進行大量補校。不過張敦仁本當中的問題已經無法改正。

（一）顧廣圻漏校與張敦仁本之誤

判定顧氏漏校的基本思路是：黃抄本與重修明監本有異，但顧校本却無校勘痕迹，若此時張敦仁本與重修明監本文字同誤，基本可以認爲顧氏漏校。因校勘記數量過多，本文選取張敦仁本中《士冠禮》的部分問題進行論述。

1.張敦仁本卷一葉四A面第八行第九行。【經】士冠禮筮於廟門【疏】凡草之靈莫善於蓍蓍龜自有靈也

“莫善於蓍蓍龜自有靈也”，上古本同；黃抄本、汪本作“莫善於蓍龜筮自有靈也”。

按：檢顧校本卷一葉四B面，此段疏文無批校痕迹。重修明監本與黃抄本、汪本有異，顧氏失校。張敦仁本遂承重修明監本之誤。

2.張敦仁本卷三葉十四 A 面第一行。【經】公侯……造也【疏】注造作至君者
"者"，上古本同；黃抄本、汪本作"也"。

按：檢嚴州本、徐本鄭《注》作"也"，且黃抄本、汪本作"也"，可知此
段出文當作"也"。檢顧校本卷一葉五十八 A 面，未改疏文"者"爲"也"，顧
氏漏校無疑。張敦仁本遂承重修明監本之誤。

（二）張敦仁本刊刻時忽略顧校及刊誤

判定張敦仁刊誤較爲容易，凡黃抄本、重修明監本是，而張敦仁本誤，即
可認爲是張敦仁本刊誤。然刊刻時"忽略顧校"，難以進行準確判斷。刊刻時凡
未採用嘉慶十一年之前校語者，當屬忽略顧校。但顧校本並非每處校勘痕迹皆
説明時間，所以本文祇選擇有時間標誌的批校痕迹，從而確定某一處校勘是在
張敦仁本問世之前。

3.張敦仁本卷二葉六 A 面第五行。【經】蒲筵二在南【疏】鄭注周禮司儿筵
"儿"，上古本同；黃抄本、汪本作"几"。

按：《周禮》有"司几筵"，當作"几"。檢顧校本卷一葉二十六 A 面，未出校，
重修明監本作"几"不誤。此爲張敦仁本刊誤無疑。

4.張敦仁本卷三葉十一 B 面第六行。【經】始冠緇布之冠也大古冠布……
冠而敝之可也【疏】冠訖則敝經之

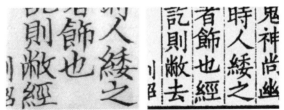

圖組 2　諸本"經""去"字問題一覽
（上三幅從左至右爲顧校本正文、地脚、天頭；下兩幅分別是黃抄本、汪本）

"經"，黃抄本同；《要義》[①]、汪本、上古本作"去"。

---

　　① （宋）魏了翁：《儀禮要義》，臺北"故宮博物院"《景印宋本儀禮要義》，1992 年，簡稱
《要義》。

按:《要義》作"去",作"去"是。據圖組 2 所示,顧校本於正文中補"經"字,又於地腳處書"經",旁加"丨"標志。按照顧校之例,是謂宋本"經"字有誤。其於天頭處詳細校勘云:"'經'字依《要義》是'去'之誤。癸亥,十二月。"又云:"又《玉藻》疏可證,乙丑。顧廣圻按:'經'字當在上行口處,乃宋板剜修並牌'經''去'等字,刻工誤之。故'經'字反在下行,而'去'字不見也。廿二日校。"據此可知顧氏判定"去"字是。"癸亥"爲嘉慶八年(1803),"乙丑"爲嘉慶十年(1805),皆在嘉慶十一年(1806)張敦仁本問世之前,疑刊刻張敦仁本時顧廣圻難以事必躬親,其告知寫樣者基本體例,寫樣之人見正文中補"經"字,即據之寫"經"字,而忽略天頭、地腳校語。至顧廣圻助刻汪本時,則依照顧校改作"去"。

(三)顧校本誤判與張敦仁本之誤

顧廣圻誤判也是造成張敦仁本錯訛的主要原因之一。凡顧校本校改後文字與張敦仁本合,然而校改有誤者,即是顧廣圻誤判。

5. 張敦仁本卷一葉七 B 面第十行。【經】篚人……主人【疏】云韇藏笶之器者"笶",黃抄本、汪本、上古本同;《要義》作"篚"。

按:檢顧校本卷一葉九 B 面第四行,其據嚴州本改注文"笶"爲"篚"。然顧校本卷一葉十 A 面第一行疏文作"笶",顧校本於天頭處批校:"《要義》:'篚'。"旁有朱筆"丨"標誌,是顧廣圻以爲《要義》"篚"誤,仍當從宋刻單疏殘本作"笶"字,張敦仁本即據此刻作"笶"。今以爲《要義》節錄疏文作"篚",且黃刊嚴州本、張敦仁本注文有"韇藏篚之器",則此處疏文"笶"當作"篚"。顧廣圻判斷有誤。

(四)嘉慶十一年後顧校本中的改判與補校

顧校本中大多校語未言明時間,這增加了判定顧氏嘉慶十一年後改判、補校的難度。今以爲凡顧校本於正文中直接改字,且痕迹明顯,基本是嘉慶十一年後的校勘,否則顧校本與張敦仁本大量抵牾的原因便無法得到合理解釋。本質而言,造成張敦仁本訛誤的是此前的誤判、漏校;爲揭示顧氏嘉慶十一年之後補校、改判過程,故而單獨論述改判、補校。

6. 張敦仁本卷二葉八 B 面第八行第九行。【經】主人迎出門左……賓荅拜【疏】據主人在西出則以西爲右入以西爲左也

"入以西爲左也",上古本同;黃抄本、《要義》、汪本作"入則以西爲左也"。

按:檢顧校本卷一葉二十九 B 面,其于正文中補"則"字,並於天頭處書"宋有'則'。《要義》有'則'"。今以爲上疏云"出則以西爲右",且黃抄本、汪本及顧校本皆有"則"字,當據之補"則"字,作"入則以西爲左也"。顧氏既已出校,並補"則"字,校勘痕迹明顯,而張敦仁本無"則"字,疑此處校勘當在嘉慶十一年之後。

7. 張敦仁本卷二葉十四左欄第五行。【經】請體賓賓禮辭許賓就次【疏】云心帷幕簟席爲之

"心"，黄抄本、汪本同；上古本作"必"；《要義》作"以"。

按：檢顧校本卷一葉三十七左欄，其於地脚處書"心"，並加標誌"○"，是顧氏初以爲當作"心"字，故而張敦仁本刻作"心"。然顧氏又於天頭處墨筆書："'心'當依《要義》作'以'，若注作'必'，賈當疏之。單注本'以'。"是顧氏先誤判作"心"，又於嘉慶十一年之後改判。今檢黄刊嚴州本此段疏文相關的注文作"以帷幕簟席爲之"，可知作"以"是。顧氏初判作"心"有誤，後改判作"以"是。而張敦仁本之"心"字已無法改刻，張敦仁本因此而誤。

（五）小結

以上七則札記，第3、4則札記，或因刊刻時無意中忽略顧校，或因寫刻不慎，歸因於張敦仁本刊誤。第1、2、5、6、7條札記揭示了顧廣圻的漏校、誤判，張敦仁本遂產生若干錯訛。第5條札記顯示，顧廣圻在張敦仁本當中留下的一些誤判，持續至汪本問世，仍未改正。由此看來，我們不僅張敦仁本校刊不可完全信據，汪本的改字也未必皆是，汪本作爲顧廣圻主觀校改、補闕的產物，也產生了值得商榷的問題。如黄抄本卷一葉五B面第三行、第四行，"天子諸侯弁繞腰及垂者"，此處"弁"字，張敦仁本作"帶"，汪本作"幷"。檢顧校本于地脚處書："'弁'，改'幷'。"檢黄抄本作"弁"，結合顧廣圻校語，可知宋刻單疏殘本作"弁"。顧廣圻刻張敦仁本時以爲"帶"是，刻汪本時又以爲"幷"是。今檢上古本此處文字未出校，未予以說明。汪本改"弁"爲"幷"，乃是顧廣圻主觀判斷。無論是張敦仁本還是汪本，都應當審慎對待。

三、上海古籍出版社整理本《儀禮注疏》之《士冠禮》部分略議

上海古籍出版社整理本《儀禮注疏》，以張敦仁本爲底本，整理本的質量已經達到一定水平，被讀者認可。今對上古本《士冠禮》部分存在的問題，提出一些改進意見，以期進一步提高文本質量。

（一）錯誤理解版本關係與承襲底本錯誤

上古本未能通校汪本，致使張敦仁本的若干錯訛未能改正。上古本自稱"對張敦仁本所用的幾種本子作了覆核"，汪本即在其中。不過本文發現一種奇怪的現象，本文列舉的張敦仁本《儀禮注疏》之《士冠禮》部分的七則典型錯誤，上古本與張敦仁本同誤的有五則，分別是第1、2、3、5、6條，此可謂承襲底本之誤。令人不解的是，上古本整理者引汪本作爲參校，並且自稱"覆核"過汪本，然而在如本文論述時所列張敦仁本的八處錯誤，汪本皆曾改字，上古本却有六處漏校，這種情況實在是令筆者心生疑惑。七則札記中，上古本祇有兩

處出校，是本文所列的第 4、第 7 則札記，兩處問題恰好有阮元《儀禮注疏校勘記》（簡稱阮校）可據。然而以文本之見，其誤解了阮校，或是誤信了阮校。如上古本第 85 頁校勘記（四八）云："冠訖則敝去之：'去'原作'經'，此據單疏改，毛本無此字。今按阮校云'敝'下單疏有'經'字，《要義》有'去'字，阮校誤乃承自張敦仁本。"阮校是根據顧校本過録宋刻單疏殘本情況，宋刻單疏殘本"敝"下確有"經"字，阮校不誤。而上古本誤將汪本與宋刻單疏殘本等同，所以纔會"懷疑"阮校的説法。由此可見，上古本的"覆核"可能是在阮校提出問題時取汪本核對，并錯誤地將汪本與阮元所稱"單疏"等同。上古本既不清楚幾種單疏本之間的關係，又未引汪本進行通校，實是整理工作的一大遺憾。

張敦仁本的錯訛遠不止本文舉出的幾則例子，如上古本第 10 頁疏文"故因疊出合文也"，張敦仁本、汪本同；《要義》"合"作"今"。檢顧校本，顧氏於正文中徑改"今"爲"合"，天頭處有校語云："'合'字是也。言疊出合於注文之中也。"張敦仁本刻作"合"，即是根據顧校而來。今以爲顧氏之説不確，張敦仁本、汪本"合"字非，而《要義》作"今"顯是。又如上古本第 49 頁經文"乃體賓以壹獻之禮"之下，有疏文"故以房户之間顯處設尊也"，張敦仁本同；黄抄本、《要義》、汪本"以"作"於"。檢顧校本徑改"以"爲"於"，并於天頭處書"宋：於"，又書"《要義》：'於。'"頗疑顧校本此處校勘當在張敦仁本問世之後。總之，上古本承襲了張敦仁本當中的若干錯訛。

（二）誤解阮校

上古本整理過程中充分運用了阮元等人的《十三經注疏校勘記·儀禮注疏校勘記》（簡稱阮校），不過有時也存在錯誤理解前人校記的情況。

如上古本第 2 頁，疏文"大夫爲昆弟之長殤"下出校勘記，云："大夫爲昆弟之長殤：阮校云'大'閩本、毛本作'丈'。"[1] 今檢阮校云："大夫冠而不爲殤：'大'，閩本、毛本作'丈'。"[2] 阮校是爲"大夫冠而不爲殤"出校，而非"大夫爲昆弟之長殤"。上古本在整理過程中錯誤地插入此則阮校。

又上古本第 9 頁，經文"布席于門中……西面"之下，有疏文"得古儀禮五十六篇"，《要義》、張敦仁本同；黄抄本、汪本"古"作"亡"。按上古本出校勘記云："得古儀禮五十六篇：阮校云'古'《要義》作'亡'，毛本從之。今

① 《儀禮注疏》，上海古籍出版社，2008 年版，2011 年印刷，第 21 頁。

② （清）阮元：《十三經注疏附校勘記·重栞宋本儀禮注疏附校勘記》，清嘉慶刊本，中華書局，2009 年影印本，第 2046 頁。此外，單行本《十三經注疏校勘記》與合刻本校勘記文意相同，其云："大夫冠而不爲殤：'大'，閩本作'丈'。"見《續修四庫全書》第 181 册，上海古籍出版社，2002 年影印南京圖書館藏清嘉慶阮氏文選樓刻本，第 290 頁。

按單疏亦作亡。"①上古本此處誤解阮校，按阮校云："得古儀禮五十六篇：《要義》同。毛本'古'作'亡'。"②檢《要義》作"古"，正與阮校所言相合。而上古顯然誤解阮校，故而誤稱《要義》作"亡"。

又上古本第 20 頁經文"夙興……水在洗東"之下，有疏文"文不言設之者"，今檢《要義》、汪本、張敦仁本同；毛本③ "文"作"又"。按上古本出校勘記云："阮校云陳本、要義同，毛本'又'誤作'丈'。"④今檢阮校，其曰："文不言設之者：陳本、《要義》同。毛本'文'誤作'又'。"⑤毛本作"又"正與阮校所言相合。而上古本可能誤解了阮校，遂誤認爲毛本作"丈"。

（三）誤校

上古本存在誤校的問題。如上古本第 46 頁經文"請體賓賓禮辭許賓就次"之下，有疏文"四合象宮室曰幄"，黃抄本、《要義》、汪本、張敦仁本同。按上古本出校勘記云："'宮'原作'官'，此據單疏改。"⑥今檢張敦仁本等皆作"宮"，不誤。張敦仁本"宮"字可與"官"字準確區分開來。上古本誤校。

又上古本第 12 頁經文"筮人還……進告吉"下，有注文"古文'旅'作'臚'也"，黃刊嚴州本、張敦仁本同。按上古本出校勘記云："古文旅作臚也：徐本、黃刊嚴州本無'也'字。"⑦檢顧校本於正文中補"也"字，且黃刊嚴州本有"也"字，知宋嚴州本亦當有也字。上古本稱黃刊嚴州本無"也"字，不確。

（四）新增誤字

上古本也新增若干訛誤。如上古本第 2 頁經文"士冠禮第一"之下，有疏文"天下亦四加"，《要義》、汪本、張敦仁本"天下"作"天子"。此爲上古本誤識其底本，張敦仁本作"天子"不誤。依文意，大夫三加，而諸侯、天子四加，可知"天子亦四加"爲是。

又如上古本第 5 頁經文"士冠禮筮于廟門"之下，有疏文"而龜筮直能出其封兆之占"，汪本、張敦仁本"封"作"卦"。今以爲上古本作"封"顯誤，上古本誤識底本文字。

又如上古本第 41 頁，經文"冠者興賓揖之適房……南面"之下，有疏文"注

---

① 《儀禮注疏》，上海古籍出版社，2008 年版，2011 年印刷，第 23 頁。

② （清）阮元：《十三經注疏附校勘記·重栞宋本儀禮注疏附挍勘記》，第 2048 頁。此外，單行本《十三經注疏挍勘記》與合刻本校勘記文意相同，其云："得亡儀禮五十六篇：'亡'，《要義》作'古'。"見《續修四庫全書》第 181 册，第 292 頁。

③ 《十三經注疏·儀禮注疏》，日本東京大學東洋文化研究所藏汲古閣刊本，簡稱毛本。

④ 《儀禮注疏》，上海古籍出版社，2008 年版，2011 年印刷，第 24 頁。

⑤ （清）阮元：《十三經注疏附校勘記·重栞宋本儀禮注疏附挍勘記》，第 2049 頁。

⑥ 《儀禮注疏》，上海古籍出版社，2008 年版，2011 年印刷，第 56 頁。

⑦ 《儀禮注疏》，上海古籍出版社，2008 年版，2011 年印刷，第 23 頁。

復出至容禮”，黃抄本、汪本、張敦仁本“禮”作“體”。今案張敦仁本作“體”，且注文亦作“容體”，出文當作“體”，與注文合也。知上古本誤識底本文字。

四、結語

總而論之，張敦仁本是顧廣圻校勘《儀禮注疏》階段成果，未能反映顧廣圻全部校勘成就，今時上古本承襲了張敦仁本中的若干問題。不過即便是顧廣圻助刻的汪本，也不可盲目信據。今以爲首先應當充分瞭解黃抄本、汪本等文獻的價值與不足，然後依據黃抄本、顧校本等文獻，準確復原宋刻單疏殘本的原貌。在此基礎上，進一步引用《儀禮要義》等文獻，對顧廣圻的校勘進行再校訂，這一工作應該可以促進今後點校本整理水準的提高。本文已經指出上古本的部分訛誤，亦可作爲研讀《儀禮注疏》之參考。

張劍　山東大學儒學高等研究院　2018 級博士研究生

《廣客談》校注稿

張　良

版本系統

《廣客談》定稿於明洪武十二年（1379），與《東園客談》同爲華亭孫明叔彙輯成編①。二者互爲唇齒又各自獨立，成書以來往往別行於世，形成了相互獨立的傳本系統。清乾隆二十六年（1761），鮑廷博參稽舊本，鈔成新帙，二者遂再次合二爲一，是爲"知不足齋合鈔本"。惟此編校成後流傳不廣，藏者多別爲著録，不予歸併；而《四庫全書》館收書亦僅見《東園客談》，却不見《廣客談》蹤影。

《廣客談》流傳至今，形成了詳略兩個版本系統。國家圖書館藏有"明鈔

---

① 《東園客談》《廣客談》的作者問題本無疑義，今《説集》本《東園客談》和國圖藏《廣客談》鈔本標識甚詳，惟其所云"孫道易"或爲"孫道明"之訛。另有傳世本《東園友聞》，經《四庫》館臣比對，"即剿劂孫道易《東園客談》"，作僞之迹至爲明顯，堪稱定讞。世傳雲間陸蒙所作《東園友聞》（一名《友聞録》）成書於至正二十四年（1364），收録"廣陵蘇公昌齡、遂昌鄭公明德、泰陵成公居竹、毗陵倪公元鎮"之嘉言懿行，然並未傳之於後。學者或未見原書，不明筆記小説纂輯體制，遂成聚訟。參見張春紅《文言小説〈東園友聞〉作者作時考辨》，《古籍整理研究學刊》2014年第6期，第4—8頁；封樹芬《再議〈東園友聞〉〈東園客談〉之作者問題》，《古籍整理研究學刊》2015年第6期，第20—24頁。

本”一部，末署“洪武十二年歲次己未八月二十九日壬辰雲間映雪老人孫道易寫於華亭平溪草舍，時年八十有三矣”，“正德紀元十月初二日録”，則正德元年（1506）爲原本録副的時間。此本卷端有毛晉、徐乾學及近人黃裳藏章，卷末有黃丕烈私印，同時毛扆《汲古閣珍藏秘本書目》、徐乾學《傳是樓書目》均載《廣客談》鈔本，似由來有自。然觀其印鑒殊覺不真，極有可能是清中後期書賈僞作。此本與《遂昌山人雜録》訂爲一册，《雜録》末有黃裳跋語，稱“此册有‘士禮居’‘毛子晉’印，實僞，印色殊劣，然仿製則殊精也；健庵四印則真迹也。”然通過對比，徐乾學印章的真僞也值得商榷。據此推測，國圖所謂“明鈔本”實際上是清代書賈贗作，所據固然可能是明正德過録本，而其年代必在毛氏父子及徐乾學之後。此本曾先後歸王頌蔚[①]、黃裳庋藏，後收入國家圖書館。然而這個本子包含的文字信息較爲原始，即便後出，也保留了不少早期版本資訊，有很大的校勘價值。

圖1　國圖藏“明鈔本”（實爲清鈔本）

“知不足齋”鈔本成於乾隆二十六年，與《東園客談》合二爲一。此編據錢

---

① 王頌蔚：《古書經眼録》：“是書與《遂昌山人雜録》合裝一册，卷首尾有毛晉私印‘子晉’‘昆山徐氏藏書’‘徐乾學印’‘健庵’‘士禮居藏’諸朱記。”民國四年長洲王季烈刻《寫禮廎遺著》本。

氏述古堂鈔本過録[①]，後歸李盛鐸庋藏[②]，李希聖《雁影齋題跋》予以著録[③]。而原本“文革”期間爲康生攘竊[④]，後經“古書文物清理小組”點對登記，今已下落不明。幸有民國時製成的膠片藏於國家圖書館，可藉此窺其原貌。

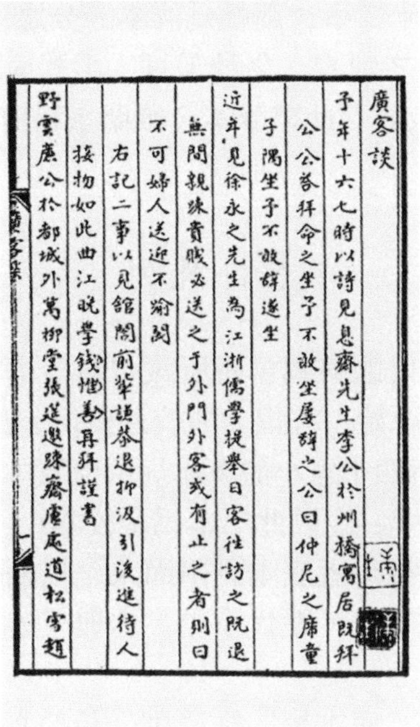
廣客談
予年十六七時以詩見息齋先生李公於州橋寓居既拜
公公答拜命之坐予不敢坐屢辭之公曰仲尼之席童
子隅坐予不敢辭遂坐
近年見徐永之先生為江浙儒學提舉日客往訪之既退
無問親疎貴賤必送之于外門外客或有止之者則曰
不可婦人送迎不踰閾
右記二事以見館閣前輩謙恭退抑汲引後進待人
接物如此曲江晚學錢惟善再拜謹書
野雲廉公於都城外萬柳堂張筵邀疎齋盧處道松雪趙

圖 2　知不足齋鈔本

此書另有《廣四十家小説》本，民國四年（1915）由上海文明書局石印。[⑤]卷尾無“洪武十二年”至“正德紀元十月初二日録”兩段文字，末低二格署伍忠光跋語：“是編不知何人所集。觀其所記，皆勝國時事，凡二十三則，作者十有五人。其言覈而實，其義顯而微，要之激頽風而垂世教，有懲勸之遺焉。余得觀於俞子容氏，遂乞歸以梓之。時嘉靖戊戌冬十月望，吴郡晚學龍池山人伍忠光識。”則其書原爲俞弁庋藏，嘉靖十七年（1538）曾爲伍氏所刻。遺憾的是，

---

① 鮑廷博跋《東園客談》云：“此從錢氏述古堂鈔本傳寫，凡三十二則，後又附《廣客談》二十三則，真秘册也。”見知不足齋鈔本文末。錢曾《錢遵王述古堂藏書目録》著録有《廣客談》一卷一本，又《東園客談》一卷一本，抄。二本著録並未前後相接，顯非一帙。

② 吴希賢編：《歷代珍稀版本經眼圖録》，中國書店，2003 年，第 410 頁。

③ 李希聖：《雁影齋題跋》卷四，《船山學報》第 13 期。

④ 吴希賢編：《歷代珍稀版本經眼圖録》，第 410—411 頁。據圖版可知，《東園客談》《廣客談》均鈐有“康生”名章。

⑤ 參見朱銀萍《顧元慶及其編刊小説研究》，暨南大學碩士學位論文，2011 年；程國斌、朱銀萍《顧元慶新考》，《文史》2012 年第 1 輯，第 249—255 頁。

無論是俞弁藏本還是嘉靖刻本均不可得見，惟藉《廣四十家小説》本窺其大略。

前述諸本均收録軼事二十三條，附注傳述者姓名。此書另見明人李栻所輯《歷代小史》本，與《廣四十家小説》關係密切、同屬一源，或據嘉靖伍氏刻本轉刻。此本僅截取原書中十二事，篇幅爲詳本二分之一，且删去條目後附人名，大失舊貌。然此本明末付之剞劂，化身千百，影響廣泛，近代學者多據此本立論，難免偏離事實，徒增歧誤。此書詳本今藏蘭臺秘府，頗不易得，故不揣冒昧，略加董理，庶幾還其舊貌。

校注凡例

1. 本書現存諸本中，以國家圖書館所藏"明鈔本"所據底本時代最早，包含的文字信息最爲完整、原始，有很大的校勘價值，故以此本爲校勘底本。

2. 知不足齋鈔本、《廣四十家小説》本與國圖藏本間有差異，個別文字詳略亦有不同，屬不同版本系統，今以此二本爲參校本。《歷代小史》本文字與《廣四十家小説》本接近，或據後者底本删削而來，校勘價值有限。然二者所據嘉靖間伍氏刻本無從寓目，故以《歷代小史》本與《廣四十家小説》本相參，庶幾還原嘉靖本原貌。

3. 文字校訂嚴格遵循"底本校"之原則，校改採取慎重態度；凡底本、校本可兩存，一律不改底本，並出校標識異文；凡底本不誤而校本誤，若無厘清版本源流之必要，一般不出校；凡因底本訛脱衍倒而不得不改動原文，則予以出校説明。校勘記力求清晰呈現不同的版本系統，在此基礎上盡可能對文字內容的取捨給出傾向性意見。

4. 宋元之際文字異體迭出，允有其獨特價值。故異體字校理盡量保持原貌，不做無謂更動，如"荅"、"徃"、"盃"之類。然如"已、己、巳"之類，偏旁如"木"、"扌"之屬，古代鈔刻多不甚分明，惟據上下文加以區分。凡此種情形徑改作通行字體，不出校。

5. 文末附《廣四十家小説》本及知不足齋本跋語，標識本來位置，以資考訂。

6. 此書條目亦多見收於《南村輟耕録》《堯山堂外記》《豫章詩話》《吳興備志》等書，蓋同出一源或彼此承襲，文字間有可參之處。今廣稽此類同源記載以資旁證。

7.《東園客談》亦爲孫道易所輯，並其所自出之僞本《東園友聞》，與《廣客談》關係密切，於本書人物、事件及材料源流頗有相互發明之處，可資考訂。

8. 校、注力求判然可分。注釋旨在疏通疑竇，條理文本源流，呼應學術進展，力求言之有物。虞邵菴、揭曼碩之類近乎常識，姑貼合語境略述一隅，不致氾濫無邊。

廣客談

予年十六七時，以詩見息齋先生李公於州橋寓居。既拜公，公荅拜，命之坐。予不敢坐，屢辭之。公曰："仲尼之席，童子隅坐。"予不敢辭，遂坐。

近年見徐永之先生爲江浙儒學提舉日，客往訪之，既退，無間親疏貴賤，必送之于外門外【一】，客或有止之者，則曰："不可。婦人送迎不踰閾。"

右記二事，以見館閣前輩謙恭退抑，汲引後進，待人接物如此。曲江錢惟善【二】再拜謹書。【三】

〖 校勘記 〗

〔一〕外門外　底本、知不足齋鈔本作"外門外"，《廣四十家小說》本、《歷代小史》本作"門外"。

〔二〕曲江錢惟善　知不足齋鈔本作"曲江晚學錢惟善"。《廣四十家小說》本無"晚學"二字，同底本。

〔三〕右記〔中略〕謹書　凡按語傳錄人名《歷代小史》本均予刪除。下同。

〖 注釋 〗

〔一〕同源文獻見《南村輟耕錄》卷五："武林錢思復先生惟善嘗言：年十六七時，以詩見息齋李公於州橋寓居。既拜公，公答拜，命坐。辭之再，公曰：'仲尼之席，童子隅坐。'因不敢辭。徐永之先生爲江浙提舉日，客往訪之者，無間親疏貴賤，必送之於門外。客或請納步，則曰：'不可。婦人送迎不踰閾。'右二事。可見前輩諸老謙恭退抑，汲引後進，待人接物者如此。"

〔二〕息齋李公　夏文彥《圖繪寶鑒》卷五："李衎，字仲賓，號息齋道人。薊丘人。官至江浙行省平章政事致仕，封薊國公，謚文簡。善畫竹石枯槎，始學王澹游，後學文湖州，著色者師李，頗馳譽當世。"陳繼儒《妮古錄》卷一云："李遵道，李息齋之子，善畫竹木，頗勝伊父。遵道爲黃巖知州，息齋爲嘉興守。"生平仕履並詳見蘇天爵《故集賢大學士光禄大夫李文簡公神道碑》、王逢《題息齋李公墨竹》引言。錢惟善晉謁之時已稱疾歸家，以延祐七年（1320）十月二十四日卒於維揚，葬江都縣。

〔三〕仲尼之席童子隅坐　典出《禮記·檀弓》，原文作"曾子寢疾，病，樂正子春坐於牀下，曾元、曾申坐於足，童子隅坐而執燭。"隅坐者，鄭玄解云："不與成人並。"此處稱"仲尼之席"，蓋李衎曲解經文之故。

〔四〕徐永之　按〔萬曆〕《金華府志》卷一八，"徐一清，字永之，蘭溪人。登至治辛酉宋本榜，與吳師道同年及第。歷官江浙儒學副提舉，遷本省郎中。"又鄭大和《麟溪集》壬卷："字永之，蘭溪人，至治辛酉進士，江浙儒學副提舉。"

〔五〕錢惟善　《聽雨樓諸賢記》云："錢惟善，字思復，松江人。元末進士，精於詩，得杜子美法。不苟作，作必致其妙。"〔見《珊瑚木難》卷一所錄《聽雨樓》詩卷。〕楊維楨《西湖竹枝集》附傳："錢惟善，字思復，自號心白道人。治經生業，長於《毛氏詩》

學，至正辛巳領鄉薦。時稱其《羅刹江賦》云。"易恒《題錢思復曲江草堂》序云："先生嘗中江浙鄉試。時出《浙江潮賦》，三千人中皆不知錢唐江爲曲江，獨先生用之，盖出自枚乘《七發》。試官大稱賞。遂號曲江居士，構堂於徐范兩村，扁爲曲江草堂。"〔《珊瑚木難》卷六〕。賴良《大雅集》卷一録其詩，序云："字思復，號曲江居士，錢唐人。"〔正德〕《松江府志》卷三一："錢惟善，字思復，錢塘人，號曲江。元鄉貢進士。寓居華亭，經明行修，有《羅刹江賦》著名於時，詩法唐人，尤極清致。"《明史·楊維楨傳》云："維楨徙松江時，與華亭陸居仁及僑居錢惟善相倡和。惟善，字思復，錢塘人。至正元年（1341），省試《羅刹江賦》，時鎖院三千人，獨惟善據枚乘《七發》辨錢塘江爲曲江，由是得名，號曲江居士。官副提舉。張士誠據吳，遂不仕。"有《江月松風集》傳世。

野雲廉公於都城外萬柳堂張筵，邀疎齋廬處道、松雪趙子昂，歌姬劉氏名解語花，賓主盡歡。劉氏折荷花，左手持献，右手舉盃，歌"驟雨打新荷"。松雪喜而賦詩，誠一時盛事。惜全集中不載。詩曰："萬柳堂前數畝池【一】，平鋪雲錦盖漣漪。主人自有滄洲趣【二】，游女仍歌白雪詞。手把荷花來勸酒，步隨芳草去尋詩。誰知咫尺京城外，便有無窮萬里思。"濠梁李升記。

〖 校勘記 〗

〔一〕萬柳堂前數畝池　底本"池"字原作"地"，旁改作"池"。今從其所改。

〔二〕滄洲　底本、知不足齋鈔本均作"滄洲"，《廣四十家小說》本、史《歷代小史》本作"滄州"。按《南村輟耕録》卷九亦載此事，諸本均作"洲"字。今從"洲"。

〖 注釋 〗

〔一〕同源文獻見《南村輟耕録》卷九："京師城外萬柳堂，亦一宴游處也。野雲廉公一日於中置酒，招疎齋廬公、松雪趙公同飲。時歌兒劉氏名解語花者，左手折荷花，右手執盃，歌小聖樂云：'綠葉陰濃，徧池亭水閣，偏趁涼多，海榴初綻，朵朵蹙紅羅。乳燕雛鶯弄語，對高柳鳴蟬相和。驟雨過，似瓈珠亂撒，打遍新荷。人生百年有幾，念良辰美景，休放虛過。富貧前定，何用苦張羅。命友邀賓宴賞，飲芳醑，淺斟低歌。且酩酊，從教二輪，來往如梭。'既而行酒。趙公喜，即席賦詩曰：'萬柳堂前數畝池，平鋪雲錦盖漣漪。主人自有滄洲趣，游女仍歌白雪詞。手把荷花來勸酒，步隨芳草去尋詩。誰知只尺京城外，便有無窮萬里思。'此詩集中無。小聖樂乃小石調曲，元遺山先生好問所製，而名姬多歌之，俗以爲'驟雨打新荷'者是也。"此外，還有一種較爲簡略的記載見於夏庭芝《青樓集》："解語花姓劉氏，長於慢詞。廉野雲招廬疎齋、趙松雪飲於京城之外萬樹堂，劉左手持荷花，右手捧杯，歌'驟雨打新荷'之曲，諸公喜甚。趙即席賦詩，曰：'萬樹堂前數畝池，平鋪雲錦盖漣漪。主人自有滄洲趣，游女仍歌白雪詞。手把荷花來勸酒，步隨芳草去尋詩。誰知咫尺京城外，便有無窮萬里思。'"《青樓集》較《南村輟耕録》晚出；從文字來看，這段記載或改編自《輟耕録》。

〔二〕野雲廉公　廉野雲身份頗成聚訟。張建偉《元大都廉園主人廉野雲考論》〔《民族文學研究》2015 年第 6 期〕薈萃衆説，並指出野雲當爲廉希憲第五子廉恒。其説當是。

〔三〕萬柳堂　萬柳堂與元代廉氏家族的關係，最早見於此處並《南村輟耕録》記載。然自明人蔣一葵《長安客話》開始，後人多將此地與廉氏家族的宅邸"廉園"混淆。參見張良《元大都廉園的地望與變遷——兼辨其與萬柳堂之關係》〔《中國史研究》2019 年第 1 期〕。

〔四〕解語花　元明有以"花"作妓樂諢名之例。按俞弁《山樵暇語》卷十："詩人以妓無顔色者謂之'罌子花'，'罌子花'即米囊花也。王元之謫齊安郡，民物荒凉，殊無況，嘗妓有不佳□作詩曰：'憶昔西都看牡丹，稍無顔色便心闌。而今寂寞山城裏，鼓子花開亦喜歡。'張子野老於杭，多爲官妓作詞，而《不及靚靚獻詩》云：'天與群芳十樣葩，獨分顔色不堪誇。牡丹芍藥人題徧，自分身如鼓子花。'子野于是作詞贈之。"

〔五〕惜全集中不載　趙孟頫文集初刻於元順帝時期，未收録此詩。

〔六〕濠梁李升　夏文彦《圖繪寶鑒》卷五："李升，字子雲，號紫筼生，濠梁人。畫墨竹，亦能窠石平遠。"〔乾隆〕《青浦縣志》卷三一："李升，字紫筼，濠梁人。晚年移家澱湖，築草堂居焉。有白雲窗，楊維禎賦詩贈之。善寫竹石，尤工平遠山水。"楊維禎《東維子集》卷二九《用蘇昌齡韻賦李紫筼白雲窗》有"紫筼之筼筼滿林，白雲之雲雲復深"之句。

僕在京師時，館于邵菴虞先生僑寓【一】。一日，先生在散散學士處高宴而歸，秉燭夜坐，備言終席之歡。郭氏順時秀歌時曲，清新婉麗，中有"秋風第一枝"，與尋俗所作不同。此曲唯"博山【二】銅細裊香鼠"一句兩韻，名曰"短柱"，作者不易。今所歌者，兩字一韻爲尤難，迨是絶響。次日早，先生命紙筆，亦寫一曲，云："鑾輿三顧茅廬，漢祚難扶。日暮桑榆，深渡南瀘。長驅西蜀，力據東吴。美乎周瑜妙術，悲夫關羽云殂【三】。天數盈虚，造物乘除。問汝何如，早賦歸歟。"紫筼生【四】李升書。

〖校勘記〗

〔一〕僑寓　"僑"字底本原作"喬"，語義不通。據知不足齋鈔本、《廣四十家小説》本改。

〔二〕博山　底本、知不足齋鈔本均作"博山"。《廣四十家小説》本作"溥山"。按《輟耕録》卷四亦作"博山"，與底本同。

〔三〕悲夫關羽云殂　《廣四十家小説》本"夫"作"哉"，"殂"作"徂"。

〔四〕紫筼生　底本作"紫資生"，《廣四十家小説》本作"紫芝生"，知不足齋鈔本作"紫筼生"。按《説集》本、知不足齋鈔本《東園客談》均有"濠梁李升紫筼"之説。《青浦縣志》卷三一，"李升，字紫筼，濠梁人。……楊維禎賦詩贈之。"楊維禎《東維子集》卷二九《用蘇昌齡韻賦李紫筼白雲窗》詩有"紫筼之筼筼滿林"之句。則"筼"字當是。今據知不足齋鈔本及《説集》本改。

〖注釋〗

〔一〕同源文獻見《南村輟耕録》卷四："虞邵菴先生集在翰苑時，宴散散學士家。歌兒郭氏順時秀者，唱今樂府，其《折桂令》起句云'博山銅細裊香風'，一句而兩韻，名曰'短柱'，極不易作。先生愛其新奇，席上偶談蜀漢事，因命紙筆，亦賦一曲曰：'鑾輿三顧茅廬，漢祚難扶。日暮桑榆，深渡南瀘。長驅西蜀，力拒東吳。美乎周瑜妙術，悲夫關羽云殂。天數盈虛，造物乘除。問汝何如，早賦歸與。'盖兩字一韻，比之一句兩韻者爲尤難。先生之學問該博，雖一時娛戲，亦過人遠矣。《折桂令》一名《廣寒秋》，一名《天香第一枝》，一名《蟾宮引》。今中州之韻，入聲似平聲，又可作去聲。所以蜀、術等字皆與魚虞相近。"又《豫章詩話》卷五作"紫芝生李升館於虞邵菴"云云，後與《廣客談》全同；其稱"紫芝生"，則同於《廣四十家小説》本之誤。按，《廣四十家小説》本援據明嘉靖十七年（1538）伍忠光刻本，《豫章詩話》則於萬曆年間付之梨棗，從時間先後來看，《豫章詩話》應是直接過録了《廣客談》嘉靖刻本。

〔二〕虞邵菴　虞集，字伯生，號邵菴，又號道園。仕至奎章院侍書學士、翰林侍講學士、監察御史。生平詳《元史》卷一八一本傳，趙汸《邵庵先生虞公行狀》，歐陽玄《元故奎章閣侍書學士翰林侍講學士通奉大夫虞雍公神道碑》，楊維楨《西湖竹枝集》附傳，並《珊瑚木難》卷二所收鄭元祐《虞邵菴小像》詩序、歐陽玄《雍虞公文序》、黃溍《虞先生詩序》及邵菴自作《豆腐三德贊》；卷四收張延年書翰林伯生虞先生逸事一則。著《道園學古録》，傳於世。危素嘗爲之序。其稱"邵菴"者，趙汸述云："嘗與嘉魚令屏居一室，日講所學，因讀邵子書有契，題其字曰'邵菴'，四方稱爲'邵菴先生'。"其生前蔚爲一代文壇領袖。陸容《菽園雜記》卷一三云："西湖竹枝詞，楊廉夫爲倡，南北名士屬和者，虞伯生而下凡一百二十二人。吳郡士二十六人，而昆山在列者一十一人。"其雲集響應之狀，可窺一斑。

〔三〕散散學士　父潔實彌爾，北庭人。任翰林侍讀學士、中奉大夫、知制誥、同修國史。家世生平見吳澄《大元榮禄大夫宣政使領延慶使贈推誠佐理功臣太師開府儀同三司上柱國齊國文忠公神道碑》。

　　翰林學士揭曼碩未貴顯時，嘗遨游湖湘間，以詩酒自娛。一夕舟行，宿江滸。夜近二鼓，揭不寐，攬衣出舟中露坐，仰視明月如畫【一】。忽中流有小舟蕩槳至，傍揭舟而止，中有一女子，其神清骨秀，顔色婉麗，真天人焉。遽斂袵而起，揭問曰："汝何人也？"荅云："妾商婦。良人去久不歸，聞君遠來，故相迓耳。"遂與談論，所言皆世外恍惚，不可殫記。云："妾與君有宿緣，故來相見，幸君無却。"至夜，終有恋恋不忍去意。臨別又云："公大富貴人也，後日當任館閣，亦宜自重。"有詩當以爲别【二】，詩曰："盤塘江上是奴家，郎若閑時來吃茶。黃土築墙茆盖屋，庭前一樹紫荆花。"明日，揭舟以風阻，上江岸沽酒。居民云："此即盤塘鎮也。"行見一水仙祠，垣墙皆黃土新築，庭有紫荆一樹，時花盛開，揭獨恍悟。登正殿，見水仙像，與夜中女子無異。此亦一奇事也。予往歲客京師，與曼碩之子伯方，姪孫立禮相從游。一日，予談鄭交甫遇神女事，其姪孫立禮云及此，姑以識之。海陵唐志大伯剛書。

〖校勘記〗

〔一〕仰視明月如晝　"晝"字國圖鈔本原作"盡"，旁改作"晝"。今從。

〔二〕當以爲別　底本作"當以爲別"，知不足齋鈔本、《廣四十家小説》本均作"留以爲別"，當是。

〖注釋〗

〔一〕同源文獻見《南村輟耕録》卷四："揭曼碩先生未達時，多游湖湘間。一日，泊舟江涘，夜二鼓，攬衣露坐，仰視明月如晝。忽中流一櫂，漸逼舟側，中有素妝女子，斂衽而起，容儀甚清雅。先生問曰：'汝何人？'答曰：'妾商婦也，良人久不歸，聞君遠來，故相迓耳。'因與談論，皆世外恍惚事。且云：'妾與君有夙緣，非同人間之淫奔者，幸勿見却。'先生深異之。迨曉，戀戀不忍去。臨別，謂先生曰：'君大富貴人也，亦宜自重。'因留詩曰：'盤塘江上是奴家，郎若閒時來喫茶。黃土作牆茅盖屋，庭前一樹紫荆花。'明日，舟阻風。上岸沽酒，問其地，即盤塘鎮。行數步，見一水仙祠，牆垣皆黃土，中庭紫荆芬然。及登殿，所設象與夜中女子無異。余往聞先生之姪孫立禮説及此，亦一奇事也。今先生官至翰林侍講學士，可知神女之言不誣矣。"較《廣客談》多出一句，從時間來看應非陶宗儀所加，或爲唐志大原文。《廣客談》所録當有刪節。《豫章詩話》卷五亦有此段本自於《廣客談》，惟底本"當以爲別"一句，《詩話》略爲"留別"，而《廣四十家小説》本作"留以爲別"；按，《廣四十家小説》本源出明嘉靖本，此可爲《豫章詩話》鈔撮嘉靖本《廣客談》之一證。

〔二〕遨游湖湘間　此一節藉《桃花源記》典故爲文。商女之詩實化用張伯雨《湖州竹枝詞》，惟改首句"臨湖門外是儂家"作"盤塘江上是奴家"，盤塘江地近桃源，其間宛轉曲折，與武陵漁人無異。《元史·揭傒斯傳》稱其"大德間，稍出游湘、漢"，殆指此時。其間"湖南帥趙淇，雅號知人，見之驚曰：'他日翰苑名流也。'程鉅夫、盧摯，先後爲湖南憲長，咸器重之，鉅夫因妻以從妹。"〔並見黃溍《翰林侍講學士中奉大夫知制誥同修國史同知經筵事追封豫章郡公謚文安揭公神道碑》，歐陽玄《元翰林侍講學士中奉大夫知制誥同修國史同知經筵事豫章揭公墓誌銘》。〕則"商婦"傳説，似有所本。

〔三〕"詩曰"至"紫荆花"　知不足齋鈔本天頭批注云："此詩見《句曲外史集》。"則爲元人張雨所作。按，張雨集本無此詩，後經毛晉輯入。鮑氏所據當爲汲古閣本。此詩首見顧瑛《草堂雅集》卷七，題《湖州竹枝詞》："臨湖門外是儂家，郎若閒時來吃茶。黃土築橋茅盖屋，門前一樹紫荆花。"顧嗣立《元詩選》引作"臨湖門外吳儂家"，"吳"字不合音律，當爲"是"字形訛。張雨生平見劉基《句曲外史張伯雨墓誌銘》〔《珊瑚木難》卷五過録陶宗儀《南村文鈔》；並《句曲外史集》附録所收，有删節〕①；姚綬《句曲外史小傳》《外史張公墓碑銘》〔並見《句曲外史集》附録〕。《聽雨樓諸賢記》云："張雨，字伯雨，號句曲外史，武林人。學道三茅峰，而才名滿天下。若虞文靖公、黃文獻公咸稱重焉。先生妙於書，人得片紙，咸以爲寶，至今好事之家多蓄之，客至，則相與展玩②。先生書法黃太史，清新高邁，不流於衆。雖元氏翰林諸公亦自以爲不逮也。"〔《珊瑚木難》卷一。〕《西湖竹枝集》附傳："蚤年無書不讀，用以爲詩。其詩俊逸清贍，儕輩鮮及。晚年棄妻子，寄迹老氏法中。""始隱茅山，後徙靈石山中。詩名震京師。"《妮古録》卷二："張伯雨素不善畫，嘗醉寫奇石，具一種逸韻，爲雲林所稱。"與揭傒斯多有唱和往還。《句曲外史貞居先生詩集》卷一載《揭學士舍我歸豐城大雨阻江干五日》："纜舟湖漘淺，出門雨脚大。宛轉不能留，倉卒解其縛。城中泥没膝，想見愁無奈。已束錢唐裝，難鼓桐江柂。疾風日夜作，屋瓦遭掀播。莫搖白板扉，上有青城唾。草樓屹不動，猶想元龍卧。天明望旭日，一葦秋潮過。"汲古閣本《句曲外史集》卷上有《奉和揭學士聽松軒》："何年種松子，此地聽松聲。濤響風還作，山空夜自明。一瓢嫌物累，九奏感時清。得似蒼髯叟，長依白玉生。"又《呈揭曼碩學士》："紫荆馬糞間，蛛網動相關。閣老因移疾，鰥生賴訂頑。雨涼新竹健，沙僻睡鳧間。如許清秋意，扁舟猶忍還。"〔末句一作"如許秋來意，溪航忍獨還"。〕《輟耕録》卷七云："文宗之御奎章日，學士虞集、博士柯九思常侍從，以討論法書名畫爲事。時授經郎揭傒斯亦在列，比之集、九思之承寵眷者則稍疏。因潛著一書曰《奎章政要》以進，二人不知也。萬幾之暇，每賜披覽。及晏朝，有畫《授經郎獻書圖》行於世，厥有深意存焉。句曲外史張雨題詩曰：'侍書愛題博士畫，日日退朝書滿牀。奎章閣中觀政要，無人知有授經郎。'蓋柯作畫，虞必題，故云。"紫荆花多喻骨肉孝友之情。杜甫《得舍弟消息》："風吹紫荆樹，色與春庭暮。花落辭故枝，風迴返無處。骨肉恩書重，漂泊難相遇。猶有淚成河，經天復東注。"元人作詩亦多援據這一意象。如郝經《送陵川魏夢臣》："聞説棣華堂尚在，紫荆花老鶺鴒羞。"王惲《十月牡丹》："重榮説紫荆，偏反詠唐棣。"《題孫郎中孝友峰》："長著紫荆庭樹影，鞠哀天顯表冲容。"《義門任氏詩》："燕雲任氏世同居，和氣薰然樂有餘。春在紫荆庭樹底，綠陰初不見扶疏。"方回《復次前韻四首呈二袁君併王君申禄》："永懷玉筍立，肯放紫荆分。"劉敏中《宮氏詩》："庭下何所有，紫荆紅棣花扶疏。豈徒子孫蕃，更復多僮奴。"鄧文元《棣華堂爲錢塘羅雲叔題》："芳草池塘夢欲迷，紫荆庭下無人掃。誰似君家常棣華，炫日矜春長媚好。"范椁《孝友堂》："堂前多種紫荆枝，堂上能啼白髮兒。"徐一清《詠鄭氏義門》："晋鄙人應薰厚德，庭前重發紫荆花。"顧瑛《琦龍門爲王氏孟德仲立求賦秋林讀書圖詩》："龍門一別三月强，忽然扣門登草堂。盛言王家好兄弟，皎若丹丘雙鳳凰。近向山中結書屋，屋裏藏書三萬軸。

① 程傑：《劉基〈張雨墓誌銘〉及相關問題》，《浙江社會科學》2005年第2期，第171—173頁。
② 展玩　北大抄本作"展玩"，國圖稿本作"爲玩"。

門前一樹紫荆花，堂背兩墩慈孝竹。”

〔四〕伯方　黄溍《翰林侍講學士中奉大夫知制誥同修國史同知經筵事追封豫章郡公諡文安揭公神道碑》：“子男二：長汯，李氏出，國學上舍生，今用公廕當補官，未命；次廣陽，生七年矣。”〔《金華黄先生文集》卷二六。〕伯方或其長子之字。

〔五〕唐志大　按王逢《懷唐伯剛》引云：“名志大，如皋人。嘗爲淮藩統兵，無錫褉將虜鉅室甥女，以予言徵還之。”〔《梧溪集》卷四。〕又《書史會要》卷七，“字伯剛，如皋人。多蓄古法書名畫，行草落筆峻激，略無滯思。”陳基《贈醫學提舉張性之序》稱至正十八年（1358）夏，就任於樞密斷事官〔《夷白齋稿》卷二一〕。又按《吳興備志》卷五：“唐伯剛，至正二十四年夏來牧湖郡，建府學，在子城之東。〔原注：見教授方安記。〕”《輟耕錄》卷二八記其事：“張句曲戲題黄大癡小像云：‘全真家數，禪和口鼓。貧子骨頭，吏員臟腑。’唐伯剛題邾仲誼小像云：‘七尺軀威儀濟濟，三寸舌是非風起。一雙眼看人做官，兩隻腳沿門報喜。’仲誼云是誰是誰，伯剛云是你是你。”

戴石屏未遇時，流寓江西武寧。武寧富翁以女妻之【一】，留三年。一日思歸，詢其所以，告以曾娶妻。白其父，父怒。妻宛曲解之，盡以嫁奩贈之，仍餞以詞，自投江而死。詞云：“惜多才，怜薄命，無計可留汝。揉碎花牋，忍寫斷腸句。道傍楊柳依依，千絲萬縷，抵不住一分愁緒。捉月盟言，不是夢中語。后回君若重來，不相忘處，把盃酒澆奴墳土。”【低一格】右歸安縣尹楊景行字賢可號吟窻言此事，失其婦姓名【二】，尚詢其詳【三】，當作傳矣。吳中蔣堂【四】識。

〔校勘記〕

〔一〕以女妻之　底本脫“妻”字，據知不足齋鈔本、《廣四十家小説》本補。

〔二〕失其婦姓名　底本、《廣四十家小説》本末兩字作“姓名”，知不足齋鈔本無“名”字。

〔三〕尚詢其詳　底本、《廣四十家小説》本均作“尚詢其詳”，知不足齋鈔本無“尚”字。

〔四〕蔣堂　底本作“蔣當”，知不足齋鈔本、《廣四十家小説》本均作“蔣堂”。明郭子章《豫章詩話》卷六援引此段，作“蔣堂”；其詩亦每見於吳中地志。按〔洪武〕《蘇州府志》，蔣堂，字子中，吳人。從學於永嘉林寬。泰定三年（1326），鄉試江浙行省第三名。至正間，爲嘉定州儒學教授。滿秩，以疾終于家。故當以“堂”爲是。今據知不足齋鈔本及《廣四十家小説》本改。

〔注釋〕

〔一〕同源文獻見《南村輟耕錄》卷四：“戴石屏先生復古未遇時，流寓江右。武寧有富家翁愛其才，以女妻之。居二三年，忽欲作歸計，妻問其故，告以曾娶。妻白之父，父怒，妻宛曲解釋，盡以奩具贈夫，仍餞以詞云：‘惜多才，憐薄命，無計可留汝。揉碎花牋，忍寫斷腸句。道傍楊柳依依，千絲萬縷，抵不住一分愁緒。捉月盟言，不是夢中語。後回君若重來，不相忘處，把梧酒澆奴墳土。’夫既別，遂赴水死，可謂賢烈也已。”按，明郭子章《豫章詩話》卷六轉錄此事，引文與此段全同，末附按語稱：“楊景行，太和州人，即楊文貞公之祖也，入《元循吏傳》〔按：當爲《良吏傳》〕。”〔康熙〕《江西通志》卷九七並卷一六〇轉引，題“豫章書”，惟“告以曾娶妻”後多一“妻”字，屬下句。郭子章乃隆慶、萬曆時人。

〔二〕戴復古　字式之，號石屏。天台人。生平見樓鑰《跋戴式之詩卷》〔見《攻媿集》卷七六；《赤城集》卷一七收此文，題《石屏詩集前序》〕；貢師泰《重刊石屏先生詩序》；《四明桃源戴氏家乘》，寧波天一閣圖書館藏。

〔三〕楊景行　字賢可，吉安太和州人。登延祐二年（1315）進士第。嘗任湖州路歸安縣尹。生平身世見《元史·良吏傳二》。

〔四〕蔣堂　按〔洪武〕《蘇州府志》卷三七：“蔣堂，字子中，吳人。父以儒飾吏起家，至州幙，長多施陰德。子中生而聰敏過人，幼讀儒書，有大志。及長，事父母以孝，待諸弟以友，處朋友唯誠與敬，人樂與之交。昔從學於永嘉林先生寬。泰定三年（1326），鄉試，江浙行省第三名，聲譽日益顯。廣東廉訪司辟爲書吏，不就，隱居吳門。它方之士執經受業者，不遠千里而至，多有成立。其後登名左右榜者，率多其弟子焉。至正間，用大府荐，爲嘉定州儒學教授。滿秩，以疾終於家。有詩文若干卷。”《吳王張士誠載紀》附其傳云：“蔣堂，字子中，爲嘉定州儒學。城破，不知所終。”按〔洪武〕《蘇州府志》卷四四，墓在長洲縣武丘鄉。

甫里沈仲説號存存齋，年四十無子。其妻鄒氏賢而有德，因夫無子，每憂之。買一妾，甚有姿容，將以奉仲説，仲説初不知。仲説一日歸[一]，其妻出其妾以拜之。仲説因問妾姓何氏，是何人之女。妾不肯[二]言其詳。問之良久，纔云“係是[三]能豎卜范復初之女，因父亡家貧，母將妾賣身於此”。仲説惻然，囑其妻曰：“此女之父乃吳中名士，吾之故人也，豈可以此女爲吾妾乎。當如吾女養之。”即呼其母與媒妁俱至，就囑之曰：“便可[四]尋良親嫁此女。”其母拜而感之。後擇得其婿，仲説備衣服首飾，亦如己女嫁之。吳中至今[五]稱其德。余遂書之，可以厚風俗。巢陵高晉晉道[六]書。

〖校勘記〗

〔一〕仲説一日歸　底本、知不足齋鈔本均作“仲説一日歸”，《廣四十家小説》本無“仲説”二字。

〔二〕肯　底本原作“冝”，知不足齋鈔本、《廣四十家小説》本均作“肯”。此處據文義當爲“肯”字，底本“冝”或爲“肎”字之訛。今從知不足齋本、《廣四十家小説》本改。

〔三〕係是　底本、知不足齋鈔本均作“係是”，《廣四十家小説》本無“係”字。

〔四〕便可　底本作“使可”，知不足齋鈔本、《廣四十家小説》本均作“便可”，當是。

今從知不足齋本及《廣四十家小説》本改。

〔五〕吳中至今　知不足齋鈔本同底本,《廣四十家小説》本均作“至今吳中”。

〔六〕高晋晋道　諸本均同。時人唱和多有稱其爲“進道”者,似是。

〖注釋〗

〔一〕同源文獻見《南村輟耕録》卷五:“沈仲説右,姑蘇人。年四十未有子。其妻鄒氏候其他適,爲置一年少貌美之妾。及歸,命出拜,將以奉枕席。仲説詢其鄉貫祖父來歷,始不肯言,詢之,再泣而曰:‘妾范復初女也,父喪家貧,老母見鬻於此。’仲説惻然下淚,因囑妻曰:‘此女父吳中名士,乃吾故人,豈可以爲妾,當如己子視之。’即尋其母使擇壻,仲説備奩具嫁之。邦人稱之,至今不置。夫嫁人之女以爲妾、爲妓、爲娼者,古有其人矣,今則未聞也。仲説誠賢矣哉。”[洪武]《蘇州府志》卷四六載其生平,末題《輟耕録》;[正德]《姑蘇志》卷六十因之。文徵明《甫田集》卷二一《跋沈仲説小簡》云:“仲説名右,號寓齋,故吳中富家。嘗取妾,得范復初女,即具資裝嫁之。其文學行誼皆有足重,而出處之迹不少槩見。而嫁范女之事,亦僅見於《浯溪集》中。相傳與沈仲榮同族,然不可考也。其詩篇書迹流落吳中甚多,此紙與安素高士者蓋金天瑞伯祥也。仲説書法最精,見者咸爭寶愛,況金氏子孫哉。”

〔二〕沈仲説　沈右,字仲説,吳興人。楊維楨《西湖竹枝集》附傳云:“沈右,字仲説,吳中世家,能掠去豪習,刻志詩書,與縉紳先生游,恂恂若諸生,故其詞理婉順如此。”《珊瑚木難》卷八載沈右《高深齋記》,末題:“至正十八年歲在戊戌夏四月廿有五日,默菴道人沈右記。”其孝節之名,當時稱之。《草堂雅集》卷二載陳基《慈烏曲·序》云:“至正十年夏四月,詔賜高年帛。吳興沈右以純孝稱,而其祖夫人年九十,前後被賜者三而恩有加。君子既感國家忠厚之澤洽于天下,又美右之孝,樂其親之壽,而榮其賜之侈也。”

〔三〕范復初　范疇,字復初。[洪武]《蘇州府志》卷四一:“范疇,字復初,金華人。嘗爲洞霄宮道士,得江西張九牛著易之占,神妙莫測。杭有無藉子胡婆壽負罪而逃,官督捕甚嚴,捕者即疇求筮,爻成而曰:‘可於北方樹木中得。’如言迹至臨平鎮,果獲於空楊樹中,遂繫獄。後會赦,胡出,欲害疇。一日,持刀晨叩疇門,紿以卜,欲賺出殺之。疇決以占,知其將有不利於己,隔門謂之曰:‘欲問卜,可擲下手中刀。’胡聞之駭服,猶以刃畫其門而去。疇由是來蘇避之,寓乘魚橋,設肆,民間有疑來問者,莫不神驗。年八十三而卒,無嗣。”並[正德]《姑蘇志》卷五六、《兩浙名賢録》卷四八、《吳中人物志》卷一三本於此段。

〔四〕高晋　生平見陳基《送高進道序》〔《夷白齋稿外集》〕,惟文中稱其爲“聊城高君晋道”,與題目不同。

---

① 沈仲説右　《四部叢刊》影成化刊本作“沈仲説古”;今據北京大學圖書館藏永樂刻本並《津逮秘書》本改正。

龍廣寒，江湖異人也，事母至孝。六月一日，其母壽旦。方啓北牖，舉壽觴，忽梅花一枝入牖，香色絶佳，人遂以"孝梅"稱之。士大夫贈詩者甚多，唯張菊存【一】一絶最爲人膾炙，其詩曰："南風吹南枝，一白照万緑。歲寒誰知心，孟宗林下竹。"厥後"孝梅"年百有五歲，猶童顔緑髮，人以爲孝感所致云。

〖 校勘記 〗

〔一〕張菊存　底本、知不足齋鈔本均作"張菊存"，《廣四十家小説》本、《歷代小史》本作"張存菊"。按《南村輟耕録》卷一一亦作"張菊存"。今從底本及知不足齋鈔本。

〖 注釋 〗

〔一〕同源文獻見《南村輟耕録》卷一一："龍廣寒，江西人，移居錢唐。挾預知之術，游湖海間，咸推爲異人。或謂專持寂感報耳，祕呪故爾。寂感，即俗所謂萬回哥哥之師號也。《釋氏傳燈録》，師姓張，九歲乃能語。兄戍安西，父母遣問訊，朝往夕返，以萬里而回，號萬回，又護法論。號州閿鄉張萬回法雲公者，生於唐貞觀六年五月五日，有兄萬年，久征遼左，相去萬里。母程氏思其信音，公早晨告母而往，至暮持書而還。《護法論》乃宋無盡居士張商英撰，必有所處。按此，則師之靈通容有之。廣寒又行服氣導引之法，常佩小龜十數於身，至晚仍解飼之。事母至孝，六月一日，母生辰，方舉觴爲壽。忽見北窗外梅花一枝盛開，人皆以爲孝行所感，士大夫遂稱之曰孝梅，贈詩者甚多。惟張菊存一篇最可膾炙，曰：'南風吹南枝，一白點萬緑。歲寒誰知心，孟宗林下竹。'至治初間，廣寒卒，時年百有八歲，猶童顔緑髮云。"又楊瑀《山居新語》卷四："龍廣寒，江西人，居錢唐，挾預知之術，游食於諸公之門。一日，居祐聖觀陳提點房，陳叩以明日飲食之事，答曰：'寫了不可看。'陳俟其出，乃竊視之，書云：'來日羊肉、白虀，老夫亦與其列。'適有人送活鯽魚者，陳屬僕明日以魚爲食，諸物不用。至五更鐘末，住持吳月泉遣人招陳來方丈相陪高顯卿參政。蓋高公避生日也。陳爲吳言：'房中有活魚，取來下飯。'高曰：'我都準備了也。諸物皆不用。'陳自念龍之語有驗，因及龍廣寒者在房中住。高曰：'我識之，可請同坐。'是日羊肉、白虀，亦與其列，皆應其説。嘗自言：'我已一百八歲。'故貫酸齋贊其象云：'有客名廣寒，自號一百歲。更活二百年，恰好三百歲。'以此戲之。卒於延祐末年。嘗聞先父樞密言：宋末有富春子，能風角鳥占之術，名聞賈秋壑。一日賈招之，叩以來日飲食之事，富寫而封之。明日賈作宴於西湖舟中。至晚，賈行立於船頭，自歌'月明星稀，烏鵲南飛'之句。座客廖瑩中乃言：'此時日已暮，可以取所書觀之。'折封，諸事不及，唯有'月明星稀烏鵲南飛'八字，衆皆驚賞。余按蔣□□逸史載李宗回食五般餛飩，李栖筠食兩拌餹縻、二十碗橘皮湯之事相同，萬事莫非前定也歟。"

〔二〕張菊存　張槺，字仲實，號菊存。錢塘人，南宋名將張俊之後，故稱其祖籍西秦。生平見牟巘《張仲實詩稿序》〔《陵陽先生集》卷一二〕。

黃子肅爲翰林應奉，時人【一】有以且耕亭求詩者，黃贈詩曰："萬里扶搖鶴未回，荷鉏聊復以徘徊【二】。閒雲照水自舒卷，幽鳥愛山時徃來。琴榻松風寒帶雨，硯池花露碧生苔。且耕亭上春如錦，想見斑衣【三】戲老萊。"蓋其人有親在堂，乃遠游奔競，曠其家園，故詩中意云爾。詩以風詠爲義，賦其事而必有所關，使人有以興起，此子肅所以爲能詩也【四】。雲間陸房仁【五】謾録。

〖 校勘記 〗

〔一〕時人　底本、知不足齋鈔本均作"時人"，《廣四十家小說》《歷代小史》本無"時"字。《堯山堂外紀》卷七二與《廣四十家小說》本、《歷代小史》本同。

〔二〕以徘徊　底本作"以徘徊"，知不足齋鈔本及《廣四十家小說》本均作"此徘徊"。

〔三〕斑衣　底本、《廣四十家小說》本均作"班衣"，知不足齋鈔本作"斑衣"。《堯山堂外紀》卷七二載此事，亦作"斑"字。按此句化用"老萊娛親"之典，"斑"字當是。今據知不足齋鈔本改。

〔四〕爲能詩也　《廣四十家小說》本無"爲"字。

〔五〕陸房仁　底本作"陸房仁"，知不足齋鈔本作"陸友仁"，《廣四十家小說》本作"陸仁"，均誤。王頌蔚云："以志證之，乃知居仁之誤。"其說甚是。"房仁"蓋形近而訛，實無其人；陸仁、陸友仁雖時代相近，然郡望不符。

〖 注釋 〗

〔一〕黃子肅　黃清老，字子肅。進士起家，累遷翰林國史院典籍官、檢閱官、應奉翰林文字、同知制誥兼國史院編修官，與修纂，備顧問。後遷湖廣等處儒學提舉。至正八年（1348）八月庚寅卒，享年五十有九。生平見蘇天爵《元故奉訓大夫湖廣等處儒學提舉黃公墓碑銘》〔《滋溪文稿》卷一三〕。

〔二〕陸居仁　按賴良《大雅集》卷一，居仁"字宅之，號雲松野褐，雲間人"。王逢《陸宅之進士挽辭》引曰："諱居仁，明《詩經》，嘗中鄉貢，隱居教授以卒。"〔《梧溪集》卷五。〕〔正德〕《松江府志》卷三十云："陸居仁，字宅之，霆龍子。以《詩經》中泰定丙寅鄉試。工古詩文，與楊維禎、錢惟善游。歿，同葬干山，號三高士墓。"〔正德〕《華亭縣志》卷一五所記亦同。又《華亭縣志》卷一四云："〔舉人〕第七名，《詩》，黃清老榜。"錢謙益《列朝詩集·甲集前編》卷一一"陸進士居仁"條小傳云："居仁，字宅之，華亭人。以《詩經》中泰定丙寅鄉試。隱居教授，自號雲松野褐。"《明史·楊維禎傳》云："維禎徙松江時，與華亭陸居仁及僑居錢惟善相倡和。""居仁，字宅之，中泰定三年鄉試，隱居教授，自號雲松野衲。兩人既歿，與維禎同葬干山，人目爲三高士墓。"與陶宗儀爲同鄉。《南村輟耕録》頗載其逸事。陸友仁則另有其人，著《吳中舊事》。按〔正德〕《姑蘇志》卷五六："陸友，字友仁。博雅好古，工漢隸、八分書，尤能鑒辯鍾鼎銘刻、法書名畫，皆有精識。嘗至都下，虞集、柯九思薦言於上，未及用歸。嘗著《硯史》《墨史》《印史》。"徐顯《稗史集傳》云："陸友，字友仁，姑蘇人也。姑蘇爲東南都會，富庶甲於天下，其列肆大賈皆靡衣甘食，其子弟自幼讀書，稍能執筆識姓名，即教爲商賈事，以故文學日少。"郡望與雲間恂非一處。虞集、陶宗儀、柯九思等人亦與友仁生氣相接，《珊瑚木難》卷五柯九思跋《唐人臨十七帖》云："平原陸友仁好論書，座中見此帖，論楊漢公所臨。"卷八虞集跋衛將軍印云："吳郡陸友仁得白玉方印，其文曰'衛青'，臨川王順伯定以爲漢物。"《輟耕錄》卷六稱"及見吳郡陸友仁"云云，可證。《四庫》館臣所見《遂初堂書目》"有毛开一序，魏了翁、陸友仁二跋"；今校以《説郛》本《遂初堂書目》，實出同源，則陸友仁、陶宗儀所見必爲同源文本。孫道明鈔《閒居錄》後有陸友仁跋，題"吳郡陸友友仁書"〔參見圖 3〕。華亭亦有陸友仁，任主事，與陸居仁同時。見《〔正德〕華亭縣志》卷一四題名錄。又有名陸仁者，楊維楨《西湖竹枝集》附傳云："陸仁，字良貴，河南人。明經，好古文。其詩學有祖法，清俊奇偉，縉紳先生莫不稱道之。其翰墨法歐楷，章草皆灑然可觀。"

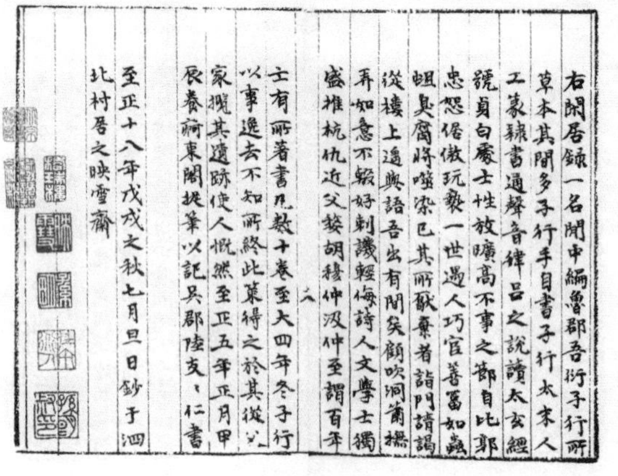

圖 3 《閒居錄》卷末，元至正十八年孫道明鈔本，藏國家圖書館

吳逸谿名性誼〔一〕，檇李人。家貧力學，明《春秌》。嘗中江浙延祐丁巳鄉舉。先是，所居城廬手植牡丹一本，多歷年所而未花。是歲前臘月，忽作一華，顏色鮮美，無異莫春。時士大夫相率來觀者，其門如市。初亦未卜其休咎，來秌八月〔二〕，吳公領鄉薦，邦人荣之，以爲此花之徵在是。嘉興郭亨謹記。

〖校勘記〗

〔一〕性誼　底本、知不足齋鈔本及〔崇禎〕《嘉興縣志》卷一七所引均作"性誼"，《廣四十家小説》本作"性誼"。

〔二〕來秌八月　諸本均同。《嘉興縣志》卷一七引作"來秋延祐丁巳"。

〖注釋〗

〔一〕同源文獻見〔崇禎〕《嘉興縣志》卷一七，所引同底本，末識以"廣客談"三字。

〔二〕吴性誼　錢大昕《元進士考》延祐丁巳鄉試，於浙江條下備列四人：俞鎮，第一名，治《易》；林岡孫，興化路人，第四名，治《書》；周用章，饒州路鄱陽縣人，第八名，治《書》；陸文圭，江陰州人，第六名，治《春秋》。無性誼之名。

〔三〕延祐丁巳　仁宗延祐四年（1317）。按《元史·仁宗紀三》，延祐五年（1318）春正月"丁亥，會試進士。"蓋本節所記鄉試次年。

〔四〕吴地植牡丹之俗　陸友仁《吴中舊事》云："吴俗好花，與洛中不異。其地亦宜花，古稱長洲茂苑，以苑目之，蓋有由矣。吴中花木不可殫述，而獨牡丹、芍藥爲好尚之最，而牡丹尤貴重焉。舊寓居諸王皆種花，徃徃零替，花亦如之盛者。唯藍叔成提刑家最好事，有花三千株，號萬花堂，嘗移得洛中名品數種，如玉盌白、景雲紅、瑞雲紅、勝雲紅、間金紅之類，多以游宦，不能愛護，輒死。今唯勝雲紅在其次。林得之知府家有花千株，胡長文給事、成居仁太尉、吴謙之待制家種花，亦不下林氏。史志道發運家亦有五百株，如畢推官希文、韋承務俊心之屬，多則數百株，少亦不下一二百株，習以成風矣。至穀雨，爲花開之候，置酒招賓，多以小青盖或青幙覆之，以障風日。父老猶能言者，不問親疎，謂之看花局。今之風俗雖不如舊，然大槩賞花則爲賓客之集矣。"陸容《菽園雜記》卷二："吴中有白牡丹，每瓣有紅色一點，云是楊妃粧時指捻痕。"卷一二云："江南自錢氏以來，及宋、元盛時，習尚繁華。富貴之家，於樓前種樹，接各色牡丹於其杪。花時登樓嘗翫，近在欄檻間，名樓子牡丹。今人以花瓣多者名樓子，未知其實故也。"又卷一三云："江南名郡，蘇、杭並稱，然蘇城及各縣富家，多有亭館花木之勝，今杭城無之，是杭俗之儉樸愈於蘇也。湖州人家絕不種牡丹，以花時有事蠶桑，親朋不相往來，無暇及此也。嚴州及於潛等縣，民多種桐漆桑柏麻苧，紹興多種桑茶苧，台州地多種桑柏。其俗勤儉，又皆愈於杭矣。蘇人隙地多榆柳槐樗楝穀等木。浙江諸郡，惟山中有之，餘地絕無。蘇之洞庭山，人以種橘爲業，亦不留惡木。此可以觀民俗矣。"

〔五〕嘉興郭亨　明人朱存理《珊瑚木難》卷八收入郭亨和詩，題曰："近詩寫呈平湖草堂主人大章先生，就希粲可。友生郭亨再拜。"

白湛淵先生之居有竹一根，上分而爲二，人皆異之，遂賦《雙竹杖詩》。未幾，先生殁，或者以爲二子之先兆。大抵物之変爲恠，未必皆瑞也，因附録於此【一】。南屏莫昌記。

〖校勘記〗
〔一〕因附録於此　底本作"目附録於此"。知不足齋鈔本、《廣四十家小説》本"目"作"因"字，當是。今從二本改之。

〖注釋〗
〔一〕同源文獻見《南村輟耕録》卷五："白廷玉先生斑，號湛淵，錢唐人。家多竹，忽一竿上歧爲二，人皆異之，賦《雙竹杖詩》。未幾，先生殁。先生有二子，或以爲先兆云。"

〔二〕白珽　按《書史會要》卷七，"字廷玉，號湛淵，錢塘人。德望清重，書學米元章。"《永樂大典》所收《常州路儒學教授題名》，白珽，號湛淵，錢塘人，大德四年（1300）到任。歿於天曆元年（1328）九月。生平詳見宋濂撰《湛淵先生白公墓銘》〔《宋學士文集》卷三五〕。

〔三〕莫昌　初名莫維賢，字景行，號南屏隱者。錢塘人。生平見凌雲翰《莫隱君墓誌銘》〔《柘軒集》卷四〕。

予家有堂，名"樂全"，虞奎章爲予記之，朝之大夫士咸爲歌詩，翰林陳衆仲有"能守不成三瓦戒，樂全長得葆天均"之句。虞公見之，未解"三瓦"之説，俾詢之，衆仲云："出《史記・龜策傳》注。"公深服其博記，且云："誠所不及。"夫以公之學問文章負天下重望，而於一節之記，問猶惓惓，服善如此。世之寡陋疾才者聞此，能無愧乎。

〖注釋〗

〔一〕同源文獻見《南村輟耕録》卷二六："陳衆仲先生嘗題樂全堂，有能守不成三瓦戒之句，人多不知所出。按《史記・龜策傳》云：'天尚不全。故世爲屋，不成三瓦而陳之。'注：'陳，猶居也。'"並見《豫章詩話》卷六，蓋全録自《廣客談》。

〔二〕虞奎章爲予記之　〔正德〕《松江府志》卷一六載有虞集《樂全堂記》："華亭黃君宗武，隱居長泖之灣。植耕桑乎衍沃，藝卉木乎幽勝，上以奉乎百歲之父母，下以長其弈葉之子孫。優游焉，誦詩讀書於太平之日，蓋厚德之致也，而時未有聞焉。其季子璋舉進士，貢於京師，而大夫士始知其家有所謂樂全之堂者，皆欣然稱道之。璋來求文以爲記。夫黃氏之樂，如前所云者，信乎其可謂全也。己親之壽也，身之康也，子之文也，甘旨之充也。藏修游息之有其所也，遭夫時之無虞，而不見外事也，將天錫之以全也與。噫，求全焉則志荒，有其全則意肆，善保其全者，知止而不自足者也。長泖之樂，蓋如是乎。若夫聖賢之所至，與天地同流而無所虧欠間斷，而後樂生焉，是又全而樂者也。璋歸，試誦予言家庭之間乎。"

〔三〕朝之大夫士咸爲歌詩　〔正德〕《松江府志》卷一六載歐陽玄《題樂全堂詩》："野外岡坻合，海邊洲嶼清。名園依古郡，嘉木列前榮。治世稀勞役，閒居得繕生。尊親逾耄耋，視聽倍聰明。橋梓千年遇，蘭芝奕葉英。郎君貢鄉曲，刺史及門閭。縹醞良朋共，青編稚子擎。文鱗翻洗墨，好鳥和鳴箏。俯仰何修飾，驩娛此盍并。幽棲便地勝，真趣仰天成。德耀夫妻志，龐公父子情。人間儻來物，所少勿經營。"又陳旅《寄題黃氏樂全堂》云："華亭南去五十里，秩秩高堂枕泖濱。黃金買書教諸子，綵服捧酒娛雙親。石梁絶澗荷花雨，雲屋依林竹色春。能守不成三瓦戒，樂全長得葆天均。"

〔四〕翰林陳衆仲　陳旅，字衆仲。莆田人。《草堂雅集》卷後一云："書無不讀，以館閣薦辟，由國子助教起家仕至翰林應奉，與虞、范齊名，後至元己卯歲，與陳君敬初北上，予往餞於閶闔門，因得一見。所刊詩皆得之敬初云。"又按《書史會要》卷七，"官至國子監丞。博學强記，以文章名世。善古隸，而行楷亦有法。"《元史》卷一九〇有傳。其陳旅與虞集頗稱知己。本傳云："既至〔京師〕，翰林侍講學士虞集見其所爲文，慨然歎曰：'此所謂我老將休，付子斯文者矣。'即延至館中，朝夕以道義學問相講習，自謂得旅之助爲多。""旅平生於師友之義尤篤，每感虞集爲知己。其在浙江時，集歸田已數載，歲且大比，請于行省參知政事孛朮魯翀，親奉書幣，請集主文鄉闈，欲爲問候計，乃衝冒炎暑，千里訪集于臨川。集感其來，留旬日而別，惓惓以斯文相勉，慘然若將永訣焉。集每與學者語，必以旅爲平生益友也。一日，夢旅舉杯相向曰：'旅甚思公，亦知公之不忘旅也，但不得見爾。'既而聞旅卒，集深悼之。"

〔五〕出史記龜策傳注　按《史記·龜策列傳》，"天尚不全，故世爲屋，不成三瓦而陳之，以應之天。"《集解》云："徐廣曰：'一云爲屋成，欠三瓦而棟之也。'"《索隱》曰："劉氏云：'陳猶居也。'注作'棟'，音都貢反。"《正義》云："言爲屋不成，欠三瓦以應天，猶陳列而居之。"

　　至順庚午，予會試京師，館於上卿吳公，每侍公燕坐。一日，語及【低一格】世祖嘗以錢幣之用問諸太保劉文貞公，公曰："錢用於陽，楮用於陰。華夏乃陽明之区，沙漠則幽陰之域。陛下龍興沙漠，【低四格】君臨方夏，宜用楮幣，以定國法，俾子孫世守。苟用錢，則倒行逆施，且將不靖。"遂終其世未嘗用錢，迨【低一格】武宗稍用之【一】，以事輒廢罷。吳公云："豈朝廷不知錢乃歷代之通制，故廢之耶，蓋以此爾。雖術數讖緯之學，驗之於今，若合符節。劉公真天人哉。"

〖校勘記〗
〔一〕稍用之　底本作"稽用之"，知不足齋鈔本、《廣四十家小説》本作"稍用之"。
〖注釋〗
〔一〕同源文獻見《南村輟耕録》卷二："世皇嘗以錢幣問太保劉文貞公秉忠，公曰：'錢用於陽，楮用於陰。華夏陽明之區，沙漠幽陰之域。今陛下龍興朔漠，君臨中夏，宜用楮幣，俾子孫世守之。若用錢，四海且將不靖。'遂絕不用錢。迨武宗頗用之，不久輒罷。此雖術數讖緯之學，然驗之於今，果如所言。"
〔二〕至順庚午　文宗至順元年（1330）。按《元史·文宗紀三》，至順元年春正月"辛未，中書省臣言：'科舉會試日期，舊制以二月一日、三日、五日，近歲改爲十一、十三、十五。請依舊制。'從之。"是年二月下未記開科之事，然此處及之，可知二月確有會試。前述"會試京師"蓋指此。黃璋舉明宗天曆二年（1329）鄉貢，故有至順庚子會試京師之語。

　　近讀杜荀鶴詩，有曰"徧搜【一】宝貨無藏地【二】，乱殺平人不怕天。古寺折爲【三】修寨木，高墳發作【四】甃城磚"，因慊然自歎，曰："乱離之世，民物塗炭，

在唐已然，何訝於今。惟'順受其正'可也。"黄璋漫録。【五】

〖 校勘記 〗

〔一〕徧搜　底本作"編搜"，知不足齋鈔本、《廣四十家小説》本作"徧搜"。按杜荀鶴詩諸本均作"徧搜"，此處"編"字當爲"徧"字之訛。今據知不足齋本、《廣四十家小説》本改。

〔二〕無藏地　杜荀鶴詩，諸本同；《南村輟耕録》作"無藏處"。

〔三〕折爲　底本作"折爲"，知不足齋鈔本作"拆爲"，《廣四十家小説》本作"持爲"。

〔四〕發作　底本作"撥作"，語義不通。知不足齋鈔本、《廣四十家小説》本作"發作"，當是。他書"發"字或作"掘"，或作"開"，含義均同。底本作"撥"當屬形訛。今從知不足齋鈔本及《廣四十家小説》本改。

〔五〕近讀〔中略〕漫録　《廣四十家小説》本與上一段並爲一條。

〖 注釋 〗

〔一〕同源文獻見《南村輟耕録》卷一三："嘗讀杜荀鶴詩，其《亂後逢村叟》曰：'經亂衰翁居破村，村中何事不傷魂。因供寨木無桑柘，爲點鄉兵絶子孫。還似平寧徵賦税，未嘗州縣略安存。至於雞犬皆星散，日落前山獨倚門。'《山中寡婦》曰：'夫因兵死守蓬茅，麻苧衣衫鬢髮焦。桑柘廢來猶納税，田園荒後尚徵苗。時挑野菜和根煮，旋斫生柴帶葉燒。任爾深山更深處，也應無計避征徭。'《旅泊遇郡中亂》曰：'握手相看誰敢言，軍家刀劍在腰邊。徧搜寶貨無藏處，亂殺平人不怕天。古寺拆爲修寨木，荒墳掘作甃城磚。郡侯逐去渾閒事，正是鑾輿幸蜀年。'然方之今日，始信其非寓言也。"

〔二〕黄璋　字仲珍，晚號以齋老人。松江華亭人。〔正德〕《華亭縣志》卷一四："字仲珍，〔舉人〕第十五名，至再舉，鮑恂榜十三名，許瑗榜二十四名。《易》。"生平見黄溍《華亭黄君墓誌銘》〔《金華黄先生文集》卷三九〕。

　　至治癸亥十月八日甲子先一夕，余以國子生充齋郎，執事于【低一格】太廟，時因晋王入繼大統。【一】告祭之頃，陰風北來，殿上燈燭俱滅。良久，風息，百官震惧，蓋攝祭官赤斤帖木兒、帖失、失禿兒【二】皆弑英廟之元惡也。祖宗之靈如此。吁，可畏哉。全思誠書。

〖 校勘記 〗

〔一〕時因　底本作"時目"，知不足齋鈔本、《廣四十家小説》本均作"時因"。按《元史·泰定紀一》，告祭之時泰定帝尚在行在，無由目見。故從知不足齋鈔本、《廣四十家小説》本改之。

〔二〕失禿兒　底本、《廣四十家小説》本作"之禿兒"。按《元史·英宗紀二》，"南坡之變"之元惡乃"御史大夫鐵失、知樞密院事也先帖木兒、大司農失禿兒、前平章政事赤斤鐵木兒、前雲南行省平章政事完者、鐵木迭兒子前治書侍御史鎖南、鐵失弟宣徽使鎖南、典瑞院使脱火赤、樞密院副使阿散、僉書樞密院事章台、衛士禿滿及諸王按梯不花、孛羅、月魯鐵木兒、曲吕不花、兀魯思不花等”；故此處“之”字應爲“失”字音訛。知不足齋鈔本作“失禿兒”，當是。今據改。

〖注釋〗

〔一〕同源文獻見《南村輟耕録》卷二：“至治癸亥十月六日甲子，先一夕，因晉邸入繼大統，告祭太廟之頃，陰風北來，殿上燈燭皆滅，良久方息。蓋攝祭官鐵失、也先帖木兒、赤斤帖木兒等，皆弑君之元惡也。時全思誠以國子生充齋郎，目擊之。此無他，必祖宗威靈在上，不使姦臣賊子得以有事於太廟，而明示嚴譴之耳。彼徒罪無所逃，至於身誅族赤而後已。吁，可畏哉。”

〔二〕按《元史·泰定紀一》，至治三年（1323）冬十月“甲子，遣使至大都，以即位告天地、宗廟、社稷。誅逆賊也先鐵木兒、完者、鎖南、禿滿等於行在所。”按本段下文，泰定帝所遣使者蓋赤斤鐵木兒、鐵失、失禿兒諸人。則鐵失等三人雖與南坡之事，赤斤鐵木兒、鐵失二人乃殺丞相拜住之元兇，然事後未受追責。另據元史卷二八英宗紀二記載，參與叛亂的“鎖南”共有二人，分別爲“鐵木迭兒子前治書侍御史鎖南、鐵失弟宣徽使鎖南”鐵失既奉命前往大都，則其弟無由受戮，故事後被誅殺之鎖南當爲鐵木迭兒之子。

〔三〕全思誠 《本朝分省人物考》卷二五：“全思誠，字希賢，上海人。博雅宏粹，少負文名。”〔《珊瑚木難》卷八《送王元章北游》詩題作“全思誠希言”。〕楊維楨《淞泮燕集序》稱：“檇李貝闕、華亭全思誠、會稽陳睿、博陵崔永泰，皆爛然東南之望。”嘗館於李氏家塾〔《珊瑚木難》卷四收録全思誠吳二年〔即洪武元年，1368〕書事一則：“國初，張可與李仲方、鮮于伯機同仕於朝。既而張公除江淛郎中，仲方爲都事，鮮于淛東經歷，胥會于杭，甚驩。一日，李卒於官，張公移書伯機曰：‘仲方没矣，家貧子幼，吾不經理其家，孤寡何依。吾許一女配其仲子。’伯機聞訃哀祭成禮，亦以一女贅其長子，即從善，後官至紹興路推官。仲子字復初，官至淮安路總管。泰定間，爲江陰州尹。余館其家，教四子，惟長子叔成，以文學名。……二年戊申歲，全思誠書。”〕。至正二十三年（1363）前後，爲太守王伸聘爲教授。入明頗受優寵。按過庭訓《本朝分省人物考》卷二五，“洪武十六年，以耆儒徵，授文華殿大學士。上曰：‘朕觀古人有志之士，雖髮白氣衰，心猶不怠，故能善其始終。卿懷才抱德，志肩古人，朕甚嘉焉。惜乎年迫衰暮，志雖存而力不能任，朕不忍復勞，特授此職，以輔導太子。免卿早朝，日宴而入，不久當從其志。庶不負卿平生所學，而鄉里亦有光矣。’思誠固辭，翌日放還。”沈德符《萬曆野獲編》卷七，“洪武十六年，以耆儒徵授文華殿大學士，賜敕致仕。蓋國初之優禮隱佚，至以祕殿高秩處之。”黃瑜《雙槐歲鈔》卷四云：“文華殿大學士在洪武中惟上海全思誠、烏程張溥、至謹三人而已。”有《砂岡集》。

吳江州八都居民沈氏日爲屠酤之業。中統年間，有獄卒押桎梏者五人至其家買酒，謂沈氏【一】："我五人去揚州造城，必死。吾有金銀若干兩寄於汝，回日共分之。"踰年，家畜豕數十口【二】。一日，豕於圈中語曰："請沈公與我輩相見。"凡兩回。謂沈氏曰【三】："我是【四】前寄金銀者，女當速殺我賣，勿論價，必再［生］【五】人世也。"沈氏如其言。一夕，夢前桎梏一人來，曰："我當與汝爲子。"後生一子，名伯起，勤於治家，頗好讀書【六】，年五十餘，元統二年来爲吳興陰陽教役【七】，與予交。今有子有孫，爲東溪稅户，傳家不絕云。吳興姚迤美【八】書。

〖 校勘記 〗

〔一〕謂沈氏　知不足齋鈔本、《廣四十家小説》本及《吳興備志》卷三一所引後有一"曰"字。

〔二〕家畜豕數十口　知不足齋鈔本"口"作"枚"字，不通。《廣四十家小説》本及《吳興備志》卷三一所引均無"家"字。

〔三〕凡兩回謂沈氏曰　知不足齋鈔本、《廣四十家小説》本及《吳興備志》卷三一所引均作"凡兩次因謂沈氏曰"。

〔四〕我是　底本、《廣四十家小説》本均作"我是"。知不足齋鈔本作"我即"。《吳興備志》卷三一引作"吾是"。按，"我"字《吳興備志》均引作"吾"。

〔五〕必再生人世也　底本"再""人"之間原空一格，朱筆補一"生"字；《廣四十家小説》本及《吳興備志》卷三一所引亦作"生"字。今據補。

〔六〕頗好讀書　底本作"顧好讀書"，語義不通；知不足齋鈔本、《廣四十家小説》本及《吳興備志》卷三一所引均作"頗好讀書"，當是。今據知不足齋本及《廣四十家小説》本改。

〔七〕教役　底本、《廣四十家小説》本及《吳興備志》卷三一所引均作"教役"，知不足齋鈔本作"教授"。

〔八〕姚迤美　底本、《廣四十家小説》本作"姚迤美"，知不足齋鈔本作"姚延美"。《吳興備志》卷三一引此篇作"姚迤美"。

〖 注釋 〗

〔一〕中統年間　時松江屬宋。

　　曹武惠彬下江南，兵不血刃，市不易肆，未嘗殺一無辜。功名著顯，爲諸將之首。武惠諸子賢且厚，皆爲朝廷顯官。厥後子孫昌盛，〔不絕如綫，【一】〕近世無比。元功陰德享報之深一至於此。【二】

〖 校勘記 〗

〔一〕不絕如綫　知不足齋鈔本無此四字；按此四字於此處語義不通，當爲衍文。《廣四十家小説》本無"如綫"二字，"不絕"屬上句，語義亦通。

〔二〕一至於此　知不足齋鈔本"此"後有"也"字，他本均無。

〔注釋〕

〔一〕同源文獻見《南村輟耕録》卷一："至元十一年甲戌，宋之咸淳十年也，秋七月，世祖命中書右丞相伯顏總制大軍取宋，諭之若曰：'朕聞曹彬不嗜殺人，一舉而定江南。汝其體朕心，法彬事，毋使吾赤子橫罹鋒刃。'伯顏叩首奉命惟謹。既而混一職方，豈非不嗜殺人之驗與。"按，曹彬不妄殺之事，見司馬光《涑水記聞》卷三："曹彬攻金陵，垂克，忽稱疾不視事。諸將皆來問疾，彬曰：'余之病非藥石所能愈，惟須諸公共發誠心，自誓以克城之日不妄殺一人，則自愈矣。'諸將許諾，共焚香爲誓。明日，稱愈。及克金陵，城中皆安堵如故。"《宋史》本傳全取此説。

曹武毅翰，真㝎人也，與武惠同宗【一】。有宏遠英傑之度，矧又能詩【二】，亦一時之名將也。時翰平蜀，怒其不降而屠其城，殺人山積，談笑自若，無辜受戮者不可勝計。厥后子孫不有，至於絶嗣【三】，今無噍類矣。二者皆爲將者之明鑒，因書以附此。胥卿謝晋【四】。

〔校勘記〕

〔一〕同宗　底本作"周宗"，文義不通。知不足齋鈔本、《廣四十家小説》本均作"同宗"，當是。今據改。

〔二〕矧又能詩　底本作"矧文能詩"，不通。知不足齋鈔本、《廣四十家小説》本"文"作"又"字，當是。今據改。

〔三〕不有至於絶嗣　底本作"不有至於絶嗣"，知不足齋鈔本作"不絶如綫"，《廣四十家小説》本作"有至絶嗣"。

〔四〕胥卿謝晋　底本作"胥卿謝晋"。知不足齋鈔本作"胥鄉謝晋"。《廣四十家小説》本作"胥鄉謝晋書"。

〔注釋〕

〔一〕曹翰之事亦見《涑水記聞》記載，附於曹彬事迹之後："曹翰克江州，忿其久不下，屠戮無遺。彬之子孫貴盛，至今不絶；翰卒未三十年，子孫有乞匄於海上者矣。"又《夢溪筆談·雜識二》："曹翰圍江州三年，城將陷，太宗嘉其盡節於所事，遣使喻翰：'城下日，拒命之人盡赦之。'使人至獨木渡，大風數日，不可濟，及風定而濟，則翰已屠江州無遺類適一日矣。唐吏部尚書張嘉福奉使河北，逆韋之亂，有敕處斬，尋遣使人赦之，使人馬上昏睡，遲行一驛，比至已斬訖。與此相類，得非有命歟？"《續墨客揮犀》卷九亦載此事，本自《筆談》。

〔二〕謝晋　〔正德〕《姑蘇志》卷五六："謝晋，字孔昭，吳縣人。號葵丘。工畫山水，重疊爛熳，千幅不同，尋丈之間不日而就。亦能詩，有《蘭亭集》。"〔崇禎〕《吳縣志》卷五三引杜瓊《傳略》："謝晋，字孔昭，別號蘭庭生，亦稱深翠道人，晚自稱葵丘翁。與金問陳繼同里閈，爲髫年交。善詩畫，師王蒙、趙原。既精詣，則益以爛熳，千巖萬壑，愈出愈奇，尋丈之軸，不日而成畫，遂名世。性樂易，所著有《蘭庭集》。"

虞伯生先生初入翰林時，仲弘楊先生亦在都下。仲弘每言伯生不能作詩。伯生知之，一日，載酒造【一】，請問所以作詩之法。仲弘酒酣，盡爲剖拆其理【二】。伯生因遂超悟，越一二月，伯生有詩送袁伯長扈駕上都【三】，以其詩介。或者質諸仲弘，仲弘曰：“此詩非楊仲弘，虞伯生不能至此。”或者曰：“先生嘗謂伯生不能詩，何以有此。”仲弘曰：“伯生學問高，予昨授以法，餘莫及也。”或者又以此詩詣趙松雪翁，詩有“山連閣道晨留輦，野散周廬夜屬橐”之句，趙公曰：“美則美矣，但改‘山連’爲‘天連’，‘野散’爲‘星散’則備美盡善。”識者高虞公天資，服楊公賞識，而敬趙公度量之弘廓也。

〖校勘記〗

〔一〕載酒造　底本、《廣四十家小説》本作“載酒迨”，語義不通。知不足齋鈔本作“造”，當是。今據知不足齋鈔本改。

〔二〕剖拆其理　底本作“剖拆”，知不足齋鈔本作“剖柝”，《廣四十家小説》本作“剖析”。

〔三〕因遂超悟　底本作“目遂超悟”，《廣四十家小説》本、知不足齋鈔本作“因遂超悟”，當是。今據改。

〖注釋〗

〔一〕同源文獻見《南村輟耕録》卷四：“虞伯生先生集、楊仲弘先生載同在京日，楊先生每言伯生不能作詩。虞先生載酒請問作詩之法，楊先生酒既酣，盡爲傾倒。虞先生遂超悟其理。繼有詩送袁伯長先生桷扈駕上都，以所作詩介他人質諸楊先生，先生曰：‘此詩非虞伯生不能也。’或曰：‘先生嘗謂伯生不能作詩，何以有此。’曰：‘伯生學問高，余曾授以作詩法。餘莫能及。’又以詣趙魏公孟頫，詩中有‘山連閣道晨留輦，野散周廬夜屬橐’之句，公曰：‘美則美矣，若改山爲天，野爲星，則尤美。’虞先生深服之。”又《豫章詩話》卷五據《廣客談》過録，其“剖拆其理”一處，《詩話》作“剖析”，盖本之於嘉靖刻本。

〔二〕虞伯生初入翰林　初入翰林當爲仁宗延祐六年（1319）之事。按趙汸《邵庵先生虞公行狀》：“〔延祐〕六年，除翰林待制、儒林郎兼國史院編修官。丁外艱，服除，以舊官召。”歐陽玄《虞集神道碑》亦云：“〔延祐〕五年，被旨召集賢直學士吳公伯清於家。尋除翰林待制、儒林郎、兼國史院編脩官。丁外艱，服闋，以舊官召還。”

〔三〕楊仲弘　楊載，字仲弘，《元史·儒學傳》：“楊載字仲弘，其先，居建之浦城，後徙杭，因爲杭人。少孤，博涉羣書，爲文有跌宕氣。年四十，不仕，户部賈國英數薦于朝，以布衣召爲翰林國史院編修官，與修《武宗實録》，調管領係官海船萬户府照磨，兼提控案牘。延祐初，仁宗以科目取士，載首應詔，遂登進士第，授承務郎、饒州路同知浮梁州事，遷儒林郎、寧國路總管府推官以卒。”

〔三〕伯生有詩送袁伯長扈駕上都　按今本《道園學古録》卷三《送袁伯長扈從上京》：“日色蒼涼映赭袍，時巡毋乃聖躬勞。天連閣道晨留輦，星散周廬夜屬橐。白馬錦韉來窈窕，紫駝銀甕出蒲萄。從官車騎多如雨，祇有揚雄賦最高。”用字全從趙孟頫之説。

　　國朝翰林文物全盛時，稱虞、楊、范、揭爲四家詩。客有問虞先生曰：“仲弘詩如何。”先生曰：“仲弘詩如百戰健兒。”“德機詩如何。”先生曰：“德機詩如唐臨晋帖。”“曼碩詩如何。”先生曰：“曼碩詩如美女簪花。”客曰：“先生詩如何。”先生咲曰：“至虞集，乃漢廷老吏。”先生未免自負，識者以爲誠然。【低一格】僕平日頗好學詩，才淺識陋。又生長海隅，不獲親炙館閣諸老聽講明發揚而技止〔一〕此，每以爲歉〔二〕。往年客雲西曹隱君，一日有虞先生門人下顧酒邊談及二事，因追筆于此，以奉一咲。後學錢應庚南金謹書。

〖校勘記〗

〔一〕技止　底本“技”作“枝”，蓋“技”字異體。知不足齋鈔本、《廣四十家小説》本作“技”。今據改。

〔二〕每以爲歉　底本作“每以爲歉”，《廣四十家小説》本作“每以爲嘆”。知不足齋鈔本作“每以爲難”，揆諸文義顯誤。今從底本。

〖注釋〗

〔一〕同源文獻見《南村輟耕録》卷四，合《廣客談》所録兩條爲一：“虞伯生先生集、楊仲弘先生載同在京日，楊先生每言伯生不能作詩。虞先生載酒請問作詩之法，楊先生酒既酣，盡爲傾倒。虞先生遂超悟其理。繼有詩送袁伯長先生桷扈駕上都，以所作詩介他人質諸楊先生，先生曰：‘此詩非虞伯生不能也。’或曰：‘先生嘗謂伯生不能作詩，何以有此。’曰：‘伯生學問高，余曾授以作詩法。餘莫能及。’又以詣趙魏公孟頫，詩中有‘山連閣道晨留輦，野散周廬夜屬橐’之句，公曰：‘美則美矣，若改山爲天，野爲星，則尤美。’虞先生深服之。故國朝之詩，稱虞、趙、楊、范、揭焉。范即德機先生椁，揭即曼碩先生傒斯也。嘗有問於虞先生曰：‘仲弘詩如何？’先生曰：‘仲弘詩如百戰健兒。’‘德機詩如何？’曰：‘德機詩如唐臨晋帖。’‘曼碩詩如何？’曰：‘曼碩詩如美女簪花。’‘先生詩如何？’笑曰：‘虞集乃漢廷老吏。’蓋先生未免自負，公論以爲然。”

〔二〕仲弘詩如百戰健兒　“百戰健兒”之説，或得自趙孟頫評騭。《元史·楊載傳》云：“吳興趙孟頫在翰林，得載所爲文，極推重之。由是載之文名，隱然動京師，凡所撰述，人多傳誦之。其文章一以氣爲主，博而敏，直而不肆，自成一家言。而於詩〔文〕尤有法，嘗語學者曰：‘詩當取材於漢、魏，而音節則以唐爲宗。’自其詩出，一洗宋季之陋。”范椁爲其文集作序稱：“仲弘之天禀曠達，氣象宏朗，開口論議，直視千古。每大衆廣席，占紙命辭，敖睨橫放，盡意所止。衆方拘拘，己獨坦坦。衆方紆餘，己獨馳駿馬之長坂而無留行。故當時好之者雖多，而知之者絶少，要一代之傑作也。”楊載、趙孟頫關係密切。《元史·趙孟頫傳》：“前史官楊載稱孟頫之才頗爲書畫所掩，知其書畫者，不知其文章，知其文章者，不知其經濟之學。人以爲知言云。”《潛研堂金石文字目録》著録有松江府《長春道院記》、蘇州府學《平江路重修儒學記》，均爲仲弘撰文，子昂書丹。此類實例甚多，謹略舉一端云。

〔三〕德機詩如唐臨晉帖　范梈，字亨父，一字德機，清江人。以朝臣薦，爲翰林院編修官。秩滿，御史臺擢海南海北道廉訪司照磨，遷江西湖東。充翰林應奉。又改擢福建閩海道知事。齋號“艇齋”，按胡悌題識云：“德機儗屋鹽橋，以教授爲業。屋之西隅有軒，翼然即所謂艇齋也。歐陽公有齋名畫舫，其記云舫者嬉游之舟也，不知德機之舟將以涉大川乎，其亦乘以嬉游乎，將出入二者之間，所謂乘流則游，遇坎則止乎。”〔《珊瑚木難》卷五。〕《元史》有傳。吳澄《故承務郎湖南嶺北道肅政廉訪司經歷范亨父墓誌銘》稱其“爲文雄健，追慕先漢。古近體詩尤工，藹然忠臣孝子之情，如杜子美。又善大小篆、漢晉隸書。”家世並見王逢《奉題薛茂弘所示張仲舉承旨藏經序銘後》〔《梧溪集》卷二〕。范梈作詩追慕楊載，而“唐臨晉帖”亦爲楊載所倡。致和元年（1328）六月，爲仲弘集作序稱：“大德間，余始得浦城楊君仲弘詩讀之，恨不識其爲人。及至京師，與余定交，商論雅道，則未嘗不與抵掌而説也。皇慶初，仲弘與余同爲史官，會時有纂述事。每同舍下直，已而猶相與回翔留署，或至見月，月盡繼燭相語。刻苦澹泊，寒暑不易者，唯余一二人耳。”按楊載《元史》本傳，其謂學者云：“詩當取材於漢、魏，而音節則以唐爲宗。”葉子奇《草木子·談藪篇》云：“傳世之盛，漢以文，晉以字，唐以詩，宋以理學。……元朝文法漢，歐陽玄〔玄功〕、虞集〔伯生〕是也；字學晉，趙孟頫、鮮于樞是也；詩學唐，楊載、虞集是也；道學之行，則許衡、劉因是也。亦皆有所不逮。”元代復古之風蔚然大觀。

〔四〕漢廷老吏　王褘《祭黃侍講先生文》亦用“老吏”之説：“其形於文章，譬如周廷重器，圭璧鼎敦，分置離列，蓄光采而嚴等威；又如漢廷老吏，持法精謹，引經傳古，以斷獄而決疑。”

〔五〕錢應庚　按〔乾隆〕《青浦縣志》卷三一：“錢應庚，字南金。幼喪父，弱冠贅居泖上，已而以明經教授嘉禾。至正十六年，浙右兵亂，扁舟載妻子還泖濱。門人小蒸曹炳闢室館之，名曰‘一枝安’。又常館於澱湖謝氏。應庚工詩，與邵亨貞同里閈，以文字交者三十年，亨貞極推挹之。兄抱素，字素庵，亦工於詞。”

嘗聞黃一峯先生云：“趙松雪偶得米海岳書《壯懷賦》二卷，中闕數行，回取〔一〕刻本摹寫以補其闕，凡易五七紙，終不能及。乃嘆曰：‘今不逮古多矣。’遂以刻本補完之。”松雪翁翰墨名重天下，真欲追蹤晉唐，猶且服善不矜如此。後之有小才薄技而妄自誇大者，寧不有愧乎。吳興夏文彥士良書。

〖校勘記〗
〔一〕回取　《廣四十家小説》本作“因取”，當是。

〔一〕同源文獻見《南村輟耕録》卷七："魏國趙文敏公孟頫，以書法稱雄一世。畫入神品。其書，人但知自魏晉中來，晚年則稍入李北海耳。嘗見《千字文》一卷，以爲唐人字，絶無一點一畫似公法度。閲至後，方知爲公書。公自題云：'僕廿年來寫千文以百數，此卷殆數年前所書。當時學褚，河南孟法師碑，故結字規模八分。今日視之，不知孰爲勝也。田君良卿於駱駝橋市中買得此卷，持來求跋，爲書其後。因思自五歲入小學學書，不過如世人漫爾學之耳。不意時人持去，可以鬻錢。而吾良卿又捐錢若干緡以購之，皆可笑也。元貞二年正月十八日，子昂題。'則知公之書所以妙者，無帖不習也。又嘗見公題所畫馬云：'吾自幼好畫馬，自謂頗盡物之性。友人郭祐之嘗贈余詩云"世人但解比龍眠，那知已出曹韓上。"曹韓固是過許，使龍眠無恙，當與之並驅耳。'然往往閲公所畫馬及人物、山水、花竹、禽鳥等圖，無慮數十百軸，又豈止龍眠並驅而已哉。又聞公偶得米海岳書《壯懷賦》一卷，中闕數行，因取刻本摹揭，以補其闕。凡易五七紙，終不如意。乃嘆曰：'今不逮古多矣。'遂以刻本完之。公之翰墨爲國朝第一，猶且服善如此。近有一等人。僅能點畫如法便自誇大者，於公寧不愧乎。"夏文彥《圖繪寶鑒》稱其"書法二王，畫法晉唐，俱入神品"。《元史·趙孟頫傳》云："篆、籀、分、隸、真、行、草書，無不冠絶古今，遂以書名天下。天竺有僧，數萬里來求其書歸，國中寶之。其畫山水、木石、花竹、人馬，尤精緻。"

〔二〕夏文彥　字士良，號蘭渚生。華亭人。夏溍之子。歷餘姚州同知。精於畫藝，撰《圖繪寶鑒》。生平見楊維楨《圖繪寶鑒序》，並《吳興備志》卷二五。

　　趙文敏公由京師歸廌于西湖之濱，適與余居相隣，因求題鮮于正書《御史箴》。公指示謂余曰[一]："人皆知此公筆法之妙，而不知所以妙者，惟孟頫知之。"即援筆跋于后，云："伯幾書筆筆皆有古法，是爲至寶。"乃知前輩之服善也。南屏莫昌書[二]。

〔一〕謂余曰　底本、《廣四十家小説》本作"余"，知不足齋鈔本作"予"。
〔二〕南屏莫昌書　底本、《廣四十家小説》本及《吳興備志》均作"南屏莫昌書"，知不足齋鈔本作"南屏隱者莫昌景行書"。

〔一〕趙文敏公　按《元史·趙孟頫傳》，"〔延祐〕六年，得請南歸。帝遣使賜衣幣，趣之還朝，以疾，不果行。至治元年，英宗遣使即其家，俾書《孝經》。二年，賜上尊及衣二襲。是歲六月卒，年六十九。追封魏國公，謚文敏。"
〔二〕鮮于正書《御史箴》　書於大德三年（1299）七月十七日。後附趙孟頫跋云："伯機書筆筆皆有古法，是爲至寶。孟頫跋。"此卷明清之際爲梁清標收藏，後納入内府，《石渠寶笈》卷三一有著録，題"元鮮于樞書《御史箴》一卷"，著爲"次等列三"；解題云："素牋本，大楷書。自識云：'右御史箴，大德三年七月十七日書。' 姓名見跋中，後隔水有趙孟頫跋一，拖尾有鄧文原、張楧、周馳、湯炳龍、樂元璋、郭大中、泰不華、莫昌諸跋，又仇遠諸人記語一。" 後由溥儀帶出宮外，遂致散失。今其原本並摹本藏於普林斯頓大學藝術博物館。原本遺失開頭二十六行，摹本不闕。

〔三〕鮮于樞、趙孟頫均以書法名重當時。二人理念相通，互爲推重。朱存理《珊瑚木難》載武宗至大三年（1310）八月二十三日趙孟頫題伯機臨《鵝群帖》云："僕與伯機同學書，伯機過僕遠甚，僕極力追之而不能及。伯機已矣，世乃稱僕能書，所謂無佛處稱尊耳。必明持《鵝群帖》見示，使人嘆賞不能去手，而又甚慶其有子也。"

福州鄭丞相府所居清風堂石階墀上有眠屍形迹，天陰雨時其迹尤著，蓋鄭在宋末莫年登科，尋躋相位，至今閭巷表之曰 "耆德魁輔之坊"。鄭當爲相時，家之人【一】侵奪小民廬舍，以廣其居，民爲逼抑者【二】遂自殺於清風堂墀下。余游閩中，親至其堂取水，噀石上，其迹果見。今所【三】居竟爲官豪所據，子孫不絕如綫，書脉遂斬然矣。世之梗强可不知所鑒哉。皆梦陳亨道【四】汝嘉書。

〖 校勘記 〗

〔一〕家之人　底本、知不足齋鈔本作 "家之人"，《廣四十家小説》本作 "家人"。

〔二〕逼抑　底本作 "逼抑"，文義不通。知不足齋鈔本、《廣四十家小説》本作 "逼抑"。今據改。

〔三〕今所居　底本作 "令所居"，文義不通。知不足齋鈔本、《廣四十家小説》本作 "今所居"。今據改。

〔四〕陳亨道　底本作 "陳享道"，知不足齋鈔本、《廣四十家小説》本作 "陳亨道"。按貢師泰《玩齋集》卷七《皆夢軒記》，"皆夢" 乃陳氏軒名。[正德]《松江府志》卷一六 "皆夢軒" 條亦繫於 "陳亨道" 名下。故 "亨" 字當是。

〖 注釋 〗

〔一〕同源文獻見《南村輟耕録》卷五："福州鄭丞相府清風堂，石階上有卧屍迹，天陰雨時，迹尤顯。蓋其當宋季，以暮年登科，未幾拜相，至今閭巷表之曰耆德魁輔之坊。鄭顯時，侵漁百姓，至奪其屋廬以廣居宅，有被逼抑者，遂自殺於此。今所居爲官勢豪奪，子孫不絕如綫。因記宋臨川吳曾《能改齋漫録》云：'建炎四年五月，楊勍叛卒由建安寇延平，道出小常村，掠一婦人，逼脅，欲犯之。婦人毅然誓死不受污，遂遇害，橫屍道傍。賊退，人爲收瘞之。而其屍枕藉處，痕迹隱然不滅，每雨，則其迹乾，晴即溼，宛如人影。往來者莫不嗟異。鄉人或削去之，隨即復見。覆以它土，而其迹愈明，今三十年矣，與順昌軍員范旺事略同。但范現迹街磚，而此現於土上耳。范死以忠，婦死以節。小常村去劍浦縣治二十里。' 以《漫録》言之，則二人之死，足以驚動萬世，宜其英烈之氣不泯如此。若清風堂者，不過冤抑之志不伸，以決絕於一時耳，亦何爲而然哉，豈幽憤所積結致是耶。此理殆不可曉。"[弘治]《八閩通志》、[正德]《福州府志》迭相轉引。鄭丞相性之，字信之，初名自誠。福州人。嘉定元年（1208）進士第一。歷官知贛州，改知隆興府。後以寶章閣待制提舉玉隆萬壽宮，進華文閣待制、提舉上清太平宮。進敷文閣待制、知建寧府。端平元年（1234），召爲吏部侍郎。擢左諫議大夫，拜端明殿學士、簽書樞密院事，進同知樞密院事兼權參知政事。尋拜參知政事兼同知樞密院事。尋知樞密院事兼參知政事，加觀文殿學士，致仕。寶祐二年（1254）卒。本傳見《宋史》卷一七八。

〔二〕陳亨道　字汝嘉，錢塘人。父陳仁，有四子，長元善，次亨道、利用、貞固，從金華許謙學，皆以儒術致身。亨道嘗任閩漕，至正十八年（1358）任滿。生平見鄭元祐《畲山老人墓誌銘》〔《僑吳集》卷一二〕，李存《題陳道士和歸去來辭卷後》〔《番易俟菴先生文集》卷二六〕，並〔正德〕《松江府志》卷一六。軒名"皆夢"，貢師泰嘗作《皆夢軒記》識之，見《玩齋集》卷七。

洪武十二年歲次己未八月二十九日壬辰，雲間映雪老人孫道易寫于華亭平溪艸舍。時年八十有三【一】。

正德紀元十月初二日錄。

〖校勘記〗

〔一〕八十有三矣　底本作"八十有三矣"，知不足齋鈔本作"八十又三"。

〖注釋〗

〔一〕洪武十二年歲次己未　《東園客談》〔《説集》本〕末署："大明成化十二年歲次乙未九月甲午朔日，寓于華亭。藏於平溪草舍，共五十帙，以備觀覽。映雪老人孫道易識，時年八十有三。"今本《東園客談》記三十餘事，《廣客談》二十餘，此云"共五十帙"，顯爲合二者而言。然《廣客談》末署洪武十二年（1379），時年八十有三；《東園客談》亦稱"時年八十有三"，年份則爲成化十二年（1476）。兩者必有一誤。且揆諸情理，《廣客談》應編成於《東園客談》之後。按，《廣客談》年月干支不誤；而成化十二年歲爲丙申，九月辛丑朔。故此處"成化"顯爲"洪武"之訛，"乙未"恂屬"己未"之誤。①

〔二〕映雪老人孫道易　此"道易"疑爲"道明"之誤。《東園客談》黃公望條末云："偶與景周語及先生道德并文章，併履歷之詳，因書于《客談》後。菊節日，孫道明謹書。"味其語氣，則《客談》當爲道明所輯，偶有所聞，則書於簡劄，由是日積月累，萃爲一編。此乃元明筆記題識形成之例。《四庫》館臣據以判斷道易、道明並非一人，又以"景周"爲道易之字，未免武斷。②何良俊《四友齋叢説》卷一六："孫道明家於泗涇，乃一市井

---

①　參見封樹芬《再議〈東園友聞〉〈東園客談〉之作者問題》，第22—23頁。
②　《四庫全書總目》卷一四三《東園客談》條，中華書局影印浙刻本。"景周"當爲陸蒙，參見張春紅《文言小説〈東園友聞〉作者作時考辨》，第4—8頁。

人也。在勝國時，日唯以抄書爲樂，其手抄書幾千卷，今尚有流傳者。好事者以重價購之。"郎瑛《七修類稿》卷四十："洪武中，松江孫道明，屠兒也，每借人書，坐肆中且閱且寫，密行楷字，積寫千餘本也，至今人家書本後有孫道明識字。"又按〔崇禎〕松江府志》卷三："泗涇市，一名泗濱，在三十七保，因泗涇塘故名。孫道明其里人也。元時水深林茂，南浦環其前道。明有水光山色，舟自號停雲子。陶宗儀南村草堂在焉。隱居於此，故稱泗濱老人。"卷四二："孫道明，字明叔，華亭泗濱里人。好古，不習舉子業。藏書幾萬卷，或遇秘本，手自抄錄，至老彌篤。嘗築映雪齋，延接四方名士閱其藏書爲樂。又造小舫，曰水光山色，放于南浦，自號停雲子。"今孫氏識語多見，謹略舉所見：
（1）其跋《閒居錄》云："至正十八年戊戌之秋七月旦日，鈔于泗北村居之映雪齋。"〔據鐵琴銅劍樓藏鈔本，卷末鈐"映雪"白文方印，"孫明"白文方印，"孫明叔印"朱文方印。參見圖3〕（2）跋《自號錄》云："至正壬寅九月廿五日丁卯，華亭孫道明寫于泗北村居映雪齋，當年六十又六也。"〔見《宛委別藏》本卷末。〕（3）跋《續夷堅志》云："遺山先生《續夷堅志》二卷，乃吳中王起善鈔本，今歸芥甫夏侯。至正二十三年癸卯歲閏三月十七日丁亥借錄，至四月七日丙午錄畢於泗北村居映雪齋華亭。在家道人孫道明明叔，時年六十有七。"〔據中華書局點校本。〕（4）跋《北夢瑣言》云："《北夢瑣言》二十卷，富春孫光憲纂集唐末、後梁、後唐、石晋時事。此書乃武林忻悦學家藏陝刊舊本，今歸成芥庵夏隱君。中間刊誤舛訛，如日曰、纂篡、歡歎、雖難、關闕、禍福等字，可以意改，餘不敢強，以俟別本訂之。至正二十四年，歲次甲辰，五月七日寫起，至二十七日庚寅輟卷。華亭在家道人孫道明識于泗北村居映雪齋，時年六十又八也。連日梅雨，時西南二鄉，皆成巨浸，豐年未卜，今日喜晴，聊書記耳。"〔據中華書局點校本。〕（5）跋《拊掌錄》云："余家舊有《軒渠錄》。此卷從吳純齋處袖歸，謹抄于且喫茶小軒中，起八月三日庚子，迄六日癸卯，是日小雨弄晴，頗快人思，時太歲內戌至元年十襟也。映雪老人華亭孫道〔明〕志，時年六十九矣。"〔據《學海類編》本，訛謬甚多。〕（6）跋《廣川畫跋》云："今所錄之本，迺宋末書生傳寫，誤字甚夥。如'於'作'相'，'德'作'浙'，不可枚舉。自一陽節日寫起，至丙午日輟卷。華亭孫道明明叔謹識，年六十又九。當至正乙巳十一月廿三日，書於泗北村居映雪齋。"〔據《叢書集成》初編本。〕（7）跋《清異錄》云："至正二十五年，華亭孫道明借果育齋本手錄。二十六年，又得常清靜齋藏本讐校，正訛易舛，不下三四百字。復補足喪葬、鬼、神、妖四類及天類一則，魚類三則，始爲全書矣。"〔據錢曾《讀書敏求記》卷三轉錄。〕（8）跋《衍極》云："至正二十六年歲在丙午八月庚戌朔寫起，至十有八日丁卯鈔畢於泗北村居映雪齋，華亭孫道明叔識，時年七十歲。"〔據《叢書集成》初編本。〕（9）跋《明皇十七事》云："大元至正丙午暮春十一日癸巳，在家道人寫。"〔據《廣四十家小說》本。〕（10）跋《皇宋書錄》云："至正丁未三月十四日錄辦。"〔據《叢書集成》初編本。〕（11）跋《腳氣集》云："此書迺管而敏家藏本，借錄於城南寓舍映雪齋，時吳元年歲在丁未臘月二十八日庚午，華亭孫道明明叔父，年七十有一。"〔據《寶顏堂秘笈》本。〕（12）跋《錦里耆舊傳》云："《錦里耆舊傳》八卷，自洪武五年壬子歲秋七月十五日庚申寫起，至廿八日癸酉録畢於華亭集賢泗北村居之映雪齋且喫茶處，在家道人誌，七十有六。"〔據《叢書集成》初編本。〕（13）跋《南部新書》云："《南部新書》，錢希白撰，子明逸序云：'凡三萬五千言，事實千，列卷十。'今元本止一萬五千言，事實二百五十有七，亦列卷十。所以子真子唐君誌云：'以蜀本對，皆不同；此所有者，蜀本不載；彼所載者，此亦不收。惜乎欠一對耳。'余家所有曾公《類説》，所收事實八十，校之今本，所無者凡二千餘言，事實五十有一，作補遺，録于右。《類説》省文，又所言甚節，以俟舊本訂正云。清隱老人誌。眚洪武五年五月廿八日甲戌，寫于泗北村居且喫茶處云。"〔據美國國會圖書館藏曹炎鈔藏本。〕①（14）跋《臨漢隱居詩話》云："洪武九年丙辰，映雪老人寫于華亭集賢外坡草舍雨窗，時年八十。"〔據《叢書集成》初編本。〕② 以前述年月歲次推之，莫不與此編"洪武十二年歲次己未""時年八十有三"相契。卷末跋語自稱"映雪老人"，而"映雪"亦是孫道明書室之號。鄭元祐《孫高士像贊》云："雲間孫高士明叔者，隱於其里九峰三泖之間，讀書績學，築草堂三間，日偃息其中，故雖甚貧，用前人苦志篤學名其齋曰'映雪'。手鈔書數百弓，皆小楷齊截。"〔《僑吳集》卷七。〕［正德］《松江府志》卷一六："映雪齋，孫明叔居。"初業儒，至正七年（1347）十二月三日，番陽傅貴爲其作《映雪齋記》云："明叔幼習俎豆，《禮》遂溢於目，《詩》《書》熟於耳。既長，見益多，聞益博，學日益進。所蓄經書幾千卷，若注，若疏，若觧義，諸氏之説備焉；史千卷，若紀傳，若書志，歷代紀載萃焉；子、集又千卷；筮史、醫師、方伎之精者，古今名賢墨蹟之真者，聚以類焉。"〔《珊瑚木難》卷七。〕後避兵亂村居，爲道士，又有齋號"樂苦"。張雨《樂苦齋記》云："華亭孫鍊師字明叔者，畚以穎敏得鄉里名稱，爲鄉大姓義門夏氏所知遇，如其家老綜理，以益其富者，將三十年。至正乙未，主人者亡，師喟然曰：'知己者死矣，安用屑屑，久羈塵靮耶？'遂去，爲黃冠師。丙申，城毀於兵，民無故居，義門乃於府城之北、鳳凰山之東、外波涇之西築室以聚族焉。師亦僦地其傍爲屋三楹，庸以止息。曰：'吾不忍與義門氏子孫遂相忘也。'"其過録《北夢瑣言》恰在丙申兵亂後二年，跋識所謂"芥庵夏隱君"屬夏氏義門，而此"樂苦齋"即其泗北村居也。綜上可知，孫道易即道明之訛，蓋字體間架上下、左右無別，"易"、"明"二字形近致誤。

〔三〕正德紀元十月初二日録　此書定稿於洪武十二年（1379），正德元年（1506）又經迻録。卷端有毛晉、徐乾學及近人黃裳藏章，卷末有黃丕烈私印，同時毛扆《汲古閣珍藏秘本書目》、徐乾學《傳是樓書目》均載《廣客談》鈔本，似由來有自。然觀其印鑒殊覺不真，極有可能是清中後期書賈僞作。此本與《遂昌山人雜録》訂爲一册，

---

① 王重民輯録，袁同禮重校：《美國國會圖書館藏中國善本書目》，文海出版社，1972年，第752—753頁。
② 葉德輝《書林清話》卷十據《鐵琴銅劍樓書目》跋識備列《張司業集》，《五國故事》，《蜀梼杌》爲孫明叔鈔本，實誤將孫潛〔潛夫〕作孫道明〔明叔〕之故。

《雜録》末有黄裳跋語，稱"此册有'士禮居''毛子晋'印，實僞，印色殊劣，然仿製則殊精也；健庵四印則真迹也。"然通過對比，徐乾學印章真僞也值得商榷〔參見圖1〕。據此推測，國圖所謂"明鈔本"實際上是清代書賈贋作，所據固然可能是明正德過録本，而其過録年代必在毛氏父子及徐乾學之後。

附録　跋識輯録

一、知不足齋鈔本跋語

《東園客談》刻于《説郛》，祇三之一，更其名曰"友聞"，非其舊矣。此從錢氏述古堂鈔本傳寫，凡三十二則，後又附《廣客談》二十三則，真秘册也，當与好古〔者〕【一】流通之。乾隆辛巳五月二十一日，燈下識於知不足齋。

謹案，此段書於《東園客談》卷末，較正文低二格。另起一頁接《廣客談》。

〖校勘記〗

〔一〕者　底本原無，朱筆補於側。

乾隆辛巳四月十五日，校于知不足齋。是日月食，十四分五十秒初虧，寅正一刻十四分食甚，卯正一刻九分復圓，辰正一刻四分以雨不見。【一】

謹案，此段書於《廣客談》文末，較正文低二格。

〖校勘記〗

〔一〕乾隆〔中略〕不見　知不足齋鈔本無"正德紀元十月初二日録"十字，末低三格署鮑氏跋語。

二、《廣四十家小説》本跋語

是編不知何人所集。觀其所記，皆勝國時事，凡二十三則，作者十有五人。其言覈而實，其義顯而微，要之激頹風而垂世教，有懲勸之遺焉。余得觀於俞子容氏，遂乞歸以梓之。時嘉靖戊戌冬十月望，吳郡晚學龍池山人伍忠光識。【一】

〖校勘記〗

〔一〕是編〔中略〕光識　《廣四十家小説》本無"洪武十二年"至"正德紀元十月初二日録"兩段文字，末低二格署伍忠光跋語。

〖注釋〗

〔一〕俞子容　〔民國〕《吳縣志》云："俞弁，字子容，吳人。以翁號約齋，故自附曰守約。撰《續醫説》十卷。"又撰《山樵暇語》十卷，多録時人詩話韻語，又頗記一時之風習，可爲治學觀風者借鑒。如卷七云："近來吳中士夫抄録古今典籍，中如貞、徵二字，皆不全書。予謂宋人刻板時爲避國諱，至我朝尚爲宋諱，殊可笑也。"卷九叙永樂以來内府藏書始末，可與《萬曆野獲編》所記相參。又記吳地民間淫祀，正德間謡傳朝廷采民女之事，不勝枚舉。子容以藏書著稱於時，多蓄鈔本。謹略舉文獻可徵者：

國家圖書館藏《青箱雜記》一部，鈔本，跋云："俞子容守約齋藏書，正德辛巳夏六月晉昌唐寅勘畢。"又有黄丕烈跋語。國圖又有鈔本《括異誌》一部，爲鐵琴銅劍樓舊藏，其"建寧府"一行之後題"虞山逸民俞約齋收藏"九字，末有"正德十年歲次乙亥仲春癸丑日虞山逸民俞洪重録畢"二行跋語。上海圖書館藏《沈氏客譚》一部，沈周撰，附俞弁題識曰："嘉靖第六春相月，約齋老人命童子録四種書，收藏於紫芝山館。"[①] 傅增湘曾見明寫本《席上輔談》一部，後附跋云："席上腐談二卷校勘無訛，此帙性夫先生藏本，幸俞約齋轉假與余録完也。時弘治十八年新春正月廿一日，吴郡竹野山人沈文謹誌。"〔《藏園群書經眼録》卷十。〕《四部叢刊》影印明鈔本《墨莊漫録》卷十後附跋云："俞子容先生家藏書，晉昌唐寅借校，一一删過。其間魯魚甚多，百不能補其一二，然裨益見聞亦爲不少。"又《避暑録話》附唐寅跋云："正德辛巳夏五月，晉昌唐寅借俞子容家藏書於桃花隖之夢墨亭勘畢。"

〔二〕伍忠光　吴郡人，室名龍池草堂，鬻書爲業。刻有《白氏文集》《張説之文集》；又有《石田雜記》〔卷末跋云："先生化後二十餘年，而是記獨存於糊工故紙之中，手墨宛然，疑即先生絶筆也。豈鏌鋣在匣，似有爲之呵護者與。友人何良輔持以示予，予因命工梓之，以補新聞之所未備。東吴伍忠光跋。"〕、《江淮異人録》〔卷末跋云："嘉靖癸卯人日，吴門伍忠光跋。"〕、《漁樵閒話》〔卷末跋云："長公游戲翰墨，迨老不忘。其經天緯地之文，何往不著。雖販夫孺子，莫不知珍愛之。蓋其所積深以淳，故其所發精以粹也。晚作《漁樵閒話》二篇，以寓警世之意，豈特以文滑稽而已哉。讀者率詞揆方，當自得之矣。古吴後學龍池山人伍忠光謹書於木如草堂。"〕、《歷代帝王傳國璽譜》〔卷末有伍忠光跋，末署"嘉靖辛丑夏仲朔，金閶外史伍忠光識"。〕、《草野纂聞》〔卷末跋云："此先君家食時所纂也，詎今三十年矣。嘉靖庚子六月二日，先君捐館後，始於笥中檢出，遂鋟梓者，手澤存焉爾。不肖忠光泣血謹志。"〕諸書。

〔三〕廣四十家小説　題明嘉靖間顧元慶所輯。然是編名目頗爲可疑，《中國叢書綜録》僅著録民國四年上海文明書局石印本[②]；所謂嘉靖顧氏刻本亦不見其他公私藏目收存。按當年六月三十日並十一月二十一日《時報》所登文明書局廣告："小説叢刻明代爲多，蕪雜割裂乃其通病。惟顧元慶氏抉别最審，其四十家小説風行已久，此則選輯尤精，爲山右王氏所藏，海内實無二本。兹以重價購得印行之，想醉心顧氏者必當先覩爲快也。"有趣的是，石印本書前所附《提要》與廣告略同，惟稱"原本爲山左王氏所藏"。按其印行篇目，《讀書筆記》《蠶衣》《避戎夜話》《清夜録》《蘇談》《否泰録》《敬仰撮書》《寶櫝記》《太湖新録》並爲《顧氏明朝四十家小説》收録。故《續修四庫

① 陳先行、郭立暄編著：《上海圖書館善本題跋輯録》，上海辭書出版社，2017 年，上册，第 423 頁。

② 上海圖書館編：《中國叢書綜録》，上海古籍出版社，1982 年，第 1 册，第 758 頁。

全書提要》稱其實非顧氏所編，殆明天啓、崇禎間吳中坊肆所爲。① 此外，《明史藝文志》著錄了"袁褧《廣四十家小説》四十卷"②，這條記載當本之於史志書目輾轉因襲，③並不足信。且《廣四十家》當中，祝允明《讀書筆記》、王鏊《震澤紀聞》亦收入袁氏所編《金聲玉振集》。考顧元慶、袁褧刻書時代，多集中於明正德、嘉靖間。而《廣客談》嘉靖十七年（1538）可確定爲伍忠光龍池草堂所刻，數年之内再行剞劂，則此書在當時應頗有存世；然前述刻本幾無流傳於後，於情理不通。實際上，該石印本文獻來源複雜，不少零種與伍忠光關係密切。《廣客談》之外，《漁樵閒話》《石田雜記》《歷代帝王傳國璽譜》《江淮異人録》及《草野纂聞》卷末均有伍忠光跋語。王氏所藏天壤孤本，未免海上書買一面之辭。要言之，顧元慶、袁褧生前或未有編刊《廣四十家小説》之舉，此編或爲倩顧氏之名的射利之作。

陶宗儀、孫道明長居松江，相知相交。元末兵亂，道明避居於泗涇，與九成南村草堂僅數步之遥。今本《東園客談》有陶宗儀所書杜本佚事一則，同樣收入了《南村輟耕録》。《珊瑚木難》卷七載陶宗儀《映雪齋爲孫明叔鍊師》一首："新裁鶴氅自来輕，儼若冰壺不夜城。展席繙書延倒景，煮茶敲火送深更。千山玉立神逾爽，一室清虚眼倍明。座上高談無雜客，蕭蕭白髮可憐生。"可謂二人交際往返的見證。

因此也就不難理解，孫氏《東園客談》《廣客談》與陶宗儀《南村輟耕録》之間存在密切的關係。《南村輟耕録》書前附至正二十六年（1366）六月孫作序，其紀事最晚可到至正二十六年八月，則初印時間當在此後；考慮到朱元璋此後不久就佔領了松江，而陶宗儀書中頗有對其不敬之語，故其初印本的刊刻時間不會晚於至正二十六年。④ 而此編末署"洪武十二年寫于華亭平溪草舍"，説明《廣客談》成書時間遠在《南村輟耕録》之後。《東園客談》《廣客談》所收條目亦多見於《輟耕録》，而其同源記載詳略互異，因此二人著作之間並無線性傳承關係，而是擁有共同的文獻來源。相對而言，《東園客談》《廣客談》記載末署傳録者姓名的做法反映了筆記小説形成過程中較爲原始的面貌，一如國圖所藏

---

① 《續修四庫全書總目提要〔稿本〕》，齊魯書社，1996 年，第 30 册，第 742 頁。
② 《明史》卷九八《藝文志三》："袁褧《前·後四十家小説》八十卷、《廣四十家小説》四十卷。"中華書局，1974 年，第 8 册，第 2434 頁。王鴻緒《明史稿》、文淵閣《四庫全書》本同，均收入子部小説家類。
③ 《千頃堂書目》卷一五："袁褧《前四十家小説》四十卷，又《廣四十家小説》四十卷，又《後四十家小説》四十卷，又《金聲玉振集》二十卷。"國家圖書館藏四一六卷稿本卷一三五所録與此同。均收入子部類書類。
④ 王嬌：《陶宗儀〈南村輟耕録〉之成書考》，《現代語文》，2011 年第 4 期，第 16 頁。

《珊瑚木難》稿本透露出的寶貴信息，在孫道明書中，宋元之際士人雅集、秉筆題識的現場感亦恍如目前。

文獻並非乾枯的數據、史料，而是包含多個層次，其生成、結集、流變的每一個環節，離不開在具體環境中和特定人群的互動。在比對文本、梳理譜系的基礎上，探討文本生成、流變背後的時代情境和歷時性因素，足以豐富我們在内容、載體等豐富的層面上重新認識並發掘文獻。本書與陶宗儀《南村輟耕録》一道勾勒出元末明初松江士人群像及其與翰林史館諸老的密切交流，無疑屬於當時文獻生成傳播的重要背景。北宋時松江即爲海上樞紐，按〔洪武〕蘇州府志》卷四十，"紹聖中，閩人潘裕自京師調官回道吳江。"蘇、閩兩地海運繁盛，而松江則是其間重要樞紐，元朝前期海運勃興，其經濟地位頗有超越杭州之勢，由此帶來文化的繁榮，使得當時松江一帶變得不可忽視。[①]另一方面，元代科舉靡廢的現實，導致傳統意義上的南人文化精英被迫下沉地方，他們時代相近，耳目相接，旨趣相似，而書籍傳布則是士人交往活動的重要方面。一如《四庫》館臣所見《遂初堂書目》後附陸友仁跋，而同源文本又爲陶宗儀編入《説郛》；孫道明畢生鈔書不輟，其家藏《閒居録》即借陸友仁藏本傳録；而孫氏藏書爲陶九成編入叢書的例子亦數不勝數。乃至於"趙體字"應用於版刻，也和這一時期士人圈層密切相關。前人對陶南村編刊諸書的研究難免互爲割裂，又不出特定範式，好作"報菜名"之態，遠不能令人滿意。而孫明叔此編提供了諸多線索，無疑是解讀陶宗儀生平論著，乃至打開元代文獻之門的一把鑰匙。

參考文獻

宋

1. 司馬光《涑水記聞》，鄧廣銘、張希清點校，中華書局，1989 年。

元

1. 陶宗儀《南村輟耕録》，中華書局，1959 年。並北京大學圖書館藏明永樂刻本、《四部叢刊》影印明成化刻本、《津逮秘書》本。

2. 陸友《吳中舊事》，明刻本。

3. 楊瑀《山居新語》，余大鈞點校，中華書局，2006 年。

4. 夏文彦《圖繪寶鑒》，元至正二十六年（1366）刻本。

5. 張雨《句曲外史貞居先生詩集》，《四部叢刊》初編影印影元鈔本。

---

① 張良：《元朝地方經營政策的轉變——以河海聯運的興廢爲中心》，《元史論叢》第 15 輯，2018 年。

6. 張雨《句曲外史集》，明嘉靖陳應符刻本；並崇禎汲古閣刻本。

7. 張雨《貞居先生詩集》，《武林往哲遺著》本。

8. 黃溍《金華黃先生文集》，元刻本。

9. 王逢《梧溪集》，元至正明洪武間刻景泰七年（1456）陳敏政重修本，國家圖書館藏；又清鈔本，臺北"中央"圖書館藏，原北圖甲庫書。

10. 牟巘《陵陽先生集》，民國劉氏嘉業堂刻《吳興叢書》本。

11. 毛晋輯《元人十種詩》，汲古閣刻本。

12. 顧瑛《草堂雅集》，楊鐮、祁學明、張頤青整理，中華書局，2008 年。

13. 鄭大和《麟溪集》，明成化十一年（1475）刻本。

14. 鄭元祐《僑吳集》，明弘治九年（1496）刻本。

15. 楊維楨《西湖竹枝集》，清光緒間錢塘丁氏嘉惠堂刻《武林掌故叢編》本。

16. 賴良《大雅集》，文淵閣《四庫全書》本。

17. 陳基《夷白齋稿》，明鈔本，臺北"中央"圖書館藏，原北圖甲庫書。

明

1. 孫道易《東園客談》，《說集》本，並知不足齋鈔本；並僞作《東園友聞》，《學海類編》本。

2. 蔣一葵《堯山堂外紀》，明刻本。

3. 陳繼儒《妮古錄》，明萬曆《寶顏堂秘笈》本。

4. 朱存理《珊瑚木難》，北京大學圖書館藏清鈔本，八卷；臺北"國家圖書館"圖書館藏清鈔本，八卷，原北圖甲庫書；國家圖書館藏稿本，不分卷。

5. 趙琦美《趙氏鐵珊瑚網》，文淵閣《四庫全書》本。

6. 何良俊《四友齋叢說》，中華書局，1959 年。

7. 俞弁《山樵暇語》，明藍格鈔本，臺北"國家圖書館"圖書館藏，十卷，原北圖甲庫書。

8. 陸容《菽園雜記》，中華書局，1985 年。

9. ［正德］《松江府志》，明正德刻本。

10. ［崇禎］《松江府志》，明崇禎刻本。

11. ［正德］《華亭縣志》，明正德十六年（1521）刻本，臺北"中央"圖書館藏，原北圖甲庫書。

12. ［洪武］《蘇州府志》，明洪武十二年（1379）刻本，國家圖書館藏。

13. ［正德］《姑蘇志》，明正德刻本。

14. 《吳興備志》，清康熙鈔本，北京大學圖書館藏。

15. 《嘉興縣志》，明崇禎刻本。

16. 徐象梅《兩浙名賢錄》，明天啓刻本。

17. 張昶《吳中人物志》，明隆慶四年（1570）刻本。

18. 過庭訓《本朝分省人物考》，明天啓刻本。

19. 李存《番易俟菴先生文集》，明永樂刻本。

20. 文徵明《甫田集》，文淵閣《四庫全書》本；北京大學圖書館藏明刻清修本。

21. 郭子章《豫章詩話》，明萬曆刻本，國家圖書館藏。

22. 凌雲翰《柘軒集》，清光緒《武林往哲遺著》本。

23. 袁褧《金聲玉振集》，明嘉靖間袁氏嘉趣堂刻本，哈佛大學圖書館藏。

清

1. 張照《石渠寶笈》，文淵閣《四庫全書》本。

2. 錢大昕《元進士考》，《嘉定錢大昕全集〔增訂本〕》，鳳凰出版社，2016 年。

3.〔乾隆〕《青浦縣志》，清乾隆刻本。

張良　北京大學歷史學系博士生

人物 版本目録學研究第十一輯

《飲膳正要》作者忽思慧、常普蘭奚新考訂 *

鄒　賀

　　元文宗天曆三年三月（1330 年，當年五月改元至順），飲膳太醫忽思慧進上我國第一部營養學專著《飲膳正要》，摘選蒙古、元朝及前代 "聚珍異饌" 九十四種、"諸般湯煎" 五十六種、"神仙服食" 三十五種、"食療諸病" 六十一種，還有各種食療藥材二百多種，含括飲食營養、食材品種、衛生保健、妊娠育嬰、疾病治療等諸多內容。是書徵引古籍四十多種，附插圖一百九十多幅，全面展示了 14 世紀中前期，元朝宮廷飲食及營養理念。既繼承了中原地區傳統本草學成就，也吸收了外來飲食和醫藥知識，甚至還參驗了道教神仙理論和觀念，熔漢、蒙古、回等多民族和地區的飲食文化、醫藥衛生知識於一爐。

　　清代四庫館臣將《飲膳正要》列入《四庫提要·子部·譜録類·存目》，并將 "忽思慧" 改爲 "和斯輝"[①]，認其爲《飲膳正要》唯一作者，但未説明理由。由此衍生出兩個懸而未決的問題：一是《飲膳正要》是忽思慧獨撰，還是多人合著，二是忽思慧的族别是回，還是蒙古。

　　今筆者試剖析《飲膳正要》的編纂過程，論證該書係御醫忽思慧、四代掌

----

　　* 陝西省社會科學基金項目 "從飲食文化看絲綢之路民心相通傳統與基礎"（13SC041）；陝西省 "十三五" 古籍整理重大項目《陝西古代文獻集成》子課題（SG17001·子 028）；西安電子科技大學信息與人文學科交叉項目 "關中歷史文化信息化研究"（20106185642）。

　　① （清）紀昀、陸錫熊等：《欽定四庫全書總目（整理本）》卷一至六《子部二十六·譜録類存目》，中華書局，1997 年，第 1556 頁。

御膳的常普蘭奚兩個人合著撰成。再考訂四庫館臣遵行乾隆皇帝改訂史書中的滿蒙語漢譯名的詔令，將蒙古名"忽思慧"改題"和斯輝"，從而揭示出忽思慧族別爲蒙古。同時補充了《四庫提要》語焉未詳之處，也佐證了帝國統治亞歐大陸時期，蒙漢飲食、醫藥、養生各方面知識得以廣泛交流和充分融合的重要史實。

一、《飲膳正要》爲忽思慧、常普蘭奚合著

清代四庫館臣將和斯輝（即忽思慧）署爲《飲膳正要》唯一作者，其依據當是虞集撰《飲膳正要·序》所言，撰書者爲忽思慧，進上者爲常普蘭奚：

> 於是趙國公臣常普蘭奚，以所領膳醫臣忽思慧所撰《飲膳正要》以進。[1]

後世書志目録遂沿用此説爲成例，如《天一閣進呈書目》[2]、《藏園訂補郘亭知見傳本書目》等[3]，今人數種整理本[4]，亦因襲不變。不過，近年有學者提出，在忽思慧撰寫的《飲膳正要·進書表》文末，署名爲：

> 飲膳太醫臣忽思慧進上，中奉大夫、太醫院使臣耿允謙校正，奎章閣都主管工事、資政大夫、大都留守、内宰、隆祥總管、提調織染雜造人匠都總管府事臣張金界奴校正，資德大夫、中政院使、儲政院使臣拜住校正，集賢大學士、銀青榮禄大夫、趙國公臣常普蘭奚編集。[5]

故忽思慧、常普蘭奚、耿允謙、張金界奴、拜住五人皆爲作者，《飲膳正要》

---

① （元）虞集《飲膳正要·序》，《中國古代版畫叢刊二編》第一輯，影印明景泰七年（1456）内府刻本，上海古籍出版社，1994 年，第 5 頁。

② 駱兆平《天一閣進呈書目校録》譜録類，駱兆平《新編天一閣書目》，中華書局，1996 年，第 235 頁。

③ （清）莫友芝撰，傅增湘訂補，傅熹年整理：《藏園訂補郘亭知見傳本書目》卷九《子部九·譜録類》，中華書局，2009 年，第 652 頁。

④ 主要有李春方譯注《飲膳正要》，《中國烹飪古籍叢書》，中國商業出版社，1983 年；劉玉書點校《飲膳正要》，《中醫古籍整理叢書》，人民衛生出版社，1986 年；黃斌校注《飲膳正要》，中國書店，1993 年；尚衍斌注釋《〈飲膳正要〉注釋》，中央民族大學出版社，2009 年；張秉倫、方曉陽譯注《飲膳正要譯注》，《中國古代科技名著譯注叢書》，上海古籍出版社，2014 年。以上各整理本的底本，都是張元濟《四部叢刊續編》本，即上海涵芬樓景印日本靜嘉堂文庫藏明景泰七年内府刻本。

⑤ （元）忽思慧：《飲膳正要·進書表》，影印明景泰七年内府刻本，第 12 頁。

乃五人集體創作而成①。

對於以上兩種意見分歧，筆者以爲，要確定《飲膳正要》的作者，必須進一步厘清該書編纂、刊刻的過程。根據忽思慧自述，《飲膳正要》是他與管理太醫院的常普蘭奚共同"集成"：

> 臣思慧自延祐年間選充飲膳之職……與趙國公臣普蘭奚……集成一書，名曰《飲膳正要》，分爲三卷。②

常普蘭奚本是漢人，姓常，普蘭奚是蒙古名，也作不蘭奚、孛蘭奚、布呀齊，其生平事蹟主要見於程矩夫（名文海，以字行）撰《信都常忠懿王神道碑》《新元史·常咬住傳》。那麼，常普蘭奚在多大程度上參與了《飲膳正要》的撰寫？

首先，常普蘭奚四世掌御膳，是毫無疑問的飲食專家。常普蘭奚曾祖名常資，信都（今河北邢臺）人，入爲成吉思汗宿衛，"典御膳"③。常資之子名常兀邇篤，"襲職"，同樣負責御膳，蒙哥汗三年（1253）卒。常兀邇篤之子爲常咬住，依然負責御膳，歷任點膳署令、家令司丞、内宰司丞、同知宣徽院事，大德八年（1304）卒。

常普蘭奚爲常咬住長子，據程矩夫撰《信都常忠懿王神道碑》記載常普蘭奚早年生平：

> 至元十四年，生始八歲，裕皇養之宮中。年十七，太夫人疾篤，刲股和藥以進，疾愈而終不言。裕皇以爲孝。④

此處"裕皇"指忽必烈太子真金（死後追尊裕宗），可知常普蘭奚生於忽必烈至元六年（1269）⑤。在常咬住死後，接任同知宣徽院事。大約在元武宗至大元年（1308），遷同知徽政院事，元仁宗皇慶元年（1312），封趙國公。

但是，《新元史·常咬住傳》載："延祐二年，加金紫光禄大夫、徽政院使。

---

① 漆浩：《對〈飲膳正要〉作者的考證》，《國醫論壇》1989 年第 5 期，第 28、29 頁；尚衍斌注釋《〈飲膳正要〉注釋》，中央民族大學出版社，2009 年，第 17 頁。

② （元）忽思慧：《飲膳正要·進書表》，第 10、11 頁。

③ 柯劭忞：《新元史》卷一五一《常咬住傳》，開明書店，1935 年，第 313 頁。

④ （元）程矩夫：《雪樓集》卷七《玉堂類稿·敕賜碑·信都常忠懿王神道碑》，景印文淵閣四庫全書本，第 1202 册，臺北商務印書館，1986 年，第 87 頁。

⑤ 尚衍斌先生考證常普蘭奚生平，認爲他"生於至元十四年，卒於延祐二年"，此說誤。因爲尚衍斌先生誤將《信都常忠懿王神道碑》"至元十四年，生始八歲"一句，斷句爲："至元十四年生。"普蘭奚若生於至元十四年（1277），則他年十七時，是至元三十年（1293），而真金太子早在忽必烈至元二十二年（1285），未即位而卒，不可能"裕皇以爲孝"。見尚衍斌注釋《〈飲膳正要〉注釋》，中央民族大學出版社，2009 年，第 21 頁。

卒。"① 此説誤。因爲在元文宗至順三年（1332），"四月朔旦，臣不蘭奚自長春以青詞入謁内廷請署"②。再檢《元史·順帝紀》載，元順帝至元四年（1338）春正月，常普蘭奚以宣政院使致仕："以宣政院使不蘭奚年七十致仕，授大司徒，給全俸終身。"③ 由此前推，亦可知常普蘭奚生於忽必烈至元六年（1269），與前文正相契合。

另外，常普蘭奚之弟名小和尚，任内宰司丞，亦負責御膳。可知，常普蘭奚一家從祖父常兀逈篤開始，改用蒙古名。而曾祖常資、祖父常兀逈篤、父常咬住、兄常普蘭奚、弟常小和尚，四代五人，全部擔任過負責御膳的相關職務，必然具備豐富的飲食知識和技能。

其次，常普蘭奚是忽思慧的上級，職責所繫，他必須認真審閱忽思慧所寫的内容。據《元史·百官志》載，徽政院設於忽必烈至元三十一年（1294），"徽政院掌儀、掌膳、掌醫，署書吏"④。常普蘭奚在元武宗至大元年（1308），出任同知徽政院事，在元仁宗延祐二年（1315），升任徽政院使，一直管理太醫院。與此同時，從延祐年間（1314—1320年）開始，忽思慧進入太醫院任飲膳太醫，二人職責重疊。

事實上，常普蘭奚完全有能力從專業角度，對忽思慧的著述進行直接指點。據《飲膳正要》卷二《諸水·井華水》載，當時内府御用飲水取自鄒店井水：

> 緣自至大初武宗皇帝幸柳林飛放……由是道經鄒店，因渴思茶，遂命普蘭奚國公、金界奴、朵兒只煎造。公親詣諸井選水，唯一井水，味頗清甘。汲取煎茶以進，上稱其茶味特異……乃命國公於井所建觀音堂，盖亭井上，以欄翼之，刻石紀其事。⑤

此言元武宗至大初年（1308）事，而忽思慧任職飲膳太醫，是在數年以後的元仁宗延祐年間，則此事必是常普蘭奚告知忽思慧。據此推知，《飲膳正要》書中部分内容——尤其是食譜食材——非常有可能來自常普蘭奚蒐集。

在《飲膳正要》書中提及蕪菁根時，出現了"沙吉某兒湯"⑥、"沙乞某兒

---

① 《新元史》卷一五一《常咬住傳》，第 313 頁。
② （元）虞集：《道園學古録》卷二一《應制録一·贊·瑞鶴贊》，《四部叢刊初編》集部，商務印書館，1936 年，第 196 頁。
③ 《元史》卷三九《順帝紀》，第 843 頁。
④ 《元史》卷八九《百官志》，第 2084、2250 頁。
⑤ 《飲膳正要》，影印明景泰七年内府刻本，第 125、126 頁。又尚衍斌《〈飲膳正要〉注釋》認爲選水一事，係張金界奴所爲，誤，當爲常普蘭奚；漆浩《對〈飲膳正要〉作者的考證》認爲選水一事，係常普蘭奚與忽思慧合作，亦誤，忽思慧并未參與。
⑥ 《飲膳正要》，影印明景泰七年内府刻本，第 17 頁。

湯”①、“沙吉木兒”② 三種寫法。依照常理，如果這些詞條都是忽思慧自撰，他應該統一稱謂，不會一物三名。推測湯品沙吉某兒湯、沙乞某兒湯爲常普蘭奚所撰，藥材沙吉木兒爲忽思慧所撰，故而文字不同。又據李春方先生指出：“沙兒木吉，爲蒙語蕪菁根的漢字記音。”③ 常普蘭奚畢竟不以蒙古語爲母語，存在讀寫錯誤的可能。而沙吉木兒是忽思慧筆誤，抑或刻工訛誤，就不得而知了。

《飲膳正要》書成後，接著由忽思慧的直屬上司耿允謙，還有擔任“内宰”負責御膳的張金界奴，以及負責皇后、太子宮中事物的拜住三人“校正”。三月，定稿進上，元文宗親自過目後，命拜住主持刊印。五月，命知制誥、同修國史虞集撰寫序言，“書之既成，大都留守臣金界奴傳敕命臣集序其端云”④。

顯然，耿允謙、張金界奴、拜住祇是校勘者，没有參與編纂過程。反觀虞集撰寫《序》，乃是聽張金界奴轉述，虞集自己并不熟悉一干人員，他甚至没有記録張金界奴原來的張姓，是誤認張金界奴爲蒙古人。很可能虞集因常普蘭奚品級高，便簡單地視其爲進上者，而非撰述者。這與忽思慧《進書表》所述不符，更不能作爲《飲膳正要》作者認定的依據。

簡言之，筆者以爲：《飲膳正要》的作者，當是醫學專家忽思慧、御膳專家常普蘭奚兩人。其中，《飲膳正要》書中養生理論、藥方等内容，應該出自忽思慧編撰，而食材、食譜可能是常普蘭奚蒐集整理，兩人在醫藥、飲食兩個專業領域，相互探討，最終由忽思慧執筆編纂成書。

二、忽思慧族別爲蒙古

已知常普蘭奚爲漢人，四世掌御膳，另一作者忽思慧的生平行迹在史籍中闕載，導致今人對忽思慧族別的認定，莫衷一是，或説回回⑤ 人、或説非穆斯林回回人、或説蒙古人、或説以上皆有可能，四種觀點懸而未決，無法得出定見。

目前，認爲忽思慧是回回人的觀點，被普遍接受。最早由陳垣先生提出，忽思慧爲西域色目人。不過，他没有確定忽思慧是回回、畏兀兒或其他族別⑥。

---

① 《飲膳正要》，影印明景泰七年内府刻本，第 58 頁。
② 《飲膳正要》，影印明景泰七年内府刻本，第 28、312 頁。
③ 李春方譯注：《飲膳正要》，《中國烹飪古籍叢書》，中國商業出版社，1983 年，第 31 頁。
④ （元）虞集：《飲膳正要·序》，影印明景泰七年内府刻本，第 6 頁。
⑤ 歷史詞彙，與今日之回族并不完全相同。
⑥ 陳垣：《元西域人華化考》，上海古籍出版社，2000 年，第 141 頁。

此後，如周良宵、韓儒林等學者，皆言其爲回回人 [①]。

這種觀點的主要依據有二：

一是元朝回回醫術盛行，忽思慧熟稔回回醫藥和飲食，《飲膳正要》多取材回回藥方和食材。美國學者保羅·D·布林勒（Paul D. Buell）、尤金·N·安德森（Eugene N. Anderson）認爲：Hu Szu-Hui, a man apparently with a Turkic linguistic background [②]，即忽思慧明顯地具有突厥語背景。

二是"忽"非漢姓，而是回回姓，故而他更有可能是回回人。在元代，"回回"一詞的含義是"至少從世祖時代起，'回回'一名就被專用於指稱信奉伊斯蘭教的中、西亞人……有時也被用作西域人的代稱或泛稱" [③]。

但是，在《飲膳正要》書中有三十三處豬肉、一〇一處飲酒的記載，這與伊斯蘭教戒律衝突。如果忽思慧是回回人，不應該如此行文。故此尚衍斌、徐儀明等學者，對忽思慧族別是回回人觀點進行了修正：忽思慧可能是非穆斯林（元代稱爲"木速蠻"）的回回人 [④]，因爲在元代，叙利亞基督徒愛薛被稱爲"回回愛薛"，還有猶太教徒被稱爲"术忽回回"，東正教徒阿速人被稱爲"綠睛回回" [⑤]。此外，也有學者推測：豬肉和飲酒的内容，應該不是忽思慧所作，而是常普蘭奚等人所加 [⑥]。

如果因爲"忽"是回回姓，排除忽思慧是漢人的可能，再因爲豬肉和飲酒的疑問，排除忽思慧是回回人的可能，那麼，就以蒙古人的可能最大。如劉玉書、張秉倫、周貽謀等學者即持忽思慧是蒙古人的觀點 [⑦]。不過，對於這一種觀點，一直没有完整正面論證。

認爲忽思慧是回回人，或者是非穆斯林回回人，又或者是蒙古人等三種觀

---

① 周良宵、顧菊英：《元代史》，上海人民出版社，1993 年，第 812 頁。韓儒林：《元朝史》，人民出版社，2008 年，第 761 頁。

② （美）保羅·D·布林勒、（美）尤金·N·安德森 A Soup for the Qan: Chinese Dietary Medicine of the Mongol Era as Seen in Hu Szu-Hui's Yin-shan Cheng-yao，凱根·保羅國際出版公司（Kegan Paul International），2000 年，第 1 頁。

③ 白壽彝、陳得芝：《中國通史》第八卷《中古時代·元時期》上册，上海人民出版社，2015，第 227 頁。

④ 尚衍斌：《元代色目人史事雜考》，《民族研究》2001 年第 1 期，第 81—109 頁。

⑤ 白壽彝：《關於回族史的幾個問題》，《民族宗教論集》，河北教育出版社，2001 年，第 192 頁。

⑥ 程楊帆：《〈飲膳正要〉語言研究及元代飲食文化探析》，寧夏大學 2014 年漢語言文字學專業碩士畢業論文，第 1 頁。

⑦ 劉玉書點校：《飲膳正要》，《中醫古籍整理叢書》，人民衛生出版社，1986 年，第 1 頁。張秉倫、方曉陽譯注：《飲膳正要譯注》，《中國古代科技名著譯注叢書》上海古籍出版社，2014 年，第 1 頁。周貽謀：《忽思慧與〈飲膳正要〉》，《長壽》2007 年第 1 期，第 44 頁。

點，都屬旁證推測，缺乏確鑿論據。審覆忽思慧是回回人，或説非穆斯林回回人的觀點，可以發現其論證似乎仍有欠完善之處：

其一，回回姓"忽"，源出元初名臣賽典赤·贍思丁次子忽辛、五子馬速忽，然而忽辛之子名伯杭、曲列，馬速忽之子名法虎魯丁，法虎魯丁之子爲賽撒度羅、賽爾拾迪、賽密里欽、賽牙胡帖木兒，其中"賽"字乃是後人所加[①]，賽撒度羅生佉黎，佉黎生阿力、賽顔，阿力生羅卜添賽哈智[②]。總之忽辛、馬速忽的子、孫輩，尤其是馬速忽之後五輩，都沒有改用"忽"姓。而且，在元代，回回人採用姓＋名的形式，多是漢化文人，官員并未普遍採用。明朝建立以後，纔普遍採用姓＋名的形式；

其二，《飲膳正要》一書除了收録回回醫藥、飲食，還言及"西天茶飯"，即印度飲食，以及朝鮮半島、東南亞等地區藥材。換個角度看，忽思慧同樣有可能是印度人、朝鮮半島人、東南亞人。

所以，筆者以爲，《飲膳正要》書中的回回醫藥和飲食因素，僅能夠佐證回回醫藥和飲食在當時廣泛流行，尚難以憑此斷定忽思慧是回回人，甚或非穆斯林回回人。

總之，目前對忽思慧族別的認定，各種觀點都難以駁倒他説，也都有成立的可能性，尚無法簡單取捨，如陳得芝、韓志遠等學者便兼取二説[③]。由此便出現了"忽思慧族別"這一遺留學術問題，有待辨析。

由於忽思慧的個人信息，僅見於忽思慧自撰《飲膳正要·進書表》和虞集撰《飲膳正要·序》。所以辨析忽思慧的族別，祇能從分析忽思慧的名字入手，即解答四庫館臣爲什麼要把"忽思慧"改爲"和斯輝"，或者"忽思慧"到底是回回名、還是蒙古名。

四庫存目《飲膳正要》，係由天一閣主人范懋柱進呈。對此，尚衍斌先生認爲，范懋柱進書時已經將"忽思慧"改署"和斯輝"，原因則未知：

> 據《天一閣進呈書目》記載，其中就包括《正要》，並稱：是書"謂原作忽思慧，今改正爲和斯輝撰"。不知是何原因要把忽思慧改爲和斯輝。[④]

---

① 納巨峰：《賽典赤家族元代家譜初考》，《民族研究》2012 年第 1 期，第 71—110 頁。

② 納爲信：《元咸陽王賽典赤·贍思丁世家》，今日中國出版社，1992 年，第 207—210 頁。

③ 李春方譯注：《飲膳正要》，《中國烹飪古籍叢書》，中國商業出版社，1983 年。白壽彝、陳得芝：《中國通史》第八卷《元時期》，上海人民出版社，2004 年，第 557 頁。韓志遠：《元代衣食住行》，中華書局，2016 年，第 186 頁。另高皓彤《〈飲膳正要〉研究》："但也有人認爲其爲維吾爾人（色目人）。"誤將色目人、畏兀兒人、維吾爾人、回回人四個概念混淆，無法確定具體所指。陝西師範大學 2009 年歷史文獻學專業碩士畢業論文，第 6 頁。

④ 尚衍斌注釋：《〈飲膳正要〉注釋》，中央民族大學出版社，2009 年，第 34、35 頁。

按此處所引《天一閣進呈書目》，指駱兆平先生校録《新編天一閣書目·天一閣進呈書目校録》。按《天一閣進呈書目校録》是以嘉慶八、九年間，范邦甸（范懋柱之孫）《天一閣進呈書目》；涵秋閣抄本《各省進呈書目·浙江省第五次范懋柱家呈送書目》；光緒年間錢念劬《重編進呈書目》；翰文齋藏抄本《天一閣進呈書目》四種書目對校補正而來。其中，前三種書目衹有書名、卷數、作者等，衹有第四種翰文齋藏抄本《天一閣進呈書目》有提要。尚衍斌先生所引文字，就是來自翰文齋藏抄本《天一閣進呈書目》提要，原文作：

> 飲膳正要三卷。
>
> 元太醫忽思慧撰。刊本。是書論列養生服食及物性所宜。四庫全書總目譜録類存目，謂原作忽思慧，今改正爲和斯輝撰。①

顯然，翰文齋藏抄本《天一閣進呈書目》提要的作者，僅是在復述此前四庫館臣改"忽思慧"爲"和斯輝"的事實，而非范懋柱改"忽思慧"爲"和斯輝"在先②。

在清代，四庫館臣將"忽思慧"改爲"和斯輝"，實際上將這個名字分成兩個部分："和斯"＋"輝"。而"和斯（即忽思）"，是蒙古語，據清末民初徐珂編纂的《清稗類鈔·方言類·蒙古語》一書的解釋，意思爲"雙"：

> 和斯，雙也。③

在清朝，蒙古語"雙"寫作"和斯"，這個寫法來自於清乾隆三十六年到五十年間（1771—1785年）修成的《欽定遼金元三史國語解》，其中《欽定元史語解》提到，在明朝修《元史》中，蒙古語"雙"，作"忽思"，現改作"和斯"，例見：

> 實（勒）和（斯）。實勒，琉璃也。和斯，雙也。卷十作"日忽思"。④
> 托里和（斯）。托里，鏡也。和斯，雙也。卷一百六作"脱里忽思"。⑤

---

① 駱兆平：《天一閣進呈書目校録》譜録類，駱兆平《新編天一閣書目》，中華書局，1996年，第235頁。

② 徐儀明《忽思慧其人其書及其族屬》："一直到清乾隆三十八年（1773）在《天一閣進呈書目》中的《飲膳正要》方稱是書'謂原作忽思慧，今改正爲和斯輝撰'，四庫館臣沿用此說，却并没有説明改名的原因。"亦誤。《平頂山學院學報》2012年第4期。

③ 徐珂：《清稗類鈔》第五册《方言類·蒙古語》，中華書局，2003，第2247頁。

④ 《欽定元史語解》卷四《地理》，《欽定遼金元三史國語解》，景印文淵閣《四庫全書》，第296册，臺灣商務印書館，1986年，第302頁。

⑤ 《欽定元史語解》卷一八《地理》，第487頁。

諾（木）和（斯）。諾木，經也。和斯，雙也。卷一百八作"那木忽思"。①

明朝人對蒙古語"雙"的音譯，并不衹有"忽思"一種，還有另一種音譯是"闊式"，見於《華夷譯語》一書所載：

雙，闊式。②

即明朝人將蒙古語"雙"音譯爲"闊式""忽思"，清朝人則音譯爲"和斯"。按"闊""忽""和"三字諧音，其中，"和"讀音"戶戈切"，再檢《康熙字典》載"戈"的讀音"音鍋"③，可知"和"讀如"或"。

翻檢明人所修《元史》，以"忽思"爲名的蒙古人，還有杭忽思、禿忽思（或作脫忽思）、慶都忽思等④。不過，畢竟明朝人、清朝人皆不以蒙古語爲母語，那麼，元朝蒙古人自己將"雙"轉寫成什麼漢字？

首先是元順帝至正三年到四年（1343—1344）修《遼史》，其中編纂者之一"廉惠山海牙"，字公亮，畏兀兒人。他名字中的"廉"字，當是取自叔父元初名臣廉希憲，而"惠山海牙"中的"惠山"，即是"和斯"：

和（斯）哈雅。蒙古語。和斯，雙也。哈雅，帳房、氈帷也。舊作"惠山海牙"。⑤

其次是元朝修《遼史》一書中，記載有遼朝貴族"蕭護思"：

蕭護思，字延寧。⑥

按照目前研究的認識，契丹語和蒙古語可能同屬於阿勒泰語系蒙古語族⑦。這意味著，契丹語人名"護思"，應該與蒙古語音近、同音，甚至很可能就是同一個詞。

---

① 《欽定元史語解》卷一八《地理》，第 489 頁。

② （明）佚名：《華夷譯語》，《北京圖書館古籍珍本叢刊》，書目文獻出版社，2000 年，第 46 頁。

③ （清）陳廷敬、張玉書等：《康熙字典（標點整理本）》卯集中《戈部》，上海辭書出版社，2007 年，第 357 頁。

④ 見於《元史》卷一三二《杭忽思傳》，第 3205 頁；卷六《世祖紀》，第 120 頁；卷九《世祖紀》，第 185 頁；卷二〇八《外夷一·高麗傳》，第 4607 頁。

⑤ 《欽定遼史語解》卷九《人名》，《欽定遼金元三史國語解》，景印文淵閣四庫全書，第 296 册，臺灣商務印書館，1986 年，第 115 頁。

⑥ 《遼史》卷七八《蕭護思傳》，中華書局，1974 年，第 1266 頁。

⑦ （清）格爾泰、劉鳳翥等：《契丹小字研究》，中國社會科學出版社，1985 年。

最後是同樣修成於至正四年的《金史》，書中記載在金宣宗貞祐三年（1215）正月，萬戶“忽三十”抵抗西夏兵入侵。按照《欽定金史語解》的解釋，“忽三十”中的“忽三”就是“和斯”：

> 和（斯）實勒。蒙古語。和斯，雙也。實勒，琉璃也。卷一百三十四作“忽三十”。①

“忽三十”雖是金朝官吏，他的名字卻是蒙古語，反映了女真人（滿人）使用蒙古語名字的習俗。如果按照滿語，“雙”應寫作“术里”或“只魯”，清代改作“珠嚕”：

> 珠嚕准。滿洲語。珠嚕，雙也。准，灶也。卷七作术里者。②
> 珠嚕。滿洲語。雙也。卷二十二作只魯。③

可見，元朝人自己審定的蒙古語“雙”的漢語音譯，有“惠山”“護思”“忽三”。其中廉惠山海牙是畏兀兒人，他名字的漢語寫法具有特殊性。而“護思”“忽三”，與“忽思”十分近似。換一個角度看，蒙古語“雙”可以寫作“護思”“忽三”，當然也可以寫作“忽思”。藉此可以確定，“忽思慧”之“忽思”，就是蒙古語“雙”。

既然如此，按照蒙古語，“忽思”不能拆分，“忽思慧”應該拆分爲“忽思”+“慧”兩部分。可是，爲什麼忽思慧在《進書表》中，自己將“忽思慧”拆分爲“忽”“（臣）思慧”兩部分？

筆者以爲，這是因爲“忽思慧”的讀音是蒙古語，但“忽思慧”的寫法卻是漢語。所謂“慧”肯定也是蒙古語音譯，四庫館臣將“慧”改寫爲“輝”，循《欽定遼金元三史國語解》書中之例，“輝”字還用來改“忽”字，見於《遼史》卷二、卷三八“忽汗”改“輝罕”④，這是否意味著“忽思慧”之“慧”的本字，可能是“忽”？果然，《明英宗實錄》有載，明初有女真人名“忽思忽”，

> 天順三年左順門正忽思忽奏：臣海西女直人，自洪武入內廷。⑤

---

① 《欽定金史語解》卷一二《人名》，《欽定遼金元三史國語解》，景印文淵閣《四庫全書》，第 296 册，臺灣商務印書館，1986 年，第 242 頁。
② 《欽定遼史語解》卷七《人名》，第 76 頁。
③ 《欽定遼史語解》卷八《人名》，第 95 頁。
④ 《欽定遼史語解》卷四《地理》，第 44 頁。
⑤ （明）孫繼宗等：《明英宗實錄》卷三○○，“中央研究院”歷史語言研究所校印《明實錄》第 37 册，中華書局，2016 年，第 6378、6379 頁。

如所周知，女真人習慣起蒙古名，此處“忽思忽”極有可能就是蒙古語“忽思慧”的另一種音譯。

此外，四庫館臣也反其道用“呼”字改“輝”字，例見《金史》卷六“布輝”改“布呼”①，以此類推，“忽思慧”之“慧”的本字，還有可能寫作“呼”。

又據《清史稿》載：“穆通阿子哈思護”②，檢《欽定金史語解》注釋“哈斯”意爲：“蒙古語。哈斯，玉也。”③可知“哈思護”也是女真人起蒙古名之例，而“護”“呼”“忽”近音通用④。

綜上推知，元代飲膳太醫“忽思（或作護思、忽三）忽（或作呼、護）”，將自己蒙古名的漢語寫法——尤其是詞尾讀音——選定爲“忽思慧”。原因是按照漢語的意思，“思慧”更具有表意性質。可以想見，可能出於工作需要，也可能是興趣使然，系統學習過中醫知識和文化的忽思慧，經常接觸漢族同行同業，所以他遵循漢語意思，厘定自己蒙古名的漢語寫法，并按照漢人姓＋名的習慣，以“思慧”自稱。

這種做法并不稀見，在蒙古及元朝時期，蒙古、色目人也遵從漢人取字習俗，尤其是接觸漢人文士學者的蒙古、色目人。如闊闊，“字子清”，從學王鶚。另外，名儒許衡的蒙古學生，闊闊之子堅童，“字永叔”；禿忽魯，“字親臣”；不忽木，“一名時用，字用臣”⑤。這其中，以不忽木最爲典型，他又名“時用”，這完全是漢人名字，且與不忽木這一蒙古名字沒有内在關聯。

實際上，“忽思慧”在今天依然是蒙古族姓氏之一，也作“呼色慧”，漢式姓爲“忽”“胡”。據杜若甫先生研究，是以祖先名爲姓，在今天内蒙古赤峰市翁牛特旗還有後裔⑥。

然而，尚不能因爲“忽思慧”是蒙古名，就直接斷定忽思慧其人是蒙古族。因爲還有可能是漢、回回人改用蒙古名。

筆者以爲這種可能性不大，一則，他族人改用蒙古名，或者是榮立大功，或者是親近舊臣，以忽思慧的生平事迹未被任何史籍記載來看，這兩種情況都

---

① 《欽定金史語解》卷八《人名》，第 177 頁。

② 《清史稿》卷二二五《額亦都傳》，中華書局，1977 年，第 9175 頁。

③ 《欽定金史語解》卷三《人名》，第 142 頁。

④ 按四庫館臣先是在《四庫全書初次進呈存目》中，將忽思慧改爲“哈斯罕”，這表示四庫館臣一開始就認爲忽思慧的名字是蒙古語，不過因爲“哈斯罕”與“忽思慧”發音差別過大，不夠準確，所以後來又在《四庫提要》中改爲“和斯輝”。（清）四庫館臣編撰，趙望秦等校證：《四庫全書初次進呈存目校證·史部十一·譜牒類》，陝西師範大學出版總社，2016 年，第 688 頁。

⑤ 見於《元史》卷一三四《闊闊傳》，第 3250、3251 頁；卷一三四《禿忽魯傳》，第 3251 頁；卷一三〇《不忽木傳》，第 3163 頁。

⑥ 杜若甫：《中國少數民族姓氏》，民族出版社，2011 年，第 312 頁。

不符合；再則，他族人起蒙古名，一般是姓＋蒙古名，如漢人"常普蘭奚"、畏兀兒人"廉惠山海牙"，就是說，當爲姓＋忽思慧的形式，但《序》《進書表》中，"忽思慧"三字前都沒有冠姓。

要之，筆者以爲：既然忽思慧是蒙古名，那麼忽思慧的族別是蒙古人的可能性最大。

基於這樣的結論，再檢視《飲膳正要》書中包含的蒙漢對照詞彙，如沙吉木兒（蔓菁根）、答必納（草龍膽）、哈昔泥（阿魏）、赤赤哈納（北地酸角兒）、白納八（沙糖）、速速兒（鴨）、塔剌不花（土撥鼠）[①] 等，給忽思慧是蒙古人的論證，也增加了新的佐證。

三、餘論：蒙漢合著《飲膳正要》與蒙漢飲食、醫學交融

公元 13 世紀初蒙古崛起，1206 年，成吉思汗統一蒙古高原，在此後七十多年時間裏，成吉思汗及其繼承者陸續攻滅亞歐大陸的七、八個政權，到 1279 年，元朝最終攻滅南宋殘餘勢力，統一全國。習慣上以戰爭作爲 13 世紀最突出的時代特徵，事實上在戰爭的進程中，也在同步進行著人員、物資、文化、思想等因素的交流融合，尤其是與戰爭關係密切的飲食、醫學文化等內容。

事實上，蒙漢飲食、醫學交流由來已久。統治者出於戰爭傷亡、嗜酒食肉、近親婚配等多方面原因的考慮，素來重視醫學。早在蒙古統一之前，已經積纍了豐富的醫療衛生經驗，形成了適應草原社會文化、自然環境的醫學治療理論和手段。原本蒙古兀剌速惕、帖良古等部"以熟悉蒙古藥劑，用蒙古方法很好地治病聞名於世"[②]。蒙古醫學是東方傳統醫學的重要組成部分。

而且，蒙古大軍在征伐途中，十分注意招徠醫生、工匠。據全真道長春真人丘處機觀察，蒙古皇子、貴族身邊，都有醫官相隨[③]。像四代行醫的顏天翼，被蒙古軍將領俘掠留用，窩闊台汗五年（1233），蒙古軍佔領開封，"使（顏天翼）召集誠（按：當作城）中良醫，令與通事二十五人俱。既至，凡名爲醫者，皆取而出之"[④]。

特別是忽必烈即位後，在中央設太醫院，既是宮廷醫療機構，也是管理地方惠民藥局和醫戶的醫務管理機構。與此同時，早在中統二年（1261），忽必烈下詔路、州、縣三級設醫學，嚴格選拔醫學教師，"精選各路醫學教授，訓誨醫

① 尚衍斌注釋：《〈飲膳正要〉注釋》，中央民族大學出版社，2009 年，第 32 頁。
② （波斯）拉施特主編，余大鈞、周建奇譯：《史集》第二編，商務印書館，1985 年，第 201 頁。
③ （元）李志常述：《長春真人西游記》卷下，中華書局，1985 年，第 20 頁。
④ （元）李槃《顏天翼神道碑》，薛椿齡《邢臺縣志》卷六《人物·列傳·顏天翼》，邢臺縣署鉛印本，1943 年，第 9 頁。

生，無得濫保空疏無學之人"，并且定期進行考試。醫學學生主要來自"繫籍醫戶"和"開張藥鋪、行醫、貨藥之家子孫弟侄"，以及"良家子弟才性可以教訓願就學者"，"每月習醫課醫義一道"，年終由尚醫監考核，每三年進行一次太醫院選拔考試，八月在路總管府初試，通過者在下一年赴大都參加中書省復試。中試者入太醫院任職，落選者回路醫學任職[1]。

通過系統的醫學教育，漢族、蒙古族、回族醫術不再是由本民族人專美，而是充分交流融合，漢、蒙古、回、契丹、畏兀兒各族名醫輩出。如西域弗林人（位於今叙利亞西部）愛薛，在忽必烈登基之前，就深得信任。中統四年（1263），忽必烈任命愛薛掌管醫藥司，後改爲廣惠司[2]，隸屬太醫院，"掌修製御用回回藥物及和劑，以療諸宿衛士及在京孤寒者"[3]。而愛薛是基督徒，同時兼任崇福使，管理全國基督教。後來，愛薛的兒子魯合又繼續掌管廣惠司。此外，畏兀兒人答里麻在大都回回藥物院裏任過職，另一名畏兀兒人貫雲石在民間行醫，他們都不是穆斯林回回，卻都精通回回醫術。

在蒙古、元朝時期，各個民族和地區，多種文化交流溝通的背景下，從傳統中醫、道教養生理論中，誕生出我國首部營養學專著《飲膳正要》。比較特殊的是，蒙元貴族最初接受的養生食療觀念，恰恰就來自傳統中醫養生理論和方法，這也正是蒙漢飲食、醫學交流的又一鮮活例證。

早在 1222 年丘處機西行覲見成吉思汗時，就介紹了中醫道教"衛（養）生之道"。當時，成吉思汗詢問丘處機："有何長生之藥以資朕乎？"丘處機回答："有衛生之道，而無長生之藥。"[4]此後經過丘處機詳細解釋，成吉思汗對有別於求仙修行的養生學説倍加在意，專門吩咐："神仙（指丘處機）三説養生之道，我甚入心，使勿泄於外。"[5]

由於統治者的重視，促成養生理論著作頻出，如丘處機《攝生消息論》、鄒鉉《壽親養老新書》（原著宋陳直）、李鵬飛《三元延壽參贊書》等，在此基礎上，忽思慧、常普蘭奚撰成《飲膳正要》，影響最著。

《飲膳正要》與前人的著作相比，更注重養生食療實踐，研究和充實食療食譜的內容，《飲膳正要》書名的字面意思，就是訂正宮廷飲膳食譜，揀選出其中有利養生的內容。虞集在《飲膳正要·序》中稱："世祖皇帝食飲必稽於本

① 《大元聖政國朝典章》典章九《吏部》卷三《官制三·醫官》，文海出版社，1974 年，第 150 頁。
② 《元史》卷一三四《愛薛傳》，中華書局，1976 年，第 3249 頁。
③ 《元史》卷八八《百官志》，第 2221 頁。
④ （元）李志常述：《長春真人西游記》卷上，第 16 頁。
⑤ （元）李志常述：《長春真人西游記》卷下，第 21 頁。

草，動靜必准乎法度，是以身躋上壽，貽於子孫無疆之福焉。"① 意即《飲膳正要》所載食療養生內容，經過忽必烈認可和施行。忽思慧自述：

> 將纍朝親侍進用奇珍異饌、湯膏煎造及諸家本草、名醫方術，日所必用穀肉果菜，取其性味補益者。②

是以中醫本草及其他藥方，與宮廷飲食互相參證得出的養生食譜，除了雜糅漢、蒙、回回等各族飲食、醫學知識而外，還包括了運動健身、按摩保健、心理調適，甚至哲學禮儀等內容。

關於養生理念，《飲膳正要·養生避忌》開篇便提到：

> 夫上古之人，其知道者，法於陰陽，和於術數，食飲有節，起居有常，不妄作勞，故能而壽。③

這段話，其實是直接引述《黃帝內經·素問》：

> 上古之人，其知道者，法於陰陽，和於術數，食飲有節，起居有常，不妄作勞，故能形與神俱，而盡終其天年，度百歲乃去。④

語句大同小異，意思一脈相承。

在《飲膳正要》書中，積極貫徹《黃帝內經》等中醫名著的學說思想，以飲酒爲例，按照傳統中醫觀點，酒可入藥，但酒醉傷身，所謂：

> 其如刀劍之可以殺人，如飲酒使人醉也。⑤

故而認爲飲酒非是養生之道。可是蒙古族歷來有飲酒習俗，對此，《飲膳正要》并不迴護蒙古飲酒習俗，而是秉持傳統中醫的理念，單列《飲酒避忌》專題，直接提出酒有毒：

> 少飲尤佳，多飲傷神損壽，易人本性，其毒甚也。醉飲過度，喪生之源。⑥

---

① （元）虞集：《飲膳正要·序》，影印明景泰七年內府刻本，第 5 頁。
② （元）忽思慧：《飲膳正要·進書表》，影印明景泰七年內府刻本，第 11 頁。
③ （元）忽思慧撰，劉玉書點校：《飲膳正要》卷一《養生避忌》，《中醫古籍整理叢書》，人民衛生出版社，1986 年，第 4 頁。
④ 馬烈光、張湖德等：《〈黃帝內經〉通釋·素問·上古天真論篇第一》，人民軍醫出版社，2014 年，第 1 頁。
⑤ 馬烈光、張湖德等：《〈黃帝內經〉通釋·靈樞·玉版第六十》，第 331 頁。
⑥ 《飲膳正要》卷一《飲酒避忌》，《中醫古籍整理叢書》，第 17 頁。

其他諸如飲食規律、節制等方面内容，不一而足，避繁不述。

比較特殊的是，《飲膳正要》書中還提到了儒家的"正心"概念：

> 凡人坐。必要端坐，使正其心；凡人立。必要正立，使直其身。①

這句話的出自《禮記·大學》：

> 欲修其身，先正其心。②

嚴格來説，已經不是飲食、醫學的範疇，而是儒家學説思想。這反映出執筆者忽思慧也熟悉儒家經典，將其"正心"之説，與自己的醫學知識融匯化用。

由此可見，《飲膳正要》的編纂過程及其思想内容，所代表的蒙古、漢、回等民族和地區飲食、醫學文化交融，正是公元 13、14 世紀醫學發展的具體體現和鮮活例證。

《飲膳正要》是中國第一部養生食療營養學專著，在民族史、中醫藥學、飲食文化、語言學等多個領域被廣泛引用和研究。而今通過澄清《飲膳正要》是醫學專家忽思慧、飲膳專家常普蘭奚兩人合著完成，尤其是考辨清楚忽思慧是蒙古名，其族別當爲蒙古，既能釋疑四庫館臣改忽思慧爲和斯輝的原因，完善《四庫提要》該條目之行文，也爲正確認識和研究《飲膳正要》，同時藉由此書考察當時民族飲食、醫學、語言等各種文化交融溝通，提供了新的視角和例證。

鄔賀　西安電子科技大學人文學院歷史系副教授

---

① 《飲膳正要》卷一《養生避忌》，《中醫古籍整理叢書》，第 6 頁。

② （漢）鄭玄注，（唐）孔穎達疏，龔抗雲整理，王文錦審定：《禮記正義》卷六〇《大學第四十二》，《十三經注疏》，北京大學出版社，1999 年，第 1592 頁。

朱睦㮮著述新考

劉曉麗

　　朱睦㮮是明代嘉靖至萬曆間著名的藏書家、目録學家，明代周藩（藩邸在今開封市）定王朱橚的六世孫，是周藩的宗正。朱睦㮮著述甚夥，錢謙益《列朝詩集小傳·閏集》稱：“國中大製作，皆出其手。”蔣光煦亦云：“有明宗室工藝文者莫多隆、萬，而灌甫宗正爲之最。”①《千頃堂書目》著録朱睦㮮著述二十三種。②《明史·藝文志》著録二十種。③《四庫全書總目》收

---

① （清）蔣光煦：《東湖叢記》，《續修四庫全書總目》第 1162 册，上海古籍出版社，2001 年，第 724 頁。

② （清）黄虞稷撰，瞿鳳起、潘景鄭整理：《千頃堂書目（附索引）》，上海古籍出版社，2001 年，第 336 頁。

③ 王鴻緒删定《明史·藝文志》“春秋類”著録《春秋諸傳辨疑》四卷；“諸經類”著録《授經圖》二十卷、《五經稽疑》六卷、《經序録》五卷；“小學類”著録《訓林》十二卷；“正史類”著録《聖典》三十四卷；“雜史類”著録《遜國記》二卷；“傳記類”著録《中州人物志》十六卷；“地理類”著録《中州文獻志》四十卷、《開封府志》八卷；“譜牒類”著録《帝系世表》一卷、《周國世系表》一卷、《周乘》一卷、《鎮平世系録》二卷，凡 14 種。張雲整理萬斯同《明史藝文志》，以國家圖書館藏清抄本爲底本，“春秋類”著録《春秋諸傳辨疑》二卷（一作四卷）、《春秋傳》；“經解類”著録《授經圖》二十卷、《五經稽疑》六卷、《經序録》五卷；“小學類”著録《訓林》十二卷、《韻譜》二卷（一作五卷）、《正韻邊旁》一卷、《史漢古字》二卷；“雜史類”著録《聖典》三十四卷、《遜國記》二卷；“傳記類”著録《鄒襄惠公年譜》一卷、《中州人物志》十六卷；“地理類”著録《中州文獻志》四十卷、《開封府志》八卷；“譜牒類”著録《帝系世表》一卷、《周國世系表》一卷、《周乘》一卷、《鎮平世系録》二卷；“别集類”著録《陂上集》二十卷，凡 20 種。（載清萬斯同撰，張雲、王盼整理：《明史藝文志》，王承略、劉心明主編：《二十五史藝文經籍志考補萃編》，清華大學出版社，2014 年。）另，文中凡稱引史志目録，皆依王承略、劉心明主編《二十五史藝文經籍志考補萃編》。

録十種。① 王興亞《朱睦㮮藏書及著述》（按：“桔” 當作 “㮮”）著録二十四種。②《中州文獻總録》“朱睦㮮” 條下著録三十一種。③ 張秀民《中國印刷史》稱朱睦㮮的著作 “實際可考者有三十八種”④，但未一一列舉。馬懷雲在《明代北方最大的藏書家朱睦㮮》一文中稱，朱睦㮮著作見於記載的有二十四種。⑤ 陳清慧《明代藩府刻書研究》“明代藩府著述考” 一節收録朱睦㮮著述二十七種。⑥ 周翔宇《明代經史學家朱睦㮮著作考》（以下簡稱周文），對朱睦㮮的著述作了較爲全面系統的考察，認爲 “確屬朱睦㮮的著作共有 33 種（創作 31 種，編輯 2 種）”⑦。經筆者反復考察，朱睦㮮的著作有三十七種，存世者十六種。前人著録中有九種並非朱睦㮮著作。前人著録中對朱睦㮮著作版本的遺漏、分類的錯誤等也往往而有，因此重爲疏理，撰寫本篇，期望對這一問題給出較爲圓滿的答案。

一、經部

1.《易學識遺》一卷

《千頃堂書目》著録。《四庫全書總目》云：“是書大旨皆辨論諸家説《易》之異同，雖薈萃不多，而頗有卓見。……然《明史·藝文志》不載此書。覈校其文，即睦㮮《五經稽疑》中説《易》之一卷。或其初出別行之本，抑或書賈作僞，改題此名歟？”⑧ 版本詳見 “《五經稽疑》八卷” 條，另有清順治三年（1646）李際期宛委山堂刻《説郛續》本。

2.《春秋諸傳辨疑》四卷

《明史·藝文志》著録。《四庫全書總目》云：“是編凡一百八十八條。《明

① 《四庫全書總目》收録朱睦㮮著述有：《易學識遺》一卷、《春秋諸傳辨疑》四卷、《五經稽疑》六卷、《革除逸史》二卷、《聖典》二十四卷、《鎮平世系記》二卷、《謚苑》二卷、《授經圖》二十卷、《經序録》五卷、《異林》十六卷。（載清永瑢等：《四庫全書總目》，中華書局，2008 年第 8 次印刷。）

② 王興亞：《朱睦桔藏書及著述》，《河南省圖書館學刊》，1989 年第 2 期，第 17—20 頁。

③ 呂友仁主編，查洪德副主編：《中州文獻總録》，中州古籍出版社，2002 年，第 765—768 頁。

④ 張秀民著，韓琦增訂：《中國印刷史（插圖珍藏增訂版）》，浙江古籍出版社，2006 年，第 284 頁。

⑤ 馬懷雲：《明代北方最大的藏書家朱睦㮮》，任克禮、葛紀謙等主編：《中州名人傳略》，中州古籍出版社，1999 年，第 346 頁。

⑥ 陳清慧：《明代藩府刻書研究》，國家圖書館出版社，2013 年，第 34—36 頁。

⑦ 周翔宇：《明代經史學家朱睦㮮著作考》，《歷史檔案》，2016 年第 3 期，第 104—108 頁。以下所稱引周文皆出於此，不再一一列出頁碼。

⑧ （清）永瑢等：《四庫全書總目》，第 59 頁上。

史·藝文志》著録，卷數與此本相合。然與睦㮣所撰《五經稽疑》中説《春秋》者，文並相同。據睦㮣《五經稽疑》自序，蓋此書先成，别本行世，後乃編入《五經稽疑》中。"① 除《五經稽疑》本外，《春秋諸傳辨疑》尚存兩種抄本：中國國家圖書館藏清抄本，半葉十行，行十九字，鈐"負笈硯齋藏書"印。北京大學圖書館藏清抄本，《四庫全書存目叢書》據以影印。②

3.《左選》四卷

《萬卷堂書目》《聚樂堂藝文目録》著録，《千頃堂書目》《明史·藝文志》未見。《萬卷堂書目》云："《左選》四卷，睦㮣。"③《聚樂堂藝文目録》："《左選》，四册，四卷，睦□。"④ 應該是對《左傳》的節選、彙鈔。今佚。

4.《五經稽疑》八卷

郎焕文《歷代中州名人存書版本録》⑤與周文皆衹著録有《四庫全書》本。實際除《四庫全書》本外，《五經稽疑》尚有明萬曆刻本。《"中研院"歷史語言研究所善本書目》著録。⑥ 此本半葉十行，行二十字，白口，左右雙邊。前有王世貞序、明萬曆十一年（1583）朱睦㮣自序，鈐有"天尺樓""東方文化事業總委員會所藏圖書印"諸印，現藏臺北"中研院"傅斯年圖書館。

5.《韻譜》五卷

《千頃堂書目》《澹生堂藏書目》著録。周文稱書已亡佚。然實尚存明嘉靖二十四年（1545）刻本，廣東省立中山圖書館藏，爲1980年藏書家王貴忱所捐。王玉潔《嘉靖刻本〈韻譜〉小識》言之甚詳。⑦

6.《正韻邊旁》一卷

黄虞稷《千頃堂書目》云："朱睦㮣《韻譜》二卷（一作五卷），又《正韻邊旁》一卷，又《史漢古字》一卷。"⑧《澹生堂藏書目》云："《正韻邊旁》一卷，

① （清）永瑢等：《四庫全書總目》，第247頁下。

② （明）朱睦㮣：《春秋諸傳辨疑》，《四庫全書存目叢書》第120册，齊魯書社，1997年，第376—408頁。

③ （明）朱睦㮣：《萬卷堂書目》，《中國著名藏書家書目匯刊（明清卷）》，第431頁。

④ （明）朱睦㮣：《聚樂堂藝文目録》，中國國家圖書館藏余嘉錫跋清抄本，第17頁。清東武劉氏味經書屋鈔本《聚樂堂藝文書目》作："《左選》四册，四卷，陸。""睦"誤作"陸"，形近而訛。（載明朱睦㮣：《聚樂堂藝文目録》，清劉氏味經書屋鈔本，第17頁。）

⑤ 郎焕文：《歷代中州名人存書版本録》，中州古籍出版社，1999年，第310頁。

⑥ "中研院"歷史語言研究所：《"中央研究院"歷史語言研究所善本書目》，臺北"中央研究院"歷史語言研究所，1968年，第23頁。

⑦ 王玉潔：《嘉靖刻本〈韻譜〉小識》，《廣東省圖書館學刊》，1981年第3期，第44頁。

⑧ （清）黄虞稷撰，瞿鳳起、潘景鄭整理：《千頃堂書目（附索引）》，第97頁。

一册，睦㮩。”① 今佚。

7.《訓林》十二卷

《澹生堂藏書目》云：“《訓林》十二卷，六册，睦㮩輯。”②《千頃堂書目》《明史·藝文志》“小學類”著録。沈復粲《鳴野山房書目》云：“《訓林》十二卷。東陂居士朱睦㮩編。”③ 沈復粲（1779—1850），字霞西，乾嘉間隱於書肆，廣搜博覽，藏書甚富。與祁承㸁同里，此書或爲澹生堂之散篋者。今佚。

8.《史漢古字》二卷

《澹生堂藏書目》《千頃堂書目》《明史·藝文志》著録。國内公藏書目未見著録。2011 年韋力得之於北京保利秋季拍賣會。藍格抄本，半葉九行，行字數不等。分《史記古字》《漢書古字》兩部分，每部分又分古文門、通用門、假借門。卷前有萬曆十年（1582）秋朱睦㮩序。《芷蘭齋書跋續集》著録十分詳盡。④

二、史部

9.《聖典》二十四卷

《澹生堂藏書目》云：“《皇明聖典》三十四卷，八册，睦㮩。又一部同。”⑤《千頃堂書目》云：“周藩宗正睦㮩《聖典》三十卷。”⑥《明史·藝文志》亦著録。《四庫全書總目》云：“是書紀太祖開國事蹟，分八十一目。仿《貞觀政要》之體，視宋濂《洪武聖政記》所載較詳。”⑦ 杭州市圖書館藏明萬曆四十一年（1613）朱勤美刻本，題“周府宗正管宗學事臣睦㮩編輯”。《四庫全書存目叢書》《續修四庫全書》據以影印。

10.《革除逸史》（一名《遜國記》）二卷

《明史·藝文志》著録。《四庫全書總目》云：“《明史·藝文志》載睦㮩《遜國記》二卷，不載此名。然不容同記一事，乃分著兩書，卷數又復相同，殆即此書之別名也。”⑧ 除存《四庫全書》本外，尚有道光十六年（1836）錢氏守山

---

① （明）祁承㸁撰，鄭誠整理：《澹生堂藏書目》，上海古籍出版社，2015 年，第 309 頁。
② （明）祁承㸁撰，鄭誠整理：《澹生堂藏書目》，第 303 頁。
③ （清）沈復粲：《鳴野山房書目》，古典文學出版社，1958 年，第 11 頁。
④ 韋力：《芷蘭齋書跋續集》，國家圖書館出版社，2013 年，第 91—96 頁。
⑤ （明）祁承㸁撰，鄭誠整理：《澹生堂藏書目》，第 316 頁。清宋氏漫堂鈔本此條作：“《皇明盛典》三十四卷，八册，睦㮩。亦名《皇明聖典》。”
⑥ （清）黃虞稷撰，瞿鳳起、潘景鄭整理：《千頃堂書目（附索引）》，第 125 頁。
⑦ （清）永瑢等：《四庫全書總目》，第 485 頁下。
⑧ （清）永瑢等：《四庫全書總目》，第 466 頁下。

閣刊《指海》本。①

11.《周乘》一卷

《千頃堂書目》《明史・藝文志》著録。晋之《乘》，楚之《檮杌》，魯之《春秋》，皆諸侯之史，則《周乘》當爲周藩之史書。今佚。

12.《騶虞集》二卷

《中州文獻總録》稱此爲朱睦㮮詩集。周文稱《澹生堂藏書目》"集部上"著録，并稱所據底本爲清漫堂鈔本。今檢國家圖書館藏清宋氏漫堂鈔本《澹生堂藏書目》，《騶虞集》在史部上國朝史類分紀之屬。② 而且，《澹生堂書目》在"《騶虞集》"條後有"以上永樂"四字。朱睦㮮生於正德十年（1515），顯然與周説不符。《澹生堂藏書目》分紀之屬按帝紀排列，"永樂"部分所列諸書如《太宗政要》一卷、《奉天靖難記》一卷、《靖難功臣録》一卷等皆記永樂間事，知《騶虞集》所記亦當爲永樂間事。又檢《明太宗實録》卷三四云："永樂二年九月丙午，周王橚來朝，及獻騶虞，百僚請賀，以爲皇上至仁，格天所至。"③ 朱睦㮮爲周定王橚六世孫，故輯《騶虞集》以記之。今佚。

13.《皇朝中州人物志》十六卷

《千頃堂書目》《明史・藝文志》著録。隆慶四年（1570）翁大立序云："西亭宗正受聘纂《中州通志》（按：即《河南通志》），取國朝一百四十人，倣世史述其生平，各爲論斷。"④ 今存隆慶四年刻本。臺北"故宮博物院"、臺北"中央研究院"、日本國立公文書館及上海圖書館均藏有此本。《明代傳記叢刊》《原國立北平圖書館甲庫善本叢書》據臺北"故宮博物院"藏本影印。書中鈐有"無竟先生獨志堂物""輔仁堂"諸印記，爲張其煌之舊藏。日本國立公文書館藏本爲豐後佐伯藩藩主毛利高標之藏書。⑤ 上海圖書館所藏爲殘本，僅存卷六至卷八、卷十四至十六。⑥ 另臺北"國家圖書館"還藏有清抄本，半葉八行，行十八字，無格，鈐有"袁保恒筱隖甫鑒賞章"白文方印。⑦

① 上海圖書館編：《叢書綜録（總目）》，上海古籍出版社，2007年，第180頁。

② （明）祁承㸁：《澹生堂藏書目》，中國國家圖書館藏清宋氏漫堂鈔本，第二册第8頁。

③ 《明太宗實録》卷三十四，《明實録》，臺北"中央研究院"歷史語言研究所，1962年，第599—600頁。

④ （明）朱睦㮮：《皇朝中州人物志》，《明代傳記叢刊》第144册，臺北明文書局，1991年，第157頁。

⑤ 日本内閣文庫編：《内閣文庫漢籍分類目録》，東京内閣文庫，1956年，第92頁。

⑥ 中國古籍善本書目編輯委員會編：《中國古籍善本書目（史部）》，1989年，第455頁。

⑦ 臺北"國家圖書館"特藏組編：《（臺北）"國家圖書館"善本書志初稿（經部）》，臺北"國家圖書館"出版中心，1996年，第311頁。

14.《中州文獻志》四十卷

《千頃堂書目》《明史・藝文志》著録。《中州文獻總録》稱："《明史》本傳稱其修《河南通志》，未及《中州文獻志》，抑此二書即一書而二名耶？"① 然張一桂《西亭公神道碑》既著録《中州文獻志》又著録《河南通志》。《西亭公神道碑》是朱睦㮮去世後，其子朱勤美請張一桂所撰，較爲可信。又《中州人物志》卷末題識云："家兄西亭先生所著《皇朝中州人物志》十六卷，始於洪武訖於嘉靖，年幾二百，人凡百三十有奇。脱稿已久。今年春，余請編校，遂刻置家塾，傳諸其人，又有《文獻志》四十卷俟續鋟行也。隆慶二年春正月望日弟西園睦㮮謹題。"② 故單列一條。

15.《忠臣烈女傳》一卷

《千頃堂書目》《明史・藝文志》著録。《中州文獻總録》未著録。又《天一閣書目》云："《皇朝中州列女傳》一卷，刊本。明朱睦㮮撰。"③ 疑即此書。今佚。

16.《二忠傳》一卷

《千頃堂書目》《明史・藝文志》未著録。《天一閣書目》云："《二忠傳》一卷，刊本，明東陂居士朱睦㮮撰。"④ 今佚。

17.《純孝編》四卷

《千頃堂書目》《明史・藝文志》未著録。《天一閣書目》云："《純孝編》四卷，刊本，明朱睦㮮編次。"⑤《傳書堂藏書志》云："《純孝編》四卷，明刊本。子睦㮮類次。康朗序（嘉靖甲子）。此亦西亭王孫爲父作。卷一爲制詞、奏疏、公移，卷二以下爲贈言。天一閣藏書。"⑥ 今佚。

18.《鎮平世系紀》二卷

《天一閣書目》著録。黄虞稷《千頃堂書目》云："朱睦㮮《鎮平世系紀》二卷。隆慶庚午（四年，1570）金立敬序。"⑦《四庫全書總目》云："以明代玉牒於正德以後多略，遂纂述有爛以下八世支派，以成此書。前曰例義，次世系，次世傳，次内傳，次述訓。"⑧ 今佚。

19.《大明帝系世表》一卷

《千頃堂書目》《明史・藝文志》著録。《列朝詩集小傳》云："觀陶九成《輟

---

① 吕友仁主編，查洪德副主編：《中州文獻總録》，第 767 頁。
② （明）朱睦㮮：《皇明中州人物志》，《明代傳記叢刊》第 144 册，第 645—646 頁。
③ （清）范邦甸等撰，江曦、李婧點校：《天一閣書目》，上海古籍出版社，2010 年，第 142 頁。
④ （清）范邦甸等撰，江曦、李婧點校：《天一閣書目》，第 145 頁。
⑤ （清）范邦甸等撰，江曦、李婧點校：《天一閣書目》，第 145 頁。
⑥ 王國維撰，王亮整理：《傳書堂藏書志》，上海古籍出版社，2014 年，第 259 頁。
⑦ （清）黄虞稷撰，瞿鳳起、潘景鄭整理：《千頃堂書目（附索引）》，第 289 頁。
⑧ （清）永瑢等：《四庫全書總目》，第 558 頁上。

耕録》載前元十九帝統系，作《大明帝系世表》一卷、《周國世系表》一卷。"①

20.《周國世系年表》一卷

《千頃堂書目》《明史·藝文志》著録。亦倣元十九帝統系而作，今佚。

21.《敕賜崇孝祠録》一卷

《明史》云："父奉國將軍安河以孝行聞於朝，璽書旌賚。既没，周王及宗室數百人請建祠。詔賜祠曰'崇孝'。"②張時徹爲撰《敕賜崇孝碑》。《天一閣書目·史部二》云："《敕賜崇孝祠録》一卷，刊本，明朱睦㮮編並識。"③今佚。

22.《先考奉國公年表》一卷

《千頃堂書目》著録《奉國公年表》一卷，不題撰者姓名。朱睦㮮《萬卷堂書目》"譜傳"類著録《奉國公年表》④，不題撰人。朱睦㮮《聚樂堂藝文書目》作"《奉國公年表》一册"⑤，亦不題撰人。張秀民《中國印刷史》云："朱睦㮮《先考奉國公年表》一卷，隆、萬間刻。"⑥周文稱："此《年表》稱'先考奉國公'，不知該'奉國公'是否即爲朱安河；即是，又不知《年表》是否即爲長子朱睦㮮所作。筆者所見明清文獻均未提及該書，待考。"⑦今檢《傳書堂藏書志》云："《先考奉國公年表》一卷，明刊本。不肖男睦㮮泣血謹撰。此明西亭宗正爲其父奉國將軍安河所作年表也。天一閣藏書。"⑧可知《先考奉國公年表》確爲朱睦㮮爲其父奉國將軍朱安河所作年表。今佚。

23.《鄒襄惠公年譜》一卷

《千頃堂書目》《明史·藝文志》著録。鄒襄惠公即鄒守愚（1494—1562），字君哲，福建莆田（今福建省莆田市）人。嘉靖五年（1526）進士。曾任河南布政使。嘉靖三十三年（1554），因舊志"苟簡訛漏，新故紛錯"，故重修《河南通志》，乃肅幣禮，請李濂、朱睦㮮主其事，故朱睦㮮與鄒守愚多有交往。嘉慶三十五年（1556）鄒守愚出賑山西，卒於途，謚號襄惠。此朱睦㮮爲作年譜。今佚。

24.《河南通志》四十五卷

《古今書刻》《澹生堂藏書目》著録，但未題撰人。《天一閣書目》云："《河

---

① （清）錢謙益：《列朝詩集小傳》，第 776 頁。

② （清）張廷玉等：《明史》，第 3569 頁。

③ （清）范邦甸等撰，江曦、李婧點校：《天一閣書目》，第 140 頁。

④ （明）朱睦㮮：《萬卷堂書目》，《中國著名藏書家書目匯刊（明清卷）》，第 465 頁。

⑤ （明）朱睦㮮：《聚樂堂藝文目録》，中國國家圖書館藏余嘉錫清鈔批校本。

⑥ 張秀民著，韓琦增訂：《中國印刷史（插圖珍藏增訂版）》，第 294 頁。

⑦ 周翔宇：《明代經史學家朱睦㮮著作考》，《歷史檔案》，2016 年第 3 期，第 104—108 頁。

⑧ 王國維撰，王亮整理：《傳書堂藏書志》，第 259 頁。

南通志》四十五卷,刊本。明嘉靖三十五年鄒守愚撰,李濂後序。"①《千頃堂書目》云:"李濂《河南通志》四十五卷,鄒守愚《河南通志》四十五卷。"②《明史·藝文志》云:"鄒守愚《河南通志》四十五卷。"③鄒守愚《序》云:"以僉憲嵩渚(李濂)、宗尉西亭(朱睦㮮)二先生最著,乃肅幣禮請主其事。"又朱睦㮮《河南通志序》云:"甲寅春,大中丞一山鄒公來撫茲土,保厘之暇,慨茲墜典,毅然修之……乃禮聘僉憲嵩渚李公及余主其事。"可知《河南通志》爲鄒守愚修,李濂、朱睦㮮纂。《千頃堂書目》既著録李濂《河南通志》又著録鄒守愚《河南通志》,是誤一書爲二書矣。

周文稱:"《河南通志》45卷,存嘉靖三十四年(1555)刊本。……現存於河南大學圖書館,爲海内孤本。"周氏這段論述有兩處錯誤。首先,《河南通志》刊刻的時間是嘉靖三十五年(1556)六月而非嘉靖三十四年。據朱睦㮮《序》知,《河南通志》自甲寅(嘉靖三十三年,1554)十一月開局,"逾年春"即嘉靖三十四年,"事將中綴","又逾年"即嘉靖三十五年,"始卒事焉"。這與潘恩《序》中所稱"丙辰(嘉靖三十四年)夏六月……始刻成"吻合。據《國榷》記載,鄒守愚嘉靖三十三年正月戊午"爲右副都御史巡河南",嘉靖三十四年六月戊子即遷户部右侍郎總督南京糧儲。故《河南通志》前署"嘉靖三十四八月"所撰《序》當是提前寫就。④不可以此爲據認爲《河南通志》刊於嘉靖三十四年。另外,河南大學圖書館藏明嘉靖三十五年刻《河南通志》並非"海内孤本"。臺北"故宫博物院"也藏有一部。此本爲臺北"國家圖書館"代管北平圖書館藏書,後移置臺北"故宫博物院"收藏,爲劉承幹舊藏。《原國立北平圖書館甲庫善本叢書》據以影印。⑤

25. [萬曆]《開封府志》三十四卷

《千頃堂書目》著録。《四庫全書總目》云:"《萬曆開封府志》……明曹金撰。"王重民《中國善本書提要補編》云:"《四庫存目》著録本,係曹金撰,《北平(京)圖書館善本書目》及《中國地方志綜録》均作朱睦㮮等纂,疑《四庫書目》據别本所題著録。"⑥杜澤遜先生《四庫存目標注》云:"日本

① (清)范邦甸等撰,江曦、李靖點校:《天一閣書目》,第197頁。

② (清)黃虞稷:《千頃堂書目》,《景印文淵閣四庫全書》第676册,第162頁。上海古籍出版社出版的由瞿鳳起、潘景鄭整理的《千頃堂書目(附索引)》未著録《河南通志》。

③ (清)萬斯同撰,張雲、王盼整理:《明史藝文志》,王承略、劉心明主編:《二十五史藝文經籍志考補萃編》,第198頁。

④ 袁喜生:《李濂年譜》,河南大學出版社,2001年,第204—205頁。

⑤ (明)朱睦㮮、曹金纂:《河南通志》,中國國家圖書館:《原國立北平圖書館甲庫善本叢書》第344—345册,國家圖書館出版社,2013年,第1—684頁。

⑥ 王重民:《中國善本書提要補編》,北京圖書館出版社,1997年,第85頁。

内閣文庫藏明萬曆十三年刻本三十四卷，……前有萬曆十三年九月朱睦㮮刻書序，次編纂姓氏：西亭氏睦㮮（周藩宗正）、曹傅川氏金（兵部侍郎，祥符縣人）。……書後有曹金後序云：‘余與宗正西亭君力其事。’知係朱睦㮮、曹金同纂。”①

周文稱：“《開封郡志》8 册，佚。”據筆者調查，書名當爲《開封府志》，共三十四卷，且此書尚有傳本存世。據《中國古籍善本書目》著録，北京文物局藏明萬曆十三年（1585）刻本，存卷一至卷六。②另臺北“故宫博物院”亦有藏本，存卷一至卷六，卷十一至卷十四。爲北平圖書館舊藏。《原國立北平圖書館甲庫善本叢書》據以影印。③另外，日本國立公文書館存此書全帙，爲明萬曆十三年刻萬曆四十八年修本，《四庫全書存目叢書補編》據以影印。④此外，周文依《内閣藏書目録》著録稱：“戊子或是《開封郡志》刊刻之年而非撰作之年。”⑤但《〈開封府志〉序》云：“今年乙酉，鑑弦宋公來守是郡，……於是以郡乘屬少司馬傅川曹公與睦㮮……（曹公）與余窮日夜蒐遺闡隱，芟蔓訂僞，自二月望至六月初始畢。”⑥朱睦㮮的序作於萬曆十三年秋九月，則《開封府志》的撰寫時間爲乙酉年（萬曆十三年）二月至六月，非戊子年（萬曆十六年，1588）撰寫。

26.《謚苑》二卷

《天一閣書目》《千頃堂書目》著録。《四庫全書總目》云：“是編上卷輯古謚法十二家……下卷列明代以下至於守令之謚。”⑦又《文選樓藏書記》云：“《謚苑》二卷，明宗室陸（按：“陸”當“睦”之訛）㮮著。刊本。是書取《史記》《獨斷》及蘇洵、鄭樵等十二家説分代編次。”⑧知乾、嘉時尚存，今佚。

27.《萬卷堂書目》一卷

《萬卷堂書目》又名《萬卷藝文目》《萬卷堂藏書記》等。《歷代中州名人存書版本録》及周文著録有清光緒觀古堂刻本和清宣統二年（1910）上虞羅氏刻

① 杜澤遜：《四庫存目標注（史部）》，上海古籍出版社，2007 年，第 1046—1047 頁。

② 中國古籍善本書目編輯委員會編：《中國古籍善本書目（史部）》，第 819 頁。

③ （明）朱睦㮮：《開封府志》，《原國立北平圖書館甲庫善本叢書》第 345 册，國家圖書館出版社，2013 年，第 684—788 頁。

④ （明）朱睦㮮：《開封府志》，《四庫全書存目叢書補編》第 76 册，齊魯書社，2001 年，第 458—853 頁。

⑤ 周翔宇：《明代經史學家朱睦㮮著作考》，《歷史檔案》，2016 年第 3 期，第 104—108 頁。

⑥ （明）朱睦㮮：《開封府志》，《四庫全書存目叢書補編》第 76 册，第 458 頁。

⑦ （清）永瑢等：《四庫全書總目》，第 717 頁上。

⑧ （清）阮元撰，王愛亭、趙嫄點校，杜澤遜審定：《文選樓藏書記》，上海古籍出版社，2009 年，第 267 頁。

《玉簡齋叢書》本。實此書尚有至少十種抄本存世，包括：中國國家圖書館藏清抄本（《千墨菴叢書》七種之一）；中國國家圖書館藏清道光六年（1826）東武劉氏味經書屋抄本，① 半葉十行，黑口，左右雙邊，有清劉喜海跋；臺北“故宮博物院”藏清咸豐四年（1854）仁和勞氏丹鉛精舍烏絲欄鈔本，《原國立北平圖書館甲庫善本叢書》據以影印；② 臺北“國家圖書館”藏清正文齋烏絲欄鈔本，③ 扉頁有近人張繼手書題記：“《北平圖書館善本書目》載有丹鉛精舍抄本，不知與此有出入否。”臺北“國家圖書館”藏清明辨齋紫格鈔本，④ 卷端題名爲“朱西亭王孫萬卷堂家藏藝文目”，次行題“古潭後學余肇鈞蘋皋校正；南京圖書館藏清遲雲樓抄本；南京圖書館藏清抄本，有清王士驤校並跋，清丁丙跋；⑤ 清華大學藏清抄本，鈐“豐華堂書庫寶藏印”；⑥ 故宮博物院圖書館藏清抄本，有呂京端跋；⑦ 浙江圖書館藏長興王氏仁壽堂抄本。⑧

28.《聚樂堂藝文目録》一卷

余嘉錫《聚樂堂藝文目録考》云：“西亭別有《萬卷堂目録》，與此書（按：《聚樂堂藝文目録》）實判然二書。竹垞言之甚明。然自來目録家多誤混爲一。……取兩書以相較，每類著録次第亦復不合，其爲判然二書，彰明較著如此，蔣氏、邵氏、葉氏皆目録名家，乃有此失。蓋此書之不傳久佚。”⑨ 已明確以《萬卷堂書目》與《聚樂堂藝文目録》爲二書，故分別著録。現存《聚樂堂藝文目録》的版本有：南京圖書館藏稿本；中國國家圖書館藏清道光六年（1826）東武劉氏味經書屋抄本，半葉十行，黑口，左右雙邊，清劉喜海跋；中國國家圖書館藏清抄本，半葉十行，無格，内有余嘉錫批校並跋；⑩ 臺北“中研院”傅斯年圖書館藍格舊抄本，⑪ 有清同治十年（1871）徐時棟手書題記，有“鄞徐時棟柳泉氏甲子以來所得書畫藏在城西草堂及水北閣中”印；浙江圖書館藏張宗祥鐵如意

① 中國古籍善本書目編輯委員會編：《中國古籍善本書目（史部）》，第 1386 頁。
② （明）朱睦㮮：《萬卷堂書目》，《原國立北平圖書館甲庫善本叢書》第 458 冊，國家圖書館出版社，2013 年，第 221—268 頁。
③ 臺北“國家圖書館”特藏組編：《（臺北）“國家圖書館”善本書志初稿》第二冊，第 345 頁。
④ “國家圖書館”特藏組編：《（臺北）“國家圖書館”善本書志初稿》第二冊，第 346 頁。
⑤ 中國古籍善本書目編輯委員會編：《中國古籍善本書目（史部）》，第 1386 頁。
⑥ 清華大學圖書館編：《清華大學圖書館藏善本書目》，清華大學出版社，2003 年，第 136 頁。
⑦ 中國古籍善本書目編輯委員會編：《中國古籍善本書目（史部）》，第 1386 頁。
⑧ 浙江圖書館古籍部：《浙江圖書館古籍善本書目》，浙江教育出版社，2002 年，第 236 頁。
⑨ 余嘉錫：《聚樂堂藝文目録考》，《余嘉錫論學雜著》，第 561 頁。
⑩ 中國國家數字圖書館 http://mylib.nlc.cn/web/guest/shanbenjiaojuan。2018 年 10 月 12 日檢。
⑪ “中研院”歷史語言研究所慶祝“史語所”八十周年籌備會：《傅斯年圖書館善本古籍題跋輯録》，臺北“中央研究院”歷史語言研究所，2008 年，第二冊圖版上，第 103 頁。

館抄本①。

29.《宗學書目》八卷

［光緒］《祥符縣志》云："《宗學書目》八卷，朱睦㮮。"②《千頃堂書目》《明史·藝文志》未著録。今未見。《明史》云："萬曆五年舉文行卓異，爲周藩宗正，領宗正。"③周文稱"朱睦㮮曾於隆慶四年（1570）出任周藩宗正，後又提領宗學"，不知所據爲何。

30.《授經圖》二十卷

《國史經籍志》《千頃堂書目》《明史·藝文志》著録。周文稱："清初黄虞稷曾補刻《授經圖》，在朱氏原本'諸儒著述附歷代經解名目'下新增入古今作者 255 人，經解凡 741 部，仍作 20 卷，改題書名爲《授經圖義例》。今上海圖書館藏及日本東京大學東洋文化研究所藏即此本（日藏本僅爲原書有關《禮》與《春秋》）的部分，共 8 卷，不全。"周文此段叙述錯誤殊多。首先，清初，黄虞稷、龔翔麟等人的確曾對《授經圖》進行增訂，并付梓刊刻，即今所存清康熙龔氏玉玲瓏閣刻本。但并無改書名之事。《授經圖》著録《易》《書》《詩》《春秋》《禮》五經，每經四卷，卷數不連，每經第一卷爲義例，第二卷爲授經圖，第三卷爲諸儒傳略，第四卷爲諸儒著述。玉玲瓏閣本亦沿其例，故卷端題"授經圖義例"。周氏未見《授經圖》原刊本，又不詳審體例，以致誤以爲黄虞稷等人妄改書名。其次，周文所稱上海圖書館藏本，並非清康熙龔氏玉玲瓏閣刻本，而是道光十九年（1839）三原李氏《惜陰軒叢書》本（索書號：綫譜長 025698）。第三，周文所稱日本東京大學東洋文化研究所藏本，也非清康熙龔氏玉玲瓏閣刻本，而是明萬曆二年（1574）原刻本，此本北京大學圖書館、臺北"國家圖書館"亦藏。日本東京大學東洋文化研究所、臺北"國家圖書館"官網皆可瀏覽全文影像，一對便知。周文所舉兩個藏本一爲原刻本，一據原刻本刊刻，都未經過黄虞稷等人增訂。

黄虞稷等人增訂的清康熙玉玲瓏閣刻本，中國科學院圖書館藏。④除《四庫全書》本之外，國内還存有《授經圖》抄本三種，⑤亦屬於黄虞稷增補本系統：中國國家圖書館藏本，有清劉喜海跋；中國國家圖書館藏清抄本，有李泉山跋；重慶圖書館藏清抄本，遞經王朝梧、許厚基、戴亮吉收藏。

---

① 中國古籍善本書目編輯委員會編：《中國古籍善本書目（史部）》，第 1386 頁。
② （清）沈傳義修，黄舒昺纂：［光緒］《祥符縣志》卷十九，光緒二十四年（1898）刻本。
③ （清）張廷玉等：《明史》，第 3569 頁。
④ 中國古籍善本書目編輯委員會編：《中國古籍善本書目（史部）》，第 1419 頁。
⑤ 中國古籍善本書目編輯委員會編：《中國古籍善本書目（史部）》，第 1419 頁。

31.《經序録》五卷

《澹生堂藏書目》《千頃堂書目》《明史・藝文志》皆置於經部經總解類。《四庫全書總目》史部目録類存目，云："睦㮩既作《授經圖》，又取諸家説經之書，各採篇首一序，編爲一集，以誌其概。"[1] 知《經序録》爲輯録體經學目録。周文稱："《經序録》5卷，存揚州市圖書館藏清抄本。"據筆者調查，尚有明朱睦㮩聚樂堂自刻本，題"東陂居士睦㮩編"，半葉十行，行二十字，白口，左右雙邊，版心刻"聚樂堂"及刻工。此本中國人民大學藏有全帙。[2] 中國國家圖書館藏有殘本，存卷二至卷五。[3] 又《中國古籍總目》群經總義類著録："《經序録》三卷，明周大禮輯，清初抄本，北大。"[4] 今目驗北大圖書館藏抄本，實爲朱睦㮩《授經圖》清抄本，闕《春秋》及《禮》二卷。此爲《中國古籍總目》之誤，當與史部目録類之"經序録五卷"條合併爲一條。

三、子部、集部

32.《漁樵問話》一卷。

《天一閣書目》云："《漁樵問話》一卷，刊本。明朱睦㮩撰。"《千頃堂書目》《明史・藝文志》未見著録。亦不見於國內公私藏目録。

33.《傅休弈詩集》一卷

《澹生堂藏書目》云："《傅休弈詩集》一卷，一册，睦㮩輯。"[5] 傅休弈即傅玄。傅玄（217—278），字休弈（一作奕），北地泥陽（今甘肅寧縣）人。《隋書・經籍志》云："晋司隸校尉《傅玄集》十五卷。梁五十卷，録一卷，亡。"《舊唐書・經籍志》《新唐書・藝文志》著録《傅玄集》五十卷，《宋史・藝文志》著録一卷，可知傅玄詩文從宋代時已逐漸散佚。此爲朱睦㮩所輯傅玄詩集。今佚。

34.《蘇文忠公表啓》二卷

《脈望館書目》《百川書志》著録，未題編者。《天一閣書目》云："《蘇文忠公表啓》二卷刊本。明東陂居士朱睦㮩選校。"[6] 中國國家圖書館有藏明嘉靖三十四年刻本，半葉十行，行二十字，白口，左右雙欄。有玩易山人序及朱氏序。

---

① （清）永瑢等：《四庫全書總目》，第 744 頁下。

② 中國人民大學圖書館古籍整理研究所編：《中國人民大學圖書館古籍善本書目》，中國人民大學出版社，1991 年，第 87 頁。

③ 中國古籍善本書目編輯委員會編：《中國古籍善本書目（史部）》，第 1371 頁。

④ 中國古籍總目編輯委員會編：《中國古籍總目（經部）》，中華書局，2012 年，第 991 頁。

⑤ （明）祁承㸁著，鄭誠整理：《澹生堂藏書目》，第 667 頁。

⑥ （清）范邦甸著，江曦、李婧點校：《天一閣書目》，第 505 頁。

傅增湘《藏園訂補邵亭知見傳本書目》著錄。①

35.《陂上集》二十集

《國史經籍志》②《千頃堂書目》著錄。《列朝詩集小傳·周藩宗正中尉睦㮮》云："其詩文集有《陂上集》二十卷。"可知爲朱睦㮮詩文集，今佚。朱睦㮮詩文散見於《列朝詩集》《國朝獻徵録》中，今世學者可略窺其貌。

36.《聚樂堂甲辰集》一卷

《千頃堂書目》《明史·藝文志》均未著錄。《天一閣書目》云："《聚樂堂甲辰集》一卷，刊本，不著撰人名氏。"③《徐氏家藏書目録》卷七："朱睦㮮《聚樂堂甲辰集》一卷，字灌甫，號西亭，一號東坡居士。開封人。嘉靖中周府王孫。"④ 今佚。

37.《儷德偕壽録》四卷

《新編天一閣書目》："《儷德偕壽録》4 卷，明朱睦㮮編。明嘉靖四十年刻本。"⑤ 現存天一閣博物館。明代官員祝壽之風盛行，《儷德偕壽録》即是此類祝壽詩文。張秀民《中國印刷史》云："朱睦鼎編《儷德偕壽録》四卷，嘉靖四十年。"⑥ 陳清慧《明代藩府刻書研究》亦稱"朱睦鼎編"且歸入衡藩著述中，⑦ "鼎"字顯然不符合明宗室起名用字慣例。又輾轉託天一閣典藏研究部副研究館員李開升先生代爲查閱原書，證實確爲朱睦㮮所編。知張秀民《中國印刷史》、陳清慧《明代藩府刻書研究》誤。

四、考異

1.《褒忠録》三卷

曹之《中國古籍編撰史》"藩王著者群"節稱朱睦㮮著有"《五經稽疑》……《遜國記》《褒忠録》"⑧。《中州文獻總録》云："《褒忠録》三卷，見《明史》本傳。本傳云，'感建文革除，記録失實，作《遜國記》《褒忠録》五卷。《明史·藝文志》

---

① （清）莫友芝撰，傅增湘訂補，傅熹年整理：《藏園訂補邵亭知見傳本書目》，中華書局，1993 年，第 21 頁。

② 《國史經籍志》云："陸㮮《陂上集》二十卷。"按："陸"當"睦"之誤，形近而訛。）

③ （清）范邦甸著，江曦、李婧點校：《天一閣書目》，第 454 頁。

④ （明）徐𤊹：《徐氏家藏書目》，上海古籍出版社，2014 年，第 459 頁。

⑤ 駱兆平：《新編天一閣書目》，中華書局，1996 年，第 145 頁。

⑥ 張秀民著，韓琦增訂：《中國印刷史（插圖珍藏增訂版）》，第 294 頁。

⑦ 陳清慧：《明代藩府刻書研究》，第 49 頁。

⑧ 曹之：《中國古籍編撰史》，武漢大學出版社，2006 年，第 258 頁。

載睦㮾《遜國記》二卷，則《褒忠録》當爲三卷。'"①《中州文獻總録》所引"本傳云"實出自清錢謙益《列朝詩集小傳·周藩宗正中尉睦㮾》②，並非《明史·朱睦㮾傳》。今查《明史·朱睦㮾傳》云："（朱睦㮾）所撰有《五經稽疑》六卷，《授經圖傳》四卷，《韻譜》五卷，又作《明帝世表》《周國世系表》《建文遜國褒忠録》《河南通志》《開封郡志諸書》。"③則《遜國記褒忠録》即《建文遜國褒忠録》，且錢謙益所撰朱睦㮾小傳，每書後緊接卷數，何以獨《遜國記》《褒忠録》合計作五卷？此顯係誤一書爲二書。

2.《異林》十六卷

《四庫全書總目》云："《異林》十六卷，河南巡撫採進本。明朱睦㮾撰。"④《中州文獻總録》著録朱睦㮾有"《異林》十六卷，《四庫全書》存目"。林慶彰亦云朱睦㮾"子部有《異林》十六卷"⑤。然《千頃堂書目》《明史·藝文志》著録，題朱謀㙔撰。《徐氏家藏書目》亦云："《朱鬱儀異林》十六卷，朱謀㙔。"⑥今中國國家圖書館藏萬曆間帥廷鏌刻本《異林》十六卷，卷前題"南州朱謀㙔鬱儀纂"，且前有朱謀㙔之婿臨川帥廷鏌《異林序》云："鬱儀先生獨以著述名，又整齊百家雜史所載千百年以來。異常之事作《異林》十有六卷。"⑦鬱儀乃朱謀㙔之字。知《異林》確爲朱謀㙔所作。《中州文獻總録》記於朱睦㮾名下，是從《四庫全書總目》之誤也。

3.《周憲王年表》二卷

《中州文獻總録》、曹之《中國圖書官修史》等皆著録爲朱睦㮾著作，并云所據爲《明史·藝文志》。今檢《明史·藝文志》云："朱睦㮾《帝系世表》一卷《周國世系表》一卷《周乘》一卷《鎮平世系録》二卷。《周憲王年表》二卷。《周定王年表》一卷。《楚王宗支》一卷。"⑧又《千頃堂書目》云："朱睦㮾《大明帝系表》一卷，又《周國世系表》一卷，又《周乘》一卷。《周憲王年表》二冊。《周定王年表》一冊。朱睦㮾《鎮平世系》二卷，隆慶庚午金立敬序。《楚王宗支文冊》一卷。《遜國世系》四卷。"⑨《千頃堂書目》在著録同一作者的多部著作時，第二條書目

① 吕友仁主編，查洪德副主編：《中州文獻總録》，第 776 頁。

② （清）錢謙益：《列朝詩集小傳》，第 774 頁。

③ （清）張廷玉等：《明史》，第 3569 頁。

④ （清）永瑢等：《四庫全書總目》，第 1230 頁。

⑤ 林慶彰：《明代經學研究論集（增訂本）》，華東師範大學出版社，2015 年，第 249 頁。

⑥ （明）徐㶿：《徐氏家藏書目》，331 頁。

⑦ （明）朱謀㙔：《異林》，《四庫全書存目叢書》子部第 247 冊，齊魯書社，1997 年，第 214 頁。

⑧ （清）萬斯同撰，張雲、王盼整理：《明史藝文志》，王承略、劉心明主編：《二十五史藝文經籍志考補萃編》，第 223 頁。

⑨ （清）黃虞稷撰，瞿鳳起、潘景鄭整理：《千頃堂書目（附索引）》，第 289 頁。

一般省去作者姓名，而用“又”字連接。《周憲王年表》《周定王年表》《楚王宗支》爲佚名所撰，因與朱睦㮮著作相接，故誤歸到朱睦㮮名下。

4.《周定王年表》一卷。

《中州文獻總録》、曹之《中國圖書官修史》等皆著録爲朱睦㮮著作，誤。詳見上條。

5.《楚王宗支》一卷

藩王譜牒，明代稱爲宗支。此當記楚藩譜牒。《中州文獻總録》、曹之《中國圖書官修史》等皆著録爲朱睦㮮著作，誤。

6.《南陵王奏議》一册。

《天一閣書目·史部一》云：“《南陵王奏議》一册，刊本，明周府南陵王朱睦㮮撰。”[1]《武宗實録》卷九十九云：“（正德八年夏四月）丙辰，遣定西侯蔣騤、建平伯高隆……禮部蜀郎中督穆爲副使，持節册，封周府周悼王庶第九子睦楔爲南陵王。”知周府南陵王爲朱睦楔，非朱睦㮮。此《天一閣書目》之誤。

7.《蜀府宗支圖譜》一幅

陳昌圖《南屏山房集》云：“《蜀府宗支圖譜》一卷，明朱睦㮮撰。”[2]《内閣藏書目》卷四“經圖部”云：“《蜀府宗支圖譜》一幅，洪武至成化止。”[3]不題撰者姓名。《千頃堂書目》《明史·藝文志》“一幅”作“一卷”，亦未題撰者姓名。周文認爲：“《蜀府宗支圖譜》既未冠以朱睦㮮之名，則當屬於未知作者。”今從其言。

8.《醫史》四卷

周文據〔光緒〕《祥符縣誌·經籍志》稱朱睦㮮有“《醫史》4卷，佚”。然除〔光緒〕《祥符縣志》外，其他公私書目皆未著録朱睦㮮有《醫史》一書。〔順治〕《祥符縣志》無《經籍志》，〔乾隆〕《祥符縣志》卷二十二有《藝文志》，但未著録《醫史》。[4]而《國史經籍志》《千頃堂書目》《明史·藝文志》皆著録《醫史》爲李濂所撰。李濂（1488—1566），正德九年（1514）進士，嘉靖三十三年（1554）與朱睦㮮均參與纂修《河南通志》。〔順治〕《祥符縣志·人物志·李濂傳》稱：“（李濂）著有《嵩渚文集》一百卷、《外集》《緒集》若干卷。輯《祥符文獻志》《汴京遺迹志》《鄉賢傳》《醫史》《朱仙鎮嶽廟集》《稼

---

① （清）范邦甸著，江曦、李婧點校：《天一閣書目》，第 130 頁。

② （清）陳昌圖：《南屏山房集》，《清代詩文集彙編》，上海古籍出版社，2010 年，第 397 頁。

③ （明）張萱等編：《内閣藏書目》，《宋元明清書目題跋叢刊（明代卷）》，中華書局，2006 年，第 362 頁。

④ （清）魯曾煜修，張淑載纂：〔乾隆〕《祥符縣志》卷二十二，乾隆四年刻本。

軒長短句》諸書傳於世。"①［光緒］《祥符縣志·人物志》著録李濂撰有《醫史》，《經籍志》又將《醫史》歸於朱睦㮮名下，一書之內，著録不一。加之［光緒］《祥符縣志》中李濂傳記的內容襲自［順治］《祥符縣志》，而《經籍志》却爲後出之作，且與《國史經籍志》《千頃堂書目》《明史·藝文志》諸書目著録不符，故不可盡信。

9.《集稼軒長短句》二卷

　　［乾隆］《祥符縣志·藝文志》著録朱睦㮮撰"《集稼軒長短句》二卷，佚"②。［光緒］《祥符縣志·經籍志》從之。然此書不見於公私藏書目。又查［順治］《祥符縣志·李濂傳》載李濂輯有《稼軒長短句》。《八千卷樓書目》云："《稼軒詞》八卷，明李濂編，明刊本。"今中國國家圖書館、中科院圖書館均藏有明嘉靖十五年（1536）歷城王詒刊本《稼軒長短句》十二卷，李濂評點。前有李濂序云："余家藏《稼軒長短句》十二卷，蓋信州舊本也，視長沙本爲多。"疑即［順治］《祥符縣志》所載者。

10.《豐坊集》二卷

　　《中州文獻總録》云："《豐坊集》二卷，《國史經籍志》五著録。乃其詩文集。"③今檢《國史經籍志》云："陸㮮《陂上集》二十卷。《豐坊集》二卷。"④焦竑《國史經籍志》集類別集的一般著録格式是"人名（姓＋名／姓＋字）＋書名＋卷數"，然若書名中包含作者姓名，亦多有不另著作者姓名者，如"《周祚集》十五卷""《張含集》八卷"等。"《豐坊集》二卷"應該就是屬於這類情況。而且，《國史經籍志》在著録同一作者的多部著作時，以"又"字連接。如"謝少南《河垣稿》一卷，又《謫台稿》一卷，又《粵臺稿》二卷"，又如"唐順之《荆川集》二十卷，又《續集》六卷，又《奉使集》二卷"。由此可見，《豐坊集》並非朱睦㮮的著作。清姚之駰《元明事類鈔》卷二十七禮樂門"神鐘"條云："明《豐坊集》：'海鹽禪悦寺神鐘，聲聞數十里。天順時忽無聲……於是鐘之神益顯。'"《豐坊集》的這段內容與明豐坊所作《神鐘記》文字相同。可見《豐坊集》確爲豐坊之書而非朱睦㮮之詩文集。

　　要之，現可考的朱睦㮮著作（包括編輯著作）共三十七種，存世著作《歷代中州名人存書版本録》著録六種，周文著録九種，今考定有十六種。其中《譜韻》《開封府志》兩種，周文稱已亡佚，實尚有明本傳世。《蘇文忠公表啓》《儷德偕壽録》二種，由朱睦㮮編輯，亦有傳本存世。周氏所稱"爲海內孤本"之《河

　　①　（清）李同亨等：［順治］《祥符縣誌》卷五，杜澤遜先生藏抄本。
　　②　（清）魯曾煜修，張淑載纂：［乾隆］《祥符縣志》卷二十二，乾隆四年刻本。
　　③　呂友人主編，查洪德副主編：《中州文獻總録》，中州古籍出版社，2012年，第768頁。
　　④　（明）焦竑：《國史經籍志》卷五，《續修四庫全書》第916冊，第539頁。

南通志》，臺北"國家圖書館"亦有藏本，且《原國立北平圖書館甲庫善本叢書》據以影印，已化身千百。《褒忠録》即《建文遜國褒忠録》。《異林》爲朱謀㙔所作，《周憲王年表》《周定王年表》《楚王宗支》三種未題撰人但並非朱睦㮮著作。《醫史》《集稼軒長短句》兩種疑爲李濂所撰，《豐坊集》爲豐坊所作。朱睦㮮著述豐富，前人之搜輯已較爲全面，拙文僅略作補充，疏漏之處，尚祈方家指正。

劉曉麗　中國科學院文獻情報中心　中國古典文獻學專業博士後

汲古閣毛氏刻書的輯佚貢獻述略

丁延峰

　　汲古閣毛氏刻書追求精善，而求全也是其重要特點。毛晋是一位文獻家，深知文獻缺殘散佚之痛，故窮搜苦稽以成全集，成爲一種使命。毛晋跋綠君亭刻本《浣花集》云："《端己集》十卷，乃其弟藹所編，因居是杜子美草堂舊址，故名。僞史云二十卷，馬氏云五卷，今皆不可考。向有朱氏版頗善，惜逸藹序。余幸獲完璧矣。""朱氏版"者即明正德間朱承爵刻本，朱本源於南宋陳氏書棚本，惜缺卷首韋藹序。後毛氏得"完璧"，始刊印出版。毛晋跋汲古閣刻《詞苑英華》本《花間集》云："近來坊刻往往繆其姓氏，續其卷帙，大非趙弘基氏本來面目。余家藏宋刻，前有歐陽烱序，後有陸放翁二跋，真完璧也。"《癸辛雜識》四集，毛晋欲刊此集全帙久矣，"苦坊本舛謬"，後烏程閔元衢於金閶小肆購得抄本四集，毛晋"亟梓以公同好"，刊入《津逮》第十四集中，則此書全部四集始得以保存下來。毛晋刊宋王明清撰《揮麈録》四集，包括《揮麈前録》《揮麈後録》《揮麈三録》《揮麈餘話》，則王氏此書全矣。毛晋刊《宋六十名家詞》本《于湖詞》，跋云"恨全集未見耳"。類似這樣的例子很多，毛晋追求完本意識之强烈可見一斑。除了底本追求全璧之外，毛氏尚通過各種途徑搜集佚作，以輯作補遺或拾遺之卷。毛晋往往刊印正集之外，歷經數年或直至兒子毛扆發現佚作再行補刊，有的從正集到補遺持續數十年之久，足見其强烈的輯佚求全思想。

一、輯補唐宋元集

綜覽毛氏刻本，輯錄佚作，皆在集部，而以唐集最多。《浣花集》十卷，明末毛氏綠君亭刻本，卷末附《補遺》一卷爲毛晋所增，毛晋跋曰："梓行既久，復閱《才調集》《文苑英華》諸書，又得諸體詩三十首有奇，悉附作《補遺》云。"正集十卷版心下刻"綠君亭"三字，而《補遺》版心下鐫"汲古閣"，故《補遺》爲後刻。《四庫總目》將其與《浣花集》一同著錄，云："此本十卷，乃毛晋汲古閣所刻，爲韋莊弟藹所編，前有藹序。疑後人析五爲十，故第十卷僅詩六首。末爲《補遺》一卷，則毛晋所增。"《補遺》共有三十八篇，《癸丑年下第獻新先輩》見卷八，《乞彩箋歌》《詠白牡丹》爲朱承爵所補，毛晋實補三十五首，其中二十九首見於《才調集》，六首見於《文苑英華》，與正集共得二百八十六首。

明末汲古閣刊本《唐三高僧詩》，收錄貫休、齊己、皎然三高僧詩，共四十七卷，其中《禪月集》《杼山集》卷末皆附《補遺》一卷，均爲毛晋所輯。《杼山集》卷首有唐于頔序，卷末有毛晋兩跋，毛晋所補有二：其一從《宋高僧傳》中迻錄《唐湖州杼山皎然傳》，附於卷首于頔序後；其二自《唐詩紀事》中輯出《補遺》一卷凡詩五首，并補其他詩中缺佚數句，所補五首分別爲《九日和于使君思上京親故》《陪盧中丞閒游山寺》《湖南艸堂讀書招李少府》《答李季蘭》《酬鄭判官湖上見贈》。毛晋跋曰："其遺逸頗多，據《紀事》復得詩若干首，錄附卷末。又《酬崔侍御見贈》五言律云'買得東山后，逢君小隱時。五湖游不厭，栢署迹如遺。儒服何妨道，禪心不廢詩。一從居士説，長破小乘疑。'本集逸前四句。又《宿法華寺簡靈澈上人》，首二句云'心與空林但杳冥，孤燈寒竹自熒熒'字句稍異《紀事》云。本集不載未深考耳。"唐釋皎然集初由湖州刺史于頔於貞元八年（792）奉敕編，題名《晝上人集》，并序之，凡十卷收詩五百四十六首。至明代，原本分爲兩個系統，一爲今北大藏明錢穀手抄本及國圖藏明葉氏賜書樓抄本，其中錢氏本最早。但這一系統在傳錄中有脱誤，比于頔序中所稱少二十二首。《四部叢刊》即據汪士鐘精抄本影印。另一系統爲國圖藏明嘉靖八年（1529）柳金寫本，汲古閣刻本即出於此本。汲古本除比錢氏本、葉氏本多二十四首外，尚有毛氏所補五首亦爲後者不存。關於《禪月集》之《補遺》一卷，毛晋跋曰："宋人相傳凡三十卷，余從江左名家大索十年，僅得二十五卷。其文贊及獻武肅王詩五章章八句，俱不載，不無遺珠之憾。今畧補一二於後。"所補共有十五首，摘錄殘句十三句。又，明崇禎元年（1522）汲古閣刻《唐人選唐詩》本《中興間氣集》所附《補遺》一卷，所收爲張衆父、章八元、戴叔倫、孟雲卿諸評及戴叔倫詩一首、鄭常詩三首，爲毛晋輯，毛晋跋曰："諸選逸詩頗多，而兹集尤甚，剞劂告成，殊悒悒也。秋日養痾虎丘僧寮，偕明伯、文初輩，旁搜《紀事》《品彙》諸書，得戴叔倫、鄭常若干篇，亟錄之卷末。"

《四庫》所收爲毛本，然缺《補遺》一卷。

汲古閣刻《唐人六集》本《姚少監詩集》十卷（唐姚合撰），毛晉撰有四跋，其第四跋曰："予梓《姚少監集》十卷既成，又閱《唐文粹》，得《新昌里》一篇，又閱《樂府詩集》，得《出塞》一篇，深嘅逸詩不知凡幾，因附載副葉。《新昌里》：'舊客常樂坊，井泉濁而鹹。新居新昌里，井泉清而甘。僮僕慣苦飲，食美翻憎嫌。朝朝忍飢行，戚戚如難堪。中下無正性，所習便淫躭。一染不可變，甚於茜与藍。近貧日益廉，近富日益貪。以此當自警，慎勿信邪讒。'《出塞》：'磧路三千里，黃雲覆艸平。戰須移死地，軍諱殺降兵。印馬秋遮虜，蒸沙夜筑城。故鄉歸未得，都尉欠功名。'"此兩首是從《唐文粹》中輯出，以題跋形式録存。《唐人六集》本《韓內翰別集補遺》一卷共五篇：《寄禪師》《日高》《夕陽》《舊館》《中春憶贈》，皆爲毛晉增補。此書現存清抄本多部，如國圖藏瞿氏鐵琴銅劍舊藏陳揆校《翰林集》一卷（07012）、臺圖藏舊抄本兩部等，正文篇目皆同於汲古閣本，除臺圖本缺最后一首《已凉》外，皆無毛晉所輯五篇，胡震亨《唐音統籤》早於汲古閣本，但少汲古閣本十七首，而此五首亦無。因此，毛晉所輯五篇甚爲珍貴，後爲《全唐詩》收録。汲古閣刻《唐人六集》本《常建詩》三卷，毛晉跋曰："據唐《藝文志》及《通考》俱云一卷，今流傳詩五十有七首，不知何人類而析之爲三卷。又見洪魏公載《吳故宮》一絕，因附焉。"等等。

汲古閣刻《唐四名家集》本《竇氏聯珠集》五卷，毛晉撰有一長跋：

竇叔向五子，曰常，曰牟，曰群，曰庠，曰鞏。西江褚藏言輯其詩，各有小序，大略已見矣。但常、牟、庠、鞏皆登第，群獨夷然不屑，客隱於毗陵。至如齧指置母棺中，及對德宗數語，又五人中傑出者，宜《唐史》獨著其傳，而兄弟附焉。第其父叔向詩，不可多得。據宋洪容齋云："五竇之父叔向，善五言詩，而略無一首存於今，荊公《百家詩選》亦無之，是可惜也。余嘗得吳良嗣家所鈔唐詩，僅有叔向六篇，皆奇作。念其不傳於世，今悉録之。《夏夜宿表兄話舊》云：'夜合花開香滿庭，夜深微雨醉初醒。遠書珍重何時達，舊事淒凉不可聽。去日兒童皆長大，昔年親友半凋零。明朝又是孤舟別，愁見河橋酒慢青。'《秋砧送包大夫》云：'斷續長門夜，清凉逆旅秋。征夫應待信，寒女不勝愁。帶月飛城上，因風散陌頭。離居偏入聽，況復送歸舟。'《春日早朝應制》云：'紫殿俯千官，春從應合歡。御爐香焰暖，馳道玉聲寒。乳燕翻珠綴，祥鳥集露盤。宮花一萬樹，不敢舉頭看。'《過檐石湖》云：'曉發魚門代，晴看檐石湖。日銜高浪出，天入四空無。咫尺分洲島，纖毫指舳艫。渺然從此去，誰念客帆孤。'《正懿挽歌二首》云：'二陵恭婦道，六寢盛皇情。禮遜生前貴，恩追歿後榮。幼王親捧土，愛女復連塋。東望長如在，誰云向玉京。''後庭攀畫柳，陌上咽青筇。命婦羞蘋葉，都人插柰花。壽宮星月異，仙路往來賒。縱有迎神術，終悲隔絳紗。’第三篇亡矣。”又據宋計敏夫云：“竇叔向字遺直，京兆人。代宗時，常衮爲相，用爲左拾遺内供奉。及貶，亦出爲溧水令。有《寒食賜火》詩云：‘恩光及小臣，華燭忽驚春。電影隨中使，星輝拂路人。幸因榆柳暖，一照草茅貧。’《端午日恩賜百索》云：‘仙宫長命縷，端午降殊私。事盛蛟龍見，恩深犬馬知。餘生倘可續，終冀答明時。’《酬李袁州嘉祐》云：‘少年輕會復輕離，老大關心總是悲。强説前程聊自慰，未知携手定何時。公才屈指登黄閣，匪服胡顔上赤墀。想到長安誦佳句，滿朝誰不念瓊枝。’”自宋迄今，歷幾百年，余所見叔向詩，反多於容齋，始信詩文顯晦，故自有時，匪關歲月之先後久暫也。又得《囁嚅翁》絶句六首，《代鄰叟》云：“年來七十罷耕桑，就暖支羸强下床。滿眼兒孫身外事，閒梳白髮對殘陽。”《永寧小園寄接近較書》云：“故里心期奈別何，手栽芳樹憶庭柯。東皋黍熟君應醉，梨葉初紅白露多。”《寄南游弟兄》云：“書來未報幾時還，知在三湖五嶺間。獨立衡門秋水闊，寒霞飛去日銜山。”《新營別墅寄兄》云：“懶性如今成野人，行藏由興不由身。莫驚此度歸來晚，買得山居正值春。”《自京將赴黔南》云“風雨荆州二月天，問人初雇峽中船。西南一望雲和水，猶道黔南有四千。”《宮人斜》云：“離宫遠路北原斜，生死恩深不到家。雲雨今歸何處去，黄鸝飛上野棠花。”余向讀白樂天《與微之書》，極稱竇七與元八絶句，可見同時早有定論矣。嘗手録一編，併《唐書·列傳》，附於集後。寄友人云：“向謂竇氏聯珠，今可謂竇氏合璧否。”

此集收録唐竇常、竇牟、竇群、竇庠、竇鞏五人詩作，唐褚藏言輯，人各一卷。竇叔向爲五兄之父，褚藏言《竇常傳》云叔向“善五言詩，名冠流輩”，《新唐書·藝文志》著録《竇叔向集》七卷，早已散佚。毛晉自《容齋四筆》卷六《竇叔向詩不存》及計有功《唐詩紀事》所載，輯録叔向詩九首，并竇鞏絶句六首，以跋文形式録之。故此竇氏父子六人之集爲史上收録最全之集，真可謂“竇氏合璧”矣。《四庫》即據此本收録。

宋集中，毛晉父子輯刻《陸游全集》六種爲學界功事，其中《放翁逸藁》二卷四十三首及《放翁逸藁續添》一卷二十首爲毛氏父子所輯。《放翁逸藁》上下兩卷爲毛晉輯，卷末有毛晉跋，説明輯録始末。毛晉之輯後六十年，毛扆續添二十首。儘管其中仍有混入他人之作，但已開啓陸集輯佚之濫觴。當代錢仲聯、孔凡禮、潘榮江等在此基礎上，先後輯出若干。宋詞中亦有不少輯佚之作，明末汲古閣刻《宋六十名家詞》本《夢窗詞稿》，毛晉跋《乙稿》云：“如末有《鶯啼序》，遺缺甚多，蓋絶筆也，與余家藏本合符。既閲《花菴》諸刻，又得《逸篇》九闋，附存卷尾。”今見《夢窗詞稿》卷末所附《絶筆·補遺》一卷即爲毛晉所輯。

又如國圖藏汲古閣刻本《樂章集》一卷（06669），陸貽典、毛扆校跋，卷末毛晉跋後又補刻《一寸金》《輪臺子》等六首，毛扆跋云："癸亥中秋，借含經堂宋本校一過。卷末續添曲子，乃宋本所無。"續補六首字跡與前稍異，由毛扆跋可知，續補乃毛扆所爲。陳亮撰《龍川詞》一卷，毛晉又《補》一卷，并跋汲古閣刻本曰："即補此花菴所選，亦安得云全豹耶？""花菴所選"即宋黃昇所輯《花菴詞選》二十卷，分《唐宋諸賢絕妙詞選》十卷及《中興以來絕妙詞選》十卷，毛晉從此集中輯出"家藏《龍川詞》"所不載者一卷，然亦未全耶。秦觀《淮海詞》收詞七十七首，毛晉將原本按時序編輯的序排方法改爲按相同詞調編次，并將新輯佚詞插入相同詞調中，其他如《珠玉詞》《東坡詞》等亦採用了此類方法。《詩詞雜俎》本《斷腸集》據明洪武三年抄本，但其中又輯錄兩首爲《生查子》，其一首爲《年年玉鏡臺》，《雜俎》本題下注云："世傳大曲十首，朱淑真《生查子》居第八，調入大石，此曲是也。集中不載，今收入此。"其二首爲《去年元夜時》，《雜俎》本題下注"見《升庵詞品》"，顯係據楊慎《詞品》輯入。這兩首洪武本皆無。

其中元人集補遺尤多。明崇禎十一年（1638），毛晉輯刻包括《薩天錫詩集》三卷、《倪雲林先生詩集》六卷、《句曲外史集》三卷與《玉山草堂集》二卷在內的《元人十種詩》六十餘卷，其後毛晉又對此其中四集又有補遺，即《薩天錫集外詩》一卷、《倪雲林先生詩外集》一卷、《句曲外史集補遺》三卷和《句曲外史集外詩》一卷，且皆撰有題跋以明之，另一種爲《玉山草堂集外詩》一卷，無跋。故《元人十種詩》有原刻本、後之增補本之別，至於增補時間，或已入清。關於《薩天錫集外詩》一卷，毛晉跋曰："薩天錫詩，曹氏、潘氏選本寥寂，余所梓畧備。今復從荻區王氏得《雁門集》八卷，分體詩四百二十有奇，末附詩餘十有一闋。……又有巧題七言八句百首，別爲一集，余未曾見。今止采前刻所不載者，又得若干首，一以追表代郡應運之風雅，一以自懺髫年撰錄之午舛云爾。"可見，毛晉所輯底本爲《雁門集》。薩都刺（字天錫）爲元代最具代表性詩人，故其刊本頗多，僅現存就有三十八種之多，流傳中分爲《薩天錫詩集》與《雁門集》兩個系統，兩集中又有互不載者，毛晉輯補後，實有將兩集并爲一集之效，可視爲全集，免去檢閱之累。《倪雲林先生詩外集》一卷，毛晉跋曰："余梓行《雲林詩》已二十有三年矣，酷嗜其書畫，又不可多得，每懸一幅横一卷，或從收藏家及丹房禪榻，見尺楮寸縑，必鈔入攜囊以歸，總貯一笱籠中，藏諸秘室。今籠已盈溢矣！秋日燕間，托館甥馮寶伯手録成編。興酣未已，又檢毗陵錫山山經水誌，旁及鄰邦雜記，又得若干首，題曰《雲林集外詩》，附于前刻之後。余前刻時，馮甥纔七齡，就外傳，今年已立，工詩賦，嗜古過於余。余頭顱如雪，病狀日增，無力秋畊，不勝老大之慨。"卷端次署"海虞毛晉子晉、馮武寶伯同訂"，《集外詩》一卷乃毛晉與甥馮武同訂而梓，刻正集時，馮武才七歲，二十三年後亦即順治十三年（1656）補刊外集。元張雨集，最早之本當即元刻或明初刻本《句曲外史集》五卷，《四部叢刊》收錄。次即毛晋輯刻《句曲外史》三卷《附錄》一卷《補遺》三卷《集外詩》一卷，毛晋跋《集外詩》云："余于《句曲外史》詩文，可謂無奇不探，無隱不索矣。初刻陳節齋手編三卷，繼刻閔康侯搜詩九十七首、文五首，又合王凱度、康與可輩所寄如干首爲《補遺》三卷，以勝國名公酬贈諸詩作附焉，將謂登峯造極矣。今秋病余，偕馮甥銓次《雲林集外詩》，復鼓餘興入金陵地肺，再探華陽蓬壺之閟異，又得如干首，豈即風雷大作，鄭栗庵再往而未得者耶？"可知，正編三卷所據乃明成化間姚綬所得抄本、至崇禎間陳應符編訂本，《補遺》三卷據閔元衢所錄佚詩編成，《集外詩》則爲毛晋與其外甥馮武搜集續編，至此，張雨集始爲搜集最全之本，其後明何良俊輯補九卷本、清丁丙輯補九卷本皆以毛本爲基礎。不過，毛晋在輯錄張雨集過程中，前後長達十餘年，其跋《補遺》三卷歷叙了這一過程："貞居子黃簽樓手編生平詩文甚富，惜乎紅巾寇杭之餘，不知所在。余十年前所刻《句曲外史集》三卷，蓋陳羽士訪諸貞居經歷之地，寸牋尺練，櫛比而成者也。猶恨未獲楊鐵厓所鈔，重窺石室之祕耳。幸湖州康侯閔君窮搜博采，手錄遺亡若干幅，數月之內，鱗羽相接，而寄於余。余亦隨開緘之先後，付諸梓人，略無銓次，又得三卷。鐵崖所云晋武庫之遺劍不在斯乎！鐵厓爲一代人望，不輕可人，獨醉心于貞居。康侯真今日之鐵厓也，所著《江東外紀》《吳興藝文》諸書，不亞於《史鉞》及《史義拾遺》，亦醉心于貞居，疊疊捃摭無勌色。貞居何幸而遇此兩知己也！余媿未能學姚公綬以古畫相易，或不至爲胡季城受友人之托，不能共之海內歟！"崇禎十四年（1641），閔元衢則叙及搜集《補遺》三卷之經過，跋云："閔元衢跋曰："外史績學工辭章，名動公卿。獨於我湖趙魏公父子契厚，故往來數而題詠縠，余已采入我湖《藝文》矣。惜姚侍御一生購求，半付煨燼。非琴川子晋毛君彙梓。何以知羽流中有此異人也？然而較余所采仍有遺者，於是取架上書遍搜，果得詩九十七首，文五首。又抄本詞一卷，則傳之亡友張稚通者也。子晋雖未及面，曾尺一相聞，而雙林存疑上人与子晋交，不啻外史之与松雪，遂屬上人郵致之。……敢謂貧兒摭拾盡乎？是在子晋矣。"元顧瑛集，其生前已編集行世，今傳世者有《玉山璞稿》二卷、《草堂雅集》十三卷等，皆爲清抄本，又有明萬曆刻本《玉山名勝集》八卷《外集》一卷。毛刻本則爲兩卷，卷上爲詩、卷下爲文，實雜採《玉山》《草堂》兩書而成。其《集外詩》一卷，卷端次署"海虞毛晋子晋、馮武竇伯同閱"，則爲毛晋、馮武同輯。明崇禎十四年汲古閣刻《元四大家詩集》本《虞伯生詩》八卷，其中《補遺》一卷爲毛晋所輯，正集卷末有毛晋跋交代這一過程。虞集有《道園學古錄》五十卷，毛晋此刻即從中輯出，其自跋曰："及門弟子訂其在朝應制及歸田方外諸稿爲《道園學古錄》，予妄摘其詩，不敢紊其卷次，與楊、范、揭詩集並傳，庶幾四美具云。"《補遺》則自《永樂大典》

等書中輯出，其中多有《道園學古錄》不載者。

二、存在問題

誠然，毛晉所作補遺於今日并非罕見之作，有的則在當時亦有不足之處。毛氏雖藏書豐富，但亦并非擁其所有，因此有的輯錄並不齊全，當亦在情理之中。如《浣花集》，於毛晉之前，胡震亨《唐音統簽》亦輯補過，除與毛晉所輯相同之外，多出三十二首及殘句三聯，其後季振宜《全唐詩》、王重民《補全唐詩》、童養年《全唐詩續補遺》、陳尚君《全唐詩續拾》等又有補輯；《杼山集》，胡震亨《唐音統簽》所收亦比汲古本多十四首。但畢竟毛晉是在有意識地系統地對其進行補遺，而且將所補覆蓋於宋元明集中，且真正補遺了佚作，其主觀上肯定是求全，這在當時仍是很難得的。

毛晉輯錄佚作，當然亦取謹慎一途，如宋謝逸撰《溪堂詞》一卷，毛晉跋明末汲古閣刻《宋六十名家詞》本云："近來吳門鈔本多《花心動》一闋，其詞云'風裏楊花輕薄性，銀燭高燒心熱。香餌懸鈎，魚不輕吞，辜負鈎兒虛設。桑蠹到老絲長伴，針刺眼淚流成血。思量起，拈枝花朵，果兒難結。海樣情深忍撇。似夢裏相逢，不勝歡悅。出水雙蓮，摘取一枝，可惜並頭分折。猛期月滿會姮娥，誰知是初生新月。折翼鳥，甚是于飛時節。'疑是贗筆，不敢混入，附記以俟識者。"存以待方家考之，亦不失一法。但其輯佚亦存在明顯問題，即往往失檢、疏於考校，對於來源不去深究，進而導致個別輯佚可信性降低。其一，重出，如《浣花集補遺》一卷，《四庫總目》指出："末爲《補遺》一卷，則毛晉所增。然如《癸丑年下第獻新先輩》一首，既見於卷八，又入《補遺》，殊爲失檢。"又如《禪月集補遺》一卷，《四庫提要》云："《補遺》一卷，亦晉所輯，然所收佚句，如'朱門當大道，風雨立多時'一聯，乃《贈乞食僧》詩，今在第十七卷之首，但'道'作'路'、'雨'作'雪'耳，晉不辨而重收之，殊爲失檢。"又所補《夜雨》"夜雨山草濕，爽籟雜枯木。閑吟笁仙偈，清絕過於玉。"見正文卷三，爲《閑居擬齊梁四首》之一前兩聯，其中"濕"作"滋"，"雜"作"生"，"笁"作"竹"，"清絕過於玉"作"清於嚼金玉"。又摘句"黃昏風雨黑如磬，別我不知何處去"，見正文卷三《義士行》詩三、四句，惟"風雨黑如磬"作"雨雹空似黳"。其二，混入他人之作。如《禪月集補遺》一卷，據劉芳瓊《貫休詩歌訂補》[①]一文得知，其中有四首及一摘句并非貫休詩，實爲誤收，如《贈雷卿張明府》，實爲曹松所作，現收於《全唐詩》卷七一七，《補遺》誤"雷

---

① 《文獻》，1991年第3期。

鄉"爲"雷卿",兩字形近。據《元和郡縣圖志》卷三四可知,雷鄉屬嶺南道循州管縣之一,曹松曾經客游嶺南,其游歷嶺南詩篇尚多,如《南海旅次》《嶺南道中》等。此詩定爲曹松所作更妥。其他如《題成都玉局觀孫位畫龍》實爲齊己詩,載《白蓮集》卷十。《題某公宅》實爲劉克莊詩,載於《後村先生大全集》卷二《方寺丞新第二首》之一。《贈寫經僧楚雲》實爲齊己詩,載《白蓮集》卷九,題作《送楚雲上人往南嶽剌血寫法華經》。佚句"一生不蓄買田錢,華屋何心亦偶然。客至多逢僧在坐,釣歸惟許鶴隨船"及"家爲買琴添舊價,廚因養鶴減晨炊",實劉克莊詩,見《後村先生大全集》卷一《答友生》、卷二《方丞寺新第二首》中。又如《放翁逸藁》二卷及《放翁逸藁續添》二十首混入如李綱、鄧蕭等人之作,毛晋所輯《成材將還旴江幕,以詩四章爲貺,次韻其二以識別。歲在改元孟夏二十有六日,書於臥龍方丈之西壁》,首句"漂泊干戈到粤山",粤山指廣東,而陸游一生沒有到過廣東。此詩乃李綱之作,見《梁溪先生文集》卷二十八,題作《次韻奉酬鄧成材判官二首》,鄧蕭(成材)《栟櫚先生集》卷二十有此詩跋可證。《寄鄧志宏五首》爲宋人鄧祚之作,見鄧蕭《栟櫚先生集》卷一,題作《和鄧成材五絕》。而卷下皆非陸游之作。毛扆所輯《贈徐相師》乃劉克莊詩,見《後村先生大全集》卷四。① 又《幽事》("日日營幽事")《葺圃》《幽事》("幽事春來早")《北檻》四首輯自元方回《瀛奎律髓》卷二三,實爲姜特立詩。② 又如秦觀《淮海居士長短句》原本有七十七,毛晋據各本增輯十首,據《全宋詞》考證,其中有八首屬於誤輯。毛晋補輯《片玉詞》十首則全爲僞作。此乃輯佚最大問題,蓋因不注重、深究輯佚來源,且疏於考證。

因毛晋常有補遺之作,故亦有疑作毛晋輯者,如明末汲古閣刻《三唐人文集》本《皇甫持正文集》六卷(唐皇甫湜撰),自宋以來一直爲六卷三十八篇。至光緒二年(1876)南海馮焌光重刻汲古閣本,從《全唐文》卷六百八十五、六百八十六輯出五篇,其中《履薄冰賦》亦見《文苑英華》卷三十九,《山雞舞鏡賦》見《英華》卷一百五,《鶴處雞群賦》見《英華》卷一百三十八,確爲其作,但唐人應試之作,多不入集,其他兩篇《篤終論》,乃删節皇甫謐之文,《晋書·皇甫謐傳》有其全篇;《送陸鴻漸赴越序》乃皇甫冉之作,見冉《集》卷六。《南村輟耕錄》卷九輯出一篇《陶母碑》。以上六篇編爲補遺一卷,附於後③。周彥文《毛晋汲古閣刻書考》著錄此集云:"惟毛氏此刻多補遺一卷,乃前所未見,毛跋亦未言及,不知是否爲毛氏所輯附。"④ 此非毛氏所輯,而爲馮氏輯錄。

---

① 孔凡禮:《陸放翁佚稿輯存書目》,《文史》第 3 輯。
② 韓立平:《〈放翁遺稿〉誤收姜特立詩考辨》,《江海學刊》,2010 年第 3 期。
③ 參見余嘉錫《四庫提要辨證》卷二十,湖南教育出版社,2009 年,第 1108 頁。
④ 周彥文:《毛晋汲古閣刻書考》,花木蘭文化出版社,2006 年,第 81 頁。

三、輯存形式及影響

從輯佚成果的輯存形式上，一是以《補遺》卷附於卷末，集中存錄。這種形式使用最多。二是將其散入至卷中，如前皆揭宋詞，插入到相同詞調中。三是以題跋形式輯錄，如前揭《姚少監詩集》《竇氏聯珠集》等。從輯錄內容上，集中在集部上，而又以唐宋元別集最著。唐宋元諸家之作，傳之明末已多有失散，毛晉作爲一個編輯、出版家敏銳地捕捉到這一現象，於是刊印諸家作品集時，有意識地輯補佚作，通過補全進而編出一個權威之本，亦見其求全的編輯思想。這也是一個有責任的嚴謹的文獻家的做法。儘管毛氏輯錄多有失誤之作，但畢竟毛氏輯佚出很多集中未見之作，其價值不可磨滅。其後，《全唐詩》《學津討原》以致今編《全唐詩》《全宋詞》《全元詩》等都使用了毛氏的輯佚成果。梁啓超於《中國近三百年學術史》云："書籍遞嬗散亡，好學之士每讀前代著錄，按索不獲，深致慨惜，於是乎有輯佚之業。最初從事於此者宋之王應麟，輯有《三家詩考》《周禮鄭氏注》各一卷。"雖然兩宋已有輯佚，但直至清代乾嘉學術時期輯佚學始發達興盛起來，其中以四庫館臣貢獻最大，其後嚴可均、馬國翰、王仁俊等相繼輯出大作，至清末皮錫瑞於《經學歷史》正式提出"校勘輯佚之學"，作爲一門學科逐漸建立起來。在這一漫長過程中，明末清初是一個重要的節點，伴隨著文獻毀佚與重整，毛晉作爲承上啓下的關鍵人物，以實際行動做出了巨大貢獻，無疑對清代輯佚學發展產生了重要的影響。

此外，毛刻本往往增補有關撰者傳記、諸家序跋或其他背景史料，甚至自跋考及作者履歷、創作背景、特色、評騭高下等等，以備考核參備所用，免去讀者查閱勞煩之苦，如《唐六人集》中《韓內翰別集》，所用底本并無任何前後序跋，於讀詩解詩頗不方便，而毛刻則於卷首附及長篇《新唐書·韓偓傳》，又卷末自撰長跋等。《元人十集》本《玉山草堂集》後附其自撰《墓誌銘》及《自題像》等。又如天啓五年（1625）毛晉綠君亭刻《陶靖節集》二卷，卷一收四言及五言詩共一百五十八首，卷二收賦、辭、記、傳、贊、述、疏、祭文共十七篇，實爲陶氏全集，所附《聖賢群輔錄》一卷《總評》一卷即今十卷本之第九、十兩卷（四八目、諸家評陶彙集），再附毛晉自訂《參疑》（考陶氏詩文之有疑者）《雜附》（雜考有關陶氏詩文之事及平生事迹者），而同時所刻《屈子》七卷《楚譯》二卷《屈子參疑》一卷《屈子評》一卷，其纂輯模式一如陶集，類似者頗多。從輯刻目的來看，毛氏就是要給讀者一個完整的文本，包括詩文、傳記并雜附其他相關史料等。輯刻此書時，毛晉二十六歲，亦即毛晉於很早時候，便有一種整體、系統的編輯理念，盡可能地爲讀者閱讀提供最大方便。又如毛晉刻《津逮秘書》本《揮塵前錄》，其卷首有慶元元年（1195）《實錄院牒文》，卷末有自序、淳熙十二年（1185）自跋、乾道五年（1169）程迴跋、郭久德跋、李賢良跋。毛晋故意將諸家論書之跋纂録於後，意在幫助讀者理解此書意義的同時，亦使讀者提高對此類書的認識，毛晋跋曰："余讀史至宋，每病其蕪蔓糜腐，輒爲掩卷。因搜洪容齋、姚令威諸家小説，梓而行之，以補其一二。既閲王仲言《揮塵録》，多載國史中未見事。昔武夷胡氏讀温公《通鑒》，喟然歎曰：'若能喬嶽，天宇澄澈。周顧四方，悉來獻狀。'蘇文忠公見曾公亮《英宗實録》，謂劉義仲云'此書詞簡而事備，文古而意明，當爲國朝諸史之冠。'若王仲言，殆兼二老之長矣。兹録凡四卷，末載程可久、郭九德二跋，李賢良一簡。其自跋云：'丘明、子長、班、范、陳壽之書，不經他手，故議論歸一。'真得史家三昧矣。"唐都官郎中鄭谷撰《雲臺編》三卷，明王鏊抄本，頗爲珍貴，後經汲古閣毛氏、愛日精廬張氏遞藏，自後不知下落。《愛日精廬藏書志》卷二十九著録云："後附補遺十三首及祖無擇撰《墓表》。又附録四則、曹鄴等投贈詩八首，則毛氏子晋所輯也。後附毛氏手跋'清'字缺末二筆，蓋避家諱。每頁格闌外有'毛氏正本汲古閣藏'八字。"毛晋所輯不僅有遺詩，尚有《墓表》及附録等内容，可謂全矣，并撰有長跋，毛晋顯然是想作爲刊印而輯，不知爲何未及刊印。從卷首之序、目録，到正文安排，至卷末跋尾，及附録相關史料，毛氏將每書視爲一個完整的文本系統。作爲刻書者，就是要給讀者提供一個完備精善、閲讀方便的版本，一本在手，知人識文，知人論世。

丁延峰　曲阜師範大學文學院教授

彭元瑞與《乾隆石經》[*]

姚文昌

　　《乾隆石經》是我國古代最後一部官修石經。因爲刊刻時間較晚，拓本流傳不廣，《乾隆石經》長期以來爲學界所忽視。近年來，隨著相關領域研究的深入，《乾隆石經》逐漸受到學者的關注，一系列的研究成果相繼産生[①]。儘管如此，對於《乾隆石經》刊刻事件本身的研究還十分薄弱。本文以史料鉤稽爲基礎，通過對《乾隆石經》刊刻細節的考察，揭示彭元瑞在《乾隆石經》刊刻過程中的重要地位。

一、彭元瑞與石經底本的校勘

　　石經刊刻是一項艱難繁複的工程，需要大量的人力物力，程序明確、分工協作是必不可少的。《乾隆石經》也不例外。討論彭元瑞在石經刊刻過程中所扮演的角色，需要從石經刊刻的人事部署入手。

　　《乾隆朝上諭檔》：乾隆五十六年十一月十四日内閣奉上諭：懋勤殿舊貯

---

　　* 中國博士後科學基金面上資助項目 "乾隆石經刊刻研究"（ 2019M662386 ）。
　　① 主要成果有何廣棪《〈乾隆石經〉考述》（《古籍整理研究學刊》2008 年第 1 期）、張濤《由動機與影響論定乾隆石經的性質》（《史林》2014 年第 3 期）、王曉娟《談〈乾隆石經〉的校勘與磨改》（《圖書館雜誌》2016 年第 2 期）等。

蔣衡所書十三經應鐫刻石版，藏諸太學，以垂永久。著派金簡、彭元瑞、金士松、沈初專司辦理，並著阮元、瑚圖禮、那彥成隨同校勘，俾臻完善。欽此。①

這則史料至今尚未進入《乾隆石經》研究者的視野，却至爲重要，它揭示了乾隆皇帝決意刊刻石經後最初的人員安排。一個星期之後，乾隆皇帝再頒諭旨，進行了更爲周密的部署。

《纂修四庫全書檔案》：乾隆五十六年十一月二十一日内閣奉上諭：……著派和珅、王杰爲總裁，董誥、劉墉、金簡、彭元瑞爲副總裁，並派金士松、沈初、阮元、瑚圖禮、那彥成隨同校勘。但卷帙繁多，恐尚不敷辦理。著總裁等再行遴派三人，以足八員之數爲校勘。諸臣等其悉心研辦，務臻完善，以副朕尊經右文至意。欽此。②

《纂修四庫全書檔案》：臣和珅謹奏，爲奏聞事。……臣等公同商酌，淹通經學者，殊難其選。就其平日尚能誦習者，查有侍讀學士劉鳳誥、祭酒汪廷珍、侍講邵晋涵三員，堪充校勘。如蒙俞允，臣等將諸經酌量卷帙多寡，分與八員承勘，以專責成。……乾隆五十六年十一月二十三日奉旨：知道了。欽此。③

乾隆皇帝諭旨的頒布與和珅奏請的批准標識著石經刊刻工作的全面展開。最初委派的七人中，金簡、彭元瑞此時已列銜副總裁，其餘五人"隨同校勘"。又增派和珅、王杰爲總裁，董誥、劉墉爲副總裁，校勘人員增加了劉鳳誥、汪廷珍、邵晋涵。關於這次人事安排的變動，當時一些學者的學術筆記有著更爲詳盡的記載。

《恩福堂筆記》卷上：歲辛亥，上命以之校刻石經，初派總裁，以吏部尚書金簡司剞劂，以彭文勤公司考正。文勤又面奏，以石經爲本朝鉅典，金簡不由科目出身，臣學尤弇陋，兩人列銜恐不足以垂信萬世，請增派總裁官。乃益以和珅、王文端、劉文清、董文恭，然聖意猶責成文勤一人也。④

---

① 中國第一歷史檔案館編：《乾隆朝上諭檔》第16册，中國檔案出版社，1998年，第566頁。

② 中國第一歷史檔案館編：《纂修四庫全書檔案》一四一一"諭內閣十三經允宜刊之石版列於太學著派和珅等爲總裁"，上海古籍出版社，1997年，第2259頁。

③ 中國第一歷史檔案館編：《纂修四庫全書檔案》一四一四"軍機大臣和珅等奏請添派劉鳳誥等三員校勘石經摺"，第2263—2264頁。

④ （清）英和撰，雷大受點校：《恩福堂筆記》卷上，北京古籍出版社，1991年，第36頁。

《竹葉亭雜記》卷四：先是五十六年，高廟欲勒石經於太學，初命彭文勤公元瑞司校讎，金司空簡司工。……碑成，文勤面奏云：'石經將垂訓萬世，只臣與金簡二人列後銜，臣以末學，金又高麗人，恐不足取信。'因加派和相國坤、王文端杰爲總裁，董文恭誥、劉文清墉及金司空、彭文勤爲副，金司空士松、沈司農初、阮制軍元、瑚太宰圖禮、那太宰彦成隨同校勘。①

根據《恩福堂筆記》《竹葉亭雜記》的記載，乾隆最初委派刊刻石經的負責人爲金簡、彭元瑞，彭元瑞主持校勘，金簡主持鐫刻，彭元瑞以"兩人列銜恐不足以垂信萬世"爲由，奏請"增派總裁官"，而實際工作主要還是彭元瑞、金簡負責，其中尤以彭元瑞爲重，誠如英和所言"然聖意猶責成文勤一人也"。至於後來增派的總裁官，更多是掛名，一來顯示乾隆皇帝對刊刻石經的重視程度，二來爲刊刻的順利進行提供必要的物質和程序保障。這一點在五十九年（1794）九月乾隆皇帝獎賞彭元瑞的諭旨中可以看出。

《乾隆朝上諭檔》：乾隆五十九年九月十七日內閣奉上諭：石經館總裁等校勘石經，見在將次完竣。和珅等與彭元瑞均係總裁。和珅等所管事務較繁，祗能總其大綱，酌加參閱。至於校訂厘正，皆係彭元瑞專司其事。彭元瑞著加太子少保銜，並賞大緞二疋，以示獎勵。若校定之文或有紕繆不經之處，將來披覽所及，經朕指出，亦惟彭元瑞是問。欽此。②

乾隆皇帝明確指出，儘管"和珅等與彭元瑞均係總裁"，但是"所管事務較繁，祗能總其大綱，酌加參閱"。換句話説，和珅等總裁官僅僅是掛名或者從旁協助，並沒有付出太多實際的勞動。

《乾隆石經》所據底本爲蔣衡手書十三經。蔣衡抄録十三經時，重書法而輕版本，導致《乾隆石經》底本的質量難盡人意。阮元評價云："若蔣衡工於書法，疏於字體，以墇代墉，省篋成篋，如斯之類，舛誤實多。"③正是這個原因，上石之前的底本校勘工作成爲重中之重。底本校勘作爲最具學術含量的工作，也是整個石經刊刻工作的核心。而"校訂厘正，皆係彭元瑞專司其事"，雖然總裁、副總裁合計六人之多，實際主持校勘工作的只有彭元瑞一人。

石經底本的校勘工作首先是分校各經，即一人領取一經或數經進行校勘。

---

① （清）姚元之撰，李解民点校：《竹葉亭雜記》卷四，中華書局，1982年，第94頁。
② 中國第一歷史檔案館編：《乾隆朝上諭檔》第18冊，第217頁。
③ （清）焦循：《儀禮石經校勘記後序》，《歷代石經研究資料輯刊》第3冊影印清光緒十六年（1890）四川尊經書局刻《石經彙函》本《儀禮石經校勘記》，北京圖書館出版社，2005年，第3頁。

分校完成後，負責人將各經的分校記交到石經館，然後集中商討校改與否，由彭元瑞最終定稿。彭元瑞作爲統稿人，不僅負責統一體例，還需要就個別條目與分校官進行商榷，最終給出處理意見。以邵晉涵分校《左傳》爲例。

  彭元瑞致邵晉涵：《左傳》册内□□《正義》引作"得罪於母弟之寵子帶"係何文下所引，乞示知，以免審查是幸。"韓之戰内"四十二字删否？不能妄斷，尊義若何，並示。又及，附候文祉，不一。瑞頓啓。
  又致邵晉涵：石經校改文字，似須排一清檔，不特仰承顧問，亦便同館口商，不然恐作私意率改，其一一皆有所據，亦難覼縷立談也。今《左傳》已校完，擬編一稿呈政，其中有須增改之處，乞即删削，並恐遺漏，望攜至館與改字檔細對一過，並望於十六七發下爲要。附候日安，不獲。學弟瑞頓首。①

邵晉涵完成《左傳》校勘後，將分校記上交石經館，彭元瑞審閱校記，就一些文字校勘和校記撰寫的體例問題與邵晉涵商討。從"係何文下所引，乞示知，以免審查是幸""《石經》校改文字，似須排一清檔，不特仰承顧問，亦便同館口商，不然恐作私意率改"等表述來看，分校體例的混亂給最終校勘成果的彙總造成了極大的障礙。彭元瑞作爲石經底本校勘的實際負責人，爲石經底本校勘記的定稿付出了巨大的勞動。

彭元瑞作爲乾隆皇帝指定的石經底本校勘的負責人，實際主持並參與了石經底本的校勘工作，保證了《乾隆石經》文本的質量，使得《乾隆石經》在刊刻完成之初，成爲當時學術價值較高的十三經經本。可以説，彭元瑞之於石經底本校勘，猶如紀昀之於《欽定四庫總目》。

二、彭元瑞與石經刊刻的發起

石經的刊刻始於乾隆五十六年（1791），此時《四庫全書》的編纂已基本完成，處於修繕階段。乾隆皇帝身邊不乏組織能力突出、校勘經驗豐富的飽學之士，彭元瑞因何會脱穎而出，被選爲石經底本校勘的負責人呢？這要從《石渠寶笈續編》的纂集説起。

  《高宗純皇帝實録》卷一三七二：（乾隆五十六年二月，己未）諭曰：南書房翰林辦理《石渠寶笈》，正在需人，著内閣學士玉保、詹事吳省蘭、

---

① 朱炯編：《朱蘭文集·南江先生年譜初稿》，浙江大學出版社，2015 年，第 346 頁。

少詹事阮元在南書房行走，一同纂辦。①

《乾隆朝上諭檔》：乾隆五十六年十月十二日内閣奉上諭：……所遺工部漢尚書員缺，著加恩以彭元瑞補授。伊係甫經獲罪之人，念其學問尚優，自降用以來，辦理《石渠寶笈》尚知奮勉，是以加恩錄用。彭元瑞益當感激朕恩，倍加謹慎，勉圖後效，無負朕宥過施恩至意。②

《欽定秘殿珠林石渠寶笈續編凡例十二則》：是編始於乾隆辛亥春正，成於癸丑長至。奉敕：在事諸臣均照前編之例列名，欽此。臣等以繕校微勞，既獲寓目於壁府之藏，復得掛名於寶書之末，其爲榮幸，曷有涯涘。臣王杰、臣董誥、臣彭元瑞、臣金士松、臣沈初、臣玉保、臣瑚圖禮、臣吳省蘭、臣阮元、臣那彦成拜手稽首恭紀。③

據上面幾則史料，《石渠寶笈續編》的纂集始於乾隆五十六年正月。二月，乾隆皇帝增派“内閣學士玉保、詹事吳省蘭、少詹事阮元”三人參加。十月，彭元瑞因在纂集《石渠寶笈續編》的工作中表現突出，受到了乾隆皇帝的封賞。乾隆五十八年（1793）夏至，《石渠寶笈續編》成書，列銜有王杰、董誥、彭元瑞、金士松、沈初、玉保、瑚圖禮、吳省蘭、阮元、那彦成十人。根據前文所引“五十六年十月十四日”諭旨，最初安排負責石經刊刻的七人，除負責鐫刻工作的金簡之外，其餘六人均爲《石渠寶笈續編》纂集的參與者。可以説，石經的刊刻與《石渠寶笈續編》的纂集人事關係密切。《石渠寶笈續編》的參與者有十人，在纂集工作開始九個月後，乾隆皇帝獨獨獎賞了彭元瑞一人，這與前文提到的石經底本校勘工作如出一轍，其原因只有一個：列銜於前的重臣王杰、董誥僅僅是掛名，《石渠寶笈續編》纂集的負責人是彭元瑞。

彭元瑞因纂集《石渠寶笈續編》受到封賞是在“五十六年十月十二日”，乾隆皇帝進行石經刊刻最初的人事部署是在“五十六年十一月十四日”，中間僅有一月之隔。乾隆皇帝委派以彭元瑞爲首的六人負責石經校勘工作，一方面是由於彭元瑞等人在纂集《石渠寶笈續編》之中的突出表現，另一方面可能還有更爲直接的原因。

石經刊刻工作開始不久，乾隆皇帝即撰寫了《御製石刻蔣衡書十三經於辟雍序》，以表示對石經刊刻的重視。這篇序文後來同樣被刻石立於國子監。

《御製石刻蔣衡書十三經於辟雍序》：前歲集石鼓文而爲之序，有曰“凡舉大事者，必有其會與其時，而總賴昭明天貺以成其功”，信弗爽也。石鼓

① 《高宗純皇帝實錄》卷一三七二，影印《清實錄》第26册，中華書局，1986年，第419頁。
② 中國第一歷史檔案館編：《乾隆朝上諭檔》第16册，第523頁。
③ 《秘殿珠林石渠寶笈合編》（三），影印清乾隆内府鈔本，上海書店出版社，1988年，第7頁。

不過周宣王之事，列於文廟之門以寓興文，尚俟其時其會。若夫十三經，則古聖先賢出諸口以傳道授教，其重於石鼓文奚啻倍蓰哉。則今之石刻十三經是矣。蓋此經爲蔣衡手書，獻於乾隆庚申者。其間不無少舛謬，爰命内翰詳覈，以束之懋勤殿之高閣，至於今五十有餘年，亦既忘之矣。昨歲命續集《石渠寶笈》之書，司事者以此經請，乃憬然而悟曰：“有是哉，是豈可與尋常墨蹟相提並論，以爲幾暇遣玩之具哉。是宜刊之石版，列於辟雍，以爲千秋萬世崇文重道之規。”①

序文云“前歲集石鼓文而爲之序”，指的是乾隆御定重排石鼓文。《清實錄》載：“（乾隆五十五年正月，丙申）御定重排石鼓文十章，刻石鼓於太學及熱河文廟。”②序文云“昨歲命續集《石渠寶笈》”，指的是乾隆敕纂《石渠寶笈續編》。《欽定秘殿珠林石渠寶笈續編凡例十二則》云“是編始於乾隆辛亥春正”。序文所云“前歲”爲“乾隆五十五年”，“昨歲”爲“乾隆辛亥（五十六年）”。國家圖書館網站“碑帖菁華”《御製序》拓片落款爲“乾隆壬子新正月上澣御筆”，可知序文的撰寫和書丹均在乾隆五十七年（1792）正月。

乾隆皇帝決意刊刻石經的直接原因是“昨歲命續集《石渠寶笈》之書，司事者以此經請”，《石渠寶笈續編》纂集的負責人正是彭元瑞，那麼這位奏請刊刻石經的“司事者”極有可能就是彭元瑞。彭元瑞作爲《石渠寶笈續編》纂集的“司事者”奏請將懋勤殿所藏蔣衡手書十三經刻石，也就順理成章地成爲了石經底本校勘工作的主持者。由發起者擔任實際刊刻工作的主持者，如蔡邕之於熹平石經，鄭覃之於開成石經，毋昭裔之於廣政石經，歷代石經莫不如此。

三、彭元瑞與石經文字的磨改

爲了樹立石經的權威，乾隆皇帝命彭元瑞仿照《開成石經》附刻的《五經文字》《九經字樣》撰寫《石經考文提要》。所不同的是，《五經文字》《九經字樣》意在正字形，而《石經考文提要》意在正經文。

乾隆五十九年（1794）九月，彭元瑞撰成《石經考文提要》十三卷，每經各爲一卷。《石經考文提要》是一份羅衆本而校異同的校勘成果，在石經底本校勘記的基礎上，利用天祿琳琅所藏宋版經書在内的“古今流傳舊本”及“武英殿官刻諸書”糾正了通行坊本、監本的大量錯誤。因此，乾隆皇帝十分重視，

---

① 張國淦：《歷代石經考》，引王先謙《東華續錄》，《歷代石經研究資料輯刊》第 4 册影印民國十九年燕京大學國學研究所排印本，北京圖書館出版社，2005 年，第 530—531 頁。

② 《高宗純皇帝實錄》卷一三四六，第 16 頁。

計劃將其刻於石經之末，甚至有意以之規範科舉經本。

> 《乾隆朝上諭檔》：乾隆五十九年九月十七日內閣奉上諭：國家以四書、五經試士，經書自五代鏤版以來，久鮮手抄。士子誦讀者多係坊本，即考證之家亦止憑前明監本。然監本中魚豕之舛訛、字句之衍缺，不一而足。……近因刊刻石經，出內府所弆天禄琳琅宋版各經，古今流傳舊本莫不薈萃，命總裁各官等詳悉校對，與武英殿官刻諸書參稽印證，多相脗合。其較坊、監本互異之處，逐條摘出，厘訂成編，名爲《石經考文提要》。……兹《石經考文提要》一書，簡覈明備，無難家誦戶習。著仿唐石經時刻《五經文字》《九經字樣》例，刊置經末，列樹載門，並鏤板頒行天下，俾士子人人傳觀爭寫，共窺中秘精華，不復襲別風淮雨之陋。但恐爲期過促，僻遠地方傳布尚有未周，著於乙卯科鄉試爲始。俟三科後，考試四書、五經題文，俱照頒發各條敬謹改正。倘再有沿用坊、監本以致舛誤者，將考官及士子分別議處停科，並載科場磨勘條例，庶士子咸知折衷正義，不爲俗學所惑。①

《石經考文提要》奏進後，乾隆皇帝於“五十九年九月十七日”頒發兩道諭旨，一道肯定《石經考文提要》，另有一道因石經校勘獎賞彭元瑞。

> 《乾隆朝上諭檔》：乾隆五十九年九月十七日內閣奉上諭：石經館總裁等校勘石經，見在將次完竣。和珅等與彭元瑞均係總裁。和珅等所管事務較繁，祇能總其大綱，酌加參閱。至於校訂厘正，皆係彭元瑞專司其事。彭元瑞著加太子少保銜，並賞大緞二疋，以示獎勵。若校定之文或有紕繆不經之處，將來披覽所及，經朕指出，亦惟彭元瑞是問。欽此。②

同樣作爲總裁官，和珅因未受封賞而大爲不滿，於是上表詆毀《石經考文提要》。

> 《竹葉亭雜記》卷四：獨文勤得邀宮銜，並命仿《五經文字》《九經字樣》例，每經勒《石經考文提要》於後。和相國嫉焉，毀《提要》不善，並言“非天子不考文”，議文勤重罪。高廟諭云：“彭元瑞本以‘乾隆御定石經’加其上，何得目爲私書？”和計不行。③

儘管乾隆皇帝沒有依從和珅的意願處罰彭元瑞，卻有意從中調停，並於一

---

① 中國第一歷史檔案館編：《乾隆朝上諭檔》第18册，第216—217頁。
② 中國第一歷史檔案館編：《乾隆朝上諭檔》第18册，第217頁。
③ （清）姚元之撰，李解民点校：《竹葉亭雜記》卷四，第94頁。

個月之後頒布諭旨，命總裁官對《石經考文提要》"折衷妥議"。

《欽定石經考文提要舉正》：乾隆五十九年十月十六日奉上諭：昨九月間，石經館司事大臣等奏："士子所讀經書多係坊本，……將考官及士子分別議處停科。"朕已允行。茲該館書成呈覽，抽閱數條，不過字句書體間有異同，於聖賢經義初無出入。在總裁等校刊石經，自應折衷善本，援據精詳，而士子等自束髮受書以來，父師授受，循誦習傳，若限以三科，遽令通行遵改，似屬強以所難，且恐鄉閭村塾傳布難周，未能家置一編，熟習貫串，或應試者因一二字句舛誤被斥，或考官等偶不及檢，遂干處分，似此繁列科條，轉非朕嘉惠士林、稽古右文之意。聖賢垂教之義，原不在章句之末，即流傳古文，儒先各守經師家法，未必無習誤承訛，士子等操觚構藝，惟期闡發經旨，亦不必以一二字之增損、偏旁之同異為去取也。另著該總裁等詳繹此旨，折衷妥議具奏。①

不僅如此，乾隆皇帝還撤回了九月十七日關於《石經考文提要》的諭旨，《乾隆朝上諭檔》所載九月十七日諭旨下有附注"此件於十月十六日奉旨撤回，銷"。十月十六日諭旨頒布之後，和珅立即根據乾隆皇帝所說《石經考文提要》"不過字句書體間有異同，於聖賢經義初無出入"之意，組織人員編撰了《欽定石經考文提要舉正》一書，指摘《石經考文提要》"殊屬拘迂"，阻止其刊布。

《欽定石經考文提要舉正》：總裁臣和珅等謹奏：十月十六日欽奉上諭，令臣等將前進《石經考文提要》另行折衷妥議，……今蒙聖明訓示，以字句偏傍異同，與經文原無出入，且士子誦習已久，不必強以所難。聖慈嘉惠無窮，覺臣等前請，殊屬拘迂。……其前進《石經考文提要》六冊，已奉有御書鈐寶，請將毋庸登載各條撤出，止將照改各條另繕一編，謹將御書鈐寶移冠簡首，並將十月十六日所奏諭旨恭繕簡端，附載臣等此次奏摺於末，交懋勤殿彙入蔣衡原冊，一併存貯，以昭典學同文之盛。其原繕六冊，應請同校勘各檔，移交武英殿存貯。謹遵旨公同妥議，是否有當，伏祈皇上訓示遵行。謹奏。乾隆五十九年十二月初七奉旨依議，著照此略加編纂成書，交武英殿繕寫三分，一存懋勤殿，一存翰林院，一存國子監，以備稽考。欽此。②

五十九年十二月七日和珅奏進重評意見，稍後根據乾隆皇帝"著照此略加

---

① （清）和珅等：《欽定石經考文提要舉正》卷首，《故宮珍本叢刊》第 21 冊，海南出版社，2000 年，第 309—310 頁。

② （清）和珅等：《欽定石經考文提要舉正》卷首，第 311—312 頁。

編纂成書"之意彙總成《欽定石經考文提要舉正》，最終《石經考文提要》意見允許石經照刻者僅 86 條。相較乾隆皇帝最初的高度讚譽而言，《石經考文提要》最終得到的評價是顛覆性的，不僅沒有附刻於《乾隆石經》之末，甚至連雕版印刷都無法實現。乾隆六十年（1795）二月，石經刊刻正式完成，與事大臣撰寫奏進表文，刻石立於國子監①。

儘管最終並沒有被允許刻石甚至雕版，但《石經考文提要》是在石經底本校勘成果的基礎之上完成的，刻石的文本已與《石經考文提要》意見高度一致，這顯然是和珅不願意看到的。隨後，和珅差人對石經經文進行了挖改。這次挖改極大地降低了石經的文本質量，幾乎使得彭元瑞、阮元等石經館臣的校勘成果毀於一旦。

> 《竹葉亭雜記》卷四：（和珅）乃令人作《考文提要舉正》，分訓詁、偏旁、諧聲三門，以爲己作也，以進。又訾《提要》多不合坊本，不便士子，請飭禁銷毀，併命彭某不得私藏。高廟嘆曰："留爲後人聚訟之端，亦無不可。"其事乃寢。和乃密令人將碑字從古者一夜盡挖改之，而文勤之《考文提要》亦不果刊。②

嘉慶四年（1799），和珅被革職賜死。同年，阮元授意許彥宗將《石經考文提要》雕版刊行。八年（1803），彭元瑞奏請磨改石經，最後不了了之③。這已經是彭元瑞在世的最後一年。光緒十一年（1885），石經的修葺再次被提上日程，國子監學錄蔡賡年將擬修條目編爲《石經奏修字像冊》一書。

> 《奏修石經字像冊》：堂諭：《乾隆石經》字迹歲久受損，本堂於七月間奏准請遵《欽定考文提要》及時修刻在案，著派蔡賡年敬宷石刻編冊呈堂，覆定發修。此諭。光緒十一年十二月十五日，學錄蔡賡年遵奉謹編。④

由上可知，蔡氏修補石經文字的主要依據，正是彭元瑞撰寫的《石經考文提要》，蔡賡年的修補意見基本得以落實⑤。修補之後的經石呈現的，大致就是

---

① （清）文慶、李宗昉等纂修，郭亚南等校点：《欽定国子监志》卷五十四，北京古籍出版社，2000 年，第 930 頁。

② （清）姚元之撰，李解民点校：《竹葉亭雜記》卷四，第 94 頁。

③ 參見拙文《乾隆石經磨改考實》，《清史研究》2020 年第 1 期，第 135—142 頁。

④ （清）蔡賡年：《奏修石經字像冊》，《歷代石經研究資料輯刊》第 8 冊影印清稿本，北京圖書館出版社，2005 年，第 547 頁。

⑤ 參見王琳琳《北京市文物局圖書資料中心藏乾隆石經拓本研究》，《北京文博文叢》2018 年第 1 期，第 77—86 頁。

我們現在所能見到的《乾隆石經》的文字面貌。

綜上所述，彭元瑞既是《乾隆石經》底本校勘的主持者，也極有可能是《乾隆石經》刊刻的發起者。在石經刊刻完成之後，和珅的挖改、嘉慶八年的奏請磨改以及光緒間的修補，《乾隆石經》文本的每一次改動都與彭元瑞息息相關。可以説，彭元瑞是《乾隆石經》刊刻的第一核心人物。

姚文昌　山東大學文學院博士後

曹元弼致王欣夫書札考釋上篇

李 科

　　曹元弼（1867—1953），字谷孫，又字師鄭，一字懿齋，號叔彦，晚號復禮老人，又號新羅仙吏，江蘇吳縣人，爲近代著名的經學家。曹氏出生於儒醫世家，幼承庭訓，光緒十一年（1885）調入南菁書院肄業，從學於定海黄以周。光緒二十年（1894）會試中式，二十一年補行殿試，以中書用。後入張之洞幕府，先後主講兩湖書院經學、湖北存古學堂、蘇州存古學堂，並受張之洞之託，以《勸學篇·守約》"經學通大義"下所立明例、要旨、圖表、會通、解紛、闕疑、流別七目 [1] 編《十四經學》。辛亥以後，曹氏以遺民自居，獨抱遺經，守先待後，間授生徒。其後學較著者有金松岑、徐震、王欣夫、沈文倬、汪柏年等，另唐文治創辦無錫國專，亦曾選授生徒赴其家受《禮》學，較著者有王蘧常、唐蘭、畢壽頤、蔣庭曜、侯堮、吳其昌、蔣天樞、錢仲聯等 [2]。曹氏一生筆耕不輟，箋釋群經，著述宏富，計有《禮經校釋》《周易學》《禮經學》《孝經學》《周易鄭氏注箋釋》《周易集解補釋》《大學通義》《中庸通義》《孝經鄭氏注箋釋》《孝經集注》《古文尚書鄭氏注箋釋》《復禮堂述學詩》《復禮堂文集》《復禮堂文二集》

---

　　① 張之洞：《勸學篇·内篇》，上海書店出版社，2002年，第26頁。
　　② 關於唐文治選無錫國專生徒從曹元弼受《禮》學，前後共有二十三人，其詳可見李科《曹元弼與唐文治交游考論》（《南菁書院與近世學術研討會論文集》，2015年）與虞萬里、許超傑整理之《唐文治致曹元弼書札編年校録》（載《經學文獻研究集刊》第十三輯，上海書店出版社，2015年）二文。

及王欣夫所輯《復禮堂文三集》《復禮堂詩集》等。

王欣夫（1901—1966），名大隆，字欣夫，號補安、補庵，齋名學禮齋、抱蜀廬、蛾術軒，是近代著名的文獻學家。江蘇吳縣人，先世家居嘉興秀水縣，其祖父於咸豐間徙居吳縣，遂爲吳縣人。王欣夫出生工商世家，然其父祖詢（字蟫廬，號次歐）博學好問，“篤嗜《漢書》及《蘇文忠公集》”，爲之校勘疏證評論，先後出入張之洞幕府，家富藏書，有“二十八宿硯齋”①。王欣夫少承庭訓，先後從金松岑、曹元弼、胡玉縉學，與丁秉衡、冒廣生、葉景葵、章太炎、吳梅、劉承幹、張元濟、傅增湘、楊樹達、顧廷龍等學者多有交往。民國間，王欣夫嘗任蘇州女子中學、上海聖約翰大學教職。1952年院系調整，轉入復旦大學任教。王欣夫“蛾術軒”藏書甚富，多稿鈔本，尤以清及近代稿鈔本爲一大特色。作爲古典文獻學的奠基人和重要學者，王欣夫一生著述甚富，尤其是在版本目錄學方面建樹頗多，著有《文獻學講義》《補三國兵志》《蛾術軒篋存善本書錄》《黃堯圃先生年譜補》等。另外，王欣夫對於編刻保存近代學者如曹元忠、曹元弼、張錫恭、胡玉縉等遺稿亦不遺餘力。

王欣夫從學曹元弼，前後交往三十餘年，但是因爲資料的缺乏，學界對此鮮有述及。筆者在搜集整理曹元弼著作過程中，發現復旦大學圖書館藏王欣夫輯鈔的《復禮堂書牘》一冊二卷，其《蛾術軒篋存善本書錄·甲辰稿》卷四有著錄：“《復禮堂書牘》二卷一冊。吳縣曹元弼撰，王欣夫輯，吳縣王氏抱蜀廬鈔稿本。”②關於《復禮堂書牘》的具體情況，王欣夫云：

> 我師與人書牘不留稿，散在四方，不易蒐集。生前執友婁縣張聞遠先
> 生錫恭所藏數十通，展轉歸余。又向封君耐公借得致其尊公衡甫先生文權
> 者，合鈔爲卷上，而以歷年寄大隆者鈔爲卷下。雖僅六十餘通，於師之立
> 身行己，道德文章，可窺一斑。師與張先生相契至深，同以聖賢之道自任，
> 嘗稱“沈潛道德，獨精《三禮》，篤學力行，足爲人倫師表，莫如張先生”。
> 時正纂《喪服鄭氏學》，師以舊撰《禮經校釋》爲質，張先生爲校其脫誤。
> 如“宗婦”節“享者”校曰云云，謂毛本於“尸卒食”上有圈，當云“尸卒食”
> 節，以正《校釋》，但依嚴本及張刻注、疏有注間之即以爲節之誤。“少牢
> 饋定”節疏“魚臘簠在廟門外東南”“魚臘簠在其南”，謂“在廟門”上脫

① 關於王祖詢生平，其詳可見曹元弼所撰《誥授　大夫通城縣知縣王君傳》，收入《復禮堂文三集》，不分卷，復旦大學圖書館藏吳縣王氏抱蜀廬鈔本，無葉碼。

② 王欣夫撰，鮑正鵠、徐鵬整理：《蛾術軒篋存善本書錄》下冊，上海古籍出版社，2002年，第1399頁。

"亞之又《特牲》記云牲纛"九字，以正《校釋》之誤。按之《士虞》《特牲》兩經及本疏，脗合無間。"有司司士"節謂上司士所設于豕鼎之西，謂司士當爲雍人，按之上注，言之甚明。"受爵"節注"位不繼于主人"云云，據《特牲》經以正《校釋》駁疏之誤。皆爲師所深服，引以改正。大隆受業禮堂，諸經大義多出口授。自客滬上，見周廣業《讀相臺五經隨筆》稿本，謂《尚書傳》之作，係東晉孔愉之子字安國者，非漢之孔安國。馬瑞辰序之，亦謂《易子夏傳》係鄧彭祖所爲，辨證極博。喜其新奇，偶以函聞。師覆云……（筆者按：見後）其他多言著書刻書事，以及垂教之殷，期望之切，言之藹然，恩義綢繆，視同骨肉。迺寢門之慟，倏逾十年，披卷雒誦，如親謦欬，不自覺其汍瀾沾襟已。[1]

是書卷下即爲王欣夫藏曹元弼歷年所寄書牘五十九通及曹元弼逝世後遺孀柴氏致王欣夫書信一通。這批書信所涉及時間從民國十年三月（1921.04）至癸巳年九月（1953.10）曹元弼逝世，内容包括這期間曹元弼的生活學術、交游、相關時事、曹元弼友人遺稿的保存與編刊、曹元弼與王欣夫的師徒情誼以及王欣夫的相關行迹等内容。這批書信量大集中，且内容具有相當的連續性，對於研究曹元弼、王欣夫的生平學術、曹元弼友朋遺稿的保存流布情況以及與曹元弼有關的清遺民的生存情態，都有一定的價值。兹不揣樗昧，逐錄考釋於下：

一

欣夫仁弟閣下：

　　累旬不晤，甚念。春晝初長，讀書精進，必多心得。旗民生計處收條兩紙寄來已久，俗擾遷延，今忽憶及，急送上，乞詧收，并以其一轉交哲東[2]

---

① 《蛾術軒篋存善本書録》下册，第 1399—1400 頁。

② 即徐震（1898—1967），字哲東，江蘇常州人。嘗入東吳大學，後因病輟學，隨族叔徐寅生學經史、小學、辭章，又從同鄉劉脊生學古文詩詞，又爲曹元弼弟子，後因金松岑而爲章太炎門人。先後任教於滬江大學、中央大學、無錫國專、武漢大學、安徽大學、震旦大學、西北民族學院等校。其學精於經史、辭章，尤精《春秋》及韓柳古文，且擅長武術，於武術史多有論著。主要著作有《左傳筆記》《左傳考論》《春秋三傳述事考信編》《公羊權論》《公羊筆記》《左穀解難》《穀梁筆記》《韓愈評傳》《柳宗元評傳》《玉器研究綜論》《歷代玉器實物舉例》《復駕説齋文初編》《雅確文編》《雅確寓蜀文編》《甲辛駢文》《雅確詩樂》《屈宋韻略》《屈賦論略》《國技論略》《太極拳考信録》《太極拳譜理董辨僞》等。

爲幸。松岑先生①見否？昨晤鄒紫東尚書②，以松岑及兩弟學行告之，紫老歎
賞不置，謂讀書真種在諸君矣。此上，即頌近祉。愚小兄曹期元弼頓首，三
月初二日。

按，此札中言"昨晤鄒紫東尚書"，根據陳衍所撰《清故外務部尚書鄒
公神道碑銘》，鄒嘉來逝世於"辛酉九月"③，即民國十年（1921）農曆九月。
此札所署時間爲"三月初八日"，則此札或可繫於民國十年。又曹元弼自
署有"期"字，則曹元弼此時正在服喪中。按，邵松年撰《皇清誥授光禄
大夫特謚文愨曹公墓誌銘》所載，曹元弼之仲兄曹福元"以庚申八月十三
日卒於里第"④。庚申即民國九年（1920），八月十三日曹福元逝世，則民
國十年三月曹元弼正在爲仲兄服喪，故此札可以斷定爲民國十年三月初八
日（1921.04.15）所寫。王欣夫先從學金松岑，後經金松岑介紹而從學曹
元弼。王欣夫《蛾術軒篋存善本書録·癸卯稿》卷二"《大唐六典》三十

---

① 即金松岑（1873—1947），原名懋基，又名天翮、天羽，號壯游、鶴望，自署天放樓
主人，江蘇吳江人。嘗肄業江陰南菁書院，光緒二十四年（1898）與陳去病等創雪恥學會，又
先後創辦自治學會、理化音樂傳習所、明華女校。光緒三十一年加入興中會，與章太炎、鄒容、
吳稚暉、蔡元培等交往甚密。民國初年當選江蘇省議會議員，後任吳江教育局長。民國二十一
年（1932）於蘇州與章太炎、陳衍、李根源、張一麐四人成立國學會。晚年於蘇州閉門謝客，
專心著述以終，有《天放樓詩集》。生平事迹詳見金元憲《伯兄貞獻先生行狀》（卞孝萱、唐文
權編：《民國人物碑傳集》卷一〇，鳳凰出版社，2011年，第606—611頁）及楊友仁《吳江
金松岑先生學行紀略》（《文獻》第二十輯，書目文獻出版社，1985年，第165—170頁）。金
松岑嘗於民國初年拜曹元弼爲師，從其受《易》《三禮》學。其《文言·答孔笙三書》云："少
觀史傳，喜談河渠、兵事，其於經術，通章句，不信守家法，固已闊略矣，當病博涉不爲純儒。
近者執贄曹先生之門，先生東南一大儒也，北面從受荀虞《易》、鄭氏《禮·喪服》，痛自摧鋤
任俠之氣，思爲五經學究以自慰。"（金松岑撰，周録祥點校：《天放樓詩文集》中册，上海古
籍出版社，2007年，第783—784頁）又金元憲《伯兄貞獻先生行狀》謂其"退而治經，稱弟
子於吳縣曹復禮先生之門，專受《易》、《三禮》學，兼究佛、老氏書"。（見《民國人物碑傳集》
卷一〇，第610頁）關於金松岑從學之年，楊友仁《金松岑先生行年與著作簡譜》將之繫於民
國二年（1913）。見《吳江文史資料》，中國人民政治協商會議江蘇省吳江縣委員會文史資料研
究委員會印，1984年，第51頁。

② 即鄒嘉來（1852—1921），字孟方，號紫東，又號遺庵，江蘇吳縣人，晚清著名外交官。
光緒十二年（1886）進士，先後任禮部主事、總理衙門章京、外務部庶務司主事，後以處理日俄
戰爭而受朝廷褒獎，縈擢外務部左右參議、左右丞、左右侍郎，遂躋尚書，復授爲會辦大臣，充
參預政務大臣。辛亥後還蘇州，以躬列舊臣，莫救國難，而鬱鬱以終。生平詳見陳三立撰，李開
軍點校：《散原精舍文集》卷一四《清故外務部尚書鄒公神道碑銘》（上海古籍出版社，2014年，
第1045—1047頁）。

③ 《散原精舍文集》卷一四，第1046頁。

④ 邵松年《皇清誥授光禄大夫特謚文愨曹公墓誌銘》，蘇州圖書館藏拓本。

卷”條下云："余年十八，喜於冷攤拾殘書，……越月由友人程君瞻廬爲介，受業於吳江金松岑師。"① 又《未編年稿》卷二"《資治通鑒》二百九十卷"條下云："及年十八，從金松岑師讀，仿王夫之《讀通鑒論》撰文百篇。二十，丁秉衡先生授以校史之法以校《通鑑》。"② 是王欣夫於民國七年（1918）從學於金松岑。既從金松岑學，金松岑又以其篤志向學而好經訓，於是介紹其入曹元弼之門，如曹元弼《王欣夫松崖讀書記序》云："欣夫初從都講金松岑受學，松岑以爲讀書真種，令就余受《禮》。"③ 又金松岑《學禮齋記》云："秀水王生大隆篤志向學，從余游三年，語以治平之略、當世之務而不好也，顒顒惟經訓是求，貢之復禮師之門，學益進，行益端，已乃字其所居之齋曰‘學禮’。"④ 金松岑言王欣夫從學三年而貢入曹元弼之門，則王欣夫當在民國九年、十年間入曹元弼之門。又王欣夫《蛾術軒篋存善本書録·甲辰稿》卷一於《古文尚書鄭氏注箋釋》下云："余年二十，從復禮師受經，爲述羣經傳授源流。"⑤ 是王欣夫於民國九年（1920）始師事曹元弼。又王欣夫《吳縣曹先生行狀》云"大隆侍先師講席三十五年"⑥，曹元弼逝世於癸巳年農曆九月十五日（1953.10.22），蓋王欣夫於民國九年九月以前即從學曹元弼，師事曹元弼超過三十四年，而概稱三十五年。然吳格《吳縣王大隆先生傳略》則言"年二十一，經金先生介紹，師事吳縣宿儒曹元弼先生，受《三禮》之學"⑦，則是王欣夫於民國十年（1921）年始師事曹元弼，未知所據，且與王欣夫自言有所齟齬，當以民國九年師事曹元弼爲是。

二

欣夫仁弟閣下：

① 《蛾術軒篋存善本書録》上册，第 945 頁。
② 《蛾術軒篋存善本書録》下册，第 1505 頁。
③ 《復禮堂文三集》不分卷，無葉碼。
④ 金松岑撰，周録祥點校：《天放樓詩文集》中册《天放樓文言》卷五，上海古籍出版社，2007 年，第 635 頁。
⑤ 《蛾術軒篋存善本書録》下册，第 1107 頁。
⑥ 《民國人物碑傳集》卷七，第 452 頁。
⑦ 吳格：《吳縣王大隆先生傳略》，《書目季刊》，2001 年第 1 期，第 44 頁。

前日得手書，欣悉《周禮正義》允爲代購，當即函告蔚老①，慰其切盼。《曾子注釋》乞即代購，從者下次回里帶示尤幸。郭君輔庭②所刻書前日已寄來數種。諸費清神，莫名感荷。因日來腰痛疲憊，且執友汪甘卿觀詧③□□中心悽惻，稽覆數日。如《曾子注釋》幸未他售，最□□事，日內頑體稍適，當即函致郭君，竭力□□□托嚴士④、學南⑤相繼函勸，以副

---

　　① 即唐文治（1865—1954），字穎侯，號蔚芝，晚號茹經，江蘇太倉人，近代著名教育家和學者。光緒十八年壬辰（1892）進士，以主事用，籤分户部江西司，歷任總理各國事務衙門章京、外務部庶務司郎中、商部右丞、商部左侍郎。三十二年九月商部改農工商部，署理尚書。三十三年（1907）八月，郵傳部尚書陳玉蒼奏請唐文治爲上海實業學校監督，宣統二年（1910）爲江蘇士紳舉爲地方自治總理。民國九年（1920）辭南洋大學校長之職後，於是年十月創辦無錫國專。唐文治與曹元弼爲南菁同學，又爲譜兄弟。其學術以理學爲主，然無門户之見，著述宏富，有《周易消息大義》《尚書大義》《洪範大義》《詩經大義》《孝經大義》《孝經救世編》《中庸大義》《大學大義》《論語大義》《孟子大義》《孟子救世編》《十三經提綱》《紫陽學術發微》《陽明學術發微》《茹經堂奏疏》《茹經堂文集》共六編，輯有《十三經讀本》等。生平詳見唐文治《茹經先生自訂年譜》（《近代中國史料叢刊》三編第九輯，文海出版社有限公司，1986 年）、王蘧常《記唐蔚芝先生》（《雄風》，1947 年第 1 期第 2—49 頁、第 2 期第 16—32 頁、第 3 期第 18—34 頁、第 4 期第 25—38 頁、第 5 期第 25—31 頁）等。

　　② 即郭泰棣，字輔庭，潮陽人。其父郭鴻暉（1860—1932），字子彬，爲晚清民國間著名商人，在上海先後創辦鴻裕布廠、鴻裕紗廠、鴻裕麵粉廠、鴻裕銀行等。郭氏父子熱心慈善與教育，嘗捐建復旦大學心理學院，與江蘇、上海等地士紳如繆荃孫、劉承幹、曹元弼等多有交往，又與印光法師善。郭氏父子有“輔仁堂”“雙百鹿齋”，多搜集校刊典籍，尤以佛經、勸善書爲多，輯刻有《雙百鹿齋叢書》。

　　③ 即汪鍾霖（1867—1933），字嚴徵，號甘卿，一號蟠隱，江蘇吳縣人。光緒十九年（1893）舉人。光緒二十三年，肄業南洋公學，并與葉瀚、曾廣銓、汪康年等創建“蒙學公會”，創辦《蒙學報》。二十四年，任《蒙學報》總理，入保國會。宣統三年（1911），出任駐奥地利使館二等參讚。辛亥後，先入張勛幕府，繼又爲馮國璋諮議官。汪氏早年著有《諸子音訓拾》《讀史鉤沉》《方言考證》《清芬堂文集》《簾影樓詩詞鈔》《九通分類總纂》《贛中寸牘》等。

　　④ 即王德森（1856—1943），字嚴士，號鞠坪，晚號歲寒老人，昆山人，爲吳中名醫。幼承父訓，好儒書，補廩膳生。其父兄師友皆知醫，自幼見聞，略識門徑，中年以往，觴口四方，遂窺測《素》《靈》微旨。其學精於内、外、婦、幼諸科，著有《保嬰要言》八卷、《市隱廬醫學雜著》一卷、《歲寒文稿》十六卷、《歲寒詩稿》十二卷、《養正庸言釋義》二卷、《勸孝詞》一卷、《吳門新竹枝詞》一卷等。其生平事迹見馬一平《昆山歷代名醫録》（中醫古籍出版社，1997 年，第 154—155 頁）。

　　⑤ 即趙詒琛（1862—1946），字學南，江蘇昆山人，爲近代著名藏書家。昆山趙氏，自乾嘉時趙青來既富藏書。趙詒琛承其父趙元益之後，藏稿、鈔、精校本極多，有“峭帆樓”以爲藏書之所。民國三年（1914）討袁軍攻襲滬南製造總局，趙氏峭帆樓近高昌廟，致遭焚毁，圖書悉燼。趙詒琛據回憶所得，編爲《峭帆樓書目》。晚年寓居蘇州。趙氏著書刻書，終身不輟，著有《峭帆樓善本書目》《趙氏圖書館藏書目録》《顧千里年譜》等，輯刻有《峭帆樓叢書》《對樹書屋叢刻》《又滿樓叢書》《甲戌叢編》《丙子叢編》。生平事迹見王謇《續補藏書紀事詩》（燕山出版社，2008 年，第 202 頁）。

吾□□□□。君直從兄^①書弟□□編校，至感至感。聞遠同年^②書當函催衡甫^③，或有同時並刻之望也。表章潛德，振興正學，高見隆情，正與鄙懷心心相印。匆覆，餘容晤談。敬問道祉。小兄曹元弼頓首，四月十六日。

按，此札涉及數事：其一，爲屬王欣夫代購孫詒讓《周禮正義》和阮元《曾子注釋》。其中，《周禮正義》爲唐文治請曹元弼囑王欣夫代購。唐文治《茹經先生自訂年譜》於民國二十二年（1933）載："三月清明節，偕三兒慶增回瀏河

① 即曹元忠（1865—1923），字夔一，號君直，晚號凌波居士，吳縣人。年十三從陳奐再傳弟子管禮耕學。光緒十年（1884）補博士弟子員，與曹元弼同受知於江蘇學政黃體芳，咨送南菁書院肄業，從黃以周受經，歷任江蘇學政如王先謙、楊頤、溥良等皆重之。二十年甲午（1894）舉人，會試不第，劉恩溥、張之洞保舉經濟特科又不第，後報捐內閣中書，充玉牒館漢校對官，並派檢閱內閣大庫書籍，考訂宋元舊槧，大庫書歸學部後，受聘爲學部圖書館纂修。三十四年（1908），開禮學館，修《大清通禮》，禮部尚書溥良奏派爲纂修，參與了當時激烈的禮法之爭，撰《禮議》以明志。宣統二年庚戌（1910），爲資政院議員。民國二年（1913）以父喪歸，矢志事母，獨抱遺經，謝絕人事，以遺老自居，與曹元弼兄弟、張錫恭、葉昌熾、朱祖謀、鄒福保等遺老往來。其著作由王欣夫彙編爲《箋經室叢書》，今有《箋經室遺集》存世。事迹詳見曹元弼《誥授通議大夫內閣侍讀學士君直從兄家傳》（《箋經室遺集》卷首，《清代詩文集彙編》第790冊，上海古籍出版社，2008年影印辛巳（1941）王氏學禮齋排印本，第435頁下—437頁下）。

② 即張錫恭（1858—1924），字希伏，號聞遠，又號殷南，晚號天申子，婁縣人。光緒十四年（1888）舉人。父爾耆，婁縣庠生，閉戶著書，修身立德，世稱夬齋先生。張錫恭少承父學，光緒九年（1883）肄業南菁書院，先後從張文虎、黃以周、繆荃孫問學。二十四年，張之洞屬曹元弼轉延其爲兩湖書院經學分教。三十四年，開禮學館，禮部尚書溥良奏保張錫恭與南菁同學林頤山、曹元忠、錢復初等爲纂修。辛亥以後，張錫恭避世隱小昆山，廬墓而居，間與曹元弼兄弟往來，縱言學術、人心、家國之故。民國十三年（1924），以松江戰亂，避難於封衡甫家，尋病卒。學術上張錫恭篤志研經，專精《儀禮》，尤邃於《喪服》，謹守鄭義，有申無破，嘗言："經有十三，吾所治者唯《禮經》。《禮經》十七篇，吾所解者唯《喪服》。注《喪服》者衆矣，而吾所守者惟鄭君一家之言。"（見劉承幹《喪服鄭氏學序》，張錫恭《喪服鄭氏學》卷首，民國戊午（1918）求恕齋叢書本，葉2a）其雖然精專鄭學，然又能突破門戶之見，而博采古今衆家之說，持論平允，無偏激之言。所著有《喪服鄭氏學》十六卷、《喪禮鄭氏學》四十四卷、《茹荼軒集》十一卷、《茹荼軒續集》六卷、《炳燭隨筆》一卷、《茹荼軒日記》等。生平詳見曹元弼《純儒張聞遠徵君傳》（《茹荼軒續集》卷首，《清代詩文集彙編》第786冊，第142—149頁）。

③ 即封文權（1868—1943），字秉衡，號衡甫，又號庸盦，晚號無悶老人，松江華亭人。弱冠通經史，不樂爲應舉趨時之文，博學多識，自聲音訓詁、諸子百家以及歷代經濟訐謨、古今詩文皆有涉及。工書善文，書學顏真卿，文如韓昌黎。家富藏書，有藏書樓"簣進齋"，精目錄校勘，每雞鳴而起，伏案校勘，丹黃爛然，數十年如一日，所校訂書有"華亭封氏簣進齋藏書"印，頗多精善之本。封氏質樸循禮，樂善好施，造橋修廟，賑濟窮乏，不一而足。所著有《古今名人生卒年月考》《庸盦文稿》《詩稿》《重修張澤志》《續修華婁縣志》《續修家乘》《庸盦日記》等。又編刊沈荃《一研齋集》、張錫恭《茹荼軒文集》《喪禮鄭氏學》等。生平事迹詳見曹元弼撰《候選直隸州知州封君傳》（《復禮堂文三集》不分卷，無葉碼）。

掃墓，……歸途赴蘇州訪譜弟曹君叔彥暢談，并購孫氏《周禮正義》一部。"① 似此札可繫在民國二十二年（1933）。然此札末署時間爲"四月十六日"，而唐文治《年譜》言三月，似有未協。又考《復禮堂朋舊書牘録存》第二册唐文治致曹元弼信札中有署"三月五日"一札，云："兹兄定於三月初八日帶同三小兒赴瀏河掃墓，約十日到蘇，已與石老訂定屆時詣尊府一譚，藉解沉鬱。"② 又署"初七日"一札云："兄擬于初十日坐上海十二點四十五分鐘快車，約三點四十一分鐘到蘇站。惟石老同年日前來函詢問到蘇時刻，並訂在彼處晚飯下榻，十一早同詣尊府。"③ 又有署"三月十三日"一札，云："多年闊別，暢叙更懽，惟臨别依依，頗覺惆悵。兄年來勤奮不及前時，道德負於初心，快聆高譚，獲益匪淺。乃復厚擾，郇廚殷殷招待，瀕行復蒙惠賜多珍，派人遠送，何以克當，惟有望風叩謝。登車後不過五十分鐘即到，四小兒在站迎接，一切平安，堪慰遠注。"④ 此札承上札而言，可知唐文治於民國二十二年三月初八回鄉掃墓，初十至蘇州，十一與陳衍同詣曹元弼府上。又唐文治致曹元弼書札有未署時間者，云："上月攪擾尊府，心滋不安，接奉覆函，殷勤周至，尤令人感泐無已。……孫氏《周禮正義》王君欣夫能否覓得？該價若干，祈先示知，以便匯奉。"⑤ 此札雖無時間，但根據内容，可以推測爲民國二十二年四月所寫，内容正詢及曹元弼關於王欣夫能否購得《周禮正義》之事。而曹元弼致王欣夫此札云"前日得手書，欣悉《周禮正義》允爲代購，當即函告蔚老，慰其切盼"，知曹元弼四月十四日得王欣夫信，已言及能夠代購《周禮正義》，故函告唐文治。又唐文治致曹元弼有署"四月廿四日"一札，言"孫仲容先生《周禮正義》上海尚有購本，王君欣夫允爲代購，至爲欣慰"，正是回應曹元弼此札以王欣夫能夠代購《周禮正義》而"函告蔚老"者。由是言之，則曹元弼致王欣夫此札繫於民國二十二年四月十六日（1933.05.10）當無疑義。又唐文治《年譜》言購孫氏《周禮正義》一部，蓋非指三月購得，而是以三月屬曹元弼託王欣夫購此書而言。

曹元弼此札又言囑託王欣夫購阮元《曾子注釋》，蓋此時曹元弼正在撰寫《孝經鄭氏注箋釋》⑥，且計劃爲《復禮堂述學詩》作注⑦，此二書均參考及阮元《曾

---

① 唐文治：《茹經先生自訂年譜》，《近代中國史料叢刊三編》第 9 輯，第 111 頁。

② 《復禮堂朋舊書牘録存》第二册，復旦大學圖書館藏吳縣王氏抱蜀廬鈔稿本，無葉碼。

③ 《復禮堂朋舊書牘録存》第二册，無葉碼。

④ 《復禮堂朋舊書牘録存》第二册，無葉碼。

⑤ 《復禮堂朋舊書牘録存》第二册，無葉碼。

⑥ 曹元弼《孝經鄭氏注箋釋序》所署時間爲"歲在閼逢閹茂季秋之月"（見《孝經鄭氏注箋釋》卷首，民國二十三年甲戌刻本），即民國二十三年甲戌（1934）季秋，則民國二十二年當正在撰寫此書。

⑦ 曹元弼《復禮堂述學詩》之注據其自言撰於丙子（民國二十五年，1936），"至戊寅夏始成"，見《復禮堂述學詩》卷首《凡例》，民國間刻本，葉 5a。

子注釋》。如《孝經鄭氏注箋釋》卷一《開宗明義章》"曾子避席"云云，即引用阮元《曾子注釋》以說曾子之名①。又如《復禮堂述學詩》卷七《述禮記》有云"選樓合璧注曾思"②，言及阮元《曾子注釋》。又卷八《述大戴禮記》云："《曾子》十篇詳注釋，名言妙契聖賢心。惟論一貫嫌迂曲，訓詁無煩求太深。"注云："阮文達《曾子注釋》，訓詁詳確，義理精粹，足以闡聖學而厚人倫。惟一貫之解，必訓貫爲事，輾轉訓詁，反失語意。同門異戶之見，通人不免，要不足爲全書累也。"③蓋其囑託王欣夫購《曾子注釋》以爲參考。

其二，此札言及汪鍾霖逝世之事。信中云"因日來腰痛疲憊，且執友汪甘卿觀詧□□中心悽惻，稽覆數日"，中缺二字，以意推測，蓋指汪鍾霖逝世之事。又潘其旋民國二十五年（1936）在《學術世界》第1卷第12期發表了題爲《聞亡丈汪甘卿晦園近已易主爲同鄉葉丈玉甫所得感賦》④，所謂"亡丈汪甘卿"，則民國二十五年汪鍾霖已逝世。又曹元弼《復禮堂文二集》卷八有《祭汪甘卿觀察文》，云"維閼逢閹茂孟夏之月哉生明，越五日庚寅，友人某某等謹以清酌庶羞，致祭于誥授榮祿大夫晦園汪公之靈"⑤，其中"閼逢閹茂"即民國二十三年甲戌（1934）。結合曹元弼此札，或可確定汪鍾霖逝世於民國二十二年四月。按，關於汪鍾霖卒年，歷來多云不詳，如江慶柏所編《清代人物生卒年表》於汪鍾霖未注明卒年⑥，又《汪康年師友書札》所附《各家小傳》於汪鍾霖卒年則云不詳⑦，而曹元弼此札可補其缺。

其三，此札最後言及曹元忠、張錫恭遺著編刊之事。曹元弼與其從兄曹元忠及張錫恭爲南菁同學，皆治經學，同邃於《禮》，生平過從甚密，"每相謂孰爲後死，搜輯遺書，叙述行事，當兼其任"⑧。曹元忠與張錫恭於民國十二年、十三年相繼去世，據三人之約，則當曹元弼兼任蒐輯遺書之任。札中言"君直從兄書弟□□編校，至感至感"，當指曹元忠去世後，屬王欣夫編刊曹元忠遺著之事。曹元忠與曹元弼同師事黃以周，精於《三禮》之學，且曹元忠於

<hr>

① 《孝經鄭氏注箋釋》卷一，葉38b。
② 曹元弼《復禮堂述學詩》卷七，葉62b。
③ 《復禮堂述學詩》卷八，葉12b—13a。
④ 潘其旋：《聞亡丈汪甘卿晦園近已易主爲同鄉葉丈玉甫所得感賦》，《學術世界》1936年第1卷第12期，第110頁。
⑤ 曹元弼：《復禮堂文二集》卷八，復旦大學圖書館藏吳縣王氏民國三十七年（1948）鈔稿本，無葉碼。
⑥ 江慶柏：《清代人物生卒年表》，人民文學出版社，2005年，第353頁。
⑦ 上海圖書館編《汪康年師友書札》第四冊，上海古籍出版社，1989年，第4059頁。
⑧ 曹元弼《誥授通議大夫內閣侍讀學士君直從兄家傳》，曹元忠《箋經室遺集》卷首，《清代詩文集彙編》第790冊，第437頁下。

詩文辭賦及版本目録之學亦甚精，著述頗多，然生前除《禮議》爲劉承幹刊入《求恕齋叢書》，《司馬法古注音義》《盛弘之荆州記輯本》《樂府補亡》《蒙韃備録》等已刊行外，其他多未刊行。曹元忠逝世後，曹元弼即屬王欣夫編刊曹元忠遺稿，《誥授通議大夫内閣侍讀學士君直從兄家傳》云："《顧黄王三儒從祀録》已定稿，未刊，又有《錫福堂詩詞稿》《箋經室文集》《宋元本古書考證》《學志》等書未及寫定，編簡叢殘，塗改或難識別。余以目疾，不能自校，以屬弟子王大隆欣夫，精心詳勘，拾遺訂誤，出入十年，網羅放失，總編爲《箋經室遺集》二十卷。"① 又王欣夫《箋經室遺集跋》云："世丈曹君直先生既没之八年，叔彦吾師以叢稿一束命大隆校理編次。"② 所謂"君直先生既没之八年"，乃民國十九年（1930）。王欣夫在得到曹元忠遺稿後，即從事編校，其《箋經室遺集跋》云："大隆心折先生久矣，得讀遺書，如親謦欬，而草稿叢殘，幾不可爬梳，往往一篇分見數紙，一文塗改至五六次，悉心辨刌，如讀没字之碑，如集千腋之裘，從事經年，寫成二百篇以報於師，卒卒未能付刊。"③ 其後經歷戰亂，文稿失而復得，又續有遺稿蒐輯，至"君直既没之十九年"辛巳（1941）始集資排印成書④。

又札中所謂"聞遠同年書當函催衡甫"，當指封文權編刻張錫恭遺稿之事。按，張錫恭生前著有《喪服鄭氏學》十六卷，劉承幹刊入《求恕齋叢書》。其説經之文及少量詩文，亦在張錫恭去世前一年由封文權輯編爲《茹荼軒集》十一卷，由封氏簣進齋所刊。除此之外，張錫恭又有《喪禮鄭氏學》四十四卷，"至一九二二年秋而削稿始就，越二歲歸道山，遺稿藏其甥封君衡甫所"⑤。另外，封文權編刻《茹荼軒集》後，又"續得詩古文若干篇，輯《續集》六卷，附《炳燭隨筆》，未及付梓"⑥。關於張錫恭遺稿，在得知張錫恭去世的消息後，曹元弼即於是年（民國十三年，1924）九月廿六日致函封文權，云："聞兄有《喪禮鄭氏學》寫定本及所著詩文稿，未識携出否？公能爲收録，弟當商之劉翰怡京卿，并付剞劂以垂不朽。"⑦ 又十月十七日致封文權及張錫恭弟張錫謹信分别言"《喪禮鄭氏學》，劉翰怡兄已力任刊刻，可感之至，葬事畢

---

① 《箋經室遺集》卷首，《清代詩文集彙編》第 790 册，第 437 頁上。
② 《箋經室遺集》卷末，《清代詩文集彙編》第 790 册，第 595 頁下。
③ 《箋經室遺集》卷末，《清代詩文集彙編》第 790 册，第 595 頁下。
④ 冒廣生：《箋經室遺集叙》，《箋經室遺集》卷首，《清代詩文集彙編》第 790 册，第 434 頁下。
⑤ 《蛾術軒篋存善本書録》下册，第 1434 頁。
⑥ 《蛾術軒篋存善本書録》上册，第 667 頁。
⑦ 《復禮堂書牘》卷上，無葉碼。

後，兄能蒞蘇，帶來最妙"①，"遺書若干卷已由劉翰怡京卿力任刊刻"②。又民國十四年（1925）六月廿五日③致封文權信云："《喪禮鄭氏學》，弟去年商之翰怡京卿，已允代爲授梓，……先從兄君直遺文尚未寫清，《三儒從祀録》由兄帶下，甚善。"④蓋張錫恭逝世後，曹元弼即函商劉承幹關於刻張錫恭《喪禮鄭氏學》等遺稿，并得劉承幹應允，蓋以卷帙浩繁，耗費甚鉅，故未克授梓。民國二十年（1931），王欣夫於《約翰聲》1931年第8期發布了《募刻張聞遠先生喪禮鄭氏學啓》，其募刻人以曹元弼爲首，計有曹元弼、吳蔭培、朱孝臧、李根源、張一麔、汪鍾霖、劉承幹、趙詒琛、金天翮、費樹蔚、高燮、許厚基、封文權、王謇、王大隆十五人⑤。此次募集，蓋未成事，但是計劃並未中斷，從曹元弼此札亦可見，民國二十二年曹元弼尚且讓王欣夫函催封文權關於刻張錫恭《喪禮鄭氏學》之事。民國二十一年（1932）中國國學會成立⑥，民國二十五年（1936）"金松岑先生主持國學會，議刊前賢遺書，以廣其傳"⑦，"僉以聞遠先生此書爲禮學鉅著，一代絶業，有功經術，而卷帙繁重，非衆擎莫舉，於是撰啓募資，推曹復禮師爲首，題名發起者若而人"⑧。《國學概論》第八期刊發了《募刻張聞遠先生喪禮鄭氏學啓》，募集人計有唐文治、陳衍、曹元弼、張一麔、吳廷錫、劉承幹、周鍾嶽、吳廷燮、王典章、趙椿年、屈燨、高燮、趙詒琛、封文權、金天翮、李根源、王大隆十七人⑨，并就刊刻《喪禮鄭氏學》召開了會議，於《文藝捃華》第三卷第三、四期分別刊發了《議刻婁縣張氏

---

① 《復禮堂書牘》卷上，無葉碼。

② 《復禮堂書牘》卷上，無葉碼。

③ 此札繫於民國十四年（1925），以信中言"三月杪，自申歸，得手書，并以先嫂之喪惠錫賻禮，家兄至深感荷，隨即肅函道謝"，考曹元弼所撰《皇清誥授奉直大夫晉封榮禄大夫内廷供奉候選郎中先伯兄智涵先生墓誌銘》所載，與其兄一家"甲子避難申浦"，而其兄嫂以"乙丑正月十四日卒"（《復禮堂文二集》卷八，無葉碼），故將此信繫於民國十四年乙丑。

④ 《復禮堂書牘》卷上，無葉碼。

⑤ 詳見《約翰聲》1936年第8期，第97頁。

⑥ 關於中國國學會，王欣夫《未編年稿》卷一《喪禮鄭氏學》十卷下云："中國國學會之成立，蓋始自平旦學社。一九二四年夏，張仲仁、李印泉及吾師金松岑三先生創設學社，延聘通人，每逢日曜，假觀前青年會禮堂，公開講學。以時在黎明，故號曰平旦。聽講者暑假還鄉學子外，邑之耆宿亦多拄杖來臨。時章太炎先生寓蘇，亦贊成之，遂擴而成學會，主持其事者實爲松岑師。"見《蛾術軒篋存善本書録》下册，第1435頁。

⑦ 《蛾術軒篋存善本書録》下册，第1434頁。

⑧ 《蛾術軒篋存善本書録》下册，第1435頁。

⑨ 《國學概論》1936年第8期，第2頁。

喪禮鄭氏學第一次開會記》《議刻婁縣張氏喪禮鄭氏學開會記》①，内容大致相同。此次募刻，蓋收效其大，先後募集多筆資金，并在《衛星》1937 年第一卷第一、二、三期分别刊發了《國學會實收助刊喪禮鄭氏學捐款表》②、《國學續會收喪禮鄭氏學刊貲表》③、《續收喪禮鄭氏學捐款表》④。王欣夫在《蛾術軒篋存善本書録·未編年稿》卷一"《喪禮鄭氏學》十卷十册，清婁縣張錫恭撰，一九三六年中國國學會刊，藍印樣本"下云："高君吹萬以鄉人，勸募最力，達二千金；徐君行可適遭母喪，所得賻儀，悉作刊資，亦千餘金；葉君揆初、郭君輔庭各五百金，約得五六千金。"⑤在一邊募集資金時，一邊即"促衡甫清寫定稿，於吴中付梓"，王欣夫與汪青在任校勘之役，"當時旨在速成，寫完一册，即付郵筒，故不無譌脱之處"，王欣夫"復遍查徵引原書，一一校正"⑥。從民國二十七年七月廿六日曹元弼致王欣夫札言"海泉所刻《既夕》第三册業經告成，諒已寄奉，據云有一册寫樣在弟處，如已校畢，望發交彼上版爲幸"，亦可知當時校刻情形。當時刊刻《喪禮鄭氏學》，"板式則依劉氏《求恕齋叢書》，備他日與《喪服鄭氏學》合印，刊工則由爲復禮師刻書之蘇人陳海泉任之，爲求速成，分其半交施君韻秋在南潯開板"⑦。然不幸的是，此次刊刻僅成《士喪禮》《既夕禮》《士虞禮》三篇，即因日軍侵華戰火而中輟。對此

---

① 此次會議的列席者有"金松岑、趙學南、王欣夫、屈伯剛"，具體内容包括："一、議刻資：全書稿本三十一册，每册平均百頁，每頁平均三百六十字，全書約百萬字。凡萬字最低價格約四十五元，其識、録、序、跋、傳略等均作雙倍，圖式另議，約須刻資五千元，印書費尚不在内。一、議格式：版式仿照劉氏求恕齋《喪服鄭氏學》，日後兩書可合印。一、議經費：已收者有高吹萬、潛廬、姚石子三先生捐五百元，並允續募五百元，松岑先生籌有三百五十元，曹叔彦先生允出二百餘元，封衡甫先生處約有七百元，張詠霓先生允捐三百元，其不足之數，由國學會設法籌募。一、議刻匠：暫先由南潯劉氏刻工暨蘇州陳海泉兩家分刻，目前先由劉氏刻工刻《士喪禮》，陳海泉刻《既夕禮》以資比較，其合同辦法請趙學南先生擬稿。一、職務分配：校對事由王欣夫、汪青在兩君擔任，指揮刻工一切事務請學南、伯剛兩先生擔任，劉氏刻工並請欣夫轉託南潯施君韻秋就近照料，至經費之保管與籌募，由松岑先生代國學會擔任。"（見《文藝捃華》1936 年第 3 期，第 52 頁；第 4 期，第 44 頁）

② 《國學會實收助刊喪禮鄭氏學捐款表》所載其募集資金，計有高吹萬二百元、高潛廬二百元、姚石子一百元、榮德生二百元、錫山榮氏繩武樓一百元、西安孔教會二十元、陝西考古會十元、唐蔚芝二十元、劉翰怡五百元、嚴載如二百元、姚韻梅五十元、封庸盒二百元、葉揆初三百元，共二千一百元。詳見《衛星》1937 年第 1 期，第 53 頁。

③ 《國學會續收喪禮鄭氏學刊貲表》載嚴載如續捐法幣一百元，張星若捐法幣五十元。見《衛星》1937 年第 2 期，第 54 頁。

④ 《續收喪禮鄭氏學捐款表》載蔣蘇厂捐法幣三十元。見《衛星》1937 年第 3 期，第 50 頁。

⑤ 《蛾術軒篋存善本書録》下册，第 1435 頁。

⑥ 《蛾術軒篋存善本書録》下册，第 1434 頁。

⑦ 《蛾術軒篋存善本書録》下册，第 1435 頁。

王欣夫有詳細記載：

> 余羅列羣書，細心對勘，朝夕不遑。詎知甫成《士喪禮》《既夕禮》《士虞禮》三篇，而日寇來犯，刊工星散，松岑師亦避地赴滬，事遂中頓。其後屢謀續成，而人事乖迕，無從措手。其在蘇板片，寄存於塔倪巷寶積禪寺，忽傳駐兵已有斯以爲薪者，亟設法搶救，移交滄浪亭圖書館，在南潯者亦並貯焉。乃主者不甚措意，捆置廊下，任其日曝雨淋，後復屢經遷徙，零落洇爛，不可復問矣。當時僅印藍樣本三分，呈復禮、松岑二師外，自留一分。暨二師逝世，皆從師母乞得，則不知何故，各闕一冊，疑陳海泉並未送去，至完者祇此一部而已。先是集議時，余力主用活字排印，費省而功速，乃多以爲經學鉅著，校勘宜審，無事促迫，且可與劉刊合併，故均主刊木。停工時，集資尚餘五百金，余建議全書雖未成，而《儀禮》部分已告一段落，可先印數十部以傳。又多謂此書終須刻成，不妨緩圖，不料世變蒼黃，時機一失，不可復追。僅留此孤本，他日作書林珍秘耳。①

又曹元弼《候選直隸州知州封君傳》亦言："君（筆者按：指封文權）努力與翰怡京卿、高君吹萬及金松岑弟諸好德隆禮君子，合資刊之。欣夫弟爲之詳校，汪青在弟佐之，已刊成者《禮經·士喪》《既夕》《士虞》三篇凡十巨冊，板存蘇州圖書館。未刊者《禮記》諸篇，稿由欣夫弟保守。"② 張錫恭《喪禮鄭氏學》最終未能全部刊印，《蛾術軒篋存善本書録·未編年稿》卷一著録王欣夫手校之清稿本《喪禮鄭氏學》四十四卷附《通禮案語》一卷共三十五冊、藍印樣本十卷十冊。其中王欣夫手校清稿本今藏復旦大學圖書館③，另外復旦大學圖書館還藏有《喪禮鄭氏學》寫樣四卷④。而其刊刻的板片，曹元弼言存蘇州圖書館，據相關考證，今存揚州中國雕版印刷館⑤。蓋以張錫恭《喪禮鄭氏學》刊刻的經驗教訓，故王欣夫整理曹元忠《箋經室遺集》即改用活

---

① 《蛾術軒篋存善本書録》下冊，第 1435—1436 頁。

② 《復禮堂文三集》不分卷，無葉碼。

③ 關於王欣夫著録《喪禮鄭氏學》清稿本卷數和冊數有異，其詳情非本文重點，兹不贅述，林振岳《張錫恭〈喪禮鄭氏學〉的成書與刊刻》一文有詳細考論，可參考。詳見《經學文獻研究集刊》第 12 輯，上海書店，第 301—318 頁。

④ 按，復旦大學圖書館藏《喪禮鄭氏學》四卷寫樣分别爲卷四之一、二《禮記·檀弓》、卷四之三《儀禮·士喪禮》、卷五之一《儀禮·曾子問》。

⑤ 林振岳：《張錫恭〈喪禮鄭氏學〉的成書與刊刻》，《經學文獻研究集刊》第 12 輯，第 311 頁。

字排印①。

三

欣夫仁弟閣下：

　　日前覆一牋，諒鑒及。《曾子注釋》承代購否？《周禮正義》蔚老深感雅意，以早讀爲快，刻已寄來購資，請弟即日爲代辦，或郵寄，或帶歸，其書價當由兄面奉也。郭輔庭處當詳致一函，論表章聖學，刻□□□功德之大。君直家兄書能速成編，至感至盼。專上，即頌道祉。小兄曹元弼頓首，四月廿五日。

　　按，此札內容與上札相承，故可繫於民國二十二年四月廿五日（1933.05.19）。上札曹元弼託王欣夫代購《曾子注釋》，此札又問及。上札考釋中引及唐文治本年掃墓從蘇州歸後致曹元弼札問及“孫氏《周禮正義》王君欣夫能否覓得？該價若干，祈先示知，以便匯奉”，又上札曹元弼言函告唐文治王欣夫允爲代購《周禮正義》之事并購資，故此札言“《周禮正義》蔚老深感雅意，以早讀爲快，刻已寄來購資，請弟即日爲代辦，或郵寄，或帶歸，其書價當由兄面奉也”。又此札言“郭輔庭處當詳致一函，論表章聖學，刻□□□功德之大”，蓋就上札“郭君輔庭所刻書前日已寄來數種”而言。又上札言及編輯曹元忠遺著之事，王欣夫覆函當言及編輯近況，蓋上札考釋所引王欣夫《箋經室遺集跋》所謂“從事經年，寫成二百篇以報於師”者已成，故曹元弼言“君直家兄書能速成編，至感至盼”。

四

欣夫仁弟惠鑒：

　　老病獨居，緬懷知己，邇來秋高氣爽，光風霽月中，想讀書之樂無窮也。愚春間大病幾殆，五覆五反，六月中旬肝陽亢升，頭暈顛仆，頃刻可危，幸而無事。《易·豐》之《彖》曰：“天地盈虛，與時消息。”而況於人？吾衰甚矣，斯道之傳，惟賴高賢耳。四五兩月間，於疾病勉強著書，《述學詩注》幸已告成，不識歲杪能刊竣否。邇日肝陽略平，又稍從事簡編，聊以

---

①　此部分關於張錫恭《喪禮鄭氏學》的刊刻信息，僅就曹元弼此札所涉及內容而加以叙述，其餘關於《喪禮鄭氏學》成書、內容刊刻詳情可參見林振岳《張錫恭〈喪禮鄭氏學〉的成書與刊刻》一文。

遣日。春間得手書，悉獲見海寧周氏^①、桐城馬氏^②經説稿本，其中必多精處，惟所舉兩條，雖係創獲，恐非確據。周氏謂《尚書傳》之作係東晉孔愉之子字安國者，非漢之孔安國，然序文明託之棘下生，不知周氏何以解之？馬氏謂《易子夏傳》係鄧彭祖所爲，似較可據。然觀《集解》所引，文氣卑弱，不類西漢人。張皋文^③以爲六朝治《易》者，聚歛舊説而爲之，當得其實。張聞遠同年書無恙，此天之未喪斯文。吾弟勤懇校勘之苦心，爲不負矣。海泉所刻《既夕》第三冊業經告成，諒已寄奉，據云有一冊寫樣在弟處，如已校畢，望發交彼上版爲幸，封衡甫久無信，兄亦甚以爲念。翰

---

① 指周廣業（1730—1798），字勤補，號耕崖，海寧人。乾隆四十八年癸卯（1783）舉人。家富藏書，精校勘考據，嘗與《四庫全書》校對事。深研古學，於《孟子》一書致力最勤。與周春、吳騫、陳鱣等往來論學。著有《孟子四考》四卷、《經史避名彙考》四十六卷、《讀易纂略》一卷、《讀相臺五經隨筆》四卷、《宋史列傳姓名録》一卷、《海昌五臣殉節軼事》一卷、《孟子出處時地考》一卷、《季漢官爵考》三卷、《關帝事蹟徵信編》三十卷、《關廟志》四卷、《廣德州志》五十卷、《四部寓眼録》二卷補遺一卷、《兩浙地志録》一卷、《目治偶鈔》四卷、《動植小志》六卷、《意林注》五卷《逸文》一卷、《循陔纂聞》四卷、《過夏雜録》六卷《續録》一卷、《時還我書録》二卷、《金華子雜編》二卷、《三餘攟録》三卷、《蓬廬詩鈔》二十卷、《周廣業詩稿》不分卷、《蓬廬文鈔》八卷、《海昌詩繫》二十卷等，多爲稿鈔本。傳見《清史列傳》卷八六《儒林傳下》（中華書局，1987年，第5510頁）；《清儒學案》卷八七《耕崖學案》（中華書局，2008年，第3421頁）。

② 指馬瑞辰（1782—1853），字元伯，安徽桐城人。馬宗璉子。嘉慶十五年（1810）進士，選翰林院庶吉士，散館改工部營繕司主事。歷主江西白鹿洞、山東嶧山、安徽廬陽書院講席。咸同之亂，爲髮逆所執，罵賊死。撰《毛詩傳箋通釋》三十二卷，以三家辨其異同，以全經明其義例，以古音古義證其譌互，以雙聲疊韻別其通借，篤守家法，義据通深。與陳奐《詩毛氏傳疏》并著於世。傳見方宗誠《方宗誠集》卷九《記馬元伯先生死事》（嚴雲綬、施立業、江小角主編：《桐城派名家文集》第九卷，安徽教育出版社，2014年，第176頁）、《清史列傳》卷六九《儒林傳下》（第5582—5583頁）、馬其昶《抱潤軒文集》卷一五《贈道銜原任工部員外郎馬公墓表》（《清代詩文集彙編》第781冊，影印民國十二年（1923）京師刻本，第329頁上—330頁上）。

③ 即張惠言（1761—1802），字皋聞，武進人。少受《易經》，即通大義。年十四爲童子師，修學立行，敦禮自守，人皆稱敬。嘉慶四年（1799）進士，改庶吉士，充實録館纂修官，散館授翰林院編修。少爲詞賦，擬司馬相如、揚雄之文，又學韓愈、歐陽修，篆書初學李陽冰，後學漢碑額及石鼓文。生平精思絶人，嘗從金榜問故，其學要歸六經，而尤深《易》《禮》。著有《周易虞氏義》九卷、《周易虞氏消息》二卷、《虞氏易禮》二卷、《虞氏易候》一卷、《虞氏易言》二卷、《周易鄭氏義》三卷、《周易荀氏九家義》一卷、《周易鄭荀義》三卷、《易義別録》十四卷、《易緯略義》三卷、《易圖條辨》二卷、《儀禮詞》一卷、《讀儀禮記》二卷、《儀禮圖》六卷、《儀禮宮室圖》一卷、《諧聲譜》五十二卷、《墨子經説解》二卷、《茗柯文》五卷、詞一卷等。傳見錢儀吉編《碑傳集》卷一三五《張惠言傳》（中華書局，1993年，第4036—4037頁）、《清史列傳》卷六九《儒林傳下》（第5568—5570頁）、《清史稿》卷四八二《儒林三》（中華書局，1977年，第13241—13244頁）等。

怡處曾託君九[1]帶一詳函，然月初来書未言及。日前又詳覆一函，並寄《述學詩·春秋》一冊，大約當達。現在寄書往往浮沈，見時望問及，并示知爲感。叔蘊[2]書各種及鈔函均由學學南兄處轉下，稍緩當覆書也。弟何時回蘇，至深懸念，宵深月朗，照徹離懷。早晚新凉，諸維珍重。專此，即頌學福。小兄曹元弼頓首，七月廿六日。

　　再：《尚書》偽傳序明託之子安國，周氏無容不察，其立説之意，豈以爲孔愉之子既襲前人之名以爲字，因偽撰其書耶？果爾，未免纖巧臆説矣。且皇甫謐在西晋時已用偽古文，故先儒以此爲王肅作，或以爲即謐所爲，未必過信孔愉之子書也。《子夏傳》或以爲出韓太傅，或以爲出丁將軍，皆無確據。觀其文義，但較勝王世將輩，尚不逮九家，蓋非出漢人筆。大抵經注作述源流，乾嘉諸老考證已極詳備，道咸間儒者往往探索孤證，似是而非，馬、周二家在當時皆爲樸學無弊，而馬尤勝於周。全稿中當並多精確之文，不能以此二條概之。吾弟篤信好學，博綜元覽，當必以吾言爲然，故復贅。及《述學詩·春秋》一卷，日内當寄奉，請校正。

　　按，此札言"愚春間大病幾殆，五覆五反，六月中旬肝陽亢升，頃刻可危，幸而無事"，曹元弼《皇清誥封宜人晋封恭人先繼室王恭人傳》言

---

① 即王季烈（1873—1952），字晋餘，號君九，別號螾廬，江蘇長洲人。王頌蔚之子。光緒三十年（1904）進士，爲刑部雲南司行走，充八旗學堂理化教習，調學部行走，升部學部專門司郎中并充專門司總辦，兼充京師譯學館監督等職。王季烈通物理、化學，又擅昆曲，均有所撰述。其著述有《改訂近世化學教科書》《物理學》《最新化學教科書》《動物學新教科書》《王頌蔚事略》《集成曲譜》《螾廬曲談》《孤本元明雜劇提要》《與衆曲譜》《人獸鑒傳奇譜》《螾廬未定稿》《螾廬未定稿續編》《螾廬剩稿》等。傳見孫寶田《先師長洲王公行述》，《螾廬剩稿》，大連圖書館藏。

② 即羅振玉（1866—1940），字叔蘊、叔言，號雪堂、永豐鄉人，晚號貞松老人、松翁，浙江上虞人。光緒八年（1882）、十四年兩次鄉試不中，後於光緒二十二年與蔣黼在上海創辦農學社，二十四年又創設東文學社，二十六年應張之洞聘任湖北農局總理兼農校監督，歷任南洋公學虹口分校監督、江蘇師範學堂監督。後奉召入京，於三十三年任學部二等諮議官，後補參事官，兼京師大學堂農科監督。辛亥後流亡日本，歸國後又出任偽滿要職。羅振玉學術兼涉農學、甲骨文、金石學、敦煌學、目錄、版本、校勘，爲中國現代農學開拓者及考古學奠基人，對於保存内閣大庫明清檔案甚有功。一生著述甚豐，如《殷虚書契考釋》《殷虚貞卜文字考》《莫高窟石室秘録》《流沙墜簡》《干禄字書箋證》等近兩百種，校勘古籍數百種，其孫羅繼祖編有《羅振玉學術論著集》共十二集（上海古籍出版社，2013 年），另臺北文化出版社、臺北大通書局從 1968 年至 1977 年先後影印出版《羅雪堂先生全集》初編至七編。生平學術詳見羅振玉《集蓼編（附録三種）》（《羅振玉學術論著集》第十一集，第 17—90 頁）；甘孺輯述《永豐鄉人行年録》（江蘇人民出版社，1980 年）等。

"去春余大病幾死，恭人侍疾嘗藥，無頃刻安"①。按，曹元弼繼配王氏逝世於"己卯五月初五"，《傳》寫於"己卯七月"，己卯即民國二十八年（1939），那麼去春即爲民國二十七年春，故此札可繫於民國二十七年七月廿六日。又札中言"《述學詩注》幸已告成"，考《復禮堂述學詩·凡例》云《復禮堂述學詩》作於丁巳（1917），而注作於丙子（1936），"中更疾病患難，至戊寅夏始成"②，由此亦可證此札作於民國二十七年戊寅七月廿六日（1938.08.21）。

此札言及《復禮堂述學詩》的撰作與刊刻。按，《復禮堂述學詩》根據前引《凡例》知其詩作於民國六年（1917），而注作於民國二十五年（1936），至民國二十七年（1938）完成。其所以撰《復禮堂述學詩》，據自序言：

> 《述學詩》者，元弼自宣統辛亥後，悲天憫人，獨居深念，懼文武道盡，乾坤或息，憂患學《易》，覃精研思，默察天人消息，冀剝之反復，否之反泰。……一日讀《説文》，喟然而歎，微吟一詩，有"九千文字歸忠孝，不數揚雄拜叔重"之句。先仲兄綺圜逸史見而善之，謂："盍放此例，每經各爲詩若干首，提挈綱維，開示來學，使記誦易而感發深，於經學人心蓋非小補。"余敬諾，乃勉定心氣，綜括數十年治經心得，日作數詩。每經先舉大義，正宗旨也；次詳源流，明傳信也。述往事，思來者，率天常，正人倫，閑聖道，息邪説。庶幾人心一日復歸於正，而天心厭亂也；王化一旦復行，而殺運可止也。竊取高密《詩譜》之意，藉抒靈均《離騷》之哀。每日詩成，輒就兄與伯兄蘭雪老人審正推敲，因相與揚榷古今，慨論世變，以無忝君親，無負生平志學相慰勉。自九月至歲終，得詩六百數十首。蓋處人道之窮，鬱無可奈何之孤憤，抱萬不得已之苦心，求存絕學於一綫，以俟天地之再清，此《述學詩》所爲作也。③

《述學詩》之作，實際上有以經術正人心的目的。但是"經義淵深，經師家法源遠末分，百家得失參錯不齊，每一事以二十八字括之，其勢非注不明"④，於是在完成《周易鄭氏注箋釋》《周易集解補釋》《孝經鄭氏注箋釋》《大學通義》《中庸通義》後，於民國二十五年"乃從事此書，略加修改，增補數詩，博引羣書，稽譔其説，更疾病患難，出入三年而注成"⑤。《復禮堂述學詩》共十五卷，每經以詩爲綱，以注爲緯，分經詳叙述每經大義、家法傳述、授受源流、後儒治經

---

① 《復禮堂文二集》卷八，無葉碼。
② 《復禮堂述學詩·凡例》，《復禮堂述學詩》卷首，葉 4b—5a。
③ 曹元弼《復禮堂述學詩序》，《復禮堂述學詩》卷首，葉 1a—2a。
④ 《復禮堂述學詩序》，《復禮堂述學詩》卷首，葉 2a—b。
⑤ 《復禮堂述學詩序》，《復禮堂述學詩》卷首，葉 2b—3a。

得失以及詳列每經參考書目。十五卷內容分別是：卷一述《易》，卷二述《尚書》，卷三述《詩》，卷四述《周禮》，卷五、卷六述《禮經》，卷七述《禮記》，卷八述《大戴禮記》，卷九述禮總義，卷十述《春秋》，卷十一述《左傳》《國語》，卷十二述《公羊傳》《穀梁傳》，卷十三述《孝經》《論語》《孟子》，卷十四述《小學》，卷十五述《群經總義》。全書類例嚴謹，可謂體大思精，書中論及乾嘉以來學術，多有啓發，尤其是咸同以來學者，多曹元弼親炙，對其學術的評論及遺著留存的記載，頗有價值。又札中言"《述學詩注》幸已告成，不識歲杪能刊竣否"，曹元弼著書，多由蘇州刻工陳海泉隨撰隨刊，一般撰竣即刊竣，《復禮堂述學詩》其實也不例外。據《凡例》所言丁丑之役"亂離倉猝，謄清本及校正新刻樣本，各散失數卷"[1]，可知在戊寅之前，其已撰竣者既有校正新刻樣本，如札中所言寄劉承幹、王欣夫《述學詩·春秋》一卷蓋即此類。又丁丑年（1937）曹元弼蓋已將部分樣本分送劉承幹、羅振玉等。劉承幹丁丑七月初四致羅振玉札即轉交了曹元弼《復禮堂述學詩》七本，云："叔彥丈《復禮堂述學詩》先奉呈七本，餘卷俟刊成後續奉。並屬代達企忱。"[2] 而札中曹元弼所擔憂的歲杪能刊竣否，結合後面數札可知，乃指新撰者及校正修版之事。事實上，根據後面函札來看，因爲陳海泉的去世，《復禮堂述學》刊刻、修版與付印並不順利，稽延至了民國二十九年。

此札最主要的內容是回復王欣夫以周廣業《讀相臺五經隨筆》謂《尚書》孔傳爲東晉孔愉所作和馬瑞辰謂《子夏易傳》爲鄧彭祖作之說請問。此事王欣夫《甲辰稿》卷四亦有記載："自客滬上，見周廣業《讀相臺五經隨筆》稿本，謂《尚書傳》之作，係東晉孔愉之子字安國者，非漢之孔安國。馬瑞辰序之，亦謂《易子夏傳》係鄧彭祖所爲，辨證極博。喜其新奇，偶以函聞。師覆云……（筆者按：內容與此札第二部分相同）。"[3]《古文尚書》及僞孔傳的辨僞，是貫穿整個清代學術史的重要學術問題，閻若璩、惠棟、丁晏等對僞古文《尚書》及僞孔傳的考證辨僞，基本定其爲僞作，其作僞者逐步指向王肅，但在僞古文《尚書》及僞孔傳的辨僞過程中，也不斷有新說出現，周廣業以孔傳爲東晉孔愉之子所作即是其中之一。按，周廣業《讀相臺五經隨筆》首先認爲漢孔安國無傳，然後根據《史記集解》《索隱》所引孔傳中有明引王肅、馬融之說而出現時間錯亂的現象，以及《尚書·泰誓》孔穎達正義稱"李顒集注《尚書》，於僞《泰誓》篇每引'孔安國曰'，計安國必不爲彼僞書作傳，不知顒何由爲此言"，遂以爲

① 《復禮堂述學詩·凡例》，《復禮堂述學詩》卷首，葉 4b—5a。
② 王繼雄整理《求恕齋函稿·致羅振玉》，《歷史文獻》第 19 輯，上海：上海古籍出版社，2015 年，第 243 頁。
③ 《蛾術軒篋存善本書錄》下冊，第 1400 頁。

作《尚書傳》之孔安國非西漢之孔安國，乃東晉之孔安國。周氏又進一步推論，以爲今傳之僞《尚書傳》乃齊姚方興得東晉孔安國之《書傳》，"遂傅會爲西漢孔安國。以其傳有今文《泰誓》，僞將立破也，從而削之；傳文有馬融、王肅姓名，僞又將立破也，從而削之；西漢孔安國不應傳今文二十八篇，則爲添撰《大禹謨》等二十五篇及傳，以爲此真孔氏《古文尚書》矣。而又慮世人之疑而攻之也，則造爲皇甫謐得其書，梅賾奏上之説，以紊其世次，於是東晉孔安國之傳更無復有言及之者。即指爲僞託者，終礙於皇甫、梅賾而不敢質言"①。周廣業所論甚辨，幾可自圓其説，故王欣夫喜其新奇而函聞曹元弼。根據此札可知，曹元弼針對周廣業之説提出兩點反駁意見：其一，《書傳序》"明託之子安國，周氏無容不察"；其二，"皇甫謐在西晉時已用僞古文"。對比曹元弼之駁與周廣業之説，其實曹元弼所列兩點並不能反駁周廣業。其一，周廣業之説並不是指東晉孔安國僞造《尚書傳》，而是姚方興得東晉孔安國傳而在此基礎上作僞以傅會西漢孔安國之傳，由此則《書傳序》僞託漢孔安國的問題可以解決。所以曹元弼所言"《尚書》僞傳序明託之子安國，周氏無容不察，其立説之意，豈以爲孔愉之子既襲前人之名以爲字，因僞撰其書耶"，並不能爲周廣業之病。其二，周廣業又認爲皇甫謐得書而爲《帝王世紀》以及從蘇愉到梅賾的傳承都是僞造的，云："考皇甫得書、梅賾上書二事，《晉書》絕無之，姚興方亦不見於《南齊書》，惟唐初撰《五代志》，穎達亦典其事，中有云'東晉豫章內史梅賾始得孔安國之傳，止闕《舜典》一篇。齊建武中，吳姚興方《正義》及《釋文》皆作"姚方興"，蔡《傳》因之，明袁仁砭蔡編，據此駁正。於大航頭得之，奏上。於是始立學宫。'今在《隋書·經籍志》，《釋文》略同。則知其説皆齊梁間耳食之儒所臆造，全無根據者。"又云："或謂《晉書》有王隱、干寶等十八家，安知非房喬等偶遺而孔穎達引之耶？竊謂脩史之法，録要删繁，稍知審擇者皆能之。古經奏上，斯何事也，而謂房喬等偶遺之乎？萬或遺之，論史者□恕之乎？且亦必軼見他書，如《御覽·職官部》載《晉書》，將作大匠陳勰掘地得《古文尚書》，奏古文長於今文，宜以古文爲正，潘岳以爲習用已久，不宜復改，此晉初事。今《晉書》不載者，以當時見斥於朝議故也。又但言古文長於今文，則亦字體之異，非岳議不改用也，豈如今之截然兩書乎？泥古者得此説又必深咎房喬等之漏矣。"② 由此，曹元弼關於"皇甫謐在西晉時已用僞古文"之説亦不足以駁周廣業。之所以如是，大概曹元弼只是根據王欣夫信中所述，而並未見周廣業原書內容。王欣夫所得周廣業《讀相臺五經隨筆》，今復旦大學藏有學禮齋鈔本（索書號：3069）。

---

① 詳見周廣業《讀相臺五經隨筆·尚書》卷一，國家圖書館藏清孫志祖、錢馥、陳振墀批校稿本，無葉碼。

② 《讀相臺五經隨筆·尚書》卷一，無葉碼。

又關於馬瑞辰序《讀相臺五經隨筆》所謂《子夏易傳》係鄧彭祖所爲，其文曰："昔毛西河作《易小帖》，以《漢志》不載《子夏易傳》，《史》《漢·儒林傳》皆無子夏受《易》事，謂《隋》《唐志》所載《子夏傳》爲杜子夏作。余按杜欽無受《易》事，因考《漢·儒林傳》沛鄧彭祖字子夏，受《易》於五鹿充宗，疑《子夏》或出於鄧彭祖，是亦與先生定安國爲東晉人者可同備一説也。"① 馬氏此説大概也是受周廣業考《尚書傳》爲東晉孔安國之啓發而言，但點到爲止，並未詳考。曹元弼札中對於馬瑞辰説回應，謂"《子夏傳》或以爲出韓太傅，或以爲出丁將軍，皆無確據，觀其文義，但較勝王世將輩，尚不逮九家，蓋非出漢人筆"，雖未能質言，但亦頗審慎。從此札中可以見出，曹元弼雖然對於周廣業、馬瑞辰關於孔安國《書傳》與《子夏易傳》的説法不同意，並且認爲"大抵經注作述源流，乾嘉諸老考證已極詳備，道咸間儒者往往探索孤證，似是而非"，但是對二家學術仍然頗爲肯定，謂"馬、周二家在當時皆爲樸學無弊，而馬尤勝於周，全稿中當並多精確之文，不能以此二條概之"。

此札又言及張錫恭《喪禮鄭氏學》刊刻之事。所謂"張聞遠同年書無恙，此天之未喪斯文，吾弟勤懇校勘之苦心，爲不負矣"，當指 1937 年日軍攻陷蘇州後，王欣夫等設法保存已刻《喪禮鄭氏學》在蘇之板片，得以無恙之事。又言"海泉所刻《既夕》第三冊業經告成，諒已寄奉"，據前引王欣夫説法，戰前已刻竣《士喪》《既夕》《士虞》三篇，其中《既夕禮》共三冊，此云第三冊業經告成，蓋是説戰前之事。按，丁丑日軍進攻蘇州，曹元弼曾外出避難，"自八月既望出，至十二月下旬歸"②。而札中又云"據云有一冊寫樣在弟處，如已校畢，望發交彼上版爲幸"，此冊寫樣蓋非《士喪》《既夕》《士虞》三篇中者。按，今復旦大學圖書館藏有王欣夫校《喪禮鄭氏學》寫樣一函五冊，計爲卷四之一到三《禮記·檀弓》和卷五之一《儀禮·曾子問》，曹元弼札中所言一冊寫樣，或即此中之一與？又根據現藏復旦大學圖書館的《喪禮鄭氏學》稿本，可知王欣夫在 1937 年抗戰爆發後，仍校勘是書不輟，如第十四冊末題："丁丑八月九日，據士禮居重刻嚴州本校經注一過，時人心惶惶，多有遷避海上租界及四鄉者。余仍閉户校書，未嘗一日輟也。補安記。上海大戰已起，人方倉黃逃避，余猶校勘不輟，書癡生涯，可笑抑又可憐。十三日記，時聞炮聲。"③

---

① 馬瑞辰《讀相臺五經隨筆序》，《讀相臺五經隨筆》卷首，復旦大學圖書館藏吳縣王氏學禮齋鈔稿本，無葉碼。

② 《復禮堂文二集》卷八《皇清誥封宜人晉封恭人先繼室王恭人傳》，無葉碼。

③ 張錫恭：《喪禮鄭氏學》第十四冊，復旦大學圖書館藏王氏學禮齋鈔稿本。

五

欣夫仁弟惠鑒：

旬前得手書，以先從兄君直遺稿流落在外，並聞箋經室藏書均已散佚，不勝駭慨，特以示知，此誠吾弟衛道表微之盛心。君直先從兄遺集由吾弟苦心編校，舍姪班羣①極深銘感，孰意班羣去年中秋病故。今春舍姪孫等自避難歸，兄即以《箋經文稿》勤勤切問，據云隨身攜帶，未有失墜。及得弟書，又往問，答云謄清本及手稿去年均攜至申，存親戚家，當時忽促整理，不料尚有遺漏，致流落在外，擬歲暮到申，向親戚取回。其餘藏書，當時位置無從，留置家中，不幸屋宇炸壞，多被盜竊云云。據此，則君直心血尚未盡付東流，他日猶得藉雲天高誼以傳，實爲幸事。兄本擬即覆，以慰懸念，因邇來文債實逼處此，稽延多日，甚歉甚歉。弟多得古書善本，□□深慰。翰公②所言，兄有同志，本擬今年仿蘭浦先生③作《自述》一篇。嘉業主人貞志高行，遠出兄上，如蒙雅命，見示盛德之詳，當竭固陋以頌赤松、園公、伏生、子春無疆之壽，且以爲斯世斯民慶，此鄙懷之至願也。晤翰公時，乞爲轉達，並道渴念。《述學詩》大約明年

---

① 即曹岳覲（？—1937），字班群，曹元忠長子。宣統三年辛亥（1911）京師譯學館畢業，舉人，爲七品小京官，民國初嘗爲外交部主事。父曹元忠卒後，丁憂不復出。

② 即劉承幹（1881—1963），字翰怡，號貞一，浙江吳興人，爲近代著名藏書家。清光緒三十一年（1905）貢生，候補內務府卿銜，故有“京卿”之稱。其祖父劉鏞商人出身，經營湖絲，爲南潯首富。其父劉錦藻，光緒二十年（1894）進士，曾任工部主事、行走等職，後承父業從商，然博學好文，編纂有《清續文獻通考》三百二十卷。劉承幹承襲祖父產業，好藏書，廣搜秘籍，先後購得江南如盧氏抱經樓、顧氏藝海樓、繆氏東昌書庫等舊藏，并於民國九年（1920）在劉氏家廟建藏書樓，以所刊所著之書，進呈溥儀，而獲賜“欽若嘉業”匾，遂以名藏書樓。劉氏不僅藏書甚富，且多刻書，如《嘉業堂叢書》《吳興叢書》《求恕齋叢書》《留餘草堂叢書》《希古樓金石叢書》《景宋四史》《章氏遺書》等。關於劉氏生平事迹之詳情，可參看李性忠《劉承幹與嘉業堂》（文物出版社，1994 年）、項文惠《嘉業堂主——劉承幹傳》（浙江人民出版社，2005 年）。

③ 即陳澧（1810—1882），字蘭甫，號東塾、江南倦客，廣東番禺人，近代著名學者。道光十二年壬辰（1832）舉人，嘗爲河源縣學訓導，後擔任廣東學海堂學長四十二年之久，同治六年（1867）起又任菊坡精舍山長，弟子甚衆，較著者有梁鼎芬、桂文燦、胡伯薊、王兆鏞、徐灝、文廷式、于式枚、廖廷相、馬貞榆等。其學強調經世致用、漢宋兼采，長於文字、音韻、訓詁、輿地等，著有《漢儒通義》《東塾讀書記》《聲律通考》《漢書地理志水道圖說》等書。陳澧弟子梁鼎芬與曹元弼爲譜兄弟，其子陳宗穎及弟子馬貞榆亦與曹元弼在張之洞幕府關係甚密。關於陳澧生平詳情可參見黃國聲、李福標《陳澧先生年譜》（廣東人民出版社，2014 年）。

正月竣工，印時當遵示多印白紙者若干部奉上。青在^①如見，望道念。聞遠書未審能繼續將事否？寒氣漸至，爲道加珍。專覆，即頌撰祉。小兄曹元弼拜上，十月初七日。

按，此札首言"旬前得手書，以先從兄君直遺稿流落在外，並聞箋經室藏書均已散佚，不勝駭慨，特以示知，此誠吾弟衛道表微之盛心"，當即王欣夫《箋經室遺集跋》所言"丁丑兵燹，故家藏書大半流散，偶於冷攤得先生手稿一冊，即馳書吾師問之"^②之事。所謂"丁丑兵燹"，即指 1937 年 8 月至 10 月，日軍轟炸并攻陷蘇州之事。曹元弼此札又言"今春舍姪孫等自避難歸，兄即以《箋經文稿》勤勤切問"，"及得弟書，又往問，答云謄清本及手稿去年均攜至申"，則知此札當爲丁丑之第二年即民國二十七年十月初七（1938.11.28）所寫。又此札末云"《述學詩》大約明年正月竣工"，今傳曹元弼《復禮堂述學詩》題"龍集丙子春正月"，丙子爲民國二十五年（1936），似與札所繫時間衝突。《復禮堂述學詩·凡例》言其詩作於丁巳（1917），注作於丙子（1936），"中更疾病患難，至戊寅夏始成，亂離倉猝，謄清本及校正新刻樣本，各散失數卷，幸初稿具在，書版完善。論撰既畢，與從母弟金智詮廣文、及門嚴鹿苹、王欣夫兩弟覆更對勘，詳悉審正"^③。所謂"龍集丙子春正月"者蓋始刻之時。曹元弼著書，多由蘇州刻工陳海泉刊刻，且隨著隨刊，如《周易鄭氏注箋釋》"每成一卦"，即"隨時授之梓人"^④，《復禮堂述學詩》亦如是，至戊寅（1938）始成，但中經丁丑兵燹，倉猝之間清本及校正新刻樣本各有數卷流失，至戊寅全書注完成後，屬金智詮、嚴鹿苹及王欣夫重加校勘，其後當校正書版，故曹元弼計其功言大約明年正月竣工。故此札末言《復禮堂述學詩》之刊刻與繫此札於 1938 年不衝突。

---

① 即汪柏年（生卒年不詳），字青在，浙江桐鄉人。畢業於上海光華大學，嘗任光華大學國學系助教，在"章氏國學講習會"主講《爾雅》。汪氏嘗從錢基博受古詩文辭，而經學則得自曹元弼、章太炎，於《周易》《尚書》《爾雅》尤殫心。其學於《易》《書》導揚師說，而《爾雅》則神解自超，稽古攸會，撰《爾雅補釋》三卷，足補邵晉涵、郝懿行之未備。生平學術詳見錢基博《爾雅補釋序》、汪柏年《自序》（汪柏年《爾雅補釋》卷首，蘇州文新印書館，1936 年印本）。

② 《箋經室遺集》卷末，《清代詩文集彙編》第 790 冊，第 595 頁下。

③ 《復禮堂述學詩》卷首，葉 4b—5a。

④ 曹元恒《題辭》，曹元弼《周易鄭氏注箋釋》卷首，宣統三年（1911）至民國十五年（1926）刊本，葉 2a。

此札所言主要内容爲關於曹元忠遺稿及藏書的散出①，上面考此札繫年已有所涉及。按，前考釋第二札時曾引王欣夫《箋經室遺集跋》云“從事經年，寫成二百篇以報於師，卒卒未能付刊”。蓋王欣夫曾編定完成了《箋經室文稿》并寫定清本呈於曹元弼，後曹元弼當交由曹元忠子曹岳覲保存。曹元忠没後，其遺稿及藏書皆存曹元忠家，由其子曹岳覲保守。曹元弼於《家傳》中言曹岳覲在曹元忠没後“遂不復出，每與余言，明於君臣大義，非甘心失身者比，保守遺書，弗敢失墜”②，但不幸的是於 1937 年秋病故。然自丁丑之役開始，曹元忠遺稿及藏書又開始大量散出。上引及王欣夫《箋經室遺集跋》即言“丁丑兵燹，故家藏書大半流散，偶於冷攤得先生手稿一册”，又潘景鄭戊寅（1938）三月晦所寫的《箋經室書目稿本》跋云：“聞先生身後遺書散佚太半。”③ 又王欣夫《辛壬稿》卷一“《集韻》十卷附《校勘記》十卷五册”叙録云：“一九三九年箋經室藏書盡散，余亟物色之，果得此于常賣家。”④ 又葉景葵己卯（1939）十月所寫《曹君直舍人殘稿》跋云：“曹舍人文集，已經王君欣夫編定。戊寅，蘇州失陷，聞文稿亦散失，乃借欣夫所藏手稿殘册録副。”⑤ 又葉景葵《傷寒百證歌》跋云：“庚辰仲冬，曹君直同年遺書散出，蘇州存古齋送閲批校醫籍四種，一《銅人腧穴鍼灸圖經》，一《易簡方》，一《經效産寶》，一即此書。君直精於醫理，校讀甚精密，尤以《銅人圖》及《傷寒百證歌》爲枕中祕，舟車必攜，蓋於古人之言，三折肱矣。此真一生精神所寄，遂全購之。”⑥ 可見，在丁丑八月日軍進攻

---

① 曹元忠藏書的散出，在曹元忠生前即已開始。辛亥年曹元忠南歸之時，其京城之書即寄存於崔鼎丞家，如《與張聞遠孝廉書一》云：“當是時，甫經兵亂，資用既乏，稱貸又絶，得發庵先生餽贐，始得成行，僅攜《五禮通考》《讀禮通考》、澗薲先生校本《禮經》、操斅師校本《説文段注》及尊藏《元祕史》《國語正義》而已，其餘書籍什物及兄所寄存者，俱留崔君鼎丞家，俟岳覲入都後，悉數取歸，再以奉還。”（《箋經室遺集》卷一五，《清代詩文集彙編》第 790 册，第 547 頁下）辛亥後，曹元忠閉門家居，生計無著，遂開始鬻賣藏書，如其致函繆荃孫云：“因受業南歸後，生計已絶，加以病中用去不貲，書畫逐漸售人，近且售無可售。”（《藝風堂友朋書札》（下），《中華文史論叢》增刊，上海古籍出版社，1981 年，第 988 頁）同時又因家中房産收租爲委託人盜契出抵，而遭訟累，愈貧病交加，甚至到賣書爲父辦喪事的地步，如其致函繆荃孫云：“去年葱石曾借受業宋小字本《左傳》覆刻，未知能暫抵三百金否？亦求吾師一言。葱石神通廣大，此戔戔之數，諒易措置。受業得此，亦可舉辦喪事，是所深跂。該款一二年内必歸，決不稽遲，以負吾師也。日來債臺百級，愁城萬重，四面楚歌，迫不得已。”（《藝風堂友朋書札》（下），第 991 頁）。

② 《誥授通議大夫内閣侍讀學士君直從兄家傳》，《箋經室遺集》卷首，《清代詩文集彙編》第 790 册，第 437 頁上。

③ 潘景鄭《著硯樓書跋》，古典文學出版社，1957 年，第 134 頁。

④ 《蛾術軒篋存善本書録》上册，第 458 頁。

⑤ 葉景葵著，顧廷龍編：《卷盦書跋》，古典文學出版社，1957 年，第 168 頁。

⑥ 《卷盦書跋》，第 115 頁。

蘇州到戊寅、己卯、庚辰期間，曹元忠藏書多有散出，且王欣夫、潘景鄭、葉景葵等均有從坊肆購得。不僅藏書散出，曹元忠遺作亦有散出。而曹元忠藏書之所以散出，或由戰亂導致，如此札中曹元忠之孫答曹元弼之問所云“其餘藏書，當時位置無從，留置家中，不幸屋宇炸壞，多被盜竊”，亦有爲曹元忠之孫所鬻賣者，如《冒鶴亭先生年譜》所載民國二十七年（1938）十二月夏承燾曾告訴冒廣生“曹君直批校書四箱，其孫以五金漫售與人，中多詞集校本。又王欣夫爲其編文集二十卷亦失去（原按：王所編文集二十卷已找回並予出版，書名《箋經堂遺集》，先生曾爲作序）。先生大爲欷歔，謂君直爲顧千里後一人。”①曹元弼與王欣夫皆心繫曹元忠遺作，曹元忠孫輩避難歸後，曹元弼即以遺稿切問，而王欣夫於書肆冷攤得曹元忠手稿一冊後致函曹元弼問，曹元弼又往問。根據曹元弼轉述曹元忠孫輩的回答可知，曹元忠遺稿謄清本及手稿避難時隨身攜帶，存於上海親戚家，偶有遺落，其中一冊爲王欣夫購得，而藏書則無處存放，留滯故家，因屋宇炸毀而多被盜竊。又札中曹元忠孫輩言“擬歲暮到申，向親戚取回”。實際上王欣夫編定的清稿並未遺失，其後由曹元忠孫輩從上海親戚家取回後連同搜得殘篇斷簡，並皆交由王欣夫。王欣夫《箋經室遺集跋》云：“先生孫鳳年幸將清本保藏未失，更搜得殘篇斷簡，補遺數十篇，因汰其闕訛及酬應之作，並詩稿存焉。”②曹元弼《家傳》亦云：“比歲同人謀刊兄書，鳳年徧搜劫餘遺稿，致欣夫資補輯云。”③而葉景葵也言“聞全稿已經介弟叔彥覓得”④。

此札除言曹元忠遺稿及藏書外，尚言及如下諸事。札中曹元弼言“兄本擬即覆，以慰懸念，因邇來文債實逼處此，稽延多日”。按，曹元弼晚年除著述之外，多有爲人寫序、傳、狀、碑銘等文字者，彙集其晚年文字的《復禮堂文二集》《復禮堂文三集》中，此類序、傳、狀、碑銘尤多。又札中言“本擬今年仿蘭浦先生作《自述》一篇”，蓋即仿陳澧《東塾讀書記》卷首之《自述》。陳澧之撰《自述》，據其自言：“余年六十有二，大病幾死。自念死後書我墓石者，虛譽而失其真，則惡矣。生平無事可述，惟讀書數十年，著書百餘卷耳。病愈乃自述之。”⑤

---

① 冒懷蘇《冒鶴亭先生年譜》，第 420 頁。按，除上引關於曹元忠藏書的散出外，《顧廷龍年譜》載一九四〇年十二月六日，“葉景葵來電話，告孔繁儀收得曹君直書，有《增廣鐘鼎篆韻譜》抄本，許印林校。又《元秘史》，李文田批。”（沈津《顧廷龍年譜》，上海古籍出版社，2004 年，第 151 頁）又十二月二十二日，“存古齋寄到曹君直批醫書，又二種丹黃滿幅。”（《顧廷龍年譜》，第 153 頁）

② 《箋經室遺集》卷末，《清代詩文集彙編》第 790 冊，第 595 頁下。

③ 《箋經室遺集》卷首，《清代詩文集彙編》第 790 冊，第 437 頁上。

④ 《卷盦書跋》，第 168 頁。

⑤ 陳澧撰，鍾旭元、魏達純點校：《東塾讀書記》卷首《自述》，上海古籍出版社，2012 年，第 1 頁。

曹元弼一生體弱多病，屢有幾死之感，且經歷辛亥革命、軍閥混戰以及抗日戰爭等戰火，目擊世變滄桑，蓋有仿陳澧之作《自述》之意，以述自身出處進退及學術。又札中言"嘉業主人貞志高行，遠出兄上，如蒙雅命，見示盛德之詳，當竭固陋以頌赤松、園公、伏生、子春無疆之壽"云云，蓋劉承幹託王欣夫轉達請曹元弼作壽序之類的文字。今《復禮堂文三集》有《劉翰怡京卿六艷雙壽序》一文，云："歲在辛巳令月吉日，爲君覽揆周甲暨德配誥封一品夫人世嫂錢夫人雙壽良辰，振振公子，洗腆奉觴。"① 按，劉承幹生於光緒七年辛巳（1881），至民國三十年（1841）爲甲子之壽，其配錢氏蓋亦同歲，故早請王欣夫轉達。其後，札中又言及曹元弼《復禮堂述學詩》刊刻之事。

札中又言"青在如見，望道念"，青在即汪柏年，爲曹元弼弟子，《復禮堂述學詩》卷六《述禮經下》云："汪青在柏年，浙江桐鄉人。年少篤志，從余受《易》既通，今從事於《禮》，甚專精。"② 汪柏年畢業於上海光華大學，嘗從錢基博受詩古文辭，又從曹元弼、章太炎受經學。關於汪柏年從學曹元弼，乃是經王欣夫介紹，曹元弼《孫得之孝廉暨子伯南明經傳》云："君（筆者按：指王欣夫）又介紹汪青在柏年從余受《易》。"③ 關於汪柏年具體從曹元弼受《易》的時間不可考，但此時應該已經從學於曹元弼了。在衆弟子中，曹元弼對汪青在是比較看重的，嘗以之與金松岑、王欣夫並稱，以爲"余所撰《周易學》《鄭氏注箋釋》《集解補釋》，盡讀而通之，斯道之傳，將在此三子"④ 又《古文尚書鄭氏注箋釋》亦言："青在事親純孝，嗜學不倦，精通《易》學，兼明羣經，佐王欣夫弟校張聞遠同年《喪禮鄭氏學》，穎悟絕人，兼工詩文、篆楷、繪事。不幸好學短命，竟爲古之林孝存，近之江承之，惜哉！"⑤ 又沈文倬在《曹元弼〈古文尚書鄭氏注箋釋〉》一中轉述其師曹元弼之言云："及我門者，松岑（金天翮）最早，他才氣橫溢，長於文史；經學則一無所成。欣夫（王大隆）初治《戴記》，頗具識見；後來溺於版本、校勘之學，半塗而廢。青在（汪柏年）少年治《易》，精進可喜；方期傳我鄭《易》，不幸短命死矣。"⑥ 可見，晚年曹元弼對汪柏年更加看重，可惜天妒英才，未壽而逝。此札末又言及"聞遠書未審能繼續將事否"，蓋1936年中國國學會集資刊刻張錫恭《喪禮鄭氏學》甫成《儀禮·士喪禮》《既夕禮》《士虞禮》三篇十册後，

---

① 《復禮堂文三集》不分卷，無葉碼。
② 《復禮堂述學詩》卷六，葉74b。
③ 《復禮堂文三集》不分卷，無葉碼。
④ 《復禮堂文三集》不分卷，無葉碼。
⑤ 曹元弼《古文尚書鄭氏注箋釋》卷二，《續修四庫全書》第53册，上海古籍出版社，1995年，第604頁上。
⑥ 沈文倬《曹元弼〈古文尚書鄭氏注箋釋〉》，《文獻》1980年第3輯，第229頁。

即因日寇入侵而倉惶中輟，故此時曹元弼又致函問及是否可以繼續前事，然"其後屢謀續成，而人事乖迕，無從措手"①。

六

欣夫仁弟惠鑒：

前月初得手書，即奉覆。近想沈潛羣經，博綜善本，紅豆學福，潤賓精鑒，可佩可羨。而闡揚微言大義，明人倫，端士習，教誨不倦，厥功尤巨。申地異書並出，近見何種惠校，《叢編》頗增益否？先君直從兄書散亡已多，可勝欺惋。兄與吾弟同此保存表章苦心，而存亡虛實，叩諸其家，未能確得底蘊。先君直有靈，不致盡付東流，斯幸矣。兄春夏多病，閏七月以後室人抱恙，屢間轉劇，困不可言，料理雜務，日不暇給，憂心如醉，刻不能安，半年中惟作文數篇，容他日弟歸閱之。《述學詩》尚餘末卷三頁及序例、目錄未刊，刊竣後校改誤字，約須夏間印行，屆時當爲弟多印白紙數部寄上也。方今民生困苦，人心陷溺已極，我輩惟當隨時積善，逢人勸善，以仰體上天好生、聖賢垂教之意。松岑、青在均在申，想常見，望爲吾道念。劉翰怡京卿迭次來書，兄皆奉覆而均未達，豈所書地址有誤耶？兹附上信兩紙、收條一紙，乞轉交爲感。兄日來心氣稍定，略陳一二，書不盡言，諸惟珍重。專上，即頌年祉。愚兄曹元弼頓首，十二月廿八日。

按，此札言及曹元忠書散亡之事，又言"《述學詩》尚餘末卷三頁及序例、目錄未刊，刊竣後校改誤字，約須夏間印行"，皆與上札內容相承，則此札似可繫於民國二十七年十二月廿八日（1938.02.16）。又札中自言"春夏多病，閏七月以後室人抱恙，屢間轉劇"，蓋指民國二十六年（1937）避戰亂歸後，曹元弼於民國二十七年春病危及閏七月其繼配王氏患咯血症之事。曹元弼《皇清誥封宜人晉封恭人先繼室王恭人傳》對此有詳細記載，云："甲子之役，猶隨伯兄同行。至丁丑八月，家人各分散，惟恭人護余奔避香山。時姪孫婦季氏挈姪曾孫文需同往，纔十二歲，有木工張信卿者在我家執事數十年，年七十餘，孝義人也，見之流涕，曰：'老者老，幼者幼，病者病，傾覆流離，如之何則可？'自八月既望出，至十二月下旬歸，其間驚魂破膽，涉險衝寒，積憂成痗，遘疾瀕危，恭人殫竭心力，俾余得所。……去春余大病幾死，恭人侍疾嘗藥，無頃刻安，何圖余疾瘳而移禍於恭人耶？……恭人其境艱，其心苦，其病之所由來者

---

① 《蛾術軒篋存善本書録》下冊，第1345頁。

漸，去年閏七月患咯血，繼以欬嗽，加以骨痛。"①按，曹元弼繼配王氏逝世於"己卯五月初五"，即民國二十八年。札中言"兄春夏多病，閏七月以後室人抱恙"，正與《王恭人傳》中言"去春余大病幾死"，王氏"去年閏七月患咯血"合，故此札繫於民國二十七年十二月廿八日當無疑義。

上札曹元弼即言"弟多得古書善本"，此札又言"近想沈潛群經，博綜善本，紅豆學福，涧賓精鑒"，"申地異書並出，近見何種惠校，《叢編》頗增益否"，蓋上海等地舊家藏書多有因戰亂而流入書肆者。王欣夫藏書，多好搜集稿、鈔、校本，今見《蛾術軒篋存善本書錄》者甚多。曹元弼《王欣夫松崖讀書記序》亦言："（欣夫）好蒐羅天下放失舊聞，顯微闡幽，探賾索隱。聞故家有宋元精槧經本及先士校本，輒輾轉求借錄，日夜點勘，未嘗廢倦。二十餘年，學業益精博，四方賢士大夫皆樂與之游，樂假以書。由是傳校故書雅記益多。"②所謂"近見何種惠校"，王欣夫於惠棟批校之書搜集尤爲致力，曹元弼《王欣夫松崖讀書記序》言其"於惠先生評校本搜訪尤勤，凡所過錄，至三十餘種之多，蔚然爲藝林大觀"③。王欣夫對惠校不僅好之樂之，而且輯錄惠氏批校題識以爲《松崖讀書記》，至是年基本寫定，《蛾術軒篋存善本書錄·甲辰稿》卷三"《松崖讀書記》二十二卷附《更定四聲稿》四卷、《增輯松崖文鈔》二卷十四冊"下云："余幼讀書家塾，發椸書得《後漢書補注》，題元和縣學生員惠棟撰，心識之。長而受經於曹叔彥師，知定宇以生員而爲一代漢學之宗，并熟聞惠氏四世傳經之事。乃遍求其書讀之，不足，則益求其手校善本。於時南北藏書家常以秘籍相假，而閱肆搜求，亦頗有得。喜其於校勘文字外，多獨抒心得，零璣碎璧，俛拾即是。於是仿張海鵬刻《惠氏讀說文記》之例，每種案條輯錄，彙爲一編。一九三八年五月，寫定擬刊。人事變遷，垂成而中輟者屢矣。夫定宇說經之書，久已刊行，故讀者於是編，多以史、子兩部爲勝。其於經部，溢出於《左傳補注》《九經古義》者，雖以張孟劬先生之博通，亦有棄瀋餕餘之疑。"④王欣夫所輯《惠松崖讀書記》的具體內容，據其《甲辰稿》卷三云："首吳縣曹元弼、錢塘張爾田序。次凡例。次目錄。卷一至卷二京氏《易傳》、李氏《易傳》、《周易義海撮要》。卷三至卷六《毛詩》《韓詩外傳》。卷七《周禮》。卷八《禮記》《大戴禮記》。卷九《春秋公羊傳》《春秋穀梁傳》。卷十《爾雅》鄭氏注、《爾雅》、《經典釋文》、《廣韻》、熊氏經說。卷十一至卷十四《漢書》。卷十五《後漢書》。卷十六《逸周書》《穆天子傳》《水經注》。卷十七《管子》《孔子家語》。卷十八《荀

---

① 《復禮堂文二集》卷八，無葉碼。
② 《復禮堂文三集》不分卷，無葉碼。又見《蛾術軒篋存善本書錄》下冊，第1318頁。
③ 《復禮堂文三集》不分卷，無葉碼。又見《蛾術軒篋存善本書錄》下冊，第1318頁。
④ 《蛾術軒篋存善本書錄》下冊，第1316頁。

子》。卷十九《吕氏春秋》。卷二十《韓非子》《春秋繁露》。卷二十一《淮南子》《論衡》《蔡中郎集》。卷二十二《漁洋山人精華録箋注》。而以《更定四聲稿》殘稿四卷、《增輯松崖文鈔》二卷附焉。"[1] 王欣夫此書寫定於是年，然未刊刻，今殘本存於復旦大學圖書館[2]。

又所謂"《叢編》頗增益否"，蓋指王欣夫自甲戌年（民國二十三年，1934）開始與趙詒琛發起甲戌學會，選輯流傳罕見之珍善本而編刊《叢編》之事[3]。《叢編》之編刊，從甲戌（民國二十三年，1934）年編刊《甲戌叢編》開始，每年一編，持續到辛巳年（民國三十年，1941）的《辛巳叢編》，共八編，皆爲活字排印本。此八編中，《甲戌叢編》共二十種二十二卷[4]，"所刊皆江南與浙西

① 《蛾術軒篋存善本書録》下册，第 1316 頁。關於《松崖讀書記》凡例，文繁不録，可參見《蛾術軒篋存善本書録》下册，第 1320—1321 頁。

② 今復旦大學圖書館藏有《松崖讀書記》一卷（索書號：3661）和《松崖讀書記輯例》及曹、張二序一卷（索書號：4993）各一册，王氏學禮齋鈔本。又有《松崖文鈔續編》一卷，《尺牘》一卷（索書號：3204），亦王欣夫輯鈔稿本，未知是否即爲《增輯松崖文鈔》二卷。關於《松崖讀書記》的詳細情況亦可參見漆永祥《王欣夫先生〈松崖读书记〉蠡測》（《圖書館與情報》2004 年第 6 期，第 50—54 頁）。

③ 王欣夫民國二十七年戊寅（1938）八月十五日寫給胡樸安的信中附有關於《叢編》的《簡章三則》，其内容是："一、采輯宗旨以詁經訂史、小學掌故、金石目録、藝術説部等類，向無刻本，或曾刻而未流傳者，均應搜羅。嘉道以來詩文集浩如煙海，概不録取，惟名人著作有關實學，與尋常集部不同者，不在此例。至生存人所作，無論何種，嚴行屏絶。一、如有家藏稿本秘籍，願印入本編者，請將原書寄下，由同人審定去取，即行具覆。一、每股國幣十元，可依下列地址，由郵局匯寄：蘇州護龍街郵政局交發起人查收。即日填具正式收據，寄奉不誤。發起人趙詒琛學南、王大隆欣夫同啓。通信處：趙學南，蘇州大井巷十號；王欣夫，上海梵王渡聖約翰大學。"（宣華整理：《胡樸安友朋尺牘》，《歷史文獻》第 3 輯，上海科學技術出版社，2000 年，第 172—173 頁）又一九三五年五月二十九日王欣夫致王獻唐札云："《叢編》辦法，系集股而非零售，印成後按股派書，原爲集腋成裘計。"（吳格：《王欣夫致王獻唐書札小箋》，《山東圖書館學刊》2009 年第 6 期，第 62 頁）根據此《簡章》可以瞭解《叢編》收書標準及運行方式。

④ 關於《甲戌叢編》之細目如下：《姑蘇名賢續紀》一卷，長洲文秉；《鄭桐菴先生年譜》二卷，長洲鄭敷教；《鄭峚陽冤獄辨》一卷，武進湯修業；《庙村志》一卷，吳江曹燁；《游黄山記》一卷，長洲楊補；《黟山記游》一卷，休寧汪淮；《王司農題畫録》二卷，太倉王原祁；《雨窗漫筆》一卷，太倉王原祁；《東莊論畫》一卷，太倉王昱；《浦山論畫》一卷，秀水張庚；《藝菊新編》一卷，□□蕭清泰；《銅僊傳》一卷，太倉徐元潤；《無名氏筆記》一卷；《潛吉堂雜著》一卷，吳江楊秉桂；《散花菴叢語》一卷，吳江葉鏞；《寒螿詩薈存》一卷，無錫辛丑年；《縹緗集》一卷，嘉興岳昌源；《如畫樓詩鈔》一卷，吳縣張培敦；《梅迪菴詞賸藁》一卷，長洲宋志沂；《詞説》一卷，宜興蔣兆蘭。按，《甲戌叢編》所收書價值不甚高，且王欣夫亦以丁内艱而未參與編輯，實由趙詒琛與王慧言負責編輯，王欣夫一九三五年五月二十九日致王獻唐札云："《甲戌叢編》中取材不能洽心，因其時弟適丁内艱，悉由趙翁學南主持，而論畫諸種，又爲湊足頁數起見，而竟不遑别求稿本，殊爲遺憾。"（吳格：《王欣夫致王獻唐書札小箋》，《山東圖書館學刊》2009 年第 6 期，第 62 頁）。

諸先哲零星述作之未刊本及舊刊而稀見者"①，"其屬於名人傳記、地方掌故者，足資徵文考獻之助，他如游記、書畫、筆記、詩詞之類，亦爲風雅好古之士所不能廢"②。《乙亥叢編》共十六種二十卷③，"纂輯之例，一如《甲戌叢編》，惟每書之後，均有大隆題跋，述其要旨，較爲矜愼"，其中清陶方琦稿本《鄭義馬氏學》、明郭光復《倭情考略》、清潘耒《遂初堂集外稿》、陳奐《三百堂文集》等均爲稀見珍貴文獻④，對此李鼎芳還專門就此編寫了《乙亥叢編中的史料》一文以言其史料價值⑤。《丙子叢編》十二種十八卷⑥，"是編所輯者，如桂文燦《孟子趙注考證》，陳景雲《兩漢訂誤》，顧嗣立《閭邱先生自訂年譜》，朱桂孫、稻孫《竹垞府君行述》等書，凡十二種，大抵堪資掌故者居其多數，而考訂經史者

---

① 《圖書季刊》，1935 年第 2 卷第期，第 130 頁。

② 吳格、眭駿整理：《續修四庫全書總目提要·叢書部》，北京圖書館出版社，2010 年，第441 頁。

③ 關於《乙亥叢編》之細目如下：《鄭義馬氏學》一卷，會稽陶方琦（山陰姚氏快閣師石山房鈔本）；《倭情考略》一卷，明固安郭光復（影鈔明刻本）；《姑蘇名賢後紀》一卷，吳郡褚亨奭（稿本）；《寒山志傳》一卷，明吳郡趙宧光等（舊鈔本）；《夢盒居士自編年譜》一卷，嘉定程庭鷺（鈔本）；《鄭桐菴筆記》一卷，明長洲鄭敷教（舊鈔本）；《吳乘竊筆》一卷，明長洲許元溥（常熟陳氏稽瑞樓鈔本）；《春樹閒鈔》二卷，長洲顧嗣立（舊鈔本）；《音勰隨筆》一卷，吳縣曹梣堅（原刻本）；《窳櫎日記鈔》三卷，祥符周星詒撰，吳縣王大隆輯（稿本）；《榮祭酒遺文》一卷，元鹽官榮肇撰（鈔本）；《遂初堂集外詩文稿》二卷，吳江潘耒（稿本）；《三百堂文集》二卷，長洲陳奐撰，吳縣王大隆輯（稿本）；《蕉雲遺詩》一卷，金壇女士湯朝（鈔本）；《東陵紀事詩》一卷，湘鄉陳毅（鈔本）；《霜厓讀書録》一卷，長洲吳梅（稿本）。

④ 關於此編價值，謝國楨所撰提要云："經部如《鄭義馬氏學》，爲會稽陶方琦稿本。史部明郭光復《倭情考略》一卷，此爲光復於萬曆丁酉守揚時所編。時倭患方急，籌防宜先，故據涉海來者所得倭情，刊布軍民，俾知大概。若潘耒《遂初堂集外稿》，爲集外遺文，從舊藏手稿中録出。陳奐《三百堂文集》，原書久佚，奐清代經學碩儒，所著《毛詩傳疏》積數十年之力而成，爲學者所宗，大隆乃博採群書，訪諸舊聞，輯爲二卷。周星詒《窳櫎日記》三卷，星詒字季貺，祥符人，諸生，官福建建寧知府，以事獲譴，見聞最博，不輕著述，富於藏書，以明鈔《北堂書鈔》爲冠，築書鈔閣以貯之，有《書鈔閣藏書目》。此爲星詒《吳游日記》《客閩日記》《橘船録》等篇。書爲於光緒甲申以還星詒獲譴以後所記，雖爲殘帙，而中多評論時事，考訂書籍之語，家庭瑣事，亦間記載。星詒生平事蹟，大略於此可見。是編纂輯各書，較前編爲勝。"（見《續修四庫全書總目提要·叢書部》，第 441—442 頁）。

⑤ 詳見《國聞週報》1936 年第 13 卷第 22 期，第 1—4 頁。

⑥ 關於《丙子叢編》之細目：《孟子趙注考證》一卷，清桂文燦；《兩漢訂誤》四卷，清陳景雲；《閭邱先生自訂年譜》一卷，清顧嗣立；《竹垞府君行述》一卷，清朱桂孫、稻孫；《家兒私語》一卷，明徐復祚；《西廬家書》一卷，清王時敏；《資敬堂家訓》二卷，清王師晉；《荷香館瑣言》二卷，丁國鈞；《天瓶齋書畫題跋》二卷，清張照；《天瓶齋書畫題跋補輯》一卷，清張照；《桐菴存稿》一卷，明鄭敷教；《寫禮廎遺詞》一卷，清王頌蔚。

爲類實鮮"①。《丁丑叢編》十種十四卷②，"當《丁丑叢編》之付印，正兵火彌天，校讎不輟"③。《戊寅叢編》十種十六卷④，"皆孤本未嘗刻，或雖刻而流播不廣者"⑤，如黃世發《群經冠服圖考》三卷"仿宋李如圭《釋宮》之例，取羣經注疏以類相比，……爲治三禮之學者所不廢"⑥；陳漢章《歷代車戰考》一卷，爲陳漢章遺書，陳漢章民國二十七年逝世後，王欣夫即以其前所寄手稿刊行。《己

---

① 《續修四庫全書總目提要·叢書部》，第 442 頁。關於此編，除謝國楨提要以爲"考訂經史者爲類實鮮"外，《燕京學報》1936 年第 20 期所刊《出版界消息》亦言："統觀《丙子叢編》十二種，皆不甚重要之作，前人久不爲之刊行，非是無因。今則著書刻書，皆以多爲貴，以遺著爲貴，不復論其價值之優劣，而有所得，則刊行之，此種習氣，雖非災梨禍棗，要非士君子愛人以德之道也。世之好刊書者，其亦當加抉擇歟？"（第 628 頁）

② 關於《丁丑叢編》之細目：《唐開成石經考異》二卷，清吳騫；《釋書名》一卷，清莊綬甲；《遼廣實錄》二卷，明傅國；《定思小紀》一卷，明劉尚友；《愓齋見聞錄》一卷，清蘇澹；《勞氏碎金》三卷，吳昌綬輯，王大隆、瞿熙邦補輯；《鄭桐庵筆記補逸》一卷，明鄭敷教；《詠歸堂集》一卷，明陳曼；《始誦經室文錄》一卷，清胡元儀；《桐月修簫譜》一卷，清王嘉祿。

③ 《胡樸安友朋尺牘》，《歷史文獻》第 3 輯，第 172 頁。按，《丁丑叢編》的編刊，王欣夫嘗致函王獻唐邀其入股，并借抄刻本《遼廣實錄》首序，如一九三七年一月八日王欣夫致王獻唐札云："弟每年集資印《叢編》一集，已出三集，附上《緣起》一紙，如蒙贊助，至幸。貴省先哲遺著如許假印一二種以廣流通而闡幽光，尤感。"（吳格：《王欣夫致王獻唐書札小箋》，《山東圖書館學刊》2009 年第 6 期，第 62 頁）又本年一月二十日札云："《丁丑叢編》承允加入，甚荷。每股國幣拾元，撥下後當奉正式收據。……《遼廣實錄》本印入《丁丑叢編》中者，今先印單本數十冊。貴館所藏刻本首序完全，可否請即抄賜，補印以成完璧，至盼至懇。"（第 62 頁）又本年二月二十七日札云："前懇傳抄《遼廣實錄》序文全文，以備補印，諒荷鑒許。茲因手民催促，望早擲下爲盼。《丁丑叢編》承許加入一股，甚荷。"（第 63 頁）

④ 關於《戊寅叢編》之細目：《群經冠服圖考》三卷，晉安黃世發撰，舊鈔本；《顏氏家訓斠記》一卷，棲霞郝懿行撰，重校山西圖書館本；《客越志》二卷，明長洲王穉登撰，長洲章氏四當齋鈔本；東湖乘二卷，平湖盧生甫撰，平湖陸氏求是齋鈔本；《雅園居士自叙》一卷，長洲顧予咸撰，鈔本；《徵君陳先生年譜》一卷，元和管慶祺撰，鈔本；《歷代車戰考》一卷，象山陳漢章撰，稿本；《藏書題識》二卷，錢塘汪璐輯，鈔本；《孫淵如先生文集補遺》一卷，陽湖孫星衍撰，吳縣王大隆輯，稿本；《戲鷗居詞話》一卷《叢話》一卷，寶山毛大瀛撰，寶山陳如升手鈔本。在《戊寅叢編》編刻之前，王欣夫曾致函胡樸安，邀其入股，并抄示擬目，與此出版者略有差異，其擬目爲：《群經冠服圖攷》，晉安黃世發，舊抄本；《雅園居士自述》，長洲顧予咸，舊抄本；《陳碩甫先生年譜》，元和管慶祺，稿本；《石墨考異》，長洲嚴蔚，稿本；《藏書題跋》，錢塘江璐（筆者按：當爲"汪璐"），舊抄本；《釋軶》，常熟張金吾，稿本；《絲繡積聞》，前人，稿本；《孫淵如文拾遺》，陽湖孫星衍，稿本；《梵麓山房筆記》，吳縣王汝玉，稿本。（見《胡樸安友朋尺牘》，《歷史文獻》第 3 輯，第 171—172 頁）

⑤ 冒廣生：《戊寅叢編序》，《戊寅叢編》卷首，民國二十七年本，葉 1a。

⑥ 《圖書季刊》，1939 年新 1 卷第 4 期，第 424 頁。

卯叢編》十種十八卷①，其中亦不乏稀見且富於學術價值之文獻，如汪宗沂《逸禮大義論》六卷，乃汪宗沂"綜集經傳諸子注疏言及《逸禮》者繫以後論，凡吉禮六、兇禮五、軍禮三、賓禮四、嘉禮一、通言五禮者一，鉤稽數十年而成書"②，編刻時據故宮圖書館傳鈔本與長洲章氏四當齋藏手稿比勘而校印行世；又《靖康稗史》七種，多稀見宋史史料，乃據丁國鈞手鈔本付印。《庚辰叢編》十種二十六卷③，此編所收亦多稿鈔本，但較前數編所不同的是，多編入經學著作，如桂文燦《論語皇疏考證》十卷，"考證能別白是非，申證舊說，亦皇氏之功臣"，張錫恭《禮學大義》一卷"於《三禮》大義提要鉤玄，可謂張氏著述之綱領"④，凡此皆有功經學之作；此外還收入了敦煌卷子，如法國巴黎圖書館藏敦煌卷《楚辭音》殘本。《辛巳叢編》九種十七卷⑤，此編於經部收入桂文燦《經學博采錄》，王欣夫之意在收"鉅帙有用者"，而此書"爲《漢學師承記》後不刊之作，非短書小說之比也"⑥，此外還收有四種有關清初平定吳藩之史料，亦頗有價值。曹元弼此札所問"《叢編》頗增益否"，其時應當在編纂《戊寅叢編》。

此札後又言及曹元忠遺作及藏書流散之事，而所謂"先君直從兄書散亡已

①　關於《己卯叢編》之細目：《逸禮大義論》六卷，清汪宗沂撰，稿本；《靖康稗史》七種，宋耐菴編，常熟丁國鈞手鈔本（按，《靖康稗史》其中包括：《宣和乙巳奉使國行程錄》一卷，宋闕名撰，《雍中人語》一卷，宋韋承撰；《開封府狀》一卷，宋闕名撰《南征錄匯》一卷，金李天民輯；《青宮譯語節本》一卷，金王成棣撰；《呻吟語》一卷，宋闕名撰；《宋俘記》一卷，金可恭撰）；《行人司重刻書目》不分卷，明徐圖等撰，明刻本；《梵麓山房筆記》六卷，清王汝玉撰，鈔本。按，《梵麓山房筆記》嘗擬編入《戊寅叢編》。

②　《圖書季刊》，1940年新2卷第3期，第456頁。

③　關於《庚辰叢編》之細目：《論語皇疏考證》十卷，清桂文燦撰，稿本；《禮學大義》一卷，清張錫恭撰，鈔本；《楚辭音殘本》一卷，闕名撰，敦煌石室唐鈔本；《五石瓠》六卷附《風人詩話》一卷，清劉廷鑾撰，舊鈔本；《一夢緣》一卷，明王國梓撰，鈔本；《平圃雜記》一卷，清張宸撰，道州何氏鈔本；《古歡堂經籍舉要》一卷，清吳翌鳳撰，稿本；《石墨考異》二卷，清嚴蔚撰，稿本；《硯溪先生遺稿》二卷，清惠周惕撰，稿本；《香影餘譜》一卷，清陳倬撰，稿本。按，其中《石墨考異》，王欣夫致胡樸安函中嘗擬編入《戊寅叢編》。

④　《圖書季刊》，1941年新3卷第3—4期，第362頁。

⑤　關於《辛巳叢編》之細目：《經學博采錄》六卷，清桂文燦撰；《吳三桂紀略》一卷，闕名撰；《吳逆始末記》一卷，闕名撰；《平吳錄》一卷，清孫旭撰；《平滇始末》一卷，清闕名撰；《存友札小引》一卷，清徐晟撰；《荔村隨筆》一卷，清譚宗浚撰；《一老庵文鈔》一卷，清徐柯撰；《一老庵遺稿》四卷，清徐柯撰。按，王欣夫《庚辰叢編》和《辛巳叢編》皆收入卷帙較大之經學著作，此蓋其本意，在編《辛巳叢編》之前其致函胡樸安就表達了類似想法，云："拙輯《叢編》賴海內俊彥之力，幸未間斷，惟以卷冊所限，又務在投人所好，祇能多印小品不急之書，而鄙意則在鉅帙有用者。……今年採入桂氏《經學博采錄》，卷帙稍鉅，而爲《漢學師承記》後不刊之作，非短書小說之比也。"見《胡樸安友朋尺牘》，《歷史文獻》第3輯，第173頁。

⑥　《胡樸安友朋尺牘》，《歷史文獻》第3輯，第173頁。

多，可勝歎惋""叩諸其家，未能確得底蘊"云云，蓋其時曹元忠藏書散出確實很多，如上札考釋所引王欣夫、潘景鄭、葉景葵等言，故曹元弼不勝歎惋。曹元忠書的流失，其中有後人鬻賣，蓋曹元弼嘗以此事叩問其家，而曹元忠後人未能以實情相告，故云"未能確得底蘊"。又"先君直有靈，不致盡付東流，斯幸矣"云云，則當是前札曹元忠孫輩言曹元忠遺作謄清稿及手稿藏上海親戚家，并"擬歲暮到申，向親戚取回"之事，蓋此時十二月曹元忠孫輩已取回并交與王欣夫，故曹元弼有如是言。其後又歷叙本年春間生病及閏七月其繼配王氏抱恙云云，在考此札繫年時亦言及，兹不贅述。

<h1 style="text-align:center">七</h1>

欣夫仁弟惠鑒：

　　迭逢手書，殷勤慰問，雲天高誼，感何可言！槁灰餘生，萬端拂逆，如醉如喑，久未作答。兄處情事，言之短氣，不忍多叙，問松岑即知。惟名教綱常之責，不敢自舍，尚隱忍苟生。然此樹婆娑，生意盡矣。耿耿此心，以朋友爲性命。吾弟□□古學，顯微闡幽，君子哉，尚德哉！固鄙意之所最急者。先從兄君直遺文，弟又輯得數十篇，聞之深慰。承翰怡、揆初①、鶴亭②諸公集資刊印，弟爲校讐，嘉惠士林，維繫世道，實佩且感。全書

---

① 即葉景葵（1874—1949），字揆初，號卷盦，別署存晦居士，浙江杭州人，近代著名銀行家、藏書家。光緒二十九年癸卯（1903）進士。嘗入趙爾巽山西幕府，宣統三年（1911）署造幣廠監督，封三品京堂候補，實授大清銀行正監督。辛亥後，擔任浙江興業銀行董事長三十餘年。葉氏好藏書，多搜集稿鈔本，其中較著者如顧祖禹《讀史方輿紀要》稿本、嚴可均《全上古三代秦漢魏晉六朝文》底本、惠棟《周易本義辨證》稿本等。民國二十八年（1939）嘗與張元濟、葉恭綽等創辦合眾圖書館，捐書三萬餘册。葉氏每得異書，多詳加考證而撰寫題跋，有《卷盦書跋》傳世。其著作今人彙編爲《葉揆初文集》（上海科學技術文獻出版社，2016年）。關於葉氏生平參見柳和城《葉景葵年譜長編》，上海交通大學出版社，2017年。

② 即冒廣生（1873—1959），字鶴亭、鶴汀，號疚齋、疚翁，別署甌隱，江蘇如皋人，近代著名學者和詩人。光緒二十年甲午（1894）舉人，歷任刑部、農工商部郎中，東陵工程處監修官。入民國，嘗任北京政府財政顧問，浙江江蘇等地方海關監督，農商部經濟調查會會長，國民政府考試院委員。抗戰後，任中山大學教授、南京國史館纂修等職，1949年以後被特聘爲上海市文管會特約顧問。冒氏少從其外祖父周星詒受經史、目錄校勘之學，善詩詞，精《易》學，與曹元忠交往甚密。著作有《京氏易傳校記》《京氏易義》《京氏易表》《冒巢民年譜》《管子集校長編》《小三吾亭詩文集》《疚齋詞論》《四聲鉤沉》《蒙古源流年表》《後山詩注補箋》等，輯刻有《如皋冒氏叢書》《永嘉詩人祠堂叢刻》《楚州叢書》等。生平事迹詳見冒懷蘇撰《冒鶴亭先生年譜》（學林出版社，1998年）。

六百餘頁，現在陳海泉①刻價可較前稍減，似所費尚不甚巨，而書可經久，弟盍與諸公商之。張徵君書尚未續刊，已刊之版，現想安置妥帖。封衡甫有音問否？兄強定心氣，爲先繼世作傳一篇，刻印就即寄上，弟閱之，當不勝心惻也。清風戒寒，諸維珍重。專上，即頌學福。小兄元弼謹上，九月初九日。

　　按，此札中言"兄強定心氣，爲先繼世作傳一篇"云云，考曹元弼繼配王氏逝世於己卯（1939）五月初五，且於是年七月撰《皇清誥封宜人晋封恭人先繼室王恭人傳》②，則此札當繫於民國二十八年九月初九日（1939.10.21）。

　　曹元弼膝下無子，其元配唐氏於民國二年癸丑（1913）七月三十日去世後③，至民國三年甲寅（1914）十一月十六日王氏歸，曹元弼生活起居皆由王氏照料，其間屢經戰亂，與王氏相依爲命。其繼配逝世後，曹元弼甚爲悲傷，從札中文字可見。此札又言"先從兄君直遺文，弟又輯得數十篇"云云，蓋即王欣夫《跋》所言"先生孫鳳年幸將清本保藏未失，更搜得殘篇斷簡，補遺數十篇"④。又札中言"承翰怡、揆初、鶴亭諸公集資刊印，弟爲校讐，嘉惠士林"云云，乃是年王欣夫聯合劉承幹、葉景葵、冒廣生等發起集資刊印曹元忠《箋經室遺集》之事。葉景葵與冒廣生皆是曹元忠生前至交，且深佩曹元忠學術，如葉景葵謂"君直醫術已到深造地位，純由讀書得來，非涉獵粗淺者也"⑤，《冒鶴亭先生年譜》載冒廣生"每念及曹君直，最服膺曹，謂'其以學人治文學，並世無第二人。王（即指王鵬運）、況（即指況周頤）諸君學問皆疏，叔問（即指鄭文焯）則天分過高，多妄語'。"⑥按，是年《冒鶴亭先生年譜》並未記集資刻曹元忠集一事，然是年年譜載："王欣夫以曹君直所校《清真詞》見借，先生即檢《群芳備祖》補校數則，應王欣夫之請，先生爲《戊寅叢編》撰序。"⑦或此年借書及請《戊寅叢編序》之時已言及發起集資刊刻之事。又葉景葵己卯（1939）十月所寫之《曹君直舍人殘稿》跋亦言"欣夫鳩集同人，擬出資刊刻"⑧，與此

---

　　①　陳海泉（？—1939），蘇州刻工，曹元弼之書多由其刊刻，嘗參與張錫恭《喪禮鄭氏學》的刊刻。

　　②　《復禮堂文二集》卷八，無葉碼。

　　③　見《復禮堂文集》卷一〇《皇清誥封宜人晋封恭人先室唐恭人哀辭》，《中華文史叢書》第46冊影印民國六年（1917）刻本，臺北華文書局，1968年，第1012頁。

　　④　《箋經室遺集》卷末，《清代詩文集彙編》第790冊，第595頁下。

　　⑤　《卷盦書跋》，第115—116頁。

　　⑥　《冒鶴亭先生年譜》，第421頁。

　　⑦　《冒鶴亭先生年譜》，第424頁。

　　⑧　《卷盦書跋》，第168頁。

札所言合，故可確定是年曾發起集資刊刻曹元忠《箋經室遺集》之事。儘管是年王欣夫已與葉景葵、冒廣生等發起集資刊刻《箋經室遺集》之事，但遲至辛巳年（1941）始竣事，究其緣由：其一，蓋以紙墨價昂，集資款項不足。儘管曹元弼札中言"現在陳海泉刻價可較前稍減"，但葉景葵又言"紙墨價漲，集款未成，不知何時能告成也"①。其二，則王欣夫尚未完全寫定全稿。據庚辰（1940）四月四日徐兆瑋收到王欣夫札云：

> 隆以末學後生，敬仰於鄉國文獻之宗者二十年于兹矣，無以爲介，末由奉教，悵悵何已。聞左右與曹君直世丈爲道義交，兹爲編錄《箋經室遺集》，於散佚之餘，擬壽諸世，而遺稿零落，又紛甚於亂絲。勉竭愚鈍，悉心校理，《文集》二十卷，寫正過半，詩詞尚在編集中，多零篇斷句，不克錄存，即稍完者，欲依年月先後爲次，又苦無稽考，疏陋之誚，無所容辭。用是博訪於丈之故舊，冀少減謬誤。中如集義山句《楚雨集》數十首，《哭沈北山》、《送台端赴日本》諸詩均不得其紀年，乞予示知，俾據補入。如有其他佚篇抄賜，尤所企望，俟錄成清本，仍當呈請鑒定。稍遲擬約鳳起兄同詣候興居，先此申意。②

蓋曹元忠遺稿經散佚之餘，又經其孫曹鳳年搜集殘篇斷簡而補遺數十篇，且根據王欣夫致徐兆瑋札所言，尚欲對曹元忠詩詞加以編年，然又多有難以稽考者，故博訪曹元忠故交。此後，大概在庚辰年底完成，并開始商討排印之事，《卷盦雜著》嘗記王欣夫找葉景葵"商排印《曹君直遺集》事"③。在《箋經室遺集》的排印過程中，也不順利，辛巳（1941）二月十五日王欣夫曾拜訪顧廷龍"商《曹揆一文集》印刷事，因排印工加價，籌得之款尚不足"，而顧廷龍建議"改用石印，請好書手書正，行款字數可稍密，則須費較廉，當能成之"。④不過，最後王欣夫並沒有採納顧廷龍的建議，還是採用活字排印，至六月廿日"《箋經室集》印成過半"⑤，至九月即示以葉景葵"《曹君直遺集》樣書"⑥。

關於曹元忠《箋經室遺集》的排印，《箋經室遺集》卷末有《集貲題名》，詳載集資人及款項：潮陽郭泰棣輔庭五百元、杭縣葉景葵揆初三百元、吳興劉

---

① 《卷盦書跋》，第 168 頁。

② 徐兆瑋撰，李向東、包岐峰、蘇醒標點：《徐兆瑋日記》第 6 册，黃山書社，2013 年，第 4402 頁。

③ 《卷盦雜著》，第 183 頁。

④ 《顧廷龍年譜》，第 164 頁。

⑤ 舒晨整理：《葉恭綽友朋尺牘（三）》，《歷史文獻》第五輯，第 217 頁。

⑥ 《卷盦雜著》，第 220 頁。

承幹翰怡三百元、至德周學熙止庵二百元、寶山張嘉璈公權二百元、吳縣吳華源子深二百元、吳縣吳華德秉彝二百元、至德周暹叔弢一百五十元、如皋冒廣生鶴亭一百元、閩縣李宣龔拔可一百元、杭縣高野侯欣木一百元、上海嚴昌堉載如一百元、南通張敬禮一百元、江安傅增湘沅叔六十元、鎮江吳庠眉生五十元、九江呂傳元貞白五十元、吳縣顧則揚公雄五十元、吳縣曹岳昭融甫五十元、松江雷瑨君曜二十元、昆山趙詒琛學南二十元、吳縣王大隆欣夫二百元。^① 曹元忠《箋經室遺集》儘管集資排印出來了，但是曹元忠其他著述仍有不少未刊，而王欣夫欲別編《箋經室叢書》^②再行集資刊刻，其在《箋經室叢書目錄》末即表達了此願，言"尚祈大雅宏達，助以刊貲，以廣傳布"^③。其辛巳六月廿日致葉恭綽札亦表達了此想法，云："（君直）別有雜著十餘種，擬別編《箋經室叢書》，將來集資，一視前例。"^④

此札既言及集資刊刻曹元忠遺集之後，又提及張錫恭《喪禮鄭氏學》已刊之版的安置問題、封文權之音訊以及爲繼配王氏作傳之事，其中封文權蓋於丁丑戰亂後即與諸人失去聯繫，且不久即辭世。

八

欣夫仁弟惠鑒：

月前得手書，慰問殷切，至感。藉諗讀書至樂，教誨不倦，甚慰。先繼室設奠尚未卜日，大約在來年春夏間。翰公曾屬賬友王君燮梅^⑤持書枉顧，深以兄煢子艱難爲念，厚意高情，至可感荷。旬日前詳覆一函，諒早達。弟晤時，望一問及，并代申系仰，不置鄙懷。君直先從兄文集承□□□博

---

① 《箋經室遺集》卷末，《清代詩文集彙編》第 790 冊，第 596 頁上。

② 王欣夫在《箋經室遺集》卷末列了《箋經室叢書目錄》，合既刻未刻計有《倉頡篇補本續》一卷、《纂要集本》一卷、《桂苑珠叢集本》一卷、《荊州記集本》三卷、《括地志補集本》一卷、《兩京新記集本》二卷、《蒙達備錄校注》一卷、《西使記校注》一卷、《司馬法古注》三卷、《司馬法音義》一卷、《治奇疾方集本》一卷、《宋徽宗詞集本》一卷、《樂府雅詞校記》四卷、《丹邱生集集本》四卷、《禮議》二卷、《三儒崇祀錄》四卷、《凌波讀曲記》一卷、《樂府補亡》一卷、《凌波詞》一卷、《雲甀詞》一卷，共二十種，另外《鄧析子音義》《素女經集本》《劉涓子鬼遺方校補》，"叙存文集，似已成書，原槧散佚，尚待訪求"。《箋經室遺集》卷末，《清代詩文集彙編》第 790 冊，第 596 頁上。

③ 《箋經室遺集》卷末，《清代詩文集彙編》第 790 冊，第 596 頁上。

④ 《葉恭綽友朋尺牘（三）》，《歷史文獻》第五輯，第 218 頁。

⑤ 王燮梅生平里第事迹不詳。曹元弼言其爲劉承幹賬友，蓋爲負責打理劉氏賬務之人。在劉承幹與曹元弼晚年的交往過程中，王燮梅實際上是重要的聯絡人。曹元弼晚年日記《復禮堂俟命錄》多記載劉承幹委託王燮梅訪曹元弼。

訪詳校，上以禆補經義，下以啓迪來哲，九原有知□□□後世子雲之知我也。拙撰《家傳》，因心緒惡劣，久未寫定，二三月間當録清寄上。《松崖先生讀書記》，弟輯録至三十餘種之多，可謂藝林鴻寶，兄必當作序，使吾黨後進英髦，咸資準的，得暇祈將條例鈔示。前日聞舍姪孫仲永①言弟向彼借馬遠林先生②《集韻校勘記》，已由郵局保險寄上，諒早收到。馬先生係君直從兄外祖父，陳南園③高弟，咸豐、庚申殉難，此書是其手稿，別無副本，當時從弟彞軒④得之以貽兄，兄以貽君直，擬請翰公刻之，遷延未果。今在申，諸公若能集資開雕，發潛德之幽光，慰忠魂而昌絶學，於世道人心　實非小補，盍與翰公及諸君子商之。《述學詩》尚未修版，陳海泉前日逝世，身後一無所有，深爲可憫。幸其子德榮⑤能世其業，爲人亦誠篤。拙詩當俟來年畢工付印。兄萬感交心，一身如寄，惟以朋友爲性命，每得知心音問，愁障暫開，望風懷想，依依無極。寒氣總至，千萬加珍，

---

①　仲永，曹元忠孫，生平不詳。

②　即馬釗（1813—1860），字遠林，號燕郊，長洲人。道光二十四年（1844）舉人。嘗問經於陳奐門下，爲高足弟子，治經學有名。咸豐三年（1853），太平軍陷金陵，馬釗入江蘇巡撫許乃釗營，受命募撫勇，擊上海劉麗川，復青浦。十年春，援浙，回軍至丹陽，戰死於白塔灣。馬釗雖在戎行，丹墨不撤手，嘗輯《經義叢鈔》三十卷，校《集韻》《一切經音義》《法苑珠林》，今存《集韻校勘記》。生平事迹詳見馮桂芬《顯志堂稿》卷六《馬中書傳》（清光緒二年馮氏校邠廬刻本）、《清史稿》卷四九三《忠義七》（第13638頁）、徐世昌《清儒學案》卷一八四《南園學案》（第5781—5782頁）。

③　即陳奐（1786—1863），字碩甫，江蘇長洲人。諸生。咸豐元年（1851），舉孝廉方正。陳奐先從吳縣江沅治古學，後以批讀《經韻樓集》而爲段玉裁所稱，遂受學段玉裁。又與王念孫王引之父子、郝懿行、胡培翬、胡承珙、金鶚等交。論學以高郵王氏父子爲宗，所著《毛氏傳疏》與《廣雅疏證》相出入。凡弟子從游者，必授以《管子》《周禮》先鄭注、丁度《集韻》等書，皆王氏家法。弟子著者有管慶祺、馬釗、費寶鍔、戴望、蔣仁榮、丁士涵等。著述有《詩毛氏傳疏》《詩語助義》《公羊儀禮考徵》《師友淵源記》等。生平學術詳見戴望《清故孝廉方正陳先生行狀》（戴望《謫麔堂遺集》卷一，《清代詩文集彙編》第732册，第775頁下—778頁下）、《清史列傳》卷六九《儒林傳下二》（第5657—5659頁）、《清儒學案》卷一四八《南園學案》（第5765—5766頁）。

④　即曹元森，字彞軒，曹毓秀少子。幼習儒業醫，少年時隨父視診，即嶄露頭角，嗣游京師，爲溥良等識拔，被徵診視隆裕太后疾，聲譽益隆。辛亥以後，以迫於生計，業醫北京。民國六七年間，晋綏一代流行瘟疫，大有一日千里之勢，中外設防，公私交瘁，時任大總統徐世昌任命江朝宗爲防疫會會長，急派防疫醫療隊進駐廊坊進行防治，時爲總統府顧問的曹元森參與其事。曹元森等根據中醫一病必有一治之法，糾正防疫會用西法重於防而忽於治之偏，從而全活甚多。是役，曹氏等人不僅救治病人，而且還斟酌古今，兼取中西，彙集總結古今温病防治之法及當時經驗，而成《傳染病八種證治晰疑》一書。其後曹元森又在天津治好徐世昌弟徐友梅舊疾，遂逐漸受知於徐世昌、曹錕等。

⑤　陳德榮，陳海泉子，蘇州刻工，生平不詳。

專此，即頌道祉。小兄期曹元弼頓首，十二月十七日。

按，此札署“十二月十七日”，首言“先繼室設奠尚未卜日，大約在來年春夏間”，則此札當作於民國二十八年十二月十七日（1940.01.25）。

此札中言“君直先從兄文集承□□□博訪詳校，上以裨補經義，下以啓迪來哲”云云，當指王欣夫爲對曹元忠詩文繫年而博訪曹元忠故交之事，與上札引庚辰（1940）四月致徐兆瑋所言之事相類。其後又言爲曹元忠撰寫家傳的事情，曹元弼言“二三月間當錄清寄上”，實際上其後又有遷延，至辛巳年（1941）始撰畢，今辛巳年王欣夫學禮齋排印之《箋經室遺集》卷首所載曹元弼《誥授通議大夫内閣侍讀學士君直從兄家傳》所署時間爲“龍集辛巳五月”①。

此札又言及王欣夫所輯《松崖先生讀書記》。前考釋一九三八年十二月廿八日信札時引《甲辰稿》卷三即知王欣夫《松崖讀書記》在一九三八年五月即寫定而擬刊。蓋是年向曹元弼表達了徵序的意願，而曹元弼對王欣夫此書頗爲重視，慨然答應云“兄必當作序”，故札中希望王欣夫“得暇祈將條例鈔示”。除向曹元弼求序之外，本年王欣夫亦向張爾田徵序，今張爾田序爲王欣夫録入《甲辰稿》卷三，所署時間爲“己卯十月”②。而曹元弼序，與《家傳》一樣，一再遷延，至辛巳秋七月始撰竣，今存《復禮堂文三集》中，亦爲王欣夫收入《甲辰稿》卷三張序前③。

又札中言曹元忠孫仲永借給王欣夫馬釗《集韻校勘記》，并言及馬釗生平學術和《集韻校勘記》稿本之流傳。馬釗爲陳奐弟子，曹元忠外祖父，《集韻校勘記》乃其遺作。關於《校勘記》之撰作始末、内容，陳奐《集韻校勘記序》有詳細叙述，兹録於下：

> 《集韻》一書，載籍極博，學者若求聲音訓詁之道，舍是書不能總其衆匯，且書中經後人所易竄，又復後人所不諟正，苟非好學深思，心知其意，萃數十年之功苦，猶不能窮其涯際。余同門生馬君遠林，勤於學，好以問，乃就余之訂本録之。失陷於揚州，復覯之，細意繹之，雖身屬戎行，而軍政暇，丹墨不撤手。蓋《集韻》流傳衹有局刻本，其景宋本向在蘇周漪塘家，徙售入都，吳姓舫侍郎出重金致之，倩名手寫其副，袁漱六太史來守松江，借副謄真，屬任校役。余轉以屬遠林，遠林遂爲之。取景宋、局刻兩本，互考其得失異同，并參附各説，成《校勘記》共五卷。至如全部，卷袠繁富，不可旦夕期，則他日請念也。……《校勘記》既成，管君心梅首有之。

① 《箋經室遺集》卷首，《清代詩文集彙編》第 790 册，第 437 頁下。
② 《蛾術軒篋存善本書録》下册，第 1320 頁。
③ 《蛾術軒篋存善本書録》下册，第 1317—1319 頁。

心梅藏書極盛，攜至鄉，鄉所炬，惟此記完無恙。今芝蓀欲謀刻先兄遺稿。丁氏《韻》用功深，惜不及清理全韻，猶幸有此區區之筆墨，享及後賢，導其先路，亦學者聲音訓詁之始基也夫。①

陳奐"平生論學，以高郵王氏爲宗"，"凡弟子從游者，必授以《管子》、《周禮》先鄭注、丁度《集韻》等書，皆王氏家法也"②。其弟子於《管子》《集韻》二書，秉其教而皆有成書，如戴望有《管子校正》，丁士涵亦嘗校《管子》，且陳倬、丁士涵、馬釗皆校《集韻》。馬釗《集韻校勘記》之所撰，根據陳奐序所述可知，先是吳焌舫根據周漪塘舊藏汲古閣景宋本請人寫其副，後袁芳瑛出任松江知府，又在吳焌舫副本基礎上再謄正，而屬陳奐校勘，陳奐轉屬馬釗校勘。因此，馬釗所依據的底本是袁芳瑛據吳焌舫鈔汲古閣景宋鈔本而謄抄的本子。陳奐《序》中言馬釗"取景宋、局刻兩本，互考其得失異同，并參附各説"，王欣夫《壬辰稿》卷一亦言"此即再從毛本景鈔者，末有茂堂跋……遠林即依之作《校勘記》"③，所謂的"再從毛本景鈔者"即袁芳瑛謄鈔本。此鈔本或經過陳奐手訂，故《校勘記》中有"奐案"等字，正如王欣夫《甲辰稿》卷一叙録所言："所據爲南園訂本，故今卷中又有'奐案'字未删。"④根據陳奐《序》所述，《集韻校勘記》的性質，亦如王欣夫所言"當爲代袁作，故今卷中往往自云'馬釗説'"⑤。馬釗撰成《校勘記》五卷之後，因咸同之亂，而入江蘇巡撫許乃釗營，後於咸豐十年（1860）戰死於丹陽。其《校勘記》舊稿，爲陳奐另一弟子管慶祺（字心梅，江蘇元和人，諸生）所得。管慶祺亦是馬釗姻兄弟，曹元忠、曹元弼皆嘗從學其子管禮耕。雖然管慶祺藏書燼毀，但是馬釗此稿無恙，後馬釗之弟馬銘（字芝蓀，亦作芝生）嘗欲謀刻，陳奐《集韻校勘記序》蓋即以馬銘欲刻馬釗遺作時而撰。陳奐《復馬芝蓀書》云："《集韻校勘序》作就，隨即一併寄上，以就正於曾相可也。《集韻》全帙心梅有否，馮景翁處亦可借刻，併可借校，嘉惠後學，不爲淺顯。"⑥同治初，馬銘攜《集韻校勘記》稿本至滬"倩友繕成，潤筆數十金"⑦，至同治三年十一月初三，馬銘又攜馬釗傳及《集韻校勘記》等拜訪曾國藩，《曾國藩日記》載："（十一月初三）馬銘攜其兄馬釗（筆者按："釗"字原誤"劍"）傳及《集韻校勘記》來，談頗久。又有影宋抄本《集韻》，今東

---

① 《三百堂文集》卷上，《乙亥叢編》，《中國近代史料叢刊》第三十一輯，第120—121頁。
② 《清儒學案》卷一四八，第5765頁。
③ 《蛾術軒篋存善本書録》上册，第459頁。
④ 《蛾術軒篋存善本書録》上册，第459頁。
⑤ 《蛾術軒篋存善本書録》上册，第459頁。
⑥ 《三百堂文集》卷上，《乙亥叢編》，《中國近代史料叢刊》第三十一輯，第171頁。
⑦ 《集韻校勘記》封面題識，復旦大學圖書館藏同治初清繕本。

南亂後僅存之本，可貴也。"① 其所談者，或有請曾國藩助刊《集韻校勘記》之事。然而馬銘謀刊《集韻校勘記》並未成功，其後多以鈔本留存。

札中曹元弼言《集韻校勘記》是馬釗所作，而實際上今傳《集韻校勘記》或非馬釗一人完成。陳奐《序》稱馬釗所撰《集韻校勘記》五卷，"不及清理全韻"。而今存《集韻校勘記》共十卷，且首尾完具，與陳奐所言不符，當是有人續成。而續成其書者，當爲同門丁士涵。陳奐門下校勘《集韻》者有陳倬、馬釗、丁士涵，其中陳倬校勘《集韻》之稿，王欣夫云"見李□伯《越縵堂日記》，往晤陳斐之先生後人，知稿已無存"②。而丁士涵之於《集韻》，傳說其廿年不下樓而專校是書，曹元弼謂其"閉戶著書，不求聞達，博考羣書，殫精窮年，爲《集韻疏證》"③。曹元弼雖與丁士涵有交往，但以丁氏"節行之高，學不求知"，因此並未見過丁氏書，僅知其"《集韻》稿本，卷帙甚繁，聞藏丁氏先祠中"④。丁氏歿後，其族人嘗約孫宗弼整理刊刻丁氏《集韻》校勘成果，王欣夫得與於其事。王欣夫於民國丙寅（1926）五月跋吳騫、徐克勤、丁士涵校本《集韻》云："丁書收羅校訂最爲繁富精詳，當時丹鉛勤劬，廿年不下樓，成校語五萬餘條，歿後鐍閉數十年，從未顧視。前年，其族人丁君載庵曾約孫伯南先生宗弼，欲爲理董付梓，伯南先生更來慫恿襄助爲理，卒以斯事體大，荏苒至今。……老輩讀書，用力精毅，令人肅然起敬。但惜丁氏全書保藏尚秘，若不及時刊行，深恐一生精力咸此小學巨編終不免徒供蠧飽。"⑤ 其後，大約在民國二十二年（1933）王欣夫從丁士涵孫丁炳章處借讀過丁士涵手寫清本《集韻校勘記》，以未署撰人姓名而誤以爲丁士涵所作。至曹元弼此札所寫的民國二十八年，王欣夫得曹元忠所藏清繕本後，遂將丁氏家藏之本定爲傳錄之本。據趙振鐸先生所言，今南京圖書館藏有一鈔本《集韻校勘記》，書末有王欣夫民國壬午（1942）九月十九日之跋云：

> 此丁泳之先生手鈔《集韻校勘記》，先生孫德驥炳章姊弟借讀。凤聞先生精校是書，廿年不下樓。初見此冊首不署名，以爲即先生自著，後見曹君直世丈藏馬氏原本，乃一字無異，始知爲傳錄之本，同時錄副者有觀海堂楊氏、玉海樓孫氏二本。余有意刊傳，力尚未能，留篋多年，今檢還。炳章先哲手迹，未刊巨著，炳章其世世寶藏之。壬午歲九月十九日後學王

---

① 唐浩明編《曾國藩日記》第 3 冊，嶽麓書院，2015 年，第 107 頁。
② 王欣夫跋吳騫、徐克勤、丁士涵校本《集韻》，轉引自趙振鐸《集韻研究》，語文出版社，2006 年，第 198 頁。
③ 《復禮堂述學詩》卷一四《述小學》，葉 26b。
④ 《復禮堂述學詩》卷一四《述小學》，葉 27b。
⑤ 轉引自趙振鐸《集韻研究》，第 198 頁。

大隆謹識於抱蜀廬。①

據此跋可知，王欣夫原以爲丁士涵所撰之《集韻校勘記》乃是傳錄馬釗之
書，作者仍是馬釗。但是，後來王欣夫根據陳奐《集韻校勘記》序對此看法又
做了修正，認爲馬釗撰前五卷，而丁士涵續成并手定之。今復旦大學藏王欣夫
學禮齋校鈔本《景宋鈔本集韻校勘記》十卷，卷首有一九六三年十一月九日王
欣夫跋，云：

> 《景宋鈔本集韻校勘記》十卷，不題作者姓名。三十年前，余從吾鄉丁
> 泳之先生士涵後人借泳之手寫清本屬友傳錄者。相傳泳之廿年不下樓，專
> 校《集韻》，因肊定爲泳之所撰。後得曹君直丈箋經室藏景宋抄《集韻》末
> 附《校勘記》與此同，云是馬遠林釗所撰。余輯陳碩甫遺文，見序遠林《集
> 韻校勘記》手稿，知當時袁漱六欲覆刻景宋《集韻》，屬遠林爲校記。因軍
> 事倥傯，没於王事，祇成五卷，不及清理全韻，是遠林本未成。今乃十卷
> 完整無缺，且中有明引馬釗說數條，其非遠林原書可知，當爲泳之續成而
> 手定之。本以代人之作，故不署姓名。衡以名從主人之例，自當署泳之名
> 無疑。曾見孫仲容玉海樓、楊惺吾觀海堂目皆題馬釗名，爲正誤於此，且
> 表微焉。一九六三年十一月廿九日，王欣夫。②

根據王欣夫的意見，《集韻校勘記》爲馬釗代人所作，祇成前五卷，今全書
由丁士涵續成並手定之，因此根據名從主人之例，此書當署丁士涵之名。由此
亦可知，世所謂丁士涵校勘《集韻》之成書即《集韻校勘記》。蓋丁士涵與馬釗、
陳倬皆嘗校勘《集韻》，而馬釗成五卷後爲丁士涵所續成，書成後管慶祺所得者
當亦出丁士涵手定本，所以馬銘倩人所清繕者與丁士涵孫出丁士涵本內容相同。

又，札中曹元弼言“此書是其手稿，別無副本”，實際上是不準確的。曹元
弼所言之本，大概即是復旦大學圖書館藏著錄爲同治初倩人清繕本（索書號：
2546），共十卷，封面題識云：“先君遠林公手著《校勘記》。同治初，芝生公在
滬倩友繕成，潤筆數十金。子若孫幸勿以破書棄之。光緒庚子年溥社敬識。”卷
首“大隆”“欣夫”朱文方印。札中言“當時從弟羿軒得之以貽兄，兄以貽君直”，
即曹元森（字羿軒）得到此書而送給曹元弼，曹元弼再贈予曹元忠。《復禮堂述
學詩·述小學》亦云：“余得其《集韻校勘記》稿本，以歸君直從兄，先生外孫也。
今書存從孫所。”③實際上《集韻校勘記》成書後，輾轉傳鈔，有多個鈔本流傳，

---

① 轉引自趙振鐸《集韻研究》，第 196 頁。
② 《景宋鈔本集韻校勘記》卷首，復旦大學圖書館藏吳縣王氏學禮齋鈔本，無葉碼。
③ 《復禮堂述學詩》卷一四，葉 26b。

曹元忠藏清繕本並非唯一之本。根據前面所述，尚有丁士涵手寫清本，今南京圖書館①和復旦大學圖書館所藏王欣夫跋鈔本即皆傳錄自丁士涵手寫清本。除此之外，尚有孫詒讓玉海樓鈔本，孫詒讓記云："同治癸酉三月假海寧唐鏡香茂才錄本迻寫，十月於揚州舟中勘過。"②由此，則孫詒讓同治十二年癸酉（1873）鈔本之前，尚有唐仁壽（字鏡香，號端甫，海寧人）傳錄本。唐仁壽傳錄本今不知所終，孫詒讓迻寫之本今藏於浙江大學圖書館。又趙振鐸先生言嘗見一鈔本，全書作一卷，與曹元忠藏本相同，有題識"先君遠林公手著《校勘記》"云云，不同之處在於此本題識在書末，且識語旁有篆文"治書軒"印一方③。考"治書軒"乃浙江蕭山朱鼎煦（1886—1968，字贊卿，號別宥）藏書樓，知此本乃朱鼎煦舊藏，而據題識云云推測，此本或亦爲馬氏後人舊藏，當時蓋倩寫不止一本，後流散出，一本歸曹元忠藏，一本歸朱鼎煦藏。此外，北京大學圖書館藏有李盛鐸舊藏清鈔本《集韻校勘記》十卷二冊（索書號：LSB/4863），臺北"故宮博物院"亦藏有鈔本《集韻校勘記》十卷二冊④。而見於文獻記載者，尚有楊守敬觀海堂鈔本。

除上述外，此札關於馬釗《集韻校勘記》尚有數事需加以説明：其一，札中曹元弼謂其從孫仲永言王欣夫向其借《集韻校勘記》，而王欣夫《壬辰稿》卷一叙錄云："及一九三九年箋經室藏書盡散，余呱物色之，果得此于常賣家。"⑤與曹元弼從孫所言有異，或王欣夫購得後歸於曹家，而此又欲向其借與？其二，曹元弼言曹元忠嘗請劉承幹刊《集韻校勘記》而未果，此於信中又慫恿王欣夫與劉承幹等商議刊刻。王欣夫《壬辰稿》叙錄亦言"劉翰怡丈曾謀刊未果"，而據前引王欣夫諸跋可知，其自孫宗弼慫恿參與刊刻丁士涵《集韻》校勘遺稿到借鈔丁士涵手寫清本，皆欲刊刻此書，又其景宋鈔本《集韻校勘記》叙錄言："獨惜景宋《集韻》有此巨著而歷吳姓舫、袁漱六及劉翰怡丈皆欲刊而未成，今馬氏底本亦歸于余，宋刻全帙重見於世，安得據彼宋刻，附此校記，景印以傳，於音韻之學當非小補也。"⑥可見其對刊印《集韻》及《校勘記》之事一直記掛於心，但最終未能實現，以至今日此書仍未彰。

---

① 按，南京圖書館藏本根據趙振鐸先生所言："藍格九行紙鈔寫。解放初屬蘇南地區文物管理委員會，有'蘇南區文物管理委員會藏'印，書末有王欣夫大隆教授跋。"見《集韻研究》，第196頁。

② 轉引自《集韻研究》，第196頁。

③ 《集韻研究》，第197頁。

④ "國立"故宮博物院編：《"國立"故宮博物院善本舊籍總目》上冊，臺北"國立"故宮博物院，1983年，第166頁。

⑤ 《蛾術軒篋存善本書録》上冊，第458頁。

⑥ 《蛾術軒篋存善本書録》上冊，第844頁。

此札末言《復禮堂述學詩》刊印之事。民國二十七年（1938）十二月廿八日札即言"《述學詩》尚餘末卷三頁及序例、目録未刊，刊竣後校改誤字，約須夏間印行"，然第二年因刻工陳海泉的去世，本擬本年夏印行的，遷延至十二月十七日尚未修版印行，只能"俟來年畢工付印"。

九

欣夫仁弟閣下：

　　月餘未晤，正念，得手書甚慰。韓柳集請即代購，其直俟從者枉顧即面奉。頻煩清神，感荷感荷。此上，即頌道祉。小兄弼頓首，三十日。

按，此札但言請王欣夫代購韓愈、柳宗元之集子，信息甚少，未能考釋具體時間，姑仍原稿順序置於此。

十

欣夫仁弟惠鑒：

　　歲初顧我，接高談甚慰。近維探賾索隱，多識畜德，亭林日知，松崖學福，景行流風，恍若可接，甚善。愚灰槁餘生，左卜貞疾，春和景明，瞻彼草木，生意盎然，而内觀之身，枯樹婆娑，索然意盡，外觀之世，倒懸呼籲，欲解無從，哀人紀之淪亡，痛天常之反易，獨居無聊，惟背誦遺經，如《莊子》所謂"與天爲徒，與古爲徒"耳。前示冒鶴亭同年《周禮三大祭樂》，説極精確，愚所撰《周禮學》亦嘗論及，此十年前刊刻未竟本，稍緩檢出，弟暑假歸，當奉閲也。不知弟已有此本否？君直先從兄傳及屬傳惠氏遺書序，遲至四月下旬必當屬草，俟弟歸，併閲之。翰怡京卿生日，千乞探悉示知。松岑、青在晤時，望道念。此上，即頌道祉。小兄元弼頓首，二月初二日。

按，根據上民國二十八年十二月十七日札，曹元弼既言《家傳》"因心緒惡劣，久未寫定，二三月間當録清寄上"，又言欲爲王欣夫《松崖讀書記》撰序，而此札云曹元忠傳及《松崖讀書記序》"遲至四月下旬必當屬草"，且根據今傳曹元忠傳所署時間爲辛巳五月，《松崖讀書記序》所署時間爲辛巳秋七月，則此札可繫於民國三十年辛巳二月初二日（1941.02.27）。

此札開頭可見曹元弼哀時與自傷，自比於《莊子》所謂之"與天爲徒，與古爲徒"，亦符合其辛亥後閉門絶户，獨抱遺經，守先待後的情狀。札中言及王欣夫曾示以冒廣生《周禮三大祭樂》。按，冒氏此文未見，所謂《周禮》之三大祭樂當指《周禮·春官·大司樂》之天神、地示、人鬼三大祭樂。又札中曹元弼自言其《周禮學》嘗論及之，其《復禮堂述學詩·述周禮》云："《大司樂》天神、地示、人鬼三大祭樂，有宮、角、徵、羽而無商，非無商聲，無商調耳。陳蘭浦《聲律通考》論之甚詳，惟於鄭注之義未及闡明。程易疇好駁鄭義，而於此注各家所不能申者，獨推得其意。二家之說，相兼乃具。元弼《周禮學》合著之。"① 據此，可知曹元弼在《周禮學》中論及《周禮》三大祭樂乃是合陳澧《聲律通考》與程瑤田《聲律小記》之說而論之。陳澧《聲律通考》十卷，於歷代聲律考證甚詳，但是對於《周禮·春官·大司樂》鄭注之義未及闡發，而程瑤田《聲律小記》第一篇即《周官三大樂鄭注圖說》，闡釋《周官》三大樂及鄭注甚詳。按，曹元弼治經佞鄭，因程瑤田多駁鄭，故曹元弼對程瑤田各經說多有微詞，然此考《周禮》三大樂，程瑤田發明鄭注，爲人所不及，因此曹元弼亦未以人廢言，而認爲程瑤田獨得其義，遂與陳澧之說合著相兼。

又，札中提及的《周禮學》，乃曹元弼受張之洞之託，依張之洞《勸學篇·守約》所示經學通大義之法而編的《十四經學》之一。光緒二十四年（1898），張之洞成《守約》一篇，對各經大義有所歸納："《易》之大義，陰陽消長。《書》之大義，知人安民。《詩》之大義，將順其美，匡救其惡。《春秋》大義，明王道，誅亂賊。《禮》之大義，親親，尊尊，賢賢；《周禮》大義，治國、治官、治民，三事相維。此總括全經之大義也。如十翼之說《易》，《論》《孟》《左傳》之說《書》，大小序之說《詩》，《孟子》之說《春秋》，《戴記》之說《儀禮》，皆所謂大義也。"② 張之洞根據當時時局之需，提出中學要"義主救世以致用當務爲貴，不以殫見洽聞爲賢"，因此必須提煉出經學中"切於治身心、治天下者"③。要實現經學通大義，張之洞列出了求經學大義的七端："一、明例，謂全書之義例。一、要指，謂今日尤切用者，每一經少則數十事，多則百餘事。一、圖表。一、會通，謂本經與群經貫通之義。一、解紛，謂先儒異義各有依據者，擇其較長一說主之，不必再考，免耗日力。一、闕疑，謂隱奧難明、碎義不急者，置之不考。一、流別，謂本經授受之源流，古今經師之家法。以上七事，分類求之，批却導窾，事半功倍。"④ 時曹元弼正在張之洞武昌幕府，任兩湖書院經學分教，在張之洞提出守約之法後，即受張之洞之託，并於二十五年辭兩湖書院經學教席而居家編《十四經學》。曹元弼《經學文鈔序》："其明年（己亥），元弼以南

---

① 《復禮堂述學詩》卷四，葉 69b。
② 《勸學篇·內篇》，第 25—26 頁。
③ 《勸學篇·內篇》，第 25 頁。
④ 《勸學篇·內篇》，第 26 頁。

皮師命編《十三經學》，辭講席歸，杜門著書。"①《十四經學》編纂的具體情況，曹元弼在其著作中多有言及，如《周易鄭氏注箋釋序》："文襄師以世道衰微，人心陷溺，邪說橫行，敗綱斁倫，作《勸學篇》以拯世心，內有《守約》一章，立治經提要鉤元之法，約以明例、要旨、圖表、會通、解紛、闕疑、流別七目，冀事少功多，人人有經義數千條在心，則終身可無離經叛道之患。屬元弼依類撰集《十四經學》，自《周易》始……。歷十年餘，成《周易》《三禮》《孝經》《論語》《孟子學》，餘經猶未及寫定。"② 按，《十四經學》最終成書并刊刻者，僅有《周易學》《禮經學》《孝經學》三書，並於宣統元年由時任江蘇布政使朱之榛刊刻。此外，據王欣夫《庚辛稿》卷一云："已刊而未成者三：曰《毛詩學》，曰《周禮學》，曰《孟子學》。"③ 今可見者，此已刊而未成者僅有《毛詩學》存四卷（卷一明例第一、卷二要旨第二、卷五解紛第五、卷七流別第七④），《周禮學》存卷五殘卷三葉。另外，《聖學挽狂錄》（即《論語學》）民國間隱貧會嘗予排印，存兩卷（條例、卷一、卷二⑤）。其餘各書均未見。其中此札所言的《周禮學》，今復旦大學圖書館所藏紅印樣本存卷五殘卷三葉，內容爲《解紛》篇的部分，

---

① 《復禮堂文集》卷一，《中華文史叢書》第 46 冊，第 64 頁。

② 曹元弼：《周易鄭氏注箋釋》卷首，宣統三年（1911）至民國十五年（1926）刊本，葉33a—34a。

③ 《蛾術軒篋存善本書錄》上冊，第 18 頁。

④ 按，《毛詩學》國內存三本，一爲蘇州圖書館藏稿本，一爲復旦大學圖書館藏吳縣王氏學禮齋稿鈔本，一爲復旦大學圖書館藏紅印樣本。三本所存內容大體相當，皆爲卷一、卷二、卷五、卷七，但蘇州圖書館藏稿本每卷文字略多，並且還有《圖表》中的《毛詩本字借字譌字表》《詩雙生疊韻表》《詩異文表》《詩異義表》，此四表皆只有開頭示範，大概爲未成之作。三本卷一、卷二、卷五、卷七皆不完整，計其內容，不及十之一。具體情況，王欣夫《庚辛稿》卷一有詳細敘述："此《毛詩學》一厚冊，存卷一《明例第一》至八十二葉止，卷二《要旨第二》至三十葉止，卷五《解紛第五》至四十二葉止，卷七《流別第七》至十七葉止。實無一完卷，而《要旨》《解紛》皆僅至《葛覃》'害澣害否，歸寧父母'，其下皆闕。以全書核之，蓋未及什一。古今說詩者無慮數百家，此書提要鉤玄，可稱大觀，而惜其未完也。吾師早歲所著《詩箋釋例》，稿佚不傳。此《明例》雖不祇爲鄭《箋》而發，亦可窺豹一斑。《解紛》所載《詩入樂說》《六義》《十五國風次序說》《二南分風說》《邶鄘衛分地分風說》《王降爲風說》《豳風豳雅豳頌說》《詩序不可輕譏說》諸篇，皆原原本本，陳義卓然。"（第 19 頁）。

⑤ 此書殘卷有民國排印本，後收入林慶彰主編《民國時期經學叢書》第五輯（臺中文聽閣圖書有限公司，2013 年）。另外《隱貧會旬刊》民國十五年（1926）十一月至十二月各期上連載有《八佾第三》部分內容，包括"孔子謂季氏"章（丙寅年十月十一日、十月廿一日）、"三家者以雍徹"章（丙寅年十月廿一日）、"人而不仁，如禮何"章（丙寅年十一月初一日）、"林放問禮之本"章（丙寅年十一月十一日、十一月廿一日）、"夷狄之有君"章（丙寅年十一月廿一日）、"季氏旅於泰山"章（丙寅年十二月初一日）、"君子無所爭"章（丙寅年十二月十一日、十二月廿一日）、"巧笑倩兮"章（丙寅年十二月廿一日），爲排印本所無。

涉及《金氏榜説以國服爲之息》及《江氏永説關市之賦》等少許内容，其他内容蓋已散佚。儘管如此，其大體情况還是可從王欣夫《庚辛稿》卷一的叙録略窺之，兹録於下：

《周禮學》存三卷四册

清吴縣曹元弼撰。清光緒刻紅印樣本。存卷一《明例第一》至三十六頁止，卷二《要旨第二》全，卷五《解紛第五》以文繁分上下，上至八十九頁止，下至八十一頁止，皆闕尾數頁。

吾師謂"治《禮》莫要於釋例，《周官》之例，當以三百六十官之事分類系聯之。鄭注《小宰》所言，即其法也。《大宰》八法，一曰官屬，三曰官聯。周公作《周禮》，又作《儀禮》。《周禮》以官爲紀，官屬也。《儀禮》以事爲紀，官聯也。官屬爲經，官聯爲緯。故《周禮》爲經禮，《儀禮》爲曲禮。經曲，猶經緯也。《周禮》即《儀禮》之釋官，《儀禮》即《周禮》之釋例。今《儀禮》僅存十七篇，朱子《儀禮經傳通解》、江氏《禮書綱目》據《周禮》事，別爲篇補之，實得制作本法。後人苟因其成文，約而聯之，比類合誼，發揮旁通，爲《周禮》釋例專書。使良法美意，本末終始，同條共貫，於經術非小補也"。又謂"釋《周禮》之例者，當以六聯爲體，而以治國、治官、治民三大義爲綱。今《儀禮》有凌廷堪書，而《周禮》則未有爲之者，爲發凡于此書"。而命小子勉成之，乃攸忽至今，老未能爲。又謂"治《周禮》最難者，在大典禮之異説紛紛，莫衷一是"。故于《解紛》一目，用力尤勤。凡封建、井田、溝洫、軍賦、禄田、刑典、樂律，冠服等，無不博采羣言，以求其是。要而不繁，簡而易明。例如《考工記》以鄭珍《輪輿私箋》所説最詳，而學者猶嫌其未易遽瞭。吾師爲詳節之，著于篇，而學者始稱便。故《解紛》一目，幾二百頁而猶未已也。惟孫詒讓《周禮正義》晚出，吾師屬稿時所未見，及其書印行，而師以字小目眊，未能讀。嘗詔小子曰："孫書體大思精，集古今説《周禮》者之大成。一《序》融貫古今，有功治道。曾爲文以贊之，存《復禮堂文集》。惟好破鄭義，美哉猶憾。他日可挈其精華補著之。"小子未能卒師之志，披誦遺著，不覺汗之浹背也。[1]

關於《周禮學》的内容，也可以參見《復禮堂述學詩·述周禮》。《周禮學》刊而未成，後亦未能續成，據王欣夫言，"其未成三書，或草稿模糊，不可爬梳，或版片蠹蝕，無法修補，祇各存當日紅印樣本一部"[2]，而今天《周禮學》紅印

---

[1] 《蛾術軒篋存善本書録》上册，第24—25頁。
[2] 《蛾術軒篋存善本書録》上册，第19頁。

樣本亦僅存三葉，可憾也。

又，此札中所言"翰怡京卿生日，千乞探悉示知"，當指探悉劉承幹六十壽辰之事。可參見民國二十七年十月初七日札考釋。

十一

欣夫仁弟惠鑒：

仲春得手書，悉學福教思，優游樂易，甚善。拙撰古今體詩，散無友紀，長夏少閒，當蒐輯編次寄奉。《述學詩》誤字現命工修版已就，《復禮堂二集》正在修改，約閏月可竣功，卷帙較《述學詩》略少，但紙價繼長增高，日新月異，恐刷印未易耳。茲有託者邵君翰臣①，商而有士行，忠信篤敬，樂善不倦，年已花甲，殷殷慕道。去年來及吾門，其哲嗣在貴校肄業，欲求於上課之外，請間親炙，俾識讀書立身之方，通經致用之略。想我弟樂育爲懷，必慨然許之。茲因邵君到申，屬其特函往晤，并附名條一紙，望垂譽爲幸。專上，即問近祉。小兄曹元弼頓首，四月廿三日。

按，民國二十八年（1939）十二月十七日札言"拙詩當俟來年畢工付印"，來年則當爲民國二十九年（1940），然此札中又言"《復禮堂二集》正在修改，約閏月可竣功"，而民國二十九年並無閏月，其後民國三十年（1941）閏六月，三十三年（1944）閏四月。又《復禮堂二集》中可考之最晚文章爲撰於民國二十八年七月之《皇清誥封宜人晋封恭人先繼室王恭人傳》，而民國三十年所撰之《四書章句集注大字寫本序》（三月）、《誥授通議大夫內閣侍讀學士君直從兄家傳》（五月）、《王欣夫松崖讀書記序》（七月）、《與歷科重游泮宮同人恭祭座主文》（八月）、《劉翰怡京卿六輮雙壽序》，撰於民國三十一年（1942）之《王君九學部七十壽序》等文，皆收入《復禮堂三集》。因曹元弼《復禮堂二集》乃"于治經之暇，續有所作，隨時付梓，分爲八卷"②，而辛巳、壬午年之文章皆未編入，故可推定是集在辛巳年以前即已編定刊刻，至辛巳年已開始修版，并推測閏六月可竣功。由是，此札似可繫於民國三十年辛巳年四月廿三日（1941.05.18）。

此札首言曹元弼所撰古今體詩。蓋王欣夫曾致曹元弼信索其詩作，故曹元弼於此札回復云"拙撰古今體詩，散無友紀，長夏少閒，當蒐輯編次寄奉"。曹

---

① 邵翰臣，生平爵里不詳。
② 《蛾術軒篋存善本書錄》下册，第1397頁。

元弼早年一心經學，本不擅詩，亦鮮有作者，至辛亥以後，遺民自居，借詩遣懷，抒其家國身世之悲。王欣夫因從學曹元弼，過從甚密，且深得曹元弼器重，故而借詩歌酬唱遣懷之事甚多，晚曾收其遺詩，編爲《復禮堂詩集》八卷，其叙錄云：

> 我師壯歲專力治經，未遑作韻語。自辛亥後，稍稍爲之。自謂少不能詩，際此世亂年衰，百事俱廢，強復爲之，自顧失笑，聊用破涕。故其詩有云"小雅嗟皆廢，何情更説詩。用心無用地，消悶遣消時"也。時相與唱和者，葉翰裳昌熾、鄒芸巢福保、朱古微祖謀、秦佩鶴綏章、惲季文炳孫及仲兄遼翰福元、從兄君直元忠。……惟遺稿零落。歿後余蒐集所得，自庚戌至癸巳，錄成八卷。其中以五七言律居多，大致運用經典而不腐，工於對仗而不纖。時作韓冬郎體，譬之老樹著花，自然嫵媚，求之經師，難得此境。生平最愛蘭梅，時時借以託興。每當春日，一室奇葩，芳潔絶俗。余曾呈句云"萬梅花擁一經神"，師笑而頷之。又多疊韻，至十餘，喜用上下平全韻，可見精力充沛。晚歲感懷傷逝，不無蕭瑟之音。至絶筆詩云："蘆中窮士是耶非，百病交侵百願違。秋柳蟬聲知欲蜕，東風燕子問何歸。豈因飯顆吟詩瘦，空仰西河得道肥。凄絶牀前明月色，淚痕雙照泣牛衣。"終於一九五三年九月遘龍蛇之厄。嗚呼傷已。今與《復禮堂文》二、三兩集同裝庋藏，以待他日之徵遺獻者。①

今復旦大學圖書館所藏王欣夫抱蜀廬舊藏曹元弼《復禮堂詩集》鈔稿本不分卷，按年編錄，自宣統二年庚戌始，至民國三十七年戊子（1948）終，戊子年詩僅存三題六首，其中第六首（即第三題《生日感懷》第二首）至第二聯首句止。按，王欣夫先生藏書曾於十年浩劫之始有赴炬之虞，幸得徐鵬先生搶救，大部分得以保存，此詩集戊子剩餘諸詩至一九五三年九月之絶筆，蓋已散佚。

札中又言及《復禮堂述學詩》"誤字現命工修版已就"，然筆者所見國家圖書館藏《復禮堂述學詩》、復旦大學圖書館藏劉承幹舊藏《復禮堂述學詩》以及友人所示王欣夫舊藏《復禮堂述學詩》②三種印本皆有大量墨丁，蓋爲未修版時所印。又札中言及《復禮堂二集》修版印刷之事。曹元弼嘗於民國六年丁巳（1917）將所撰各體文章編輯刊刻爲《復禮堂文集》十卷，其後續有所撰，并自編《復禮堂文二集》，收經義、雜文、書信、傳記共七十餘篇。自民國二十八年己卯以後所續作之文，則在曹元弼去世後由王欣夫編爲《復禮堂文三集》。關於

---

① 《蛾術軒篋存善本書錄》下册，第 1399 頁。
② 王欣夫舊藏《復禮堂述學詩》現歸吾友唐君雪康插架，聞余整理叔彥遺作，慷慨借閱，謹致謝忱！

《復禮堂文二集》《三集》之内容價值，王欣夫《甲辰稿》卷四叙述較詳，云：

> 《復禮堂文二集》八卷《三集》六卷七册
>
> 吳縣曹元弼撰。吳縣王氏抱蜀廬鈔稿本。
>
> 我師《復禮堂文集》十卷刻本，斷自丁巳十月。其後於治經之暇，續有所作，隨時付梓，分爲八卷，僅有紅樣本，未及校印，而板旋散失。洎歸道山，余爲收拾遺稿，又得若干篇，依前例編録成《三集》六卷。我師一生專力於經，所爲文亦以發明經義爲多，卷中如《易正論》九篇、《禮大義》十二篇，蓋於《周易鄭氏注箋釋》《周易集解補正》《周易學》《禮經校釋》《禮經學》外，沈潛反覆，擷其精要，以示後學，亦爲諸書之提綱。其自著各書序跋外，如太倉王祖畬《春秋經傳考釋》、長洲王頌蔚《周禮義疏殘稿》及余所輯惠棟《松崖讀書記》諸文，皆經學鉅著未刊稿本。已刊各家碑傳外，如吳縣吳蔭培、南陵徐乃昌、吳興劉錦藻、承幹父子、伯兄元恒及我父次歐公諸文，皆國之耆獻，士林矜式。又如《跋華嚴經》《法華經》《聖諭廣訓》等亦不無過而存之者。謹恭録清本，藏諸蓋篋，以俟夫後世之採輯焉。[1]

曹元弼在札中即慮及《復禮堂文二集》因“紙價繼長增高，日新月異，恐刷印未易”，根據王欣夫叙録可知，其後不僅未印刷，而且版片也散失。嚴昌堉爲《復禮堂文二集》所撰之跋亦云：“雕版既竟，屬惡氣充塞，物力維艱，尤遠過曩昔，洛陽紙貴，流布無從。”[2] 王欣夫叙録中所言之紅印樣本今未見，今所存者爲王氏抱蜀廬鈔稿本，藏復旦大學圖書館。此本蓋即王欣夫於民國三十七年戊子（1948）所録之副本。曹元弼《復禮堂俟命録》云：“（戊子）七月初七日，……昨欣夫來，持《復禮堂文二集》去，約數月内録一副本。”[3]

一二

欣夫仁弟惠鑒：

　　數月前得手書并大著《箋經室集跋》，細讀數過，提綱挈領，索隱鈎深，將先從兄數十年學術要義，一一標舉，以示來者。許浚長云“世有達者，理而董之”，揚子雲草《太玄》世罕知者，謂後世復有子雲，則知之矣。弟真淩波老人知己也。其辯章之確，搜采之勤，雖使兄目不眊，亦未必能此。

---

① 《蛾術軒篋存善本書録》下册，第 1397—1398 頁。

② 《復禮堂文二集》卷末，無葉碼。

③ 曹元弼《復禮堂俟命録》，復旦大學圖書館藏吳縣王氏抱蜀廬鈔稿本，無葉碼。

感佩何已！精印將成，深慰。諸同人前，望各道謝。《家傳》五月初撰成，擬俟《惠氏叢書序》《學禮齋記》脱稿一并寄上。不意賤恙迭作，精神萎靡殊甚，屈指且五十日矣。兹先將君直從兄傳稿寄上，以備付印，餘俟頑軀稍健，即振筆爲之。兄意中欲作之文甚多，弟諄屬已久，損疾遄喜，當儘先報命也。旬前又奉手書，有回蘇一行之語，甚盼甚盼。傳中凡字旁兩圈者，須提行，一圈者須空兩格，其只須空一格者，已自空矣，請屬寫者勿誤，寫就後，並乞一校。文内措語，皆直筆信史，不悦俗目，拙集内無篇不然。先從兄志節亦非此不能達。惟其間數處，請與同人商之，別錄於後。病間草此，餘容續述。即頌文祉。小兄弼啟。

　　"直隸總督袁世凱"，"袁世凱"三字或改爲"某某"二字。"聞起用袁世凱"，"袁世凱"三字或改爲"某大臣"三字。"及世凱到院"，"世凱"二字或改爲"某大臣"三字。末條年月，或改爲"龍集辛巳五月"。凡四事，於大義及史例當直書，拙集正如此，然此書冀其廣行，或遜辭以免駭俗招忌亦可。兄目困不能自校，容有聲之誤、字之誤，請誊正。

按，札中言"《家傳》五月初撰成，擬俟《惠氏叢書序》《學禮齋記》脱稿一并寄上，不意賤恙迭作，精神萎靡殊甚，屈指且五十日矣"，又言"末條年月，或改爲'龍集辛巳五月'"，此札當撰於民國三十年辛巳六月二十日（1941.07.14）左右。

札中首言王欣夫所撰之《箋經室遺集跋》，并對王欣夫此跋推崇備至，謂其"提綱挈領，索隱鉤深，將先從兄數十年學術要義，一一標舉，以示來者。……其辯章之確，搜采之勤，雖使兄目不眊，亦未必能此"。此跋今見學禮齋排印本《箋經室遺集》之末，首述曹元忠遺稿編輯刊印始末，繼述曹元忠學術大略，曹元弼所推崇的即是述曹元忠學術大略的部分，其文云：

　　一曰經術，恪守高密鄭氏家法，不稍出入，於《書》之《泰誓》有考釋，有述有辨，多發前人所未發，於《春秋》則闢素王改制之異説，於禮則依據古禮，裁定新制，於《喪服》尤專精，別刊《禮議》二卷，外存文又若干篇，皆有關於世道人心者。一曰考訂，於《鄧析子》《司馬法》有音義，《蒙達備録》有校注，旁及金石、目録、書畫、歌曲，莫不原原本本，殫見洽聞。一曰校勘，多見宋、元舊槧，凡内閣大庫之祕藏，海内收藏家之珍籍，咸得目覩而手校之。一書必窮其源委，究其異同，所作題跋，蔚爲大觀。一曰輯佚，自小學、地志、醫方、詩詞皆博采羣籍，繩貫絲聯，千百年不傳之祕，重復舊觀。其精密詳審，陽湖孫氏、興化任氏之匹也。一曰曆算，謂服虔注《左傳》用《三統曆》，亦以殷曆參校，謂班固《漢書·律曆志》有推日食法，而《補疇人傳》雖僅存殘槀，尤見博通淹貫。一曰醫方，潛心於張仲景、王叔和諸家外，能博參古書，通以今法，活人無算，於《素女經》《治奇疾方》有集本，《劉涓子鬼遺方》有校補，而論病之書，醫經之跋，識斷明通，尤為獨絕。一曰音律，於唐、五代、宋、金、元詞之僅存者，一一考其宮調旁譜，而於敍《彊村叢書》、跋《舒藝室白石詞校語》二文，特發其凡。一曰詞章，古文則爾雅醇厚，儷體則喬皇典麗，而詩詞皆自名家，上嗣谷音汐社之遺，不失溫柔敦厚之旨。綜此八者，其淵博無涯涘，當與潛研堂、問字堂絜其短長，特錢氏、孫氏生乾嘉承平時，不若先生之際天駴地踔之會也。故先生之書，於維持禮教，獨具苦心，而故國之思，一篇之中三致意焉。朱彊村嘗謂先生具子政、稚圭之經術，疊山、所南之懷抱，可以概其生平矣。①

曹元忠幼承庭訓，兼習儒醫，且師出名門，分別從叔父曹鍾英、表舅管禮耕、黃以周、繆荃孫等學，與唐文治、王大綸、張錫恭、曹元弼等交流論學，且篤志深造，覃思研精，故其學既博且精。《清儒學案》謂其“兼長考證、辭章、目錄，校勘尤所擅長”②。王欣夫將曹元忠之學總結為經術、考訂、校勘、輯佚、麻算、醫方、音律、詞章八者，以為在錢大昕、孫星衍之間，而與錢大昕、孫星衍不同之處在於生當晚清，出於時局之慮，表現出維持禮教的經世特點，這一點在曹元忠身上表現得尤為明顯。由是言之，王欣夫《跋》對曹元忠學術整體的把握洵如曹元弼所言“提綱挈領，索隱鉤深”，故許其“真淩波老人知己也”。

此札所言主要內容為撰《誥授通議大夫內閣侍讀學士君直從兄家傳》之事。此《傳》歷經稽延，至是年五月終於寫竣寄王欣夫排印。札中言“傳中凡字旁兩圈者，須提行，一圈者須空兩格，其只須空一格者，已自空矣，請屬寫者勿誤”，指《傳》的行文格式。檢排印本《箋經室遺集》卷首之《傳》，除最末“系曰”云云提行外，正文並無提行，又全篇行文中並未見有空兩格處，凡涉及清帝、朝廷、祖考等需空格示敬處皆只空一格。又王欣夫抱蜀廬鈔稿本《復禮堂三集》所收之《家傳》格式亦與《遺集》所附大體相同，未見除“系曰”云云外的提行及空兩格的情況。今原稿無存，難以質言，所謂提行、空兩格、空一格蓋以示不同程度之敬。又札中言及《家傳》之措語，當包括兩方面：其一，為對辛亥前後相關歷史事件的敘述；其二，為對相關人物、事件的稱呼。辛亥革命以前，曹元弼與曹元忠同受知於黃體芳，曹元弼後又為張之洞幕僚，曹元忠嘗受知於張之洞，又為溥良幕僚，與“清流”關係密切，在思想上堅持傳統倫理綱常和“中體西用”，政治上屬於晚清立憲派，與袁世凱、革命黨以及主張改革傳統倫理綱常的學者、

---

① 王欣夫《箋經室遺集跋》，曹元忠《箋經室遺集》卷末，《清代詩文集彙編》第790冊，第595頁下。

② 《清儒學案》卷一五四，第6020頁。

官僚都分屬不同陣營，因此曹元弼在其著作中敘述辛亥前相關史事時，多是站在此立場。所以《家傳》中述及禮學館禮法之爭、刑律之爭①以及立憲時與袁世凱之爭等相關史事時，也是站在前述立場。如《家傳》中言及禮學館禮法之爭時云："時禮教陵夷，邪説蠭起，裂冠毁冕，拔本塞源，有汲汲不可終日之勢。兄以亂之所生，惟禮可以已之。館中諸友有持異議欲亂舊章者，兄與張、錢兩君正言力辯，援據古今，申明大義，以合乎天則民彝之正，著《禮議》數十篇。聞遠亦著《芻議》若干篇。"②又如關於晚清刑律之爭，《家傳》云："法部草刑律草案成，摘其害於倫理者，作駁議數篇，關係世道尤重。"③又關於立憲時與袁世凱關係問題，《家傳》云："辛亥，聞起用某大臣，大駭，謂獨坐空山，引虎自衛，必非國家之福。及某大臣到院，請其將時局大勢明白公布。迨變急，糾集同志草疏，嚴劾其誤國大罪。未及上，而俯允致政之詔已下，痛哭不已。"④在曹氏兄弟的立場看來，他們並不覺得是武昌起義推翻了清政府，而是"巨奸攘權，乘主少國疑之時，成天崩地坼之痛"，即指袁世凱攘竊權柄，所以《家傳》原稿謂辛亥之變爲"莽篡既成""大盜移國"⑤。辛亥後，曹氏兄弟閉門偕隱，以清遺民自居，對辛亥以後有關清室之史事，亦有不同措語，如謂復辟爲"中興"，謂丁巳復辟爲"丁巳五月之變"⑥，謂第二次直奉戰爭期間馮玉祥發動"北京政變"而溥儀逃離紫禁城進入日本公使館爲"聖駕蒙塵"⑦。又《傳》原稿中所涉及人物，同輩及長輩皆或稱字、稱號、稱官職，皆爲敬稱，而於袁世凱則直稱其名。凡此皆爲其《家傳》中涉及史事、人物之措語。此札末曹元弼考慮到便於曹元忠之書得以廣行，"遜辭以免駭俗招忌"，於是提出了四處措語的修改。其中前三處是關於袁世凱的稱名。此三處原來分別是："其間**直隸總督袁世凱**禮聘掌教北洋師範學堂兼中州學堂。一

---

① 光緒三十二年（1906）至三十三年（1907），由《刑事民事訴訟法》和《大清新刑律草案》引發了清末憲政著名的禮、法之爭，針對新律應以三綱五常還是以君臣、父子、夫婦、男女、長幼平等爲指導的問題，當時的禮派和法派發生了激烈的論爭。當時以張之洞、勞乃宣（1843—1921）爲代表的禮派，主張"因倫制禮，准禮制刑"，"以綱常禮教爲重"（《清史稿》卷一四二《刑法一》，第 4190 頁），以三綱五常指導修法；而以沈家本（1840—1913）爲代表的法派，則"兼取中西"，"延聘東西各國之博士律師，藉備顧問"（《清史稿》卷一四二《刑法一》，第 4187 頁），分別禮、法，即法律與禮教分離。關於晚清禮法之爭，在法律史領域論者甚多，其詳可參見高旭晨《中國近代法律思想述論》第十章《禮法之爭》，社會科學文獻出版社，2014 年，第 242—260 頁。
② 《箋經室遺集》卷首，《清代詩文集彙編》第 790 册，第 436 頁上。
③ 《箋經室遺集》卷首，《清代詩文集彙編》第 790 册，第 436 頁上—下。
④ 《箋經室遺集》卷首，《清代詩文集彙編》第 790 册，第 436 頁下。
⑤ 曹元弼：《復禮堂三集》不分卷，復旦大學圖書館藏吳縣王氏抱蜀廬鈔稿本，無葉碼。
⑥ 《箋經室遺集》卷首，《清代詩文集彙編》第 790 册，第 436 頁下。
⑦ 《箋經室遺集》卷首，《清代詩文集彙編》第 790 册，第 437 頁下。

日，見其出行以黃土填道，知其有不臣之心，立去之。"① "辛亥，<u>聞起用袁世凱</u>，大駭，謂獨坐空山，引虎自衛，必非國家之福。<u>及袁世凱到院</u>，請其將時局大勢明白公布。"②《箋經室遺集》皆遵照曹元弼之囑，分別改作 "直隸總督某某"③、"聞起用某大臣"、"及某大臣到院"④。第四事爲改文末年月爲 "龍集辛巳五月"，而《復禮堂三集》所收《家傳》無文末所署時間，蓋爲王欣夫抄錄時所删。按，曹元弼爲清遺民，辛亥以後至民國二十四年溥儀即位僞 "滿洲帝國皇帝" 而改元 "康德" 前，一直沿用宣統年號；至僞滿改元 "康德" 後則使用 "康德" 年號。由此推之，《家傳》原所署年月或爲 "康德" 紀年。

<h1 style="text-align:center">一三</h1>

　　欣夫仁弟閣下：

　　　　覆示悉《箋經室集》行將印成，甚慰。"莽篡既成" 四字可改 "天鳳地皇之際" 六字，"大盜移國" 可改爲 "大陸既沈"。兄多病，甚念吾弟，此月回蘇相叙，至盼。王充《論衡》，敝架舊存本已失，弟處如有，擬一借。其中《齊世篇》，或引作《高世篇》，不能懸定孰是，請先一檢示知，餘俟晤談。專上，即頌日祉。小兄元弼頓首，閏月朔。

　　按，此札內容承上札而來，又所署時間爲 "閏月朔"，考辛巳年閏六月，則此札當繫於民國三十年辛巳閏六月初一日（1941.07.24）。

　　此札先言及《箋經室遺集》已將印成，又囑王欣夫修改《家傳》中兩處措語。此兩處《復禮堂三集》所收《家傳》中原文分別作："<u>莽篡既成</u>，使歆豐輩來浼，欲以爲內史，峻拒之，歎曰：'餓死事小，失節事大，梅村往事，豈不傷心，況今何時邪？'""<u>及大盜移國</u>，兄弟四人偕隱，聞遠亦每歲自松江來，慷慨劇談，思所以旋乾轉坤，維三綱於不墜，拯四海之倒懸。"⑤《箋經室遺集》排印本依曹元弼所囑，分別改爲 "天鳳地皇之間"⑥、"大陸既沉"⑦。又札中曹元弼向王欣夫借王充《論衡》，以定《齊世篇》或作《高世篇》之正誤。考此時曹元弼蓋已開始撰

---

① 《復禮堂三集》不分卷，無葉碼。
② 《復禮堂三集》不分卷，無葉碼。
③ 《箋經室遺集》卷首，《清代詩文集彙編》第 790 册，第 436 頁上。
④ 《箋經室遺集》卷首，《清代詩文集彙編》第 790 册，第 436 頁下。
⑤ 《復禮堂三集》不分卷，無葉碼。
⑥ 《箋經室遺集》卷首，《清代詩文集彙編》第 790 册，第 436 頁下。
⑦ 《箋經室遺集》卷首，《清代詩文集彙編》第 790 册，第 437 頁下。

寫《古文尚書鄭氏注箋釋》，如王欣夫《甲辰稿》卷一云："一九四一年四月，始取前人所集鄭注，並酌取諸家之説，辨章古訓，會通典禮，討論時世，句詮字釋，章分節解，目存心歷，尋繹其語脈，發皇其精神，爲之箋釋。"[1] 曹元弼撰《古文尚書鄭氏注箋釋》，於《尚書》經文廣搜異文，而《論衡·齊世》兩引《尚書·堯典》"協和萬邦"之"協"作"叶"，爲其所采錄[2]，而注明出處需要確定此篇的確定篇名。根據《古文尚書鄭氏注箋釋》卷一可知，曹元弼最終確定當作《齊世》。

一四

欣夫仁弟惠鑒：

歲初得手書，籋動履吉祥，修學彌篤，高吟詞旨淵雅，含情緜邈，有竹垞[3]、漁洋[4]風韻，書味深者，吐屬固不凡也。兄悽惻無聊中，亦時有吟咏，稍緩錄上。聞遠同年書承函寄郭提學[5]，請其刊刻，此有功名教之舉，

---

① 《蛾術軒篋存善本書録》下冊，第1108頁。

② 見《古文尚書鄭氏注箋釋》卷一，《續修四庫全書》第53冊，第471頁上。

③ 即朱彝尊（1629—1909），字錫鬯，號竹垞，浙江秀水人，明大學士國祚曾孫。康熙己未（1679）舉博學鴻詞，召試一等，授翰林院檢討，與修《明史》，充日講起居注官，典江南鄉試，入直南書房。錫鬯博通精考證，擅詩文詞，爲文淵雅，詩不名一格，中年以後，學問愈博，風骨愈壯，長篇險韻，出奇無窮。著述有《經義考》《明詩綜》《日下舊聞考》《五代史注》《瀛洲道古録》《曝書亭集》等。生平詳見張宗友《朱彝尊年譜》（鳳凰出版社，2014年）。

④ 即王士禎（1634—1711），字子真，一字貽上，號阮亭，又自號漁洋山人，濟南新城人。順治十二年（1655）會試中式，十五年殿試二甲進士，謁選得揚州府推官。遷國子祭酒、詹事府少詹事兼翰林院侍講學士，晋都察院左副都御史，尋遷兵部督捕右侍郎，充經筵講官、三朝國史副總裁，歷官至刑部尚書。王士禎以詩名，備諸體，自漢、魏以下兼綜而集其成，而大指以神韻爲宗。著述有《帶經堂集》《皇華紀聞》《池北偶談》《香祖筆記》《居易録》《分甘餘話》《粵行三志》《秦蜀驛程》《隴蜀餘聞》《漁洋詩話》《國朝謚法考》等。傳見王士禎撰，惠棟注補《漁洋山人自撰年譜》（中華書局，1992年）。

⑤ 即郭則沄（1882—1947），字嘯麓，一字蟄園，號雪坪，又號桂巖，別號龍顧山人，福建侯官人。光緒二十九年癸卯（1903）進士，選庶吉士，散館授編修，出佐東三省總督幕，特保人才，簡任浙江溫處兵備道，署浙江提學使。辛亥後，受知於徐世昌，嘗任北洋政府政事堂參議、銓叙局局長，署國務院秘書長、僑務局總裁，民國十一年（1922）去職。一九三七年嘗與友人創辦北京古學院，研究經史詞章，校刊古籍。郭則沄博聞強識，長於詩文，嘗在天津結冰社、須社、儔社，於北京結鉢社、律社，以立誠、持毅、守約、居仁、行恕、主敬、知恥之學，身體而力行之，兼以課士。著述有《十朝詩乘》《清詞玉屑》《竹軒摭録》《庚子詩鑒》《遁圃詹言》《龍顧山房詩集》《龍顧山房駢體文鈔》《龍顧山房詞鈔》《洞靈小志》等。生平詳見許鍾璐《清故誥授光禄大夫頭品頂戴賞戴花翎署浙江提學使司提學使侯官郭公墓表》（《民國人物碑傳集》卷一五，第683—684頁）、郭久祺《郭則沄傳略》（北京市政協文史資料委員會編《北京文史資料》第57輯，北京出版社，1998年，第136—154頁）。

非獨表章前賢，聞之深慰。日本今關壽麿君^①殷勤垂問，風雨思君子，彼此同之，晤時乞爲道候。王虞生^②明經《通鑑校述》及君直從兄《三儒從祀錄》，如有懿德大雅能爲刊行，同深翹盼，闡幽顯微，發潛德之光，成希世之美，非弟莫爲功，幸并圖之。拙刊各書，舊印本無多，現在紙價較前數十倍，去冬就最廉之數定價，《周易集解補釋》每部一百六十元，《周易學》每部五十元，皆連史紙，以賽連已盡也。承示翰翁處司書友施君韻秋^③欲購。翰翁之友即我友也，敬當奉贈。兄正月間小有不適，幸即愈，而從妹詠絮女史^④來舍，小住旬日，忽遘危疾，兄與其姊紉秋^⑤日夜憂急，百計調治，竟在舍不起，料理喪務，悲傷憂勞，甚矣其憊，是用久未覆書。《周易學》等兩種當於旬内揀出付郵寄翰翁處，晤時乞先道及。君九將南旋，甚盼。現在上海紙價若何？刻工梨板每千字若干，乞探問示知。再舍姪孫女係君直孫女，仲永之姊，年二十餘，文理優長，書畫皆工，又明東文，諳習外事，善處家務，才學德三者皆可稱，而慎於擇壻，值摽梅之期，求相當吉

①　今關壽麿（1891—1970），號天彭，日本漢學家。曾任日本外務省囑託、日本朝鮮總督府囑託，民國十二年（1923）移居中國後，先後出任北京日本三井洋行顧問、日本駐華大使館顧問，民國三十五年（1946）出任南京國民政府外事顧問。今關壽麿嘗在北京創辦今關研究室，研究漢學，與胡適、魯迅等學者多有往來。今關氏精於漢學，在中國文學方面造詣較深，著述有《宋元明清儒學年表》《古銅印譜舉隅》《日本流寓之明末名士》《朱舜水》《中國戲曲集》《近代中國的文藝》《北島雪山與細井廣澤》《五山中世的詩僧》《雪齋長老》等。

②　即王大綸（生卒年不詳），字虞生，號毓仙，吳縣人。少工詞章，題所居曰吹徹玉笙樓。爲人孝友，於禮義之坊、是非之介，辨之綦嚴。精校勘之學，以治經之法治史，有《資治通鑑校述》二百九十四卷傳世。

③　施韻秋（生卒年不詳），江蘇海門人，畢業於江蘇海門中學，嘗爲南潯中學國文教員，後爲劉承幹所聘，負責管理嘉業堂藏書。抗戰爆發後，劉承幹將嘉業堂古籍搶救至滬，成立嘉業堂滬庫，仍聘施韻秋負責保管。施韻秋通佛學，長時間負責管理嘉業堂藏書，嘗與周子美合輯《嘉業堂藏書志》。

④　即曹元娉（1878—1943），字勞紅，一字詠絮，曹毓秀季女。性孝友，長適朱潤生，以朱潤生“雅俗殊趣，竟有士貳其行之悲”（見曹元弼《詠絮八妹傳》，《復禮堂文三集》）。民初女學初興，肄業振華女校，又從其兄曹元忠問故，善書法。其後歷充本省第二女師範、樂益中學、浙江職業、嚴州、富陽、昆山師範等學教員。生平詳見曹元弼《詠絮八妹傳》，《復禮堂文三集》。

⑤　曹元燕（1874—1948），字紉秋，一字叔飛，曹毓秀仲女。歸常熟張鴻（1867—1941，初名澂，字映南，一字隱南，又字師曾，別署璚隱、瓊隱，江蘇常熟人，光緒十五年己丑（1889）舉人，報捐内閣中書，遷户部主事，兼充總理各國事務衙門章京，歷任外交部主事、日本長崎仁川領事。擅詩、詞、駢、散諸體，工畫，嗜昆曲，通佛學，嘗與梁啓超論唯識奧義，又通英、法、日文。著作有《續孽海花》、《蠻巢詩詞稿》三卷、《游仙詩》一卷、《長無相忘室詞》一卷，譯有《成吉思汗實錄》）。曹元燕染父兄之教，工詩詞，精書翰，其“詩詞情深文明，中有英偉氣，沈鬱頓挫如少陵”，其書“小楷銀鉤鐵畫而珠圓玉潤，大書魄力雄健”，有《桐花館詞鈔》。生平詳見曹元弼《誥封夫人歸張氏從妹曹夫人傳》，《復禮堂文三集》。

士，殊不易得。弟樂多賢友，教育英才，望爲相攸，如有當意，乞即示知。春日載陽，爲道珍重，即頌文祉。小兄元弼頓首，二月十九日。

按，札中曹元弼自言正月間小有不適，其從妹曹元嫮前來照料而遘疾去世。考曹元弼所撰《詠絮八妹傳》云："今年正月妹來視余，留宿旬日，忽患首疾，因悲鬱積久，風寒深入，百藥不效，竟於二月初十夜子時溘然長逝。……妹生於光緒戊寅，卒年六十有六。"① 由是可知此札當繫於民國三十二年癸卯二月十九日（1943.03.24）。

此札首言與王欣夫詩歌唱和之事。曹元弼言"兄悽惻無聊中，亦時有吟咏，稍緩録上"，按是年春間曹元弼作有《元旦望闕朝賀恭紀》二首、《寂坐觀書》、《春感》六首、《聞時事轉機》三首、《十三日恭祝皇上萬壽》二首、《讀書》三首、《潘君若梁命哲嗣詠樅詠治從余受經皆高才喜賦》、《生日感懷》、《寓言》、《意言》四首、《春雨無聊》二首、《詠雪》、《夢張文襄相國師》、《曉窗晴霽對書》二首、《元旦以來日題一二詩三十日畢如甲寅故事》、《避難香山時王恭人所緘囊感懷》、《即事》三首、《與六妹相對感泣》、《著書自歎》、《八妹病多日冀其速愈》、《傷春》、《春晚》二首、《風雨》、《著書》、《涉園贈六妹》、《自歎》、《哭八妹》二首等。

札中言張錫恭之書函寄郭則沄刊刻。按，郭則沄 1937 年在北京創辦北京古學院，研究經史辭章，并搜集校刊時賢遺著。據郭久祺《郭則沄傳略》所言："北京古學院所搜集校印的文史書籍頗多，現已查知至少有以下兩套叢書（共包括 12 部書）。一部叢書是《敬躋堂經解》，包括四部書（筆者按：據《傳略》列表所示，《經解》刻於民國三十年（1941）孟秋，包括胡紹勛《四書拾義》、宋世犖《儀禮古今文疏證》《周禮故書疏證》、徐璈《詩經廣詁》）。另一部叢書是《敬躋堂叢書》，包括八部書（筆者按：據《傳略》，《叢書》刻於 1943—1944 年期間，計有陳澧《東塾雜俎》、桂文燦《經學博采録》《周官證古》、許瀚《韓詩外傳校議》、孫詒讓《大戴禮記校補》、謝章鋌《毛詩注疏考異》、顧炎武《菰中隨筆》、沈曾植《元朝秘史補注》，多晚清名家遺著）。"② 郭則沄編刊《敬躋堂叢書》時，

---

① 《復禮堂文三集》不分卷，無葉碼。

② 《北京文史資料》第 57 輯，第 143—144 頁。按，根據今傳《敬躋堂叢書》，可知此叢書分爲前後兩集，初收書六種，所收各種書的刊刻時間在 1942—1943 年間，其中第一種陳澧《東塾雜俎》"癸未春刊成"（1943），第二種桂文燦《經學博采録》"壬午冬刊成"（1942），第三種許瀚《韓詩外傳校議》"癸未夏刊成"（1943），第四種謝章鋌《毛詩注疏考異》"癸未冬刻成"（1943），第五種孫詒讓《大戴禮記校補》"癸未冬刊成"（1943），第六種桂文燦《周官證古》"癸未冬月刊"（1943）。此六種刻成後，又續有二集，收書兩種，第一種顧炎武《菰中隨筆》"乙酉夏刊成"（1945），第二種沈曾植《元朝秘史補注》亦刊成於乙酉年（1945）。由是言之，《敬躋堂叢書》的刊刻時間應該在 1942—1945 年之間。

當與王欣夫有函札往來，且選取書目亦嘗參考"八年叢編"之《辛巳叢編》，其中《敬躋堂叢書》本之《經學博采錄》即取《辛巳叢編》本以校勘，其《經學博采錄序》云："會王君欣夫主輯《辛巳叢編》，采及是書，先印成見寄。……及取以互斠，則茲編條舉增於《叢編》本者，凡二十有一，其卷二自首至末皆彼本所無，餘雖竝見，而茲之所載，時復增詳，疑此爲最後寫定者。其間譌脱互異，則就兩本衡較，擇其善者從之，而復授手民刊正焉。"① 郭則沄編刊《敬躋堂叢書》所收主要是晚清遺獻，蓋王欣夫與之交流中欲其刊刻張錫恭遺著。張錫恭遺著《喪禮鄭氏學》雖刊未成，而未刊者尚有《茹荼軒續集》六卷、《炳燭室隨筆》一卷及《茹荼軒日記》。札中所言函寄張聞遠之書未明言何書，然據《敬躋堂叢書》所收著書看，或爲《喪禮鄭氏學》。其後蓋亦未成事。

　　札中又言及王大綸《資治通鑑校述》與曹元忠《三儒從祀錄》刊刻之事。王大綸爲王欣夫族兄，與曹元弼、曹元忠年歲相若，交往甚密，曹元弼《復禮堂述學詩》云："爲人孝友，有真性情。與友交信，爲人謀忠。容貌辭氣，和藹可親。而是非之介，禮義之坊，辨之綦嚴。余與交數十年，金蘭結契，相得極歡。每有事與君商，或於理勢不宜，君談言微中，余即豁然意解。"② 王大綸亦言其與曹元弼"性情相契，有不知其所以然者"③。王大綸家貧力學，遷轉旅食，亦多得曹元弼兄弟資助，嘗與曹元忠合輯《括地志補輯》一卷④。曹元弼撰《禮經校釋》，曾屬王大綸校勘，今《禮經校釋》卷末所附王大綸之跋可見其始末，云：

　　　　師鄭治《禮經》逾十載，著《校釋》二十二卷，爲《纂疏》先河。其仲昆遼翰太史速之授梓，并偕余任校讎之役，始事于辛卯夏秋間，功未及半，余因艱輟業。越明年，計偕期近，迫於竣工，手民敦促，未盡精校，爲謀不忠，深用慚憾。客秋多暇，重讀是書，請於師鄭取元橐與刊本一再對勘，悉心厘訂，爲補過計。雖未敢自信落葉盡掃，然以較初印本，則有間矣。⑤

可見其對《禮經校釋》之校勘用功至勤，故曹元弼言是書"校勘之功，仲昆及執友王氏大綸爲多"⑥。在學術上，王大綸以胡三省之撰《資治通鑑注》、嚴

　　① 桂文燦：《經學博采錄》卷首，《敬躋堂叢書》之二，民國三十一年壬午（1942）刊本，葉 2a。
　　② 《復禮堂述學詩》卷六《述禮經下》，葉 78b—79a。
　　③ 《復禮堂朋舊書牘錄存》第四冊，葉 20b。
　　④ 今藏復旦大學圖書館。
　　⑤ 曹元弼《禮經校釋》卷末，《續修四庫全書》第 94 冊，第 541 頁下。
　　⑥ 《禮經校釋》卷末，《續修四庫全書》第 94 冊，第 530 頁上。

衍之撰《資治通鑑補》自期，"以治經之法治史"①，一生校勘考訂《資治通鑑》，而成《通鑑校述》一書。此書的具體做法，根據《復禮堂朋舊書牘錄存》所收王大綸致曹元弼書札略有可述。《通鑑校述》按照王大綸的設想，包括校勘文字、考辨補正史實及附表三個部分。除附表外，全書體例據王大綸自言，"統觀拙著，以校勘異同爲重，體例與本書《攷異》及潛研《攷異》相仿"②。關於《通鑑》一書從成書到流傳過程存在的問題，王大綸根據顧廣圻之説，有比較清晰的認識："吾鄉顧澗濱先生云：'此書尚有三病：一元書之誤，一胡注之誤，一正文注文傳刊之誤。'此三語深中其弊。"③本於此認識，王大綸結合明代嚴衍《資治通鑑補》已取得的成果和不足，重新對《通鑑》全書進行系統校勘、考辨、補正，"即《目録》、《考異》、胡注亦一字不敢放過"④。針對《通鑑》原書之誤，因"溫公編修時，采取羣書至三百餘種之多，今已大半亡逸，即現存者亦不能多"的情況，王大綸以意逆志，"窺其用意，總以正史爲主"⑤。又明代嚴衍"專取《十七史》元文與《通鑑》相勘證，畧者補之，譌者正之"⑥而成《通鑑補》，實爲詳密，但是王氏通過分析嚴氏一書的得失，又續有所補正。一方面，王大綸沿著嚴氏老路，"仍據正史元文，以求其補正之得失"⑦。另一方面，王大綸通過分析嚴氏所據以校證補訂的文獻，認爲"明代《舊唐書》不列學官，《遼史》尤若存若亡。嚴氏于此二書，不甚依据，似失溫公之旨。至薛居正書，終明之世，沈霾于《永樂大典》中，嚴氏未嘗目觀，然溫公紀五代事全據薛史"⑧，且於"《宋史》嚴氏亦未兼及"，於是"從此得間補其缺略"⑨。至於胡注，"引書更多，校訂非易"⑩，於是廣搜群書，"一字不敢放過"⑪。今存王大綸致曹元弼十九通信札，内容大半爲託曹元弼訪求校補《通鑑》之各書。按照王大綸設想，除校勘補正《通鑑》、胡注之外，尚欲"書成後，擬坿四表，一《紀年》，二《紀日》，三《修書》，

---

① 《復禮堂述學詩》卷六《述禮經下》，葉 79a。
② 《復禮堂朋舊書牘錄存》第四册，葉 14b。
③ 《復禮堂朋舊書牘錄存》第四册，葉 14b—15a。
④ 《復禮堂朋舊書牘錄存》第四册，葉 8b。
⑤ 《復禮堂朋舊書牘錄存》第四册，葉 15a。
⑥ 《復禮堂朋舊書牘錄存》第四册，葉 11b。
⑦ 《復禮堂朋舊書牘錄存》第四册，葉 15a。
⑧ 《復禮堂朋舊書牘錄存》第四册，葉 8b—9a。
⑨ 《復禮堂朋舊書牘錄存》第四册，葉 15a。
⑩ 《復禮堂朋舊書牘錄存》第四册，葉 15a。
⑪ 《復禮堂朋舊書牘錄存》第四册，葉 8b。

四《注書》①。《紀年表》《紀日表》大概欲以年、日爲經而人名爲緯。《修書表》，"祇須剌取《溫公年譜》，參以《宋史》本傳、《傳家集》及本書之結銜卷數，庶知某紀某卷爲何年所上。中有臣光曰云云，即借著書爲諫草，如論唐維州事揚牛抑李爲論史者所譏，若知此論爲某年所發，言外宗旨，便可恍然，似亦論世知人之義也"②。而《注書表》則"最難著手，緣梅磵身世，散在各書，且不多見，將來擬從友人處訪假浙東志書，或有把握耳"③。根據王氏所言，其中四表尤其是《修書表》用意甚善，且學術價值甚高，對研究《通鑑》及胡注，價值甚鉅。惜此四表今未見其傳，或未成，或亡佚，僅有《校述》二百九十四卷稿本及清稿本存世。統觀《通鑑校述》的撰作構想及今存稿本，曹元弼謂其"實事求是，純乎惠定宇、錢竹汀、王西莊、沈文起諸先生之學，治涑水書未有若此其精核者"④，並非溢美。事實上，王大綸《通鑑校述》在其歸道山之時並未寫定，"條記千萬，紛錯難理"⑤，今藏復旦大學圖書館，有原稿，爲簽條粘附，字迹潦草，難於辨認，確實如曹元弼所言。此稿本初由曹元弼保存，後"屬王欣甫精審辨識，第而錄之"⑥。按，王欣夫嘗從金松岑、丁秉衡治《資治通鑑》，自云："及年十八，從金松岑師讀，仿王夫之《讀通鑑論》撰文百篇。二十，丁秉衡先生授以校史之法以校《通鑑》，并整理族兄毓仙校本，蒐討羣書，於日月、職官、地理尤加意焉，妄欲希蹤江藩《通鑑訓纂》、吳蘭庭《讀通鑑筆記》、丁溶《通鑑考辨》，鑽研逾廿年，所校正不下千條，祇以學海無涯，讀書不多，遷延未能寫定。"⑦從王欣夫自述可知，其在整理王大綸校本的同時，尚欲有所著述。王大綸原稿經王欣夫整理編次後，寫定爲清稿本并謄鈔副本，今並藏於復旦大學圖書館。其中清稿本共計二百九十四卷，除未見擬坿之四表外首尾完具，小楷寫就，間有朱筆圈改，署"吳縣王大綸撰，後學秀水王大隆編次"。此本卷前有朱筆識語云："己丑十一月，以原藁及《通鑑刊本識誤》《宋元本校勘記》校過，初二夜完。"⑧知清稿本是王欣夫於 1949 年校勘寫定者，由此亦可見其整理是書前後歷時近三十年。此外，還有清稿副本一函九册，內容主要爲《唐紀》十一

---

① 《復禮堂朋舊書牘錄存》第四册，葉 15b。
② 《復禮堂朋舊書牘錄存》第四册，葉 15b。
③ 《復禮堂朋舊書牘錄存》第四册，葉 15b。
④ 《復禮堂述學詩》卷六《述禮經下》，葉 79a。
⑤ 《復禮堂述學詩》卷六《述禮經下》，葉 79a—b。
⑥ 《復禮堂述學詩》卷六《述禮經下》，葉 79b。
⑦ 《蛾術軒篋存善本書錄》下册，第 1505 頁。
⑧ 王大綸：《資治通鑑校述》卷首，復旦大學圖書館藏吳縣王氏學禮齋謄清稿本。

至二十七，版心有"學禮齋校錄"字①。

《三儒從祀錄》乃光緒三十四年"詔以顧炎武、王夫之、黃宗羲從祀孔子廟庭"②後，曹元忠彙編相關文件而成之書。關於此書內容及輯錄始末，王欣夫《甲辰稿》卷二叙錄所述甚爲詳細，兹錄於下：

> 三儒從祀錄四卷四册
>
> 吳縣曹元忠撰。鈔稿本。
>
> 三儒者，昆山顧炎武、衡陽王夫之、餘姚黃宗羲也。光緒三十四年從祀文廟。君直先生輯錄有關文件，以成是書。首吾師復禮先生宣統三年序。卷一爲諭旨、覆奏，卷二爲說帖上，卷三爲說帖下，卷四爲擬奏，及光緒二年以來前後條奏，光緒三十三年正月二十八日奏。篇末間有附識。先是，奏請三儒從祀文廟者，船山則有光緒二年署禮部侍郎郭嵩燾奏，二十年湖北學政孔祥霖奏。梨洲、亭林則有光緒十年江西學政陳寶琛奏，均由部議駁。至光緒三十三年正月二十八日，御史趙啓霖奏請三儒一併從祀文廟，奉旨發交禮部議奏，由郎中吳國鏞擬稿，文甚冗蔓，主船山、亭林從祀，而梨洲仍在駁斥。及送內閣會稿，大學士世續、張之洞、外務部尚書袁世凱不同意而未上。時禮部尚書爲溥良，君直先生座師也，更屬先生擬稿，即此首列之禮部奏條，舉三儒學問出處之要，既詳且核，擬將亭林從祀，而船山、梨洲則俟裁示。蓋因前歷次之駁議，而故作婉辭也。故事，凡從祀文廟，由大學士、九卿、國子監會同禮部議奏。此次會稿之先，大學士孫家鼐對船山、梨洲之從祀持異議，欲易稿。溥良拒以稿經博採衆議而成，如別有所見，盍另摺言之。故是奏無大學士領銜。而家鼐獨上一奏，大致謂孟子告齊宣王語，可施於諸侯，不可以例天子，宗羲固不當從祀，即王夫之所著各書，每以墨□，空缺多至數十百處，迹近誹謗本朝，亦不得在從祀之例。農工商部左侍郎沈雲霈和之，議幾寢。蓋僉以梨洲《明夷待訪錄·原君》《原臣》二篇爲集矢之的也。至三十四年，禮部奏請仿照會議政務章程，移會各衙門，對三儒從祀應準應駁之處，開具說帖，送部核議。而送到說帖二十六件，其主船山、梨洲、亭林並准從祀者，十居其九。及

---

① 按，《蘇州民國藝文志》著錄有國家圖書館藏蘇州文新公司 1933 年鉛印本《資治通鑑校述》（廣陵書社，2005 年，下册，第 30 頁）。筆者查閱國圖藏書，未見其蹤，不知據何而言。王大綸原稿僅存，先歸曹元弼，後曹元弼屬王欣夫整理編次，至己丑年（1949）十一月初二方校勘完畢，不可能 1933 年已由蘇州文新公司鉛印。且以王欣夫與蘇滬書商、藏家之交往關係而言，即便真有 1933 年蘇州文新公司鉛印本，王欣夫不可能至此札所寫的 1943 年尚有不知之理。

② 曹元弼《三儒從祀錄序》，曹元忠輯《三儒從祀錄》卷首，復旦大學圖書館藏吳縣王氏學禮齋鈔本。

覆奏上，遂于九月初二日奉旨允准。蓋議禮雖古稱聚訟，而是非當聽諸公論，即大學士亦不能獨違衆議也。説帖之持異議者，有理藩院內閣中書王在宣、禮部郎中齡昌、法部主事梁廣照，大都一孔之見，而王在宣尤爲荒謬，至謂"原奏援湯、陸二公爲例，竊謂二公學術純粹以精，三子則擇不精，語不詳，何湯、陸之敢望？各家著述具在，可覆案也"云云。先君次歐公于光緒辛卯作《三大儒頌》，南海潘衍桐刊入《兩浙校士錄》。余幼讀而心識之。及從金松岑師游，日詔以三儒之學術思想，而益嚮往之。師有《三儒學案》，稿已佚。今讀此書，于三儒之説，臚舉而詳釋之，實可作學案讀，不僅存晚清議禮一大掌故也。胡綏之先生時官學部，亦有説帖一通，存《許廎遺集》。胡思敬亦有議一篇，存《退廬文集》。此未收，疑稿未送部，或後作，當據補于末。①

此書據曹元弼卷首之序可知，在光緒三十四年既輯錄成書，而曹元弼之序作於宣統三年辛亥（1911）。札中言望有人能夠刊刻，但此書至今未有鋟梓，今僅有王欣夫學禮齋鈔稿本一函四冊藏於復旦大學圖書館。

札中又言及當時紙價及《周易集解補釋》和《周易學》定價問題。蘇州、上海自淪陷以後，經濟命脈、物資供給多爲日軍所控制，紙業同樣不免於難，因此在整個抗戰期間，紙張供給有限，因此紙價騰貴。札中曹元弼還問及王欣夫上海紙價及刻工梨板之價格，實際上上海自抗戰以來，紙價亦逐年上漲，不少報刊皆採用縮減篇幅或提高價格來應對紙價上漲，而因紙價上漲停刊的報刊亦不在少數②。札中提及的《周易集解補釋》，是曹元弼辛亥以後關於《周易》研究的一部重要著作。宣統辛亥（1911），曹元弼"以鄭注爲主，采荀、虞諸家及古《易》説爲之箋，而以己意貫穿惠、張、姚氏及各家説釋之"③而撰《周易鄭氏注箋釋》。《周易鄭氏注箋釋》之撰，於鄭、荀、虞、惠、張、姚之義箋釋

---

① 《蛾術軒篋存善本書錄》下冊，第 1225—1226 頁。

② 如《天下事（上海）》1940 年第 1 卷第 10 期即刊出編者言云："上期本刊定价，以纸价飞涨，改售每冊五角。"（第 1 頁）又《上海青年》1940 年第 40 卷第 7 期亦言："本刊縮小篇幅，紙價飛漲，難乎爲繼；縮短戰綫，奮鬥到底！"（第 2 頁）而《申報》在抗戰期間更是屢屢刊發相關期刊的漲價聲明及有關紙價上漲的新聞和社評，如《申報（上海版）》1943 年 3 月 26 日刊發的題爲《嚴重的文化用紙問題》的社評云："大東亞戰爭以後，外來紙張遂告絕迹，紙價亦日益飛漲。因此文化用紙，包括新聞紙，公文信件用紙，油印臘紙，複寫紙等，價格之飛騰，實屬驚人。結果對於文化事業之停滯，影響極爲重大。以上海一市而言，本爲全國文化中心，在此非常時期，佔有號召復興文化的重要地位。然一般出版事業，尚陷於停滯狀態，紙張之昂貴，實爲最大原因之一。如果此一因素不早解決，則不僅各大書局難求其恢復出版圖書，即目前各報章雜誌，亦有在不久將來，無法繼續出版之危機，瞻念文化前途，實有令人不寒而慄者。"

③ 《周易鄭氏注箋釋》卷首《周易鄭氏注箋釋序》，民國丙寅年（1926）刻本，葉 35a。

甚詳，"惟恐義之不明，說之或有流弊，以乖經旨而誤後學"①。及撰至《離卦》，以爲"是書也，詳則詳矣，每卦合象象傳，輒文累萬言，無乃使學者惝然不能待乎，是非設一易簡之法，以爲由淺入深之階梯，由博返約之歸宿不可"②。於是就依李鼎祚《周易集解》，"校各本異文，擇善而從，定其句讀，又據孫氏星衍所集衆家遺説，更博采《禮記》、《春秋傳》、周秦諸子、《史記》、《漢書》等説《易》古義補之，而以己意申其疑滯，辨其得失，放張稷若《儀禮鄭注句讀》摘録賈《疏》之例，酌取《箋釋》十之三四，俾足以解經注而止，名曰《周易集解補釋》"③。《周易集解補釋》一書以指説大義爲主，而不復繁文疏釋，自庚申（1920）十二月開始屬草，至丁卯（1927）五月刊成④。自民國九年十二月開始，此書即與《周易鄭氏注箋釋》同時撰寫，"自《離卦》以下，每卦《箋釋》屬草畢，隨編是書，又於其間寫定《乾卦》。去年春，《箋釋》成，乃補《坤》以下二十八卦，至今年四月卒業"⑤。在一定程度上可以説此書是《周易鄭氏注箋釋》的删節本和《周易》入門之書，因兩書體例及功用的不同，又與《周易鄭氏注箋釋》有所區别。根據曹元弼自言，是書與《周易鄭氏注箋釋》不同之處有八端：

> 《箋釋》篇第依《鄭志》《易》十二篇之舊，此據《集解》，同王弼本，一也；《箋釋》以鄭爲主，經字一依鄭本，此據李氏本，二也；《箋釋》采荀、虞、宋、陸諸家，閒有删裁，王弼學行以後各家，采入箋者尤少，此據《集解》爲本，遵其例補之，雖王弼、王肅等説，無所退棄，惟於釋中别其是非，三也；《箋釋》於諸家異文擇要采取，此則備引而釋之，以明聲通義轉，同源分流之故，四也；《箋釋》每卦每爻，統論大義，而後逐句疏解，此依李氏分節，當句發揮，其全卦全爻之義，各因文便略著之使貫穿，五也；《箋釋》解誼先申鄭而後及諸家，此一依《集解》所列先後，六也；《箋釋》於《集解》引荀、虞注合兩條爲一者，多審度文義，分繫經傳，此則一如其舊，而於釋語中識别之，經傳兩注異義，則明其以何説爲主，七也；《箋釋》於惠、張、姚異義，委曲申明，使一書有衆書之用，此則惟取所主一説著之，餘不及，或略一及之，八也。凡此八者，皆兩書體例當然，至訓釋經義，則同條共理，一以貫之。⑥

---

① 《周易集解補釋》卷首《周易集解補釋序》，民國丁卯年（1927）刻本，葉 1a。
② 《周易集解補釋》卷首《周易集解補釋序》，葉 1a—b。
③ 《周易集解補釋》卷首《周易集解補釋序》，葉 1b。
④ 《周易集解補釋》卷前牌記云。"宣統庚申十二月屬艸，丁卯五月刊成。"
⑤ 《周易集解補釋》卷首《周易集解補釋序》，葉 2a。
⑥ 《周易集解補釋》卷首《周易集解補釋序》，葉 2b—3b。

曹元弼撰此書隨寫隨刊，故民國十六年四月撰竣，至五月即刊成。又札中又言及《周易學》，此爲《十四經學》之一，亦爲宣統元年朱之榛所刊三經學之一。此書體例與《禮經學》《孝經學》同，一依張之洞所示守約之法，編纂而成。此書在宣統年間刻印之後，至民國間續有印本，至民國十五年丙寅（1926）以後之印本，則前有《十四經開宗》《十四經學略例》《周易禮經孝經三學合刻序》。其中《十四經學開宗》即光緒三十年甲辰（1904）曹元弼所撰之《原道》《述學》《守約》三篇，爲述羣經大義、經學源流及治經守約之法的提綱契領之作，光緒三十三年（1907）主講湖北存古學堂時曾潤色以授諸生。《周易禮經孝經三學合刻序》爲丙寅年所撰而置於《周易學》之前。札中曹元弼所言舊印之本，當爲丙寅以後之印本。曹元弼將《周易學》等兩種"於旬內揀出付郵"，寄劉承幹處，蓋其時施韻秋在上海嘉業堂滬庫負責管理圖書事務。

札中又言及其從妹曹元嫿病逝之事，上面考此札時間時已有涉及。按，曹元弼自其繼配王氏於民國二十八年逝世後，其生活即由其從妹曹元燕料理，而其八妹曹元嫿佐之。如曹元弼自言：

> 一日，恭人涕泣謂妹曰："我若不起，如七十老夫何？此事將累我姊。"妹愴然許之。及將歿，執余手曰："妾逝矣，君惟有迎六姊來主持一切，然亦恐不能久。"嗚呼！恭人可謂知人，而其轉一語，若預知今日之事者。臨終之言，竟爲十年後凶讖邪？妹聞耗立與八妹馳至，既哭而息，苦口慰余，千言萬語，情辭懇惻，語語從肺腑流出，使人不忍不收淚勉從，日夜相依，解其悲懷。自初喪營齋營奠，以至安葬，理煩治劇，皆妹任之，而八妹佐之，不辭勞瘁，不避嫌怨，俾余無憂。憐余目疾，瞬息關心，飲食必擇其精美，衣服必劑其寒燠，寢處必安其衾裯，出入必防其顚危，小有疾病，息心調藥餌，爲寢不安席。余歷年數次昏暈，皆賴妹在旁抱持，得不仆地陷於大危。事事順適其意，祭祀必豐必潔，每年十數次，每次輒勞數日力，精製肴饌，皆親爲之。少間，又爲寫經義，誦經注疏以慰其心。恩斯勤斯，靡可言罄。[①]

又云：

> 先繼室王恭人即世，余煢子無依，時難道阻，諸姪皆在申，出入惟靈帷相對，滿目凄涼，生意盡矣。兩妹懼余痛怛不支，紉秋既以王恭人臨歿諄託，惠然來就余居，百方照料，妹亦時時過我，問其疾苦，解其悲傷，數年中相憐相慰之情，雖木石聞之，當爲下淚。每孤燈風雨同依一案，各坐一方，若品字然，相對欷歔，以爲極天下傷心之境，而孰意此景亦不可

---

① 曹元弼：《誥封夫人歸張氏從妹曹夫人傳》，《復禮堂文三集》，無葉碼。

多得，傷心乃有百倍於是者乎！ ①

按，曹元嫏本適朱潤生，後因朱氏"士貳其行"，而"《綠衣》終淒"，其後肄業振華女校，又歷充本省第二女師範、樂益中學、浙江職業、嚴州、富陽、昆山師範等學教員，既以修脯奉舅姑甘脂，又與曹元燕奉母馬太夫人。曹元燕適常熟張鴻，本琴瑟相諧，風雅倡隨，先後隨官京師多年，後隨行赴日。因張鴻與留日女學生程氏有私，且程氏"將以積久蝨射之陰謀，施推納鯨吞之毒計"，欲加害元燕，"幸有忠實老僕先期告密"得脱②，後曹元忠得悉此事，遂留妹在家。曹氏姊妹二人於婚姻皆爲不幸，但性篤孝，且友於兄弟，在得曹元弼繼室彌留之託後，遂協力照顧曹元弼起居，兄妹三人亦惺惺相惜。癸未年二月初十曹元嫏逝世後，曹元弼甚爲悲痛，屢有詩悼念，如癸未年有《哭八妹》二首、《雨夜與六妹寂坐言八妹往事》二首、《秋海棠子八妹所貽有花數簇對之感懷》，甲申年有《見八妹所贈紅豆一粒愴然有感》《八妹葬期已定與六妹夜詁感歎》等。自曹元嫏去世後，至民國三十七年（1948），曹元弼生活起居主要就依靠曹元燕料理，並且期間撰述《古文尚書鄭氏注箋釋》等書，曹元燕亦於暇時爲鈔經義，彼此唱和詩篇不少。而曹元弼對其從妹曹元燕亦頗爲感激，其《贈六妹》云："三年多難復成鰥，將伯無從依惠班。憐我悽凉真欲絶，惟君痛癢最相關。清詞浣月同懷映，彩筆生花妙緒環。文字都由情性出，昭昭風義重如山。"③其感激之情，於此可見。

札末又言王季烈南歸及託王欣夫爲曹元忠孫女覓婿之事。王季烈辛亥後曾避居天津，"一九三二年，'偽滿'在日本關東軍的扶植下成立傀儡政府，三月六日，溥儀抵達長春，王季烈與佟季煦、寶熙、鄭泉、林棨、金卓、金賢、胡嗣瑗諸人列名'内務大臣'名單，是年十二月，又授爲枝正，與積極鼓吹溥儀復辟之羅振玉、鄭孝胥過往甚密"④。王季烈作爲清遺民，又出仕偽滿，但在偽滿並不如意，民國二十三年（1934）春即上《乞歸奏摺》⑤。民國二十五年三月初一，王季烈訪吳梅，"談及滿洲國事，不無感慨"⑥。至民國三十一年（1942）

① 曹元弼《詠絮八妹傳》，《復禮堂文三集》，無葉碼。
② 曹元弼《誥封夫人歸張氏從妹曹夫人傳》，《復禮堂文三集》，無葉碼。
③ 曹元弼《復禮堂詩集》不分卷，復旦大學圖書館藏吳縣王氏抱蜀廬鈔稿本，無葉碼。
④ 蔡孟珍《近代曲學二家研究——吳梅、王季烈》，臺北學生書局，1992 年，第 155 頁。
⑤ 張慧、周秦《王季烈著述考略》，《傳統文化研究》第 16 輯，群言出版社，2008 年，第 339 頁。
⑥ 吳梅《瞿安日記》卷一〇，《吳梅全集·日記下》，河北教育出版社，2002 年，第 546 頁。

返蘇定居①。札中曹元弼又託王欣夫爲曹元忠孫女覓婿，此時王欣夫仍然任教上海聖約翰大學，故曹元弼札中言"弟樂多賢友，教育英才，望爲相攸"云云。

李科　北京大學哲學系暨《儒藏》編纂與研究中心博士生

編輯部説明
"曹元弼致王欣夫書札考釋"（下篇）即將刊發於《版本目録學研究》第十二輯，謹請期待。

---

① 蔡孟珍：《近代曲學二家研究——吳梅、王季烈》，第 164 頁。按，蔡氏書未言王季烈返蘇定居是在 1942 年，而曹元弼作於 1943 年二月的札中言"君九將南旋"，或王季烈 1942 年底返蘇，而曹元弼因閉門著書，不與外界往來，且因疾病及從妹病逝之事，尚未得知王季烈已歸蘇州與？

楊明照研治《劉子》始末考論

——以《增訂劉子校注》手稿的發現爲中心

王京州

　　《劉子》與《抱朴子外篇》《文心雕龍》三書，可譬喻爲楊明照先生治理六朝典籍的"三朵金花"。其中對《劉子》《文心雕龍》二書之校注，發軔最早，而且相伴終生。《文心雕龍》之研治，由《文心雕龍校注》而《文心雕龍校注拾遺》，再到《增訂文心雕龍校注》《文心雕龍校注拾遺補正》，可謂功德圓滿；而《劉子》之研治，在時間和精力上受到擠壓，結果遠不如《文心雕龍》爲幸運。《增訂劉子校注》（未完成手稿）是楊明照先生的絕筆之作，具有重要的學術和史料價值，由此可走進楊先生的學術晚年，進而還原其學術征程的最後榮光。以此手稿本質證陳應鸞教授接力完成的《增訂劉子校注》，可發現該書增訂校注部分多承襲先賢，由此反觀其題署或尚有可議之處。

一

　　與《文心雕龍》一樣，楊明照先生對《劉子》的校注和研究，也可以可追溯至重慶大學讀文預科時期。早在學術發軔期的蔥蘢歲月，楊先生就和生命中最重要的兩部古書"豔遇"了。據先生自道，吳芳吉教授在《文學概論》課上經常板書《文心雕龍》，“繪聲繪色地講得娓娓動聽”①，從而吸引他愛上了《文心雕龍》；而向宗魯先生在《古籍導讀》選修課上指揮擘畫，極力吸引學子們對校讎古籍的興趣，並指定楊先生校注《劉子》，慷慨提供最初的底本——程榮《漢魏叢書》本。雖系師長指派，却並不感到枯燥乏味，“志趣所鍾，夙夜匪懈，口誦心惟，雖祁寒酷暑，亦未敢休閒。在蒐輯素材過程中，與《文心雕龍》研究一樣重視，凡與二書有關者，皆分別迻録，各訂爲兩厚册，便於隨時在眉端或行間增補”②。從此，楊先生與這兩部六朝古籍結下了不解之緣，並相伴終生。

儘管在興趣和認識上，並不厚此薄彼，但通觀楊明照先生的學術生涯，顯然在校注《文心雕龍》上，投入了較其它古籍更多的時間和精力。四川大學本科畢業論文以及燕京大學碩士學位論文，均以《文心雕龍校注》爲題，一九五七年又出版同名著作，並一發而不可收拾，連“文革”浩劫中也未曾稍歇，不斷在原有基礎上加深和拓寬，終於增訂爲《文心雕龍校注拾遺》的同時，還撰寫了一系列的“龍學”論文。與《文心雕龍》相比，楊先生在《劉子》一書投入的精力可謂瞠乎其後。畢竟人的精力是有限的，在同一時期內，不能不有所偏重。更何況，他在四十年代初還旁涉《莊子》《吕氏春秋》《抱朴子內篇》等子書之校證，尤其對《抱朴子外篇》的持續發力並校箋出版，堪稱爲他的六朝典籍整理業績又添重彩。相繼發表《劉子理惑》《劉子斠注》二文後，楊先生對《劉子》的研究似乎就戛然而止了。

但可以肯定的是，楊明照先生對《劉子》始終未曾忘懷，他對自己的少作《劉子斠注》既敝帚自珍，却又不敢自滿，尋機要像《文心雕龍校注拾遺》一樣，對《劉子》一書也加以大幅增訂，充分施展他在訓詁考證上多年積纍的綿密功夫。一九八二年，他將四十餘年來發表的論文裒爲一輯，題名爲《學不已齋雜著》出版，其中包括《莊子校證》《吕氏春秋校證》《抱朴子內篇校釋補正》《史通通釋補》等古籍整理方面的論文，而對《劉子斠注》一文則付之闕如。③很顯然，《學不已齋雜著》失收《劉子斠注》，並非出自楊先生的疏忽。他的有意忽略，表明他不認可舊作以傳世，早就立意增訂再版，並且修訂計畫已蘊於胸中，正蓄勢待發。同年他在回復林其錟、陳鳳金二同志的信中寫道：

> 余於三八年發表《斠注》，不自藏拙，時爲訂補，寫有清本五册。一俟

---

① 楊明照：《我和文心雕龍》，載張世林《學林春秋——著名學者自序集》，中華書局，2007年，第196頁。

② 楊明照：《〈增訂劉子校注〉前言》，《四川大學學報（哲學社會科學版）》，2001年第4期。

③ 《學不已齋雜著》後記落款爲“一九八二年十月”，但出版已到1985年。楊明照：《學不已齋雜著》，上海古籍出版社，1985年，第572頁。

八八年《抱朴子外篇校箋》脫稿，即重理舊業，另繕定本，爭取刊布。惟目力日差，謄録緩慢，未［知］當能早日完成（缶）［否］？①

一方面，楊先生宣布自己在《劉子斠注》的基礎上，已經有所訂補，甚至還"寫有清本五册"，並表達了"重理舊業，另繕定本"的宏猷；另一方面，他還給自己定了時間表，"一俟八八年《抱朴子外篇校箋》脫稿"，即投入對該書的整理，同時還因精力稍頽而可能拖慢進度表示了憂慮。

翌年四月，在安徽屯溪舉行的中國文心雕龍學會第二屆年會上，林其錟、陳鳳金夫婦拋出《劉子》作者爲劉勰的驚人之論，再次點燃了楊明照先生對《劉子》作者誰屬問題的關注熱情。於是他搦筆染翰，系統回顧了《劉子》的著録和研究史，並從十個方面全面反駁了林、陳提出的劉勰説，堅持認爲"《劉子》決非出自劉勰之手，劉晝才是《劉子》的作者"。長達半個世紀浸染於《文心雕龍》的世界，幾乎達到熟能成誦、甚至"倒背如流"程度的楊先生，對《文心雕龍》《劉子》二書在文理、字詞上的差別，無疑有著最爲切膚的體認：

> 從語言結構看，《劉子》的文筆整飭、平板，排句多，好緝綴成文；《文心雕龍》的文筆流暢、生動，儷句多，善自鑄偉詞。另外，字句上也有很大的不同：如《劉子》慣用的"由此觀之"（六見）、"以是觀之"（五見）、"以此觀之"（四見）、"以此而言"（二見）、"由此而言"、"由此言之"、"由是觀之"和"以夫"（五見），《文心雕龍》全書中從未使用過；而《文心雕龍》慣用的"原夫"（八見）、"觀夫"（五見）、"若乃"（一四見）、"若夫"（二七見）、"至於"（四〇見）、"至如"（一六見）、"蓋"（句首，五一見）和"耳"（句末，二〇見），《劉子》全書中也未使用過。②

在思想傾向及語言風格上的歧異抑或趨同，可能見仁見智，言人人殊，但語言習慣具有強大的潛在力量，任何作家和作品都不可能違背。因此透示文本背後的語言習慣，進而判斷作者誰屬，正成爲當今大數據時代下頗具雄辯力的考證方法。楊明照先生早在 20 世紀 80 年代電腦技術尚未普及時，就通過手動檢索的方式，通過對關鍵銜接詞的量化統計，分析《文心雕龍》《劉子》二書藴含的語言習慣，對二書爲同一作者的觀點予以斷然否認。關於這一點，包括林其錟、陳鳳金在內以及後來持"劉勰説"的所有學者均未能給予回應。作爲兼治《文

---

① 林其錟、陳鳳金：《劉子集校合編》，華東師範大學出版社，2012 年，第 1308 頁。

② 該文最先發布於《劉子校注》卷首，後發表於《文史》第 30 輯，嗣後又收入《增訂劉子校注》。陳應鸞增訂本及楊珣、王恩平編未完成手稿本均見載録。楊明照著，楊珣、王恩平編：《增訂劉子校注（未完成手稿）》，四川大學出版社，2018 年，第 20 頁。

心雕龍》《劉子》的學者，楊先生何嘗不想將二書列入同一作者名下，從而進行綜合研究？他堅持認爲《劉子》非劉勰作，絶非出於任何私心。他對該書愛不釋手，讚譽備至，絶不會以爲《劉子》配不上劉勰的文采和地位。之所以堅持認定該書爲北齊劉晝作，而與梁劉勰無涉，乃是出於對真理的執著追求。

《抱朴子外篇校箋》的進度緩慢，大大超出了校箋者的預料。儘管該書卷首《前言》題寫的落款爲 “一九八九年十月”[①]，但實際此時可能只完成了上冊，全書並未脫稿，上、下冊的出版竟然相距六年之久。除因當時出版人才匱乏、古籍出版往往延宕時日外，也必然有作者未能按時交稿的因素。從 “嘉遁卷一” 到 “疾謬卷二十五”，前二十五篇合爲上冊先行出版，而從 “譏惑卷二十六” 到 “自叙卷五十”，後半部分却遲遲未能定稿。從下冊最後一頁落款題署 “一九九七年七月弢翁再校畢，時年八十有八” 可以見出[②]，直到 1997 年上半年楊先生依然未從《抱朴子外篇校箋》全身而退。距離他自己期待中的 “一俟八八年《抱朴子外篇校箋》脫稿”，已然逝去了近十年之久。

1987 年，大約是有感於增訂之事遙遙無期，楊明照先生決定將五十年前刊發在《文學年報》上的《劉子斠注》交付巴蜀書社，作爲 “四川大學古典文獻研究叢刊” 之一出版。雖然將題目中較爲生僻的 “斠” 字改成了 “校”，看上去略有歧異，實際上內容一仍其舊，只是改正了個別錯字而已。出版之前，楊先生已稔知 “初稿注文部分，曾爲臺灣王叔岷的《劉子集證》全部集入；校語部分，亦爲林其錟的《劉子集校》全部集入”[③]，固然證明了其價值，可既然已被 “集校”“集證” 盡數採納，它自身獨立出版的價值何在？出版之後，是否仍難免於被采輯的命運呢？果不其然，待楊先生終於從《抱朴子外篇校箋》脫身、獲批國家教委科研課題的 1998 年，傅亞庶的《劉子校釋》再次將先生的《劉子校注》全部采入。[④] 楊先生之所以在無暇抽身的學術壁壘中，不顧被他人采輯的命運，堅持先行刊印舊稿，我認爲乃出自對《劉子》不曾忘懷、必將大幅增訂之心迹的再次宣示。

從 1998 年國家教委人文社會科學研究項目《劉子研究》獲批開始，楊明照先生終於將主要精力投入到了《增訂劉子校注》上。他陸續搜求多種有關《劉子》的版本資料，親自或委派助手到圖書館查抄文獻，密密麻麻的典故出處，開始爬上《劉子校注》《劉子集證》等書的眉端或行間。2001 年，《四川大學學報》刊發了楊先生的《〈增訂劉子校注〉前言》，一如他曾在校刊上發表《〈文心雕

---

① 楊明照：《抱朴子外篇校箋》（上），中華書局，1991 年，第 18 頁。
② 楊明照：《抱朴子外篇校箋》（下），中華書局，1997 年，第 806 頁。
③ 楊明照：《〈劉子校注〉簡介》，《增訂劉子校注（未完成手稿）》，第 206 頁
④ 傅亞庶：《劉子校釋》，中華書局，1998 年。

龍校注〉前言》①、《〈抱朴子外篇校箋〉前言》②一樣，宣示了先生即將問世的新書稿。不止一次對身邊的人講衝刺百歲的信心，自豪地宣稱"眠食無恙"，滿懷老驥伏櫪的不已壯心。然而 2002 年的一次小意外，加劇了他的腦萎縮惡疾，《增訂劉子校注》看似近在咫尺，却似乎再也來不及了。

二

2003 年 12 月 6 日，九十五歲的楊明照先生在四川大學寓所溘然長逝。陳應鸞教授在奉命清點楊先生的書籍時，發現"有關《劉子》的書籍和複印的版本、鈔的資料及寫的前言，皆集中放在書案上"③。像絕大多數懷抱雄心的學者一樣，楊先生渴望學術上的圓滿，却最終還是齎志而歿，待完成的《增訂劉子校注》應即是他念茲在茲的心結。這些資料集中擺放於家中最醒目的位置，期待著門弟子的留意和續寫。令人遺憾的是，這些資料呈現出較爲原始和散亂的狀態，似表明研究仍處於準備階段，"增訂校注的工作尚未正式進行"④。在時隔十三年之後，楊先生的哲嗣終於發現了謄清的部分手稿，並將這批手稿交付四川大學出版社影印出版。⑤ 這批手稿的影印出版，不僅彌補了先前清寫稿尋而不見的遺憾，而且對於完整解讀楊先生的學術人生，尤其是還原其學術征程的最後五年，具有極爲關鍵的學術史意義。

誠如先生序中所言："所撰專著，由《劉子校注》而《文心雕龍校注》和《抱朴子外篇校箋》，都是一字一字用毛筆楷書定稿，一部兩部三部依次出版的。"⑥與青年和中年時期堅持用毛筆書寫不同，楊先生晚年改用鋼筆，而工筆楷書則始終未變。捧讀手稿，甫一展卷，便見清一色的秀麗小楷撲面而來。本已發表在《四川大學學報》的前言又經再次謄寫，末題"二零零一年十月二十三日九十有三癡聾老人髯翁於四川大學寓樓學不已齋"，充分顯示先生晚年"不待揚鞭自奮蹄"的時間意識。不惟重新謄寫的此篇序言，留存下來並公諸於世的所有手稿，都是楊先生在九十三歲高齡時清寫的，字字珠璣，一絲不苟，不能不

---

① 楊明照：《〈文心雕龍校注〉前言》，《四川大學學報（哲學社會科學版）》，1980 年第 2 期。

② 楊明照．《〈抱朴子外篇校箋〉前言》，《四川大學學報（哲學社會科學版）》，1982 年第 2 期。

③ 楊明照校注、陳應鸞增訂：《增訂劉子校注》，巴蜀書社，2008 年，第 8—9 頁。

④ 楊明照校注、陳應鸞增訂：《增訂劉子校注》，第 8 頁。

⑤ 楊珣、王恩平所撰《出版説明》稱："我們於二○一六年編寫老人傳略《叟翁外傳》時方發現他的這一部分手稿和影本（未謄清的草稿部分，至今未找到）。"楊明照著，楊珣、王恩平編：《增訂劉子校注（未完成手稿）》，第 1 頁。

⑥ 楊明照：《〈增訂劉子校注〉前言》，《四川大學學報（哲學社會科學版）》，2001 年第 4 期。

令人爲之動容。

手稿今存前言、卷一和卷二。卷一是完璧，包括"清神第一""防慾第二""去情第三""韜光第四""崇學第五""專學第六"共計六篇；卷二"辨樂第七"至"盛德之樂也"句止，校記和注文殘缺不完，但似非絕筆之處，應尚有佚失或未經發現之篇頁。《劉子》全書共計五十五篇，底本亦即《道藏》本分爲十卷，則現存手稿僅爲構想中全書的八分之一。其中前言及卷一逐篇之末尾，均有關於撰寫時間的題寫。將這些時間點連起來看，便可以勾畫出楊先生晚年學術寫作的生命線：

> 二零零一年十月二十三日九十有三癡聾老人髯翁於四川大學寓樓學不已齋。(《前言》)
> 二零零一年三月二十八日清寫畢。(《清神第一》)
> 四月二十四日清寫畢。(《防慾第二》)
> 五月二十四日清寫畢。(《去情第三》)
> 六月二十八日清寫畢。(《韜光第四》)
> 八月一日清寫畢。(《崇學第五》)
> 十月二十八日清寫畢。(《專學第六》) [1]

從這些記載日期的手迹來看，楊明照先生清寫《增訂劉子校注》的速度是每月一篇，基本上都是於每月下旬寫畢，只有《崇學篇》例外，延擱到了下月初。八、九月之間有一段空白，或是因爲忙於謄寫《前言》，抑或是其他原因不明。照此速度進行，全稿五十五篇的清寫將花費四到五年，考慮到研究計畫當中還有篇幅極爲厚重的《附錄》，所以全稿的完成確實可能需要"六到八年" [2]。又據此推測，2001 年 10 月 28 日距離翌年的摔倒事故還有五個月，樂觀估計卷二部分可能已清寫完畢。現存手稿全部清寫於 2001 年，《增訂劉子校注》因此而定下基調，無論體例還是內容均已臻成熟之境。2001 年，可謂是楊先生學術生命最後輝煌的一年。

無論是《劉子校注》(以下簡稱《校注》)還是《增訂劉子校注》(以下簡稱《增訂》)，楊明照先生均以學術爭鳴和學術性專著爲職志，而並非提供學界以普及讀本。概括來說，學術著作和普及讀本的區別體現在：前者往往高深而後者

---

① 楊明照著，楊珣、王恩平編：《增訂劉子校注（未完成手稿）》，第 50、72、92、106、126、160、180 頁。

② 王京州記錄楊明照先生 2001 年 11 月 16 日談話："《增訂劉子校注》的完成還需要六到八年的時間，我相信我一定能活到一百歲。"王京州：《弢甫先生晚年言談錄》，曹順慶主編：《文心永寄——楊明照先生紀念文集》，巴蜀書社，2007 年，第 176 頁。

相對淺顯，前者摘句爲訓而後者具列原文，前者旨在獨抒己見而後者可能羅列衆説。儘管《增訂》在訓釋典故出處時較《校注》更爲豐盈充實，實際卻仍未提供全部的原文。如《清神篇》“由此觀之，神照則垢滅，形靜則神清”“今清歌奏而心樂，悲聲發而心哀”“以此而言，則情之變動，自外至也”“嗜欲連綿於外，心腑壅塞於內”“而不敗德傷生者，蓋亦寡矣”“故形不養而性自全，心不勞而道自至也”等六句不僅未見於《校注》，《增訂》仍付闕如，其原因在於校注者或認爲無須校注，或於此無甚創見，因此寧可留白，而不肯强作解人。

《校注》在訓釋故即時限於當時學力和條件，往往顯得簡略粗疏，甚至闕而不注，而《增訂》則加大了蒐采的力度，此時校注者的腹笥也必然轉盛，因此訓釋故實出處顯得更爲充盈豐厚。以《清神篇》爲例，《校注》僅徵引《史記》《文子》《孟子》《荀子》《莊子》《吕氏春秋》《淮南子》《臣軌》等八部典籍，至於《增訂》則囊括了三十四種典籍，超軼原稿的四倍以上。

以具體實例來説，如《清神篇》首句“形者，生之器也”，《校注》僅列《淮南子·原道篇》“夫形者，生之舍也”、《史記·自序》“形者，生之具也”兩條①；《增訂》除此二條外，又拈出《文子·九守·守弱》“夫形者，生之舍也”、《易·繫辭上》“形乃謂之器”韓康伯注、《文心雕龍·原道篇》“有心之器，其無文歟”等三則②。

又如“蔓衍於荒淫之波”句，《校注》僅徵引《淮南子·俶真篇》“是故百姓曼衍於淫荒之陂，而失其大宗之本”爲訓③；《增訂》則廣引《莊子·齊物論》、《後漢書·黨錮傳序》、《漢書·諸侯王表序》顔師古注、《抱朴子外篇·詰鮑》，段後又引《詩·陳風·澤陂序》、《左傳》及《穀梁傳》宣公十年、《史記·陳杞世家》關於陳靈公與二子荒淫之情事，末稱“上引諸書，於蔓衍荒淫醜態，暴露無餘”④。此段注文縱橫捭闔，啓人耳目，可謂箋注之經典案例。

又如“神恬心清，則形無累矣”句，《校注》未加引注；至於《增訂》則旁徵博引：

> 按《文子·九守篇》(守清)：“故神清意平，乃能形物之情。”又《下德篇》：“神清意平，百節皆寧。”《淮南子·齊俗篇》：“神清意平，物乃可正。”《養生論》：“清虛靜泰，少私寡欲。”司馬談《論六家要指》：“神大用

---

① 楊明照：《劉子校注》，巴蜀書社，1988 年，第 1 頁。
② 楊明照著，楊珣、王恩平編：《增訂劉子校注（未完成手稿）》，第 53 頁。
③ 楊明照：《劉子校注》，第 3 頁。
④ 楊明照著，楊珣、王恩平編：《增訂劉子校注（未完成手稿）》，第 66—68 頁。

則竭，形大用則弊。"①

注文從無到有，而且多達五條。近年西漢墓出土的簡書，否定了《文子》僞書説，故楊先生將其置於《淮南子》之前。綜合上述，與《校注》相比，《增訂》在内容上進行了大幅擴充，原未注的增添了注，原有注的更爲豐盈充實；而且對於體例更爲注重，出具書名更加規範，對於徵引諸書的次序排列也別具匠心。

　　值得注意的是，因爲對葛洪《抱朴子外篇》、劉勰《文心雕龍》變得極爲熟稔，楊先生在增訂校注《劉子》時也不時徵引二書，顯示了他在治學上的左右逢源，如手稿中多處徵引《抱朴子外篇·詰鮑》《文心雕龍·原道》等即是。此外，對於後世雜家或類書襲用《劉子》之處，如唐太宗《帝范》、唐武后《臣軌》、宋張君房《雲笈七籤》引《七部語要連珠》及《七部名數要記》等，《增訂》也細論其襲取之迹，可謂"以後注前"的精彩例證。

　　《校注》在校勘上宣稱："至字句勘證，力避繁瑣，以殺篇幅；無關宏旨及前賢已具者，則不復贅。"②《增訂》在撰寫校記時仍不事繁詞，校記中隨文出現的校例，集中反映了校勘者由博返約的校勘理念：

　　　　凡各本之字相同者，後不復一一臚列。（《清神篇》"心者，形之本也；神者，心之寶也"句下校例）
　　　　凡不同板本字句有異，而未達文意者，後不復出。（《防慾篇》"性之所感者，情也；情之所安者，欲也"句下校例）
　　　　古籍中舊注例多，不具列。（《防慾篇》"樹抱蠍則還自鑿，身抱慾而返自害"句下校例）③

據此以言，與《文心雕龍校注》汲汲於校勘、以校勘爲第一職志不同，《增訂劉子校注》對於校注二者，似更偏重於注④。《校注》以舊合字本爲底本，錯誤較多；《增訂》改用《道藏》本爲底本，錯誤轉少。後出轉精，校記精減，全文顯得更爲凝練，與底本的選擇不無關係。

　　綜上所述，《增訂劉子校注》與《劉子校注》相比，在校勘上由博返約，校記更爲精審凝練；在箋注上則蒐采詳博，注文更加豐盈充實。然而内在的精神是一以貫之的，即二者均非普及讀本，不求全責備，也不是集校和集注，而是

---

① 楊明照著，楊珣、王恩平編：《增訂劉子校注（未完成手稿）》，第 57 頁。
② 楊明照：《劉子校注》，第 1 頁。
③ 楊明照著，楊珣、王恩平編：《增訂劉子校注（未完成手稿）》，第 53、73、78 頁。
④ 《文心雕龍校注》以校勘爲職志，而注釋較少，蓋因范文瀾《文心雕龍注》已著先鞭，從而"詳人所略，略人所詳"，《劉子》則嚮無精善的舊注可資學界利用，故於注釋多所致意。

學術著作，以學術爭鳴爲職志，因而旨在自鑄偉詞，絕不拾人牙慧，有話則長，無話則短，千錘百煉，始造一語。

三

爲了接續楊明照先生未竟的事業，彌補他齎志而歿的遺憾，同時也需要將其生前申報的國家教委課題順利結項，四川大學文學與新聞學院的領導授意陳應鸞教授接手相關資料，續力楊先生完成《增訂劉子校注》。於是，一場學術的接力賽跑開始了。陳教授早年就讀於川大，曾親聆楊先生教誨，畢業後又長期留校執教，撰有《歲寒堂詩話校箋》《林漢隱居詩話校注》等。文新學院領導的授意，無疑是慧眼獨具的。短短不到三年，《增訂劉子校注》便抵於完成。陳教授在《附記》中充滿感慨地寫道：

> 其始也，步履維艱，處處皆如有魚銜鉤，而又難於挈出重淵。第一卷之增訂校注，三易其稿，尚有遺憾。其後，隨著增訂校注工作進一步展開，余對《劉子》及其相關的資料逐漸熟悉了起來，增訂校注工作也逐漸得心應手了，恰如"翰鳥纓繳，而墜曾雲之網"，速度快了起來。余夜以繼日地工作，每日伏案七至八個小時，雙休日亦從未休息過。時至今日，增訂校注已全部完成，當寫這篇《附記》時，回首往事，不禁感慨欷歔，好似誤入王陽畏途，其所歷之曲折艱辛，已不可以言喻矣！[①]

《增訂劉子校注》全稿的順利完成，自然緣於楊先生已爲此做了大量的準備工作，同時又必須歸功於陳教授焚膏繼晷地投入和努力，前後兩代人順利交接，接力賽跑終於抵達終點。但當我們回首這段往事，仍有一樁懸案，本已沉湮海底，却因爲楊先生手稿的發現，而漸次浮出水面。

《增訂劉子校注》今有兩種不同版本：一種爲楊明照、陳應鸞接力完成，由巴蜀書社於 2008 年出版（以下簡稱接力本）；一種爲楊明照先生未完成手稿，由先生哲嗣交付四川大學出版社 2018 年影印出版（以下簡稱手稿本）。接力本的署名方式爲"楊明照校注、陳應鸞增訂"，這本來無可厚非，既顯示出對前賢的尊重，同時又不埋没後賢的努力，前賢後賢，交相輝映，還有比這更恰當的署名方式嗎？但細究起來，却有一個無法迴避的問題，一直盤亘其上。

上揭陳教授《附記》所言整理工作的"步履維艱""曲折艱辛"，其根由在

---

① 楊明照校注、陳應鸞增訂：《增訂劉子校注》，第 9 頁。

於“未見有楊師的增訂校注的列印稿或手稿”①，如果有清寫稿在，即便是草稿，整理工作也會變簡單許多。因爲沒有見到任何手稿，而先生的研究計畫又失之簡略，因而對於增訂校注的體例，就必須重新摸索一番。按照陳教授的説法，他最後是模仿了《劉子校注》的格式：

> 先分條録《劉子》的原文，次列楊師原來的校注，後列余之增訂校注。之所以如此設計，是因爲余之學識遠遜楊師，萬一余之增訂校注中有了錯誤，以便文責自負，免致厚誣前賢。②

第八條凡例又稱：“本書之格式，先分條録《劉子》原文，次列楊師之校注，再殿以余之增訂校注。”③ 兩處説明並無二致，均將“原來的校注”和“增訂校注”涇渭分明地分開，“原來的校注”屬之“楊師”，而“增訂校注”歸“余”，據説這樣區分是爲了“文責自負”。這大概便是陳教授在封面題署“楊明照校注、陳應鸞增訂”的依據吧。但問題是，“增訂校注”明明是接力賽跑，怎麼站在領獎臺上的變成了一個人呢？

陳教授並不諱言楊先生已爲增訂做了大量的準備工作，其中除搜集、抄録許多《劉子》版本和校注材料以及寫定《〈增訂劉子校注〉前言》外，還特別提到四類準備工作中，其“三是在自己的《劉子校注》和王叔岷的《劉子集證》二書中做了許多眉批、旁批”④，這些眉批、旁批的數量究竟有多少，因未見到原書，無從估計，但據“許多”的用語推測，量是不會少的。而且這些眉批、旁批已具備增訂校注的雛形，離清寫定稿只有一步之遙。不知陳教授如何看待這些親筆批註，他在後文只説“余將楊師搜集的有關資料、書籍、複印的版本一併拿來，再益之以余平時所知的資料，又查閲了楊師未曾複印的一些版本”⑤，似對這類資料有意無意回避。整理前賢的著作，當然要採取“拿來主義”的方式，但會不會有攘爲己有之嫌呢？

手稿本的發現和刊布，使這些猜測不再是捕風捉影。通過對手稿本和接力本的比較，發現接力本不論是校記還是注文均有所增補，其中校記的數量甚夥，與手稿本校記的精簡恰成鮮明對照。注文也有少量增益，但更多的是承襲前人，而且承襲之迹昭然。如《清神篇》首句“形者，生之器也”下：

---

① 楊明照校注、陳應鸞增訂：《增訂劉子校注》，第 8 頁。
② 楊明照校注、陳應鸞增訂：《增訂劉子校注》，第 9 頁。
③ 楊明照校注、陳應鸞增訂：《增訂劉子校注》，第 37 頁。
④ 楊明照校注、陳應鸞增訂：《增訂劉子校注》，第 8 頁。
⑤ 楊明照校注、陳應鸞增訂：《增訂劉子校注》，第 9 頁。

按《文子・九守》（守弱）："夫形者，生之舍也。"（《淮南子・原道篇》同）《史記・自序》："（司馬談《論六家要指》）形者，生之具也。"又按《易・繫辭上》"形乃謂之器"韓注："成形曰器。"孔疏："體質成器，是謂器物，故曰形乃謂之器。言其著也。"《文心雕龍・原道篇》："有心之器，其無文歟！"即以人爲有心之器，詁此正合。（手稿本）①

按，《文子・九守・守弱》："夫形者，生之舍也。"《易・繫辭上》："形乃謂之器。"韓康伯注："成形曰器。"《文心雕龍・原道》："有心之器，其無文歟。"以人爲言，詁此尤合。（接力本）②

《淮南子・原道》《史記・自序》已見於"楊校注"，"增訂"部分自然回避，其它手稿本所揭引文均被襲於接力本"增訂"部分，其順序亦同。《文心雕龍》引文後按語稱"以人爲言，詁此尤合"，亦與手稿本"以人爲有心之器，詁此正合"的表述酷肖。

又如《韜光篇》"是故翠以羽自殘"句下：

按《古文苑》揚雄《太玄賦》："翠羽㜺而殃身兮。"章注："㜺，古美字。"《金樓子・立言篇下》："夫翠飾羽而體分。"又《雜記篇上》："翠所以可愛者，爲有羽也；而人殺之何也？爲毛也。"《蘇子》："翠以羽殃身。"（《書鈔》九九、《御覽》九三八引）（手稿本）③

按：《蘇子》："翠以羽殃身。"（《書鈔》九九、《御覽》九三八引）蘇子，原注："名淳。"《金樓子・立言下》："夫翠飾羽而體分。"又《雜記上》："翠所以可愛者，爲有羽也；而人殺之，何也？爲毛也。"（接力本）④

《古文苑》揚雄《太玄賦》及章注已見於"楊校注"，接力本自不必再引，其它手稿本所揭引文均被襲於接力本"增訂"部分。標注《蘇子》出處爲《北堂書鈔》卷九九、《太平御覽》卷九三八，亦與手稿本毫無二致。頗疑上揭兩段注文楊先生已批註於舊稿眉端，接力本"拿來"照録，稍加覆核原文即可鋪衍成文。類似的情況在接力本"增訂"部分所在多有，可謂不勝枚舉。

還有一種情況是接力本"增訂"部分與手稿本同中有異。如《崇學篇》"性情未煉，則神明不發"句下，接力本先引《荀子・勸學》"積善成德，而神明自得，聖心備焉"，已見於手稿本，而復引《説苑・建本》"故善才之幼者，必勤於學問，

---

① 楊明照著，楊琇、王恩平編：《增訂劉子校注（未完成手稿）》，第53頁。
② 楊明照校注、陳應鸞增訂：《增訂劉子校注》，第70頁。
③ 楊明照著，楊琇、王恩平編：《增訂劉子校注（未完成手稿）》，第107頁。
④ 楊明照校注、陳應鸞增訂：《增訂劉子校注》，第106頁。

以修其性"云云①，與手稿本引《説苑·建本篇》"學者，所以反情治性，盡才者也"句不同②。至於手稿本所引《大戴禮記·勸學篇》《白虎通德論·辟雍篇》則未見於接力本。又如"山抱玉而草木潤焉，川貯珠而岸不枯焉"句下，接力本引《文子·上德》《淮南子·説山》及《史記·龜策列傳》，均已見於手稿本，而末尾引《文選》陸士衡《文賦》"石韞玉而山輝，水懷珠而川媚"句則不見於手稿本③，表明接力本在襲取現成材料的同時，又予以增補或抽換。

在校勘上，接力本號稱："鸞按，何允中本、《子苑》、《纂要》、《雜説》、《金丹》、實曆本、《七籤》七種版本，爲迄今學界研治《劉子》者不曾用及之版本，本增訂校注首次用及。"④然而以上七種版本均爲楊明照先生所搜集和複印，楊先生利用這七種版本進行校勘，發現異文並寫入校記，均已見於手稿本。其中，明抄本《子苑》及明刊本《彭氏類編雜説》二本所錄《劉子》異文，乃筆者奉楊先生之命在四川大學圖書館一一抄録，因此印象特別深刻。故此不妨説，無論校勘還是注釋，楊明照先生於生前搜訪和抄録的資料，已然奠立了《增訂劉子校注》的格局，離清寫成稿僅在咫尺之間。楊先生研治《劉子》的成績，並非像接力本《增訂劉子校注》所顯示的那樣，僅僅止步於《劉子校注》。所謂"楊校注"和"陳增訂""楊師之校注"及"余之增訂校注"的説法是不盡符合實際的。

一方面，因爲楊明照先生校注手稿的失落，在未明體例之下不得不多方摸索，又不時益以新材料，陳應鸞教授接力楊先生完成《增訂劉子校注》，堪稱是作者劉晝及校注者楊明照二氏之功臣。另一方面，以卷一、卷二前七篇而論，接力本"增訂"內容大多已見於手稿本，顯示楊先生手自批註的增訂校注已頗具規模；既然立足於前賢所蒐材料，且往往襲取其眉端或行間批注，自家發明較少，而言必稱"余之增訂校注"，似尚值得訾議。

綜而言之，楊明照先生在學術起步階段就與《劉子》相遇相知，而在走向生命終點時念念不忘的仍是該書。正所謂造次必於是，顛沛必於是，始終未曾忘懷。《增訂劉子校注》手稿是楊先生的絕筆之作，雖然終未成全璧，留下缺憾，然而體例純熟，材料豐沛，堪稱是先生校讎事業登峰造極的代表作品，蘊含有極爲重要的學術和史料價值，亟待引起學界的廣泛關注和深入研究。

王京州　暨南大學文學院教授

---

① 楊明照校注、陳應鸞增訂：《增訂劉子校注》，第 121 頁。
② 楊明照著，楊珣、王恩平編：《增訂劉子校注（未完成手稿）》，第 133 頁。
③ 楊明照校注、陳應鸞增訂：《增訂劉子校注》，第 124 頁。
④ 楊明照校注、陳應鸞增訂：《增訂劉子校注》，第 17 頁。

明文淵閣書籍的傳布與影響

劉　仁

　　文淵閣作爲明代最重要的官方藏書機構，其繼承宋元内府藏書的藏弄來源使其重要性毋庸置疑。然而，文淵閣藏書與前代官方藏書具有不同的命運。前代官方藏書的散亡，多因易代之際的戰火或偶然性的火災。文淵閣藏書的流散則主要在於其保管的不善，據《明史·藝文志》記載："萬曆間，中書舍人張萱始請於閣臣，躬自編類，更著目録，則視前所録十無二三。"[①] 可見，尚未易代，其藏書已經幾於散佚殆盡。

　　只是，"典藏的目的在於流通和利用"[②]，書籍的散佚與書籍的消亡不同，在散佚過程中仍然可見文淵閣書籍的流通與明代人對它的利用。就某些書籍而言，明人的刊刻與利用決定了我們今天所能看到的文本面貌，而來源於文淵閣藏書的在其中佔據了重要的地位。可見，文淵閣藏書在書籍史上發生了切實的影響，而關於其發生影響的具體過程尚有待厘清。明代士人如何利用文淵閣藏書？文淵閣書籍的傳布對明代書籍形態的影響程度如何？士人群體的書籍刊刻行爲背後蘊含了什麼心態？都是值得我們探尋的問題。

---

① （題）萬斯同：《明史》卷一百三十二，《續修四庫全書》本（第 326 册），第 246 頁。

② 程千帆、徐有富：《校讎廣義·典藏編》，齐鲁书社，1998 年版，第 502 頁。

庶吉士制度與書籍傳抄

文淵閣藏書的流通和利用與明代實行的庶吉士 "讀中秘書" 有緊密的聯繫，"讀中秘書" 主要是在新科進士中簡選一批優異者——庶吉士，讓他們利用文淵閣的藏書專心學習，提高自身的素養，以便將來有大用於國家。這項制度開始實行於永樂三年（1405），地點就在文淵閣。雖然，此後施行無定制，且地點也有改變。但其實質，即利用文淵閣藏書進行學習的目的是不變的。雖然利用文淵閣藏書的不僅僅是庶吉士，但我們可以借由其藏書對 "讀中秘書" 的庶吉士的開放程度爲基準，來擬測其他官員們能被允許利用藏書的程度。

萬曆六年（1578）[①]，管志道曾上一篇極有影響的奏疏，曰《直陳緊切重大機務疏》，其中一部分簡要地概述了此前 "讀中秘書" 的演變情形。文曰：

> 二祖始選庶吉士，皆令肄業文淵閣，讀中秘書，常親自校試，驗其進修，務在通達國體，薰陶德性，以儲異日之用。自正統以後，掄選多非出自聖意，而從閣臣議請舉行，亦不得讀中秘書，而以《唐詩正聲》《文章正宗》爲日課，不知將來所以備顧問、贊機密者，果用此糟粕否乎？……臣謂自今以後，如復選庶吉士，則當求二祖作養之初意，……嘉靖中曾曠十餘年弗選，……[②]

管志道的奏疏透露了這樣的情形，"自正統以後，掄選多非出自聖意，而從閣臣議請舉行，亦不得讀中秘書，而以《唐詩正聲》《文章正宗》爲日課"，中秘書俱在，爲何却又不得讀中秘書，只能以《唐詩正聲》《文章正宗》等書作爲日課？

"讀中秘書" 所以會出現這種名不符合實的現象，從黃佐《翰林記》的記載中，可以察覺到一些蹤迹：

> 自正統以前，凡官本院者，每朝退，即入閣中檢所未見書，盖館閣無政事，以討論考校爲業，故得縱觀中秘，而受命進學者亦與焉。景泰時，

---

① 據王世貞《管比部奏疏序》曰 "當江陵相君之有父喪，意不欲去位而天子詔留之……，至明年乃熟計天下大利弊凡九條可萬言上之朝"，張居正 "奪情" 之議在萬曆五年，"明年" 所上的 "熟計天下大利弊凡九條" 者即指此疏，可知此疏上于萬曆六年。王世貞序見《弇州山人四部續稿》卷五十三文部，《四庫提要著錄叢書》本（集部 120 册），北京出版社，2010 年 12 月，第 695—696 頁。

② 陳子龍等輯：《皇明經世文編》，《續修四庫全書》本（第 1661 册），上海古籍出版社，2003 年，第 180 頁。

編修周洪謨輩尤出入自恣，始爲内閣所扃鑰^①。

從時間上看，其記載與管志道所説"自正統以後，……亦不得讀中秘書"相合，當爲實情。其中"受命進學者"，蓋指"讀中秘書"者。所謂"自恣"者，可能是有偷竊行爲，或對藏書有某種破壞的行爲，使得内閣的藏書不再向翰林院中的官員開放，選爲翰林院庶吉士的"讀中秘書"者，自然也就無法輕易地接觸到文淵閣藏書了。

但在正統以前，翰林院官員是否可以"縱觀中秘"呢？南京文淵閣時期應當可信。但移都北京後恐怕未必，雖然材料不足難以確證，但可從幾個方面進行推測。據楊士奇《文淵閣書目》卷前的《題本》，"自永樂十九年，南京取回來，一向於左順門北廊收貯，未有完整書目"。正統六年（1441）楊士奇等所編《文淵閣書目》著錄書籍七千余部，如此浩繁的藏書，在沒有"完整書目"的情況下，恐怕很難得到很好的利用，更無法談到"縱觀中秘"。又，筆者曾檢閲楊士奇《東里文集》及《東里續集》中所有藏書題跋 211 篇，竟無一部書與文淵閣藏書有關。且從筆者考察到的書籍傳抄情況來看，全部都在正統以後。所以"縱觀中秘"恐怕也只是黄佐的臆測了。

正統以後，文淵閣藏書的難以借閲，從丘濬的經歷中可以得到驗證。丘濬"三十四登進士第，選讀書中秘，見《曲江集》列名館閣羣書目中，然木天之中，卷帙充棟，檢尋良艱，計求諸掌故，凡積十有六寒暑，至成化己丑（1469）始得之，乃併與余襄公《武溪集》手自錄出"^②。丘濬爲景泰五年（1454）進士，當年即被選爲庶吉士，後一直任職翰林院直至成化十三年（1477）升任國子監祭酒^③。其自述在"讀中秘書"後十六年才得抄錄了《曲江集》和《武溪集》，丘濬所述原因是"檢尋艱難"。雖然何喬新所作丘濬墓誌説他"及選爲庶吉士，讀書秘閣，自六經諸史九流箋疏之書，古今詞人之詩文，下至醫卜老釋之説，靡不探究"^④，但恐怕是溢美的套語。若真能徧讀群書，爲何又連一直搜求的兩種文集都會"檢尋艱難"。真正的情況是文淵閣藏書根本就不會讓"讀中秘書"者閲讀，丘濬在翰林院任職許久之後，才憑藉一定的地位和關係得以一窺所藏。

---

① 黄佐：《翰林記》卷十二，《景印文淵閣四庫全書》本（第596册），臺灣商務印書館，1986年，第984頁。

② 丘濬：《瓊臺詩文會稿重編》卷十七，《四庫提要著錄叢書》本（集部264册），北京出版社，2010年12月，第359頁。

③ 何喬新：《椒丘文集》卷三十，《四庫提要著錄叢書》本（集部39册），北京出版社，2010年12月，第493—495頁。

④ 同上。

還有另外一個旁證。李開先爲明代大藏書家，有"藏書萬卷樓"，有詩曰《積書省悟》，於"借抄先館閣"句下自注云："内書，原陳芳洲奏請自南都移來，共八十厨，掌以典籍，後遷代不常，因而攘竊抵換，存者無幾。例許抄覽，必先具領狀，以時繳納，世所謂讀中秘書者是也。今館中諸君不得如前，聞只市書而已。"①李開先爲嘉靖八年（1529）進士，雖然未被選爲翰林院庶吉士"讀中秘書"，且對"館中諸君"的情況也只是"聞"，並非親身經歷，但李開先一直在京任職，又是有心求書之人，對内閣藏書的應當是有所留意的，故其所述情形，也應當是真實的。

但，至晚在萬曆十四年（1586）時，文淵閣的藏書又重新對"讀中秘書"的庶吉士們開放了，而且開放的程度非常高。與管志道上疏時間相去不遠，應當就是因爲管志道的上疏被採納的緣故。

王肯堂《鬱岡齋筆塵》卷二中的一條材料因爲余嘉錫先生在《目錄學發微》中曾徵引，用來說明文淵閣書籍的流散，故後來者亦多引之。但是，此處我們想從對"讀中秘書"的書籍開放程度的角度進行解讀，其文如下：

> 文淵閣藏書皆宋元祕閣所遺留，雖不甚精，然無不宋板者，因典籍多貲生，既不知愛重，閣老亦漫不檢省，往往爲人取去。余嘗於溧陽馬氏樓中見種類甚多，每册皆有"文淵閣印"。己丑，既入館閣，師王荆石先生謂余與焦弱侯曰：君等名爲讀中祕書，而不讀中祕書，何爲？吾命典籍以書目來，有欲觀者，可列其目以請。少頃典籍果以書目來，僅四册，凡余所見馬氏書已去其籍矣，及按目而索，則又十無一二，存者又多殘缺，訊之，則曰：丙戌，館中諸公領出未還故也。時館長彭肯亭（烊）②已予告歸，無從覈問，試以訊院吏，院吏曰：今在庫中。余大喜，亟命出諸庫，視之，則皆易以時刻，人、事、書非復祕閣之舊矣，余亟令交還典籍，典籍亦竟朦朧收入，今所存僅千萬之一，然猶日銷月耗，無一寔心保護者，不過十年必至於無片紙隻字乃已，甚可數也。③

按《明史》，載王肯堂爲"萬曆十七年進士，選庶吉士，授檢討，博覽群籍，

① 李開先：《李中麓閒居集》詩卷二，《四庫全書存目叢書》（集補 92 册），齊魯書社，1997 年 7 月，第 374 頁。

② 括號内爲原文之小字注。

③ 王肯堂：《鬱岡齋筆塵》卷二，《四庫全書存目叢書》本（子部 107 册），齊魯書社，1995 年 9 月，第 659 頁。

聲著館閣"①。萬曆十七年（1589）歲在己丑，王錫爵（即王荆石）明言王肯堂與焦竑爲"讀中秘書"，則其二人身份當爲庶吉士。而王錫爵主動要求他們讀文淵閣所藏書，與前丘濬的訪求而不得形成了鮮明的對比。

容易接觸到文淵閣藏書的庶吉士不自王肯堂始，至少"丙戌（1586），館中諸公"就已經可以很隨意得使用。需要稍加說明的是，此處"館中諸公"指的并非内閣大臣，而是庶吉士。這可以從彭肯亭"館長"的身份上得到確證。

"館長"爲庶吉士中最年長者之稱呼，據張四維《光禄大夫太子太保禮部尚書兼文淵閣大學士贈少保諡文莊馬公自强墓誌銘》可知："（馬自强）登進士，選翰林庶吉士。故事：吉士年長者，總挈諸務曰館長。人多匿年避之，公年在數人下，獨不避，諸所綜理咸盡善，愜於衆心，前後鮮及之者。"②又據［康熙］《江西通志》，彭肯亭爲萬曆十四年（1586）進士③，歲在丙戌。《明實録》萬曆十六年十月，"大學士申時行等題授庶吉士林承芳、吳應賓、袁宗道、全天叙、蕭雲舉、王圖、彭烊、黄汝良銓註翰林院編修簡討。"則彭氏確被選爲庶吉士，並且應當是其中最年長者。則所謂"丙戌，館中諸公領出未還"者，乃是指萬曆十四年讀中秘書之庶吉士"領出未還"。

其所以稱"館中"諸公，且有"領出"之事者，是因爲此時讀中秘書的地點在翰林院。前文提及"讀中秘書"制度開始實行于永樂三年，且地點就在文淵閣。因永樂年間内閣制度興起後，原本附屬於文淵閣的内閣逐漸權重，永樂遷都北京后，以文淵閣作爲内閣的主要辦公地點，其原本作爲藏書機構的職能則退居其次。④而且南京文淵閣的藏書自永樂十九年（1421）運到北京後，"一向於左順門北廊收貯存"，直至正統六年（1441），才經由楊士奇等人移貯於文淵閣。文淵閣顯然已不再適合作爲"讀中秘書"的地點。《國朝典彙》"庶吉士"類，成化元年（1465）十二月條記載，"自正統以來所選庶吉士，内閣奏請學士二員，於翰林公署教習，與祖宗時文華堂、文淵閣舊規不同"⑤，可知至晚在成

---

① （題）萬斯同：《明史》卷三百一十八，《續修四庫全書》（第 329 册），上海古籍出版社，2001 年，第 500 頁。

② 張四維：《條麓堂集》卷二十六，《續修四庫全書》（第 1351 册），上海古籍出版社，2001 年，第 696 頁。

③ 謝旻：［康熙］《江西通志》卷五十五，《景印文淵閣四庫全書》（第 514 册），臺灣商務印書館，1986 年，第 798 頁。

④ 張升：《明文淵閣考》，《故宫博物院院刊》，2002 年第 5 期，第 68—73 頁。

⑤ 徐學聚：《國朝典彙》，《四庫全書存目叢書》（史部 265 册），齊魯書社，1996 年 8 月，第 413 頁。

化元年，"讀中秘書"的地點已經轉移到了翰林院公署①。所以，"讀中秘書"的
庶吉士們需要將文淵閣藏書借至翰林院，而借出的藏書卻并未歸還到文淵閣，
只是歸還到了翰林院的書庫中，由於借書地與還書地不一，所以"丙戌諸公"
將通行本的"時刻"抵換秘閣所藏的珍稀舊本，而至王肯堂入館時，丙戌科的
庶吉士已經散館，故而無從查驗。

其實，"領出未還"者并不只有"丙戌"的"館中諸公"，與王肯堂同讀"中
秘書"的焦竑即有此行爲。焦竑《答茅孝若》曰："頃僕所藏洪熙御府本一，抄
出閣本《外集》一，閣本《尺牘》一、《長短句》一……，《尺牘》閣本可謂精備，
稍有別見者，兒輩復增入之，殆前此所未有也。"②茅孝若即茅維，萬曆三十四
年（1606）曾刊刻《東坡全集》，焦竑答信即爲此事。焦竑在信中兩次提到《東
坡尺牘》爲"閣本"，且前一次在"抄出閣本"之後特別強調，可知這個"閣本"
不是抄本，而就是原來閣中的藏書。

從以上的情形可以很明顯地看出，文淵閣藏書的開放程度確實提高了。

這一時期，内閣藏書不僅僅只是對"讀中秘書"者開放，其整體的管理都
比之前鬆動，而書籍的抄寫則較之前爲容易，且抄寫卷帙也有增長。萬曆二十

---

① 需要説明的是，永樂遷都北京後，直至正統七年（1442），翰林院才新建公署。《翰林記》
卷一："永樂中，行在本院官仍在禁内供奉，不别立公署。正統七年八月，有詔復建於京師長安左
門外，玉河西岸鑾駕庫之右，而東岸則爲詹事府焉。命中官陳姓者督工，踰年落成。"南京本建有
翰林院公署，北京一直不建翰林院公署，是因爲"國朝建官，以本院爲近侍衙門，故公署雖在外，
而僚屬相聚恒在館閣"，翰林院有無公署關係不大。所以，"讀中秘書"的地點移至翰林院的時間
至早不得超過正統七年。在移至翰林院公署之前其讀書地點則應當在東閣。翰林院官平日僚屬辦
公一般在東閣或者史館。《翰林記》卷一曰："同僚相與，每常朝畢，本院官立東閣前，竢大學士至，
入閣中，講讀、史官皆序立，圜揖而退。五經博士而下，揖於閣外，出，復序立於史館前，亦圜揖，
揖畢，各書公會乃入館修書史，待宣召日昃而出。"即便正統七年建成后，"公署惟履任齋宿始一至。
若掌印官查公移收放俸糧，則莅院視事"（《翰林記》卷一）。院官仍然在東閣或史館處理日常公
務，此前必然也是如此。那麼作爲翰林院官日常活動地點的東閣或史館最有可能作爲"讀中秘書"
的地點。考《翰林記》卷二"東閣儲用"條云："正統丁卯，詔選本院官之有譽望者入東閣讀中秘
書，修撰劉儼、商輅，編修陳文、吕原等，凡十人，且命之侍經筵，日在内府進學不倦，蓋儲之
以待大用也。其後多入内閣爲名臣者，然非職掌之舊，殆與庶吉士同矣。"《國朝典彙》卷六十五
云："景泰二年，選進士吳滙、周與、戚瀾、張永、吕晟、王献、劉宣、俞欽、相傑、楊守、陳章
緣、張業、金文、鍾清、田斌、章表、楊旻、彭信、劉泰、江朝宗二十人爲庶吉士，於東閣讀書。"
正統丁卯和（十二年，1447）景泰二年（1451）雖然都在正統七年翰林院公署落成之後，但是二
者指向了同一個地點——東閣。正統丁卯所選"讀中秘書"者，雖非常例，但是將地點放在東閣，
應當不是隨意的，且其言"與庶吉士同"，當是指庶吉士也在此處。景泰二年的簡選屬於常例，仍
然在"東閣讀書"，由此我們可以斷定，在永樂中至景泰二年間，庶吉士"讀中秘書"的地點就是
在東閣。而移至翰林院公署的時間在景泰二年至成化元年之間。

② 焦竑撰：《澹園續集》卷五，《四庫禁毁書叢刊》（集部 61 册），北京出版社，第 619 頁。

年（1592）進士的謝肇淛曾抄有內閣圖書多種，他在《答徐興公①》中說："內閣所鈔者，則楊文公《武夷集》、晁公武《讀書志》、陳用之《論語解》，陳後山、王東皋、晁以道諸集……"② 此外，筆者所考察到的謝氏曾抄自內閣的書籍還有《王黃州小畜集》三十卷③、《古靈先生文集》二十卷④、《謝幼槃文集》十卷⑤、《景迂生文集》二十卷⑥。據《明詩綜》⑦，謝氏未進入翰林院或內閣。葉向高《小草齋集序》言，"余在綸扉，公方郎水部，日從余借秘書抄錄，錄竟即讀，讀竟復借，不浹歲而幾盡吾木天之儲。"⑧ 可見謝氏即便在任職於工部時，仍能得窺中秘藏書，實乃其鄉前輩葉向高之力。謝氏借閱圖書之輕易，與丘濬之艱難形成了鮮明的對比。

另外，謝氏之所以能抄錄大量的書籍，是因爲有抄手的出現。《謝幼槃文集跋》曰："幼槃詩文不傳於世，此本從內府借出，時方沍寒，京師傭書甚貴，需銓旅邸，資用不贍，乃自爲鈔寫，每清霜呵凍，十指如槌，幾二十日始克竣，袠藏之於家，亦足詫一段奇事。"⑨ 因爲天氣寒冷而導致"傭書"價格高，所以無力請抄手抄錄，無疑在價格合適的時候，謝氏是會請抄手抄寫的，且特地將這件事記錄下來，說明了此事的特殊性，可以想見上述的大部分書籍應當都是請抄手抄錄。雖然謝氏說"從內府借出"，且我們不太清楚書籍能夠被帶"出"的範圍，但是仍然有理由相信內閣藏書的開放程度是提高了。因爲與之前的抄寫的抄寫活動中幾乎都沒有出現"傭書"者。《曲江集》《武溪集》二種，丘濬是"手自抄錄"⑩；《孫可之文集》，王鏊是"手錄以歸"⑪；《范太史文集鈔》，程敏

---

① 徐興公即徐熥，有藏書之處曰"紅雨樓"。
② 謝肇淛：《小草齋文集》卷二十一，《四庫全書存目叢書》（集部176冊），第243—244頁。
③ 有謝氏小草齋鈔本，今藏國家圖書館。
④ 謝氏《過陳述古先生故居》詩之引言述及此事。《小草齋集》卷二十三，《四庫全書存目叢書》（集部175冊），第422頁。
⑤ 見後文。
⑥ 有謝氏小草齋鈔本，今藏南京圖書館。
⑦ 《明詩綜》卷六十二曰："（謝肇淛）萬曆壬辰進士，除湖州推官，移東昌。遷南京刑部主事，調兵部，轉工部郎中，出爲雲南參政，升廣西按察使，歷左布政使。"
⑧ 葉向高：《蒼霞餘草》卷六，《四庫禁毀書叢刊》本（集部125冊），北京出版社，第464—465頁。
⑨ 謝肇淛：《小草齋文集》卷二十一，第272頁。
⑩ 見後文所引。
⑪ 王鏊：《震澤集》卷十二，《景印文淵閣四庫全書》本（第1256冊），臺灣商務印書館，1986年，第264頁。

政是"手摘抄"①；正是因爲只能自己抄録，所以之前的抄寫者所抄録的都只有寥寥數種，程敏政所抄雖略多，但程敏政十歲即"以神童薦於朝，命讀書翰林院"②，且所抄者又都是因爲"力不足"故而"摘抄"。

總之，北京文淵閣書籍，自永樂十九年（1421）從南京取來後，一直貯藏於左順門北廊，至正統六年（1441）前後才移貯於文淵閣之東閣，並於正統六年六月由楊士奇等編成《文淵閣書目》③。永樂十九年至正統六年之間因爲無有藏書目録，使用不便，所以利用程度不高。正統六年至景泰間，應當是一段短暫的藏書開放時期。景泰後，由於翰林院官員等的行爲不端，閣臣鎖閉了內閣藏書，又進入了一段比較封閉的時期。萬曆六年（1578）之後，由於管志道的建議，內閣藏書重新開放，藏書的利用變得比較便利。在內閣藏書的開放程度不高的情況下，能接觸到文淵閣藏書的主要是內閣的官員，書籍的流布是較爲困難的。內閣藏書開始程度提高後，雖然書籍的流散加劇，但是書籍的傳抄也大量增加。

以文淵閣藏書爲底本的書籍刊刻

因文淵閣藏書繼承宋元內府秘書的特點，使得許多天壤間的孤本僅見於文淵閣內，故而明代流傳的許多典籍都是以文淵閣藏書作爲參校本或作爲底本進行刊刻的，由此對明代的書籍形態產生了深刻的影響。

舉例言之，當今的我們可以得見蘇軾詩文的全貌，主要歸功於明代幾次重要的蘇軾詩文集刊刻，而文淵閣藏書以其充分的參與度，在其中發揮了不可忽視的作用。蘇軾詩文集版本中，以"七集"本最爲接近蘇軾生前所編訂的原貌。蘇轍所作《亡兄子瞻端明墓誌銘》記載："至其遇事所爲詩騷銘記書檄論譔，率皆過人，有《東坡集》四十卷、《後集》二十卷、《奏議》十五卷、《內制》十卷、《外制》三卷。公詩本似李杜，晚喜陶淵明，追和之者幾遍，凡四卷。"④共有六集。"七集"只是在"六集"的基礎上加上了《應詔集》十卷，其最早著録者見於《郡齋讀書志》。

---

① 見程敏政《題范太史文集鈔》，《篁墩集》卷三十九，《景印文淵閣四庫全書》本（第1252册），臺灣商務印書館，1986年，第687頁。

② 焦竑輯：《國朝獻徵録》卷三十五，《續修四庫全書》本（第526册），上海古籍出版社，2003年，第681頁。

③ 參見《文淵閣書目》前之《文淵閣書目題本》，《明代書目題跋叢刊》本（上册），書目文獻出版社，1994年1月，第2頁。

④ 苏辙：《欒城後集》卷二十二，《苏辙集》，中华书局，2017年10月，第1127頁。

而“今人所見刊刻最古、保存完整”的“七集”本乃是成化四年（1468）程宗刻本①，此本就與文淵閣藏書有關。成化刻本《蘇文忠公全集》之分集與《郡齋讀書志》所著録雖有不同，但只是以《續集》之名取代了《和陶集》并有所增補，大體仍保持“七集”原貌。據其卷首李紹序云：

> 大蘇文惟吕東萊所編文選與前數家并行，然僅十中之一二，求其全集則宋時刻本雖存，而藏於内閣，仁宗亦嘗命工翻刻，而歐集止以賜二三大臣，蘇集以工未畢而上升遐矣，故二集之傳於世也獨少，學者雖欲求之，蓋已不可易而得矣，海虞程宗自刑部郎來守吉，……得宋時曹訓所刻舊本及仁廟所刻未完新本，重加校閲，仍依舊本卷帙，舊本無而新本有者，則爲續集，并刻之。

可知，成化時蘇軾詩文全集已經難以尋覓，時任吉安知府的程宗謀求刊刻。尋找到二種版本作爲底本，一爲宋曹訓刻本，一爲明洪熙年間的内刻本。據〔正德〕《袁州府志》，曹訓曾爲袁州知州，蓋刊刻蘇軾文集於任上。吉安、袁州相鄰，故程宗得以訪得其舊刻本。洪熙間内刻本乃是一未完之本，因爲“工未畢而上升遐”，據上李紹序文洪熙本乃是以内閣所藏之宋刻本爲底本翻刻②，此本蓋得於胡廣家。所可知者，因程宗所主持的與蘇集前後相繼刊刻的《歐陽文忠公全集》亦是以一洪熙内刻本爲底本，歐集的底本之來由，據其集前錢溥序文乃是“胡文穆公子永肅持其家藏内閣明本以獻”，胡文穆即胡廣，胡廣雖卒於永樂十六年（1418），仁宗時蓋曾賜書於其家。

序文云“依舊本卷帙”，則曹訓本當爲“七集”本，“洪熙本總爲一集，盡去前、後、續、别之名，以諸體爲序”③，顯然是分類編纂本，而非“七集”本。正是洪熙本的參與使成化本的“《續集》”代替原“七集”本中的“《和陶集》”，形成了新的“七集”本，文淵閣藏書以這種間接的方式影響了程宗刻本的形態。成化本刊成後，嘉靖十三年（1534）江西布政司又以成化本爲底本重刊，清光緒三十四年（1908）宝华盦影刊明成化本，唯附有繆荃孫校語。中華書局《四部備要》又据繆校本排印，流布漸广，成爲當時通行的“东坡七集”本。④

① 劉尚榮：《蘇軾著作版本論叢》，巴蜀書社，1988 年 3 月，第 3 頁。

② 關於洪熙本與成化本的探討，可參考江枰《明代蘇文研究史》第一章第二節，江西人民出版社，2012 年 12 月，第 35—44 頁。

③ 焦竑：《答茅孝若》，《澹園續集》卷五，《四庫禁燬書叢刊》本（集部 61 册），北京出版社，第 619 頁。

④ 參余嘉錫《四庫提要辯證》中《東坡全集》條辯證，及劉尚榮《蘇軾著作版本論叢》。《四庫提要辨證》卷二十二，中華書局，2012 年 2 月，第 1365 頁。

明萬曆三十四年（1606）茅維所刊七十五卷本的《東坡全集》也是蘇軾文集的重要刻本。茅維爲“唐宋派”散文家代表人物茅坤季子，據《明史·茅坤傳》附傳：“（維）字孝若，能詩，與同郡臧懋循、吳稼澄、吳夢陽並稱四子。嘗詣闕上書，希得召見陳當世大事，不報”，顯然屬於士人階層，其刻書行爲必然也不是純粹的商業行爲。茅維對其所編本極有自信，“今之散見於世者，庶無掛漏”（茅維序）。所以，雖然茅維刊本有文無詩，但有著他本無法比擬的優點，“一是資料齊全，尤以題跋、尺牘收錄最多”，“二是編排大體合理，全書按文體及内容分類，大類下又列細目，同類文章多數還能按寫作時間排比，便於尋檢和研讀”①，故而今中華書局點校本之《蘇軾文集》選擇此本爲底本。

這樣一部重要的蘇軾文集刻本亦與文淵閣藏書有著密切的聯繫。文集卷首茅維序曰：“迄今徧搜楚越，并非善本，既嗟所闕，復憾其訛，丐諸秣陵焦太史所藏閣本《外集》，太史公該博而有專嗜，出示手校甚夥，……而今之散見於世者，庶無掛漏，爲集總七十五卷，各以類從，是稱蘇文忠公全集云。”知茅維爲了刊刻的精善，曾向焦竑借得“閣本《外集》”作爲參考。據上文已引述焦竑之《答茅孝若》一札言將其“所藏洪熙御府本一，抄出閣本《外集》一，閣本《尺牘》一、《長短句》一，……并奉去，統候裁擇”②，則茅維所借和所用當不止《外集》一種。比如：其尺牘收錄多於他本，當即以“閣本《尺牘》”爲據，因焦竑信中言“尺牘閣本可謂精備，稍有別見者，兒輩復增入之，殆前此所未有也”。

焦竑所藏的抄文淵閣本《外集》是蘇軾詩文集版本系統中一個極爲特殊但又十分重要的版本。《外集》編纂於南宋時期，據《外集》原編者之序，《外集》之編纂是爲了補充當時的一個善本——“姑蘇所傳《前、後集》六十卷”本，編者取材於當時所見的二十四種蘇軾詩文集及蘇軾的手迹，經過了審慎的去取，刊定爲《外集》。由於《外集》本的史料來源廣泛，且編校認真，故而具有特殊的價值，其間往往有可以補缺正訛以及提供詩文繫年信息之處。③然而，此本元、明間即流傳不廣，《四庫全書總目》亦不重視此本，將其入存目。

今人可以得見此本，乃因萬曆三十六年（1608）在揚州任巡鹽御史的康丕揚主持刊刻了八十六卷本的《重編東坡先生外集》。卷前有康丕揚、毛九苞、焦竑三序。據康丕揚與毛九苞序，這個重編本的底本來自於康丕揚之前所得到的兩個鈔本，一個來自於京都“某學士”的殘缺抄本，另一個則是康丕揚的同年李濟川所贈的全本，而李氏本乃是其游金陵時抄錄而得。據焦竑序云：

---

① 劉尚榮：《蘇軾著作版本論叢》，第 230 頁。

② 焦竑撰：《澹園續集》卷五，第 619 頁。

③ 參劉尚榮，《〈東坡外集〉雜考》一文，見《蘇軾著作版本論叢》，第 111—129 頁。及江枰《明代蘇文研究史》，第 160—173 頁。

蘇長公集行世者，有洪熙御府本、江西本而已。頃學者崇尚蘇學，梓行寖多。……大率紀次無倫，真贋相雜，……最後得《外集》讀之，多前所未載，既無舛誤，而卷帙有序。……其本傳自秘閣，世所罕覯。侍御康公以鹺使至，章紀肅法，厥革利興，以其暇銓叙藝文，嘉與士類，乃出是集，屬別駕毛君九苞校而傳之，而命余序於簡端。①

雖然焦竑在序中并未直言其家藏本《外集》與此刻本有何關係。但其在序中自陳其有此書，而毛序有"語在直指及焦太史序中"之句，說明毛九苞讀過焦竑序文，當知焦竑有此書藏本。一個不算太大膽的推測是，毛九苞應當會借焦竑藏本進行校勘，《外集》的刊刻也應當是受到了文淵閣藏書的影響。

其實，文淵閣藏書影響明代刻書活動的例子還有不少，比如：正德十二年（1517）刊刻的《孫可之文集》，是王鏊因爲難以尋覓此集，故而自内閣抄出後刊行。其實，《孫可之文集》尚有宋本存世，見《楹書隅錄》卷四，今藏國圖。宋本雖然珍貴，但同時也意味著難以得見。正德本刊行後，方才廣爲流傳。後天啓五年（1625）吳馡石香館刻本，崇禎年間黃燁然閩中刻本、閔齊伋刻本，汲古閣三唐人文集本俱以正德刊本爲底本②。可見，以文淵閣傳抄本爲底本的正德刊本才是明代影響最大、流傳最廣的本子。明成化六年（1470）鄒量刊本《道鄉先生鄒忠公文集》，乃王俱抄自内閣，明正德七年（1517）鄒翊刻本、明萬曆四十六年（1618）鄒忠胤刻本俱以成化本爲底本，情況亦與之類似。而謝肇淛抄出的《謝幼槃文集》雖然抄出後沒有刊刻，一直以抄本的形式流傳，但同樣是明清兩代流傳最廣的本子，後世的抄本基本都是以謝氏抄本爲祖本。《愛日精廬藏書志》卷三十、《善本書室藏書志》卷二十八、《鐵琴銅劍樓藏書目錄》卷二十、《皕宋樓藏書志》卷七十八所著錄之舊抄本，皆有有謝肇淛跋，可知俱從謝氏抄本傳錄。《四庫全書》所收亦是謝肇淛所抄本。

劉龍抄自内閣之《郝文忠公陵川文集》，有正德二年（1507）李瀚刊本，爲現存最早刻本；《龍雲先生文集》三十二卷，彭時抄自内閣，有明弘治十八年（1505）劉孟刊本③，乃是存世最早之刻本，《四庫全書》所收亦此本；《汪文定公文集》，程敏政抄出，有明嘉靖二十五年（1546）夏浚刊本。夏浚得程敏政抄本之傳抄本入刻，嘉靖刊本乃此集存世最早之刊本。四庫館臣"以浙江所購程本與《永樂大典》互相比較，除其重複，增所未備，勒爲二十四卷"。

以上所舉事例用來説明文淵閣藏書對明代書籍刊刻的影響，以及經由刊刻

---

① 焦竑撰：《澹園續集》卷一，第 548 頁。
② 詳見萬曼：《唐集叙錄》，中華書局，1980 年，第 301 頁。
③ 《中國古籍總目》著錄爲"劉璋刊本"，蓋未細審劉璋序文。

的手段所發揮的文化傳播與文獻延續的作用應當足夠了。雖然明代文淵閣早已成爲歷史的陳迹，其藏書留存於今者，也只有寥寥的十七種①。早在萬曆三十三年（1605）中書舍人張萱重新整理文淵閣藏書時，對勘正統六年（1441）的《文淵閣書目》的著錄，藏書已然是"視前所錄十無二三"②。必須承認，作爲一個藏書機構，文淵閣是失敗的。但是，作爲曾經存在的一座官方藏書機構，卻不能說它的藏書是無意義的，因爲它真切地對明代的書籍傳播與社會文化發生了影響，並且士人藉助傳抄刻印，將藏書的影響一直延伸到了當下，提醒每個閱讀著那些以文淵藏書爲底本的書籍的讀者它曾經存在過。

書籍的刊刻與地域文化的構建

文淵閣的藏書不僅僅在文獻與知識層面產生了影響，而且其書籍往往作爲一種象徵，或深或淺地形塑著地域文化。這集中體現在士人對於鄉賢遺集的尋求與刊刻上。對鄉賢遺集的熱衷背後，蘊含了士人進行建構"地域文化"的動機。士人熱衷於"地域文化"的建構，無非是想在與"他"者的比較中凸顯出"我"的存在意義與存在的自信力，向內凝聚歸屬感，向外標示獨特性。鄉賢的遺文顯然是"地域文化"的代表，對鄉賢遺文訪求、刊刻、表彰，使往日的文化榮光復現在當下，是增強文化自信力的極好方式。文淵閣以成爲士人訪求鄉賢遺文淵藪的特性，與士人的"地域文化"建構發生了聯繫。而訪求與抄寫是第一步，試舉數例：

閩人登進士第自歐陽詹始，……先生故有文集十卷行世，前輩稱其精於理，而切於情，可知其非止工於辭者，而近世無傳焉。今冢宰福郡林先生始自內閣錄出。（弘治十七年（1504）刊《歐陽行周文集》蔡清序）

正德戊寅，余承乏茲邑，大學士靳戒翁先生喟然歎曰，吾昔自秘閣得宋先正劉漫塘文集，潤之人物在是矣，吾將廣之……（明正德十六年（1521）任佃刊嘉靖八年王杲續刊本《漫塘文集》任佃序）

吾寧山谷先生……，予惟山谷詩文散見宇宙者最多，其全者則寡，初與先兄南山先生求之瓊山閣老丘公，得《豫章集》三十有六卷，訛脫未慊也，最後因亡友潘南屏時用抄之內閣，……（明嘉靖六年（1527）寧州知州喬遷刊本《豫章黃先生文集》周季鳳序）

公，吾邑人，而從其父宦金陵讀書僧舍。……頃余從閣中索而觀之，……

---

①　參劉仁：《明文淵閣存世書考》，《書目季刊》（第 50 卷），2016 年 6 月，第 11—22 頁。
②　（題）萬斯同：《明史》卷一百三十二，《續修四庫全書》本（第 326 册），第 246 頁。

其書尚完善，詩若文共若干卷。……因令人抄録，……（明萬曆三十七年（1609）福唐葉氏刊本《西塘先生文集》葉向高序）

萬曆乙巳（三十三年）春，予校閱中藏書，有《任松鄉先生文集》四帙，乃元至正四年江浙行中書省舊刻。……先生爲予鄉先哲，今其集多亡缺不可得，幸藏在秘閣，歸然若魯殿靈光之獨存，亦予邑文虹之光也。（明泰昌元年（1620）刊本《松鄉先生文集》孫能傳題辭）

值得注意的是，以上所舉的書籍都是刊本。如果説，抄寫鄉賢的遺書，還僅僅只是個人對鄉賢的仰慕。那麼，刊刻鄉賢的遺集，就是有意識地進行地域文化的表彰與建構了。參與地域文化建構的不僅僅是本地出生的士人，還有本地的地方官員。如上所舉《歐陽行周文集》，雖然是出身於閩地的林瀚自内抄出，但其刊刻是在郡守弋陽吳公克明"捐俸"幫助的情況下，才得以"卒其工"。《漫塘文集》與此相似，是與漫塘劉宰作爲同鄉的靳貴抄出，却是於正德間先由地方官任佃先刻成詩的部分，然後於嘉靖間由地方官王臬續刻完成。《豫章黃先生文集》則是在前後兩任郡守葉天爵、喬遷，以及地方官余載仕的努力下刊刻而成。

毫無疑問，士人對建構"地域文化"的表現，與其地域本身的文化發達程度有關，這在對待從文淵閣所抄寫出來的鄉賢文集上也能得到體現。上文所提到的出生海南的丘濬，在借鄉賢文集表彰"地域文化"上表現得極爲熱衷。

丘濬，瓊山人（今海南），景泰甲戌（五年，1454）廷試第二甲第一名，"選爲庶吉士，讀書秘閣"[1]。成化九年（1473）韶州刊刻之《唐丞相曲江張先生文集》與《武溪集》，爲此二種文集存世最早刊本，俱是以丘濬抄自内閣本爲底本。成化五年（1469）丘濬丁母憂返鄉，路經韶州，應韶州守蘇韡等請，留刻於郡，丘濬服喪畢乃作序兩篇，皆收入《瓊臺會稿》。兩本抄於一時一地，兩序亦作於一時一地，兩序可以作一篇文字合觀，以見丘濬之心態。其序張九齡集曰：

古今説者咸曰：唐相張文獻公，嶺南第一流人物也。嗟乎！公之人品，豈但高出嶺南而已哉！蓋自二代以至於唐，人材之生，盛在江北，開元天寶以前，南士未有以科第顯者，而公首以道侔伊呂科進；未有以詞翰顯者，而公首掌制誥内供奉；未有以相業顯者，而公首相玄宗。公薨後四十餘年，浙士始有陸敬輿，閩士始有歐陽行周，又二百四十餘年，江西之士始有歐陽永叔、王介甫諸人起於易代之後。由是以觀，公非但超出嶺南，蓋江以南第一流人物也。公之風度先知見重於玄宗，氣節功業著在信史，播揚於

---

① 據《贈特進左柱國太傅諡文莊丘公墓誌銘》。何喬新，《椒丘文集》卷三十，第494頁。

天下後世。唐三百年賢相，前稱房杜，後稱姚宋。胡明仲謂姚非宋比可，與宋齊名者，公也。由是以觀，公又非但超出江南，乃有唐一代第一流人物也。……①

其標舉張九齡之功績與地位可謂不遺餘力，并通過與"浙士""閩士""江西之士"的對比中，突顯張九齡作爲"嶺南"文化的代表所具有的崇高地位，以提升"嶺南"文化的重要性，而自己所生長"地域文化"的榮光是會一直籠罩在自己的身上，所以在構建"地域文化"的同時，其實也是在爲自身增加"文化資本"。但是，某種心態的産生總是基於補償的心理機制。在不遺餘力地標舉"鄉賢"，以期增加"地域文化"的榮光時，背後所隱藏的必然是文化的不自信。丘濬生長在海南島，張九齡與余靖都是今韶關人，俱屬於嶺外，在唐代被視爲蠻荒之地，雖然明代有較大進步，但相比江南及北方仍有差距。這種心態在此篇序中已微見其蹤迹，如其言"蓋自二代以至於唐，人材之生，盛在江北，開元天寶以前，南士未有以科第顯者。"雖然是在爲張九齡的橫空出世做鋪墊，其實是面對"北方"這一傳統的文化中心時，作爲文化邊緣地帶所顯露的自卑感。這種心態在余靖文集序中有更加明顯的表露：

> 嶺南人物，首稱唐張文獻公、宋余襄公，二公皆韶人也。……予嘗怪柳子厚謂嶺南山川之氣，獨鍾於物，不鍾於人。曾南豐氏亦謂越之道路易於閩蜀，而人材不逮。其然，豈其然乎？夫人材莫大於相業，南士入相在唐僅三數人，張公之後有姜公輔、劉瞻，皆嶺南人也。當是之時，南方之士以功業顯，蓋未有或先之也。進士科興，江以南士固有與者，然多在中葉以後，且終唐之世，未有得掄魁者，張公在開元時，已以道侔伊呂科進，而大中間開建之莫宣卿，亦已魁天下選矣。然則二子之言，果可信乎？史冊所載，嶺南人才，固若落落，然間有一二，亦必秉忠貞、礪名節，求其所謂巧宦佞倖者，蓋絕書也。世之人因二子之言，往往輕吾越產，予因序余公此集而發之，……非但序公文也，蓋假公之文獻以徵吾之言，且用以爲越之人士解嘲云。②

此序中已明示柳宗元、曾鞏二人對嶺南地區文化的質疑，而且"世之人因二子之言，往往輕吾越產"，但又不得不承認"史冊所載，嶺南人才，固若落落然"。在這種尷尬的境況下，只能通過這少數人超越常人的側面，凸顯人才的質量，所以嶺南雖然人才"落落"，但"間有一二，亦必秉忠貞、礪名節，求其所

---

① 丘濬：《瓊臺詩文會稿重編》卷九，第204—205頁。
② 丘濬：《瓊臺詩文會稿重編》卷九，第205頁。

謂巧宦佞倖者，蓋絕書也"，以人才的質量來顯示文化的實力。

有趣的是，在這篇余靖文集的序里，除了開頭對余靖的籍貫與文集命名原有的介紹外，很少見到余靖的身影，甚至不如張九齡的身影明顯，可以説將序文中的大部分内容移到張九齡文集或任何一個嶺南人的文集的序言中也未嘗不可。這顯然是因爲在標舉"嶺南人才"時，余靖的功績不如張九齡有代表性。更有趣的是，丘濬在將嶺南文化與其他地區的文化作對比，以彰顯嶺南文化的優越性時，幾乎不涉及北方，"蓋江以南第一流人物也"，"南士入相在唐僅三數人"，"南方之士以功業顯，蓋未有或先之也"。唯一囊括南北的，只有一句"又非但超出江南，乃有唐一代第一流人物也"，其語氣的委婉顯示出對這種認定的不自信。這當然與嶺南地處江南有關，更重要的恐怕是因爲，其所序二種文集的作者所生活的時代，北方文化的整體勢力要强過南方，嶺南根本不具有與北方的可比性，或者説根本就沒有比較的自信，所以要將比較範圍限定在"江以南"。

正因爲這種不自信，所以要大力的表彰，文集的刊刻就是重要的方式，"公之相業世孰不知，其文則不盡知也。矧是集藏館閣中，舉世無由而見，苟非爲鄉後進者表而出之，天下後世安知其終不泯泯也哉！""非但序公文也，蓋假公之文獻以徵吾之言，且用以爲越之人士解嘲云"。用二人的文集來樹立文化的自信，反擊對於"吾邑"文化的質疑之聲。

由文集還引發了另外一件表彰張九齡功業的事情，丘濬見張九齡文集中"有公所作《開大庾路序》，而蘇詵爲之銘。意公此文當時必有碑刻，歲久傾圮磨滅，今陳迹如故，而遺刻不存，豈非大缺典歟！每遇士夫之官廣南，勢力可爲者，輒爲浼其伐石鐫文，以復當時之舊，諾之而食言者多矣"[1]。丘濬的這一願望在弘治四年（1491）時，終於由時任廣東按察司僉事的袁慶祥完成，并囑丘濬作碑陰記，丘濬於弘治五年（1492）在興奮中寫下了《唐丞相張文獻公開鑿大庾嶺碑陰記》，其時丘已七十二歲，在《碑陰記》中他回憶了得到張九齡與余靖二人文集的經過，"三十四登進士第，選讀書中秘，見《曲江集》列名館閣羣書目中，然木天之中，卷帙充棟，檢尋良艱，計求諸掌故，凡積十有六寒暑，至成化己丑（五年，1469）始得之，乃併與余襄公《武溪集》手自録出"[2]，其時距成化己丑已有二十三年。丘濬之所以對表彰張九齡有如此的大的熱情，大概可以用《碑陰記》中的一句話來解釋，"自公生後，大嶺以南山川燁燁有光氣，士生是邦，北仕於中州，不爲海内士大夫所鄙夷者，以有公也"[3]。

---

① 丘濬：《瓊臺詩文會稿重編》卷十七，第 359 頁。
② 丘濬：《瓊臺詩文會稿重編》卷十七，第 359 頁。
③ 丘濬：《瓊臺詩文會稿重編》卷十七，第 359 頁。

丘濬盡力地訪求抄寫鄉先賢遺集，"自來京師，游太學，入官翰林，每遇藏書家，輒訪求之，竟不可得，盖餘二十年矣。歲己丑，始得公《曲江集》於館閣羣書中，手自抄録，僅成帙"[1]。獲得書籍之後，又以刊刻的方式試圖表彰與接續地方的文化脈絡，并由此引發了紀念碑的樹立。可見，文淵閣的藏書確是士人進行"地域文化"建構的手段，是對明代社會產生影響的一個向度。

　　文獻學的研究囊括版本、校勘、目録、典藏四個部分，前三者以書籍的物質載體與文本内容爲探究的中心，而典藏則"與政治、讀書治學、圖書出版、文化積累的關係尤爲密切"[2]。文淵閣藏書雖然消散，但對其典藏過程中細節的具體考證，能夠從中看到豐富的社會與文化意義，或可增加我們對於藏書史與書籍史的認識維度。

劉仁　南京大學文學院博士研究生

---

①　丘濬：《瓊臺詩文會稿重編》卷九，第 205 頁。
②　程千帆、徐有富：《校讎廣義·典藏編》，第 2 頁。

徐伯郊出售藏書始末

柳向春

　　徐伯郊是上個世紀 50 年代香港文物回購的主要負責人，他在數年中孜孜矻矻，歷經艱險，終得不負國家所托，促成了很多重要文物的回流。這次持續五六年的回購工作，如拙文《凡是國寶，都要爭取：香港文物收購事件始末》中所述[①]："至於收購的具體對象，在徐伯郊與鄭振鐸、王毅等人的往來函件中也多有涉及，除了之前所說的張大千外，還有王季遷、周游、王文伯、王南屏、譚敬、余協中等，這些人的收藏，都與東北貨、琉璃廠關係異常密切。另外當時特別點名要求回購的，還有陳澄中的荀齋藏書、徐伯郊自己的藏書以及陳仁濤所藏的錢幣。但這三宗，都等於是專項收購，與其它書畫的收購，似乎並不相同。除此之外，就是些零星雜項了……"

　　伯郊所藏，至少在與其父子都交誼極深的鄭振鐸（西諦）心裏，位置很重。故而在中央開始收購香港流散文物不久，當時任職國家文物局局長的鄭振鐸就開始考慮伯郊的藏書回流問題。1952 年的 12 月 23 日，西諦在致伯郊函中提到[②]："陳澄中的善本，亦可進行洽商，此是極重要的東西，必須收得。又，你所藏的善本，如能出讓，亦盼能收得。"也就是說，早在提議收購荀齋善本之

[①]　見於《澎湃·上海書評》2018 年 5 月 7 日、5 月 8 日。
[②]　《爲國家保存文化：鄭振鐸搶救珍稀文獻書信日記輯錄》，中華書局，2016 年，第 281 頁。

際①，鄭振鐸已經決定要將伯郊藏書一併收購回歸了。而正是因爲西諦的這一提議，在次年 1 月 10 日的回信中，伯郊回覆西諦到②："《渭南文集》這一次回北京時，一定帶回來。"限於當時的通訊條件，西諦在後來的幾次信中，還曾數次向伯郊言及此事，如 1953 年 1 月 29 日信中說③："又您存港的善本，能運回否？我們很希望能夠收購也。我局王毅同志赴穗公幹，一切當面談也。"這年的 2 月 19 日信中，又强調説④："你自己的《陸放翁集》及幾十種明版方志，盼能售讓給公家。當然，你如果要留下，我們決不勉强。不過，甚盼能帶回國，不可任其流落在國外也。"對於西諦數次熱情的邀約，伯郊也有回應，但他對此事，却似乎不甚積極，在 3 月 4 日的回信中，僅僅是答應將自己所藏都運回國内而已："存港書籍，這次當然帶回來。其實除《渭南文集》外，大部分全在上海。"基於這種狀況，西諦再次在信中强調，希望能夠收購伯郊所藏。3 月 27 日的信中，西諦説到⑤："最重要的是陳澄中的書，務請能設法購到國内收藏，重要者已僅此一家矣。兄的善本，也請能一併見讓——如果願意的話。"一個月之後的 4 月 28 日信中，則更加直接地請伯郊自己開價，以備收購⑥："你自己的《陸放翁詩集》等，也請不客氣的開個價格，以便付款。如需港幣，當以港匯照付。我們知道你的困難，不必要說'捐獻'之類的事。"在鄭振鐸的屢次直接勸說之下，徐伯郊終於應允此事，但或許是因爲其他收購工作更加緊迫之故，伯郊所藏古籍善本再次被提上日程，則已經是 1955 年荀齋藏書的大宗被正式收購運京之後了。

1955 年 5 月 28 日，西諦在致徐伯郊之父、上海文管委主任徐森玉先生信中說："森老：……陳澄中書得成交，從此了却一件大事……至此，國内藏書，已歸於'一'。私藏中，只有傅忠謨和伯郊兩家了。這兩家不成問題的遲早會又歸'公家'所有。惟既歸於'一'，則必須妥求保護、保管之方。"而之後不久，在 7 月 12 日伯郊致文物局幹部王毅的信中講到："'我的書'擬陸續運穗中，請尊處將價目定好，以便早日解決。"從這封信判斷，大概在此前後，伯郊藏書收購工作，已經正式列入文物局的回購清單中了。

不過，也算是好事多磨，伯郊首先送到文物局的宋本陸游集，便出了一點狀況。從 8 月 21 日伯郊致王毅的信中，大概可以知曉這次小小風波的原因在於

---

① 荀齋所藏回歸詳情，參拙文《徐伯郊是怎樣從香港搶救文物的》，見於《澎湃·上海書評》，2017 年 9 月 14 日。

② 原函照片。下文引用信札未標明出處者，均據原函照片。

③ 《爲國家保存文化：鄭振鐸搶救珍稀文獻書信日記輯録》，第 285 頁。

④ 《爲國家保存文化：鄭振鐸搶救珍稀文獻書信日記輯録》，第 286 頁。

⑤ 《爲國家保存文化：鄭振鐸搶救珍稀文獻書信日記輯録》，第 288 頁。

⑥ 《爲國家保存文化：鄭振鐸搶救珍稀文獻書信日記輯録》，第 292 頁。

伯郊的這部書有缺損情況存在，信中説到：“上次帶回之《渭南文集》聞有缺卷。此書在滬購買時，郊已離滬來港，成交手續皆爲友人代辦，其後亦未能細查。惟木匣四隻及書函皆費念慈所製，並未有缺卷痕態。得來信，百思不得其解，甚疑乃費氏原缺，亦未有佐證，故前二函對此事皆未有具體答覆。頃在《美術叢書二集》第四輯潘遵祁《須靜齋雲煙過眼録》庚午九月十八日條内，對於此事有所説明：‘九月十八日。過黃蕘圃，見宋本《劍南詩集》……念慈按：《劍南詩集》殘本在湖州陌宋樓。紹武又藏《渭南文集》爲海内孤本，今歸敝篋，注禮失去二卷，不知尚在人間否？延津之合，禱祀祝之。’可證在費念慈時已缺。郊系從費氏之孫手中購得。然此書決不因其缺卷而損失價值，並有明活字本可補（《四部叢刊》本即用明活字本）。”古籍流傳中出現缺損，成爲殘本是個非常普遍的現象。尤其是宋本，存世已逾千年，現存大都爲殘本。因此，通過伯郊回信中合情合理的解釋並引述了前人的相關著録之後，這場風波很快就得以平息。

自此之後，伯郊藏書回歸的進程明顯加速。這年的 9 月 20 日，伯郊在給王毅的信中説到：“郊之藏書，又於日前帶穗兩部，計宋本《景德傳燈録》四函二十八册，又宋人《王梅溪集》二十八册，請查收。”從這時候起，伯郊方面對於藏書轉讓變得更爲積極，這年的 10 月 22 日伯郊致王毅函云：“‘我的書’已帶上宋本《渭南文集》、宋本《景德傳燈録》及宋本《王梅溪集》，其它陸續運穗中，希望能在五五年内解決。”數日之後的 10 月 31 日，在給王毅的信中，伯郊再次强調：“‘我的書’已陸續帶穗中，希望能在五五年内解決。”但伯郊的呼籲應該是一直没有得到國内的正面回應，所以直到 11 月 20 日致王毅的信中，伯郊仍在努力，希望能夠在 55 年之内，解決轉讓問題：“‘我的書’又有數種帶穗，短期内可以全部帶穗，希望能在年内解決。”但國家單位自有其運行規律，不會因爲伯郊的殷切期盼而爲之改變。所以，直到次年，伯郊在與王毅的信中，仍在爲此事交涉。1 月 26 日致王毅函中，伯郊清楚地交待了其藏書的大概情況：“關於‘我的書’問題，已帶京者：有《渭南文集》《景德傳燈録》《王梅溪集》（此集非宋本，請提出作爲捐獻之用）。已帶穗者：毛抄《九僧詩》二册（其中一册係新抄）、黃跋明本《西溪叢（話）［語］》二册、天一閣明本《大浦縣志》等三種。已交中行帶穗中者：宋抄本《乾象新書》二册、宋本《義豐集》一册、黃跋明本《圭齋文集》四册、黃跋抄本《昆山志》一册、黃跋抄本《王梅邊集》一册、黃跋抄本《雲間清嘯集》一册、明抄本《鐵網珊瑚》十四册、錢遵王抄《歷代山陵考》一册、抄本《栲栳山人詩集》一册等九種。其它當陸續帶穗。又其中有數種，已於五三年及五四年帶滬，其中有毛抄《陶淵明集》，五四年在滬時曾借與友人，當可收回。郊售書大部份爲退友人舊欠，借書友人亦爲其中之一，故望早日解決。至於書價，甚望能給與一個公平價格。如有抽出之書，如《王梅溪集》，當以他書作補。並請從速決定。”在此信中，伯郊道出了其售書的用意所在："郊售書大部份爲退友人舊欠"，正因爲如此，所以，"至於書價，甚望能給與一個公平價格。"而現存一通 1957 年 1 月 8 日吳恒丞自香港致伯郊之父森玉先生的信，也可以佐證伯郊的窘境 [1]："森玉老伯鈞鑒：敬肅者，恭維公私迪吉，諸如所頌，爲祝爲禱。茲敬懇者，侄於一九五三年曾幫同令郎伯郊兄辦理收購畫件及古幣等，代之奔走接洽，檢點驗收。及至工作告一段落，對於侄應得之傭金迄未清結。屢向之索取，初則以國內款項未到推諉拖延，繼則避不見面，竊念當時各項交易獲利甚豐，渠在港個人生活極盡享受，而對侄之報酬竟延至兩年餘，僅零星付給一小部份，不予結清。最近更由其家人托言赴滬，使侄無從接洽。似此行徑，實難再予容忍。本擬縷述經過，向國內主管當局申訴，請求主持。惟顧念多年友誼，不願遽走極端，再四思維，祇有冒瀆上陳，敬乞大人就近囑其盡速了結，以清手續。侄需款迫切，情非得已，瑣瀆之處，務祈鑒諒爲禱。"伯郊本係大少爺作派，故其用度無量自是常事。但自其負責爲國家回購文物一事以來，因種種關礙，國家資金經常不能及時到位，尤其令其不時陷入捉襟見肘的尷尬境地之中 [2]。職此之故，伯郊售書以償債，想來也是不得已之舉。但正因是償債之需，所以尤其急迫，故其一催再催便也屬情理之中了。1956 年 2 月 1 日在致王毅函中，伯郊再次提醒："'我的書'大部份已帶至廣州市，望從速決定爲感。"至 3 月 14 日一函，雖至數十年之後，讀來仍可感受到其中所表露的伯郊迫不及待的心情："毅兄：二月來曾上三函，計一月二十六日函，二月一日函及二月四日函及照片多種，想均已收到，而未蒙答覆，不知何故？又方方壺《武夷放棹圖》及善本書九種，計：宋本《義豐集》一册、宋抄本《乾象新書》二册、黃跋《圭齋文集》四册、黃跋《昆山志》一册、黃跋《王梅邊集》一册、黃跋《雲間清嘯集》一册、明抄本《鐵網珊瑚》十四册、錢遵王抄《歷代山陵志》一册、抄本《栲栳山人詩集》一册，共二十六册。1、以上畫一件、書九種，早已到穗，想已得穗報矣。…………我的書運京、穗已有一半以上，其餘的郊預備在三月底前後乘參觀穗捷克展覽會之便，全數交與穗方，同時希望京方從速定出一個公平價值來，並即匯港。"但即便如此，國內方面似乎仍然沒有及時回覆。故在 3 月 23 日信中，伯郊又一次催促到："'我的書'短期內可以全部集中廣州，希望尊處從速研究一個合理價錢來，以便日內結束。"

終於，在 1956 年的秋間，這場發動於 1952 年的馬拉松式收購有了回音。9月 8 日，當時的北京圖書館善本特藏部主任趙萬里以徐伯郊售書一事，致函徐森玉先生 [3]："森公賜鑒：前日因館中開會，未能赴站恭送，甚歉。近想已安抵滬

---

① 原函藏上海博物館。
② 具體可參拙文《凡是國寶，都要爭取：香港文物收購事件始末》。
③ 原函藏上海博物館。

上，起居多勝爲慰。昨去文物局，無意中於傅晋生處得見伯郊兄二年前所寄出讓書單，約二十種左右。大半已分批運抵北京。惟其中宋本《施注蘇詩》、《宋元書影》、黄校本《東京夢華録》、天一閣方志二種等數書，尚未送到。如果不運到，也可照單解決。惟據説（極秘）伯郊兄過去收領文物局訂件之款（港幣），但到現在尚未交貨（如譚敬老太太的朱子真迹）的數不在少。如果把這批書款和上述訂款兩消，深恐伯兄所入無幾，無補於事。又這批書，如果讓蒽玉、晋生等估價，其價必相當低。伯兄開價爲港幣十五萬，此價當然可以少一點，但不能過少。此中尺寸，乞即函告伯兄，從速定奪，以免久延（即這批書至少要售若干萬，萬勿客氣，客氣有時要誤事的）。鄙意不妨將書單擴大一些，比較普通的舊抄明刻，也可列入。這樣可多得一些價款，以濟眉急。或者將需要之款數先行開明，再行配備書單也可。如果照現在書單估計，他們也可能將這批書款和前付訂件之款兩項抵消，就算了事。這樣於伯兄極不利。因此特專函奉告，請鄭重考慮後，函示辦法，以便與諦公聯繫，諦公已表示可以解決，但不涉及具體辦法。而上述一些情況，諦公似乎也未考慮到也。伯兄現時通訊位址，是否仍是銅鑼灣怡和街66號，來示請告知，以便直接通信（只説請他把書單擴大一些，別的我不能説）……"趙萬里自1928年進入當時的北平圖書館，便是徐森玉先生下屬。森玉先生多年以來，對趙萬里極爲推重，而趙萬里亦對森玉先生尊崇有加，視爲嚴師。故此次不避嫌疑，多次設身處地爲伯郊籌畫事宜，也是人情之常。到10月16日，趙萬里以伯郊售書一事，再次致函森玉先生[①]："森老賜鑒：迭接惠書，敬悉一一。伯郊兄之書包括尊處寄來之書共二十一種（前寄書中有明刻《王梅溪集》，未計價。仍擬退還伯兄）。昨與西諦先生商談，西諦囑我和蒽玉議價。初步決定，價爲十二萬五千元港幣，日内由文物局王毅致函伯兄徵求意見（伯兄與王毅通函時，切勿談及公處與我通函一節，以免洩密）。我意：（一）如伯兄不同意，可提異議（即不到某數不賣之價），不必客氣。如此，此間當可再作考慮。（二）如果認爲此數不能解決伯兄實際需要數量，那可利用伯兄來滬機會，將存滬之書另開一單，俟我來滬時解決。此單之書，即由圖書館收購，惟不能支付港幣，只能在上海支付人民幣。此點不知伯兄有困難否？以上兩點，請轉告伯兄考慮後作覆爲荷。我俟公覆函到後，再定行止（公函西諦時，不必談及我南行事）。必要時，可提前南下，以便解決問題。以前我怕文物局方面有問題，所以希望伯兄加些普通抄本或刻本，現在這個顧慮可以打消了。……寄來《通鑒紀事本末》等書五小箱尚未到，到後當照收。前寄文物局各書，如宋本《渭南文集》，因文物局已搬至文化部大樓辦公，那邊無儲藏

---

① 原函藏上海博物館。

室，所以今天搬至館中善本庫暫存，如此正好合藏一起。"而次日，則又作函與伯郊："伯郊尊兄：前接自香港來函，敬悉一一。昨奉森老賜書，得悉台從即將到滬，頗爲欣慰。售書事已詳昨致森老航函中，想已閱及。其要點如下：（一）西諦先生囑弟和蕙玉共同估價，共書二十一種（包括森老從上海寄交弟收之書在內。此批書在途中，尚未到京），價爲港幣十二萬五千元。日內由王毅函兄聯繫，有何意見，可向王毅提出。在王毅未寄函前，兄只裝不知道爲妥。（二）尊函所開《四庫》底本八種及改七薌圖，未列入此次書單中，故未估價。弟意這批書似可另作處理。（三）如兄認爲尚有需款，必須再斥售其它存書，弟可爲北京圖書館收購，惟付款只能人民幣，請兄先作準備。如果不需要繼續售書，弟此議作罷，一切悉聽尊命，弟不過爲兄設想提一意見而已。……"

從趙氏函中可以知曉，此次伯郊售書，共計二十一種。伯郊之前提議的《四庫》底本八種、改七薌圖以及明刻《王梅溪集》等並未計入。趙萬里爲伯郊謀可謂不遺餘力，但或者是徐氏父子不願意爲趙萬里增添麻煩，伯郊這次出讓藏書，最終還是依照此前成議進行的。在11月伯郊致西諦函中，伯郊就此事向西諦彙報到："諦公：王毅同志來滬，暢談數日，二年來未解決的問題，此次全部談好，謹將結論分條簡略報告如下，並祈指正以後遵辦。（一）善本書二十一種，雙方議定價格港幣拾式萬五千元，五四年以前酬勞費壹萬元亦包括在內，不另補給。書價款希望盡速撥匯，最好在十一月份內匯出。（二）明本《王梅溪集》作爲捐獻，不必發還。（三）毛抄本《陶淵明集》候與持書人帳目結清回收後，再行出讓，價另議。"

現存至今的徐伯郊舊存 1955 年—1956 年預算表中，第一筆記錄即爲[①]：善本書，￥150,000。此即伯郊最初索價。在徐伯郊舊存的收支帳單中[②]，也記錄了國家收購其藏書的這筆款項：1956 年 11 月 29 日，"收善本書 21 種"，具體價格爲 125,000 元。可見，伯郊詩外簃藏書至此已經正式交割，共 21 種善本[③]，計價 12.5 萬港幣。

伯郊藏書來源不詳，甚至除了上述所列名目之外，是否還有其他值得特別珍視的善本也不可知。從目前所知情況來看，伯郊所藏中，只有六部書的來源是明確的，一是宋本《渭南文集》，據其自言來自費念慈家中[④]。另外還有四種[⑤]，來自陳清華的苟齋。而在其此次出售之後，詩外簃長物，應該還剩有《四

---

① 原件照片。

② 原件照片。

③ 另有明刻《王梅溪集》一種，屬於捐獻物品，未計在內。

④ 但此書實際上經過陳清華苟齋收藏，未知何故？或者伯郊曾短暫售於陳氏，後又贖回？疑不能明。

⑤ 即東京夢華錄十卷、乾象新書殘十二卷、西溪叢語二卷、施注蘇詩殘四卷四種。

庫》底本八種、改七薔圖以及毛抄陶集等①。可惜的是，數十年物轉星移，伯郊晚年衰病②，身後寥落，其所藏最終流落何方，已經無法蹤迹。

柳向春　上海博物館　研究館員

附録：徐伯郊售與北京圖書館善本書錄

1. 通鑒紀事本末四十二卷③
《通鑒紀事本末》四十二卷，宋袁樞撰。元刻本。二十册。

2. 昆山志六卷④
按：據李開升《黃丕烈藏書源流考》著録⑤："〔至正〕《昆山郡志》六卷，元楊譓纂修，清嘉慶七年士禮居鄒鳴皋抄本，黃丕烈校並跋。著録：《蕘識》三、《北圖》二目、《善目》史8534。遞藏：黃丕烈、國圖。"一册。

3.（嘉靖）雩都縣志二卷外志一卷⑥
駱兆平《天一閣藏明代地方志考録》⑦："《雩都縣志》二卷，散出。明嘉靖二十五年許來學、袁琚纂修。明嘉靖刻本。見一九四〇年舊目。抗日戰爭期間散出，今藏北京圖書館。卷首許來學序，卷上沿革、星野、疆域、形勢、風俗、山川、陂澤、廂里、物産、貢賦、户口、里甲、城隍、橋渡、寨鎮、壇壝、恤典、公署、學校，卷下宦歷、進士、舉人、薦舉、歲貢、例貢、胥史、封贈、名宦、流寓、賢達、隱逸、孝友、忠義、節婦、外志，卷末鄭臣後序、方祚跋、袁琚跋。"四册。

4.（嘉靖）蕲水縣志四卷⑧
駱兆平《天一閣藏明代地方志考録》⑨："明嘉靖二十六年蕭璞等纂修。明嘉

---

① 按：毛抄陶集向來未經著録，不知其所出。但汲古閣舊藏有宋刻十卷陶集，爲傳世最佳之本，此影本或者從此而出。又坊間流傳有天津古籍出版社印刷的《汲古閣景宋陶淵明文集》一種三册，不詳其底本所出，未知與伯郊所藏是一是二？

② 據沈建華女士告知："伯郊晚年患海默爾癥，已不能識人，説不出話來。"

③ 登録號11541，見《北京圖書館善本書目》卷二"史部上·紀事本末類"，第22B頁。

④ 登録號11542，見《北京圖書館善本書目》卷三"史部下·地理類"，第5A頁。

⑤ 此承天一閣副研究館員李開昇博士自其未刊大作《黃丕烈藏書源流考》中録出，特此致謝，下同。

⑥ 登録號11543，見《北京圖書館善本書目》卷三"史部下·地理類"，第13A頁。

⑦ 《文史哲研究資料叢書》本，書目文獻出版社，1982年，第95頁。

⑧ 登録號11544，見《北京圖書館善本書目》卷三"史部下·地理類"，第13A頁。

⑨ 《文史哲研究資料叢書》本，第132頁。

靖刻本。見一九二八年舊目。今藏北京圖書館。一九六三年影印。卷一建制沿革、星野、邑名、城池、疆域關梁、形勝、山川、名迹、風俗、物産、戶口、田賦、徭役、秩官、公署、鋪舍、水利、惠政，卷二學校、選舉、兵防、秩祀、名宦、宦迹、鄉賢、人物、孝義、貞節、逸士、災祥、方外，卷三至四藝文。"四册。

5.大浦縣志九卷①

駱兆平《天一閣藏明代地方志考錄》②："《大浦縣志》九卷，散出。明嘉靖三十六年陳堯道、吳思立纂修。明嘉靖刻本。見一九四〇年舊目。抗日戰爭期間散出，今藏北京圖書館。全書分天文志、地理志、人物志、宮室志、賦役志、兵刑志、禮樂志、文章志、雜誌九門。"二册。

6.東京夢華錄十卷③

按：據李開升《黃丕烈藏書源流考》著錄："《幽蘭居士東京夢華錄》十卷，宋孟元老撰，明抄本。清吳翌鳳、黃丕烈校並跋，清沈欽韓校，清張紹仁題款，卷末附黃氏校勘記並跋。著錄：《蕘識》三、《楹書隅錄續編》二、《北圖》二目、《善目》史 10908。遞藏：吳翌鳳、黃丕烈、楊紹和、陳清華、國圖。"一册。《祁陽陳澄中善本古籍圖錄》④中未著錄。

7.歷代山陵志一卷⑤

按：瞿鳳起《虞山錢遵王藏書目錄彙編》中⑥，著錄有"《歷代山陵考》一卷，一本，鈔。"當即此書。

8.鐵網珊瑚十四卷⑦

《鐵網珊瑚》十四卷，明朱存理輯。明抄本（相傳爲存理手稿）。歸兆錢跋，十四册。

9.乾象新書殘十二卷⑧

《乾象新書》殘十二卷（伯郊舊藏幾卷不詳），宋楊惟德等撰。舊傳北宋元封元年司天監秦孝先、蘇宗亮、徐欽鄰等鈔本，今據李致忠考，定爲宋抄本。二册。此本爲張蓉鏡雙芙閣、袁克文後百宋一廛、陳澄中荀齋及伯郊遞藏。著

---

① 登錄號 11545，見《北京圖書館善本書目》卷三"史部下·地理類"，第 15A 頁。

② 《文史哲研究資料叢書》本，第 153 頁。

③ 登錄號 11546，見《北京圖書館善本書目》卷三"史部下·地理類"，第 18A 頁。

④ 中國國際圖書館、上海圖書館、中國嘉德拍賣有限公司合編，上海古籍出版社，2006 年。

⑤ 登錄號 11547，見《北京圖書館善本書目》卷三"史部下·地理類"，第 24B 頁。著錄爲"清初錢曾抄本，一册。"

⑥ 古典文學出版社，1958 年，第 79 頁。

⑦ 登錄號 11548，見《北京圖書館善本書目》卷三"子部上·藝術類"，第 40A 頁。

⑧ 登錄號 8692，見《北京圖書館善本書目》卷四"子部上·術數類"，第 36A 頁。按此書現存八册，其中六册爲潘氏寶禮堂所捐，故其登錄號當係依據潘氏舊藏合併。

録見於《中華再造善本總目提要》①。《祁陽陳澄中善本古籍圖録》中未著録。

10. 西溪叢語二卷②

按：據李開升《黃丕烈藏書源流考》著録："《西溪叢語》二卷，宋姚寬撰，明嘉靖二十七年俞憲鴟鳴館刻本。清吳翌鳳録清何煌校跋，清張紹仁校並跋，黃丕烈跋。著録：《蕘識》五、《北圖》二目、《善目》子6140。遞藏：吳翌鳳、張紹仁、劉承幹、陳清華、國圖11549。"二册。《祁陽陳澄中善本古籍圖録》第200種。

11. 景德傳燈録三十卷③

《景德傳燈録》三十卷，宋釋道原撰。宋刻本（卷二十二至卷二十四配清抄本）。四函二十八册

12. 施注蘇詩殘四卷④

《施注蘇詩》殘四卷，宋蘇軾撰，宋施元之、顧禧、施宿注。宋嘉泰淮東倉司刻本。四册。此書爲翁方綱蘇齋、劉承幹嘉業堂及伯郊遞藏。著録見於《中華再造善本總目提要》⑤，《祁陽陳澄中善本古籍圖録》第52種。

13. 義豐文集殘一卷⑥

《義豐文集》殘一卷，宋王阮撰。宋淳祐三年（1243）王旦刻本。李盛鐸、傅增湘跋。一册。此書爲黃丕烈士禮居、汪士鐘藝芸精舍、傅增湘雙鑒樓及伯郊遞藏。著録見於《中華再造善本總目提要》⑦。

14. 渭南文集殘四十六卷⑧

《渭南文集》殘四十六卷，宋陸游撰。宋嘉定十三年（1220）陸子遹溧陽學宮刻本。黃丕烈跋，張祖翼、繆荃孫題款。二十四册。著録見於《中華再造善本總目提要》⑨，《祁陽陳澄中善本古籍圖録》第54種。

15. 王梅邊集一卷⑩。

按：據李開升《黃丕烈藏書源流考》著録："《王梅邊集》一卷，宋王炎午撰，清初曹氏古林抄本，黃丕烈校並跋，清戴光曾跋。著録：《蕘識》八、《文禄記》四、

---

① 《中華再造善本》編纂委員會編，國家圖書館出版社，2013年，第378頁。
② 登録號11549，見《北京圖書館善本書目》卷四"子部上·雜家類"，第58B頁。
③ 登録號11550，見《北京圖書館善本書目》卷五"子部下·釋家類"，第25A頁。
④ 登録號11551，見《北京圖書館善本書目》卷六"集部上·宋別集類"，第44B頁。
⑤ 第628頁。
⑥ 登録號11553，見《北京圖書館善本書目》卷六"集部上·宋別集類"，第58B頁。
⑦ 第685頁。
⑧ 登録號11552，見《北京圖書館善本書目》卷六"集部上·宋別集類"，第60B頁。
⑨ 第695頁。
⑩ 登録號11554，見《北京圖書館善本書目》卷六"集部上·宋別集類"，第68B頁。

《北圖》二目、《善目》集 4911。遞藏：曹溶、蔣杲、戴光曾、沈樹鏞、國圖。”一册。

16. **圭齋文集十六卷**①。

按：據李開升《黃丕烈藏書源流考》著錄：“《圭齋文集》十六卷，元歐陽玄撰，明成化七年劉釪刻本，清黃丕烈、潘祖蔭跋。著錄：《蕘識》九、《北圖》二目、《善目》集 5628。遞藏：金檀、王聞遠、黃丕烈、劉世珩、國圖。”四册。

17. **栲栳山人詩集三卷**②

按：《栲栳山人詩集》三卷，元岑安卿撰。清抄本。鮑廷博校補，黃璋校並題詩。一册。

18. **雲間清嘯集一卷**③。

按：據李開升《黃丕烈藏書源流考》著錄：“《雲間清嘯集》一卷，明陶振撰，清初葉氏小有堂抄本。著錄：《蕘識》九、《文禄記》五、《北圖》二目、《善目》集 6679。遞藏：王聞遠、黃丕烈、國圖。”一册。

19. **桂軒詩集一卷**④。

按：據李開升《黃丕烈藏書源流考》著錄：“《桂軒詩集》一卷，明謝常撰。清初葉氏小有堂抄本。黃丕烈跋。著錄：《蕘識》九、《文禄記》五、《北圖》二目、《善目》集 6679。遞藏：王聞遠、黃丕烈、國圖。”一册。

20. **九僧詩一卷**⑤

宋釋希晝等撰。清初毛氏汲古閣影宋抄本。二册（其中一册系新抄）毛扆跋。據毛扆編《汲古閣珍藏秘本書目》著錄⑥：“《九僧集》一本，影宋板精抄，一兩。”

21. **宋元書影**

22. **明刻《王梅溪集》二十八册**

按：《北京圖書館善本書目》著錄有《梅溪先生廷試册》一卷《奏議》四卷《文集》二十卷《後集》二十九卷，宋王十朋撰。附録一卷，明正統五年（1440）劉謙、何濴刻天順六年（1462）重修本。兩部，一、四庫底本，周叔弢捐，二十册。一、十册。皆與伯郊無關。

---

① 登録號 11556，見《北京圖書館善本書目》卷七“集部中·元別集類”，第 10A 頁。

② 登録號 11555，見《北京圖書館善本書目》卷七“集部中·元別集類”，第 13B 頁。

③ 登録號 11557，見《北京圖書館善本書目》卷七“集部中·明別集類”，第 22A 頁。與《桂軒詩集》合一册。

④ 登録號 11558，見《北京圖書館善本書目》卷七“集部中·明別集類”，第 22B 頁。與《雲間清嘯集》合一册。

⑤ 登録號 11559，見《北京圖書館善本書目》卷八“集部下·總集類”，第 42A 頁。此處著録者爲汲古閣抄本一册，新抄一册信息不詳。

⑥《中國著名藏書家書目匯刊·明清卷》第 14 册，林夕主編，商務印書館，2005 年，第 520 頁。

《版本目録學研究》第十二輯徵稿啓事

《版本目録學研究》每輯設典籍、目録、寫本、版本、校勘、活字與套印、版畫、人物、收藏、形制與裝潢、保護與修復、感言十二個長期欄目，舉凡版本目録學範疇内的考論文章，均所歡迎。

第十二輯計劃於 2020 年前期出版。論文要求如下：

1. 行文通順簡練，言之有物，論之有據，不襲舊説，不蹈空言。

2. 請發繁體字版（包括圖版説明），請認真核對繁簡體字。

3. 題目與作者姓名須附英譯，均用宋體 4 號字。

4. 内容提要用第三人稱寫法，用宋體 5 號字。

5. 正文用宋體 5 號字。

6. 正文層次序號爲一、（一）、1、（1），層次不宜過多。

7. 正文中儘量少用圖表，必須使用時，應簡潔明瞭，少占篇幅。

8. 正文中的夏曆、歷代紀年及月、日、古籍卷數、葉數等數字，作爲語素構成的定型詞、詞組、慣用語、縮略語、臨近兩數字並列連用的概略語等，用漢字數字。西元紀年及月、日、各種記數與計量等，用阿拉伯數字。

9. 引用文獻隨文注釋，用宋體小 5 號字。每頁單獨編號，編號用①②③……。請認真核對引文。

10. 參考文獻用宋體 5 號字。

11. 文末請附作者姓名、出生年月、工作單位、職務、職稱、聯繫地址、郵編、手機號碼、Email 地址。用宋體 5 號字。姓名、單位、職稱將隨文刊出。

12. 投稿如附图版，请务必达到清晰度较好和幅面适当，图版模糊或过小将不予刊出。

13. 凡已經接到編輯部收到投稿的復函，没有接到未能通過審稿的通知函，則所投稿件正在編輯刊發之中，謹請釋念。

14. 論文出版後，出版社向作者支付稿酬，並寄送樣書 1 册、抽印本 15 册。

15. 投稿請勿郵寄紙本，請提供 Word 文檔，可同時提供 PDF 文檔，以 Email 發至《版本目録學研究》編輯部，具體如下：

張麗娟 zhanglijuanpku@126.com

劉薔 roselau@tsinghua.edu.cn

《版本目録學研究》編輯部聲明

1. 本出版物不以任何形式收取版面費、審稿費等任何費用。

2. 本出版物已被《中國學術期刊網路出版總庫》及 CNKI 系列資料庫收錄，以數字化方式傳播。作者文章著作權使用費與出版社稿酬合計一次性給付。免費提供作者文章引用統計分析資料。作者向本出版物投稿發表，即表示已經同意上述聲明。

《版本目録學研究》編輯部地址：

北京市海淀區頤和園路 5 號　100871
北京大學國學研究院大雅堂（原化學南樓）一層 128 室
電話：010–62751189

Contents（英文目録）